高等院校公共课系列规划教材

大学语文

（第四版）

顾　问　熊礼汇　龙泉明
主　编　徐绍建
编　委（以姓氏笔画为序）
万　乔　刘俊霞　孙疏影
陈建军　赵广平　席　嘉
徐绍建　萧　映　戴红贤

WUHAN UNIVERSITY PRESS
武汉大学出版社

图书在版编目(CIP)数据

大学语文/徐绍建主编．—4版．—武汉：武汉大学出版社，2015.6(2022.2重印)
高等院校公共课系列规划教材
ISBN 978-7-307-15817-7

Ⅰ.大…　Ⅱ.徐…　Ⅲ.大学语文课—高等学校—教材　Ⅳ.H19

中国版本图书馆CIP数据核字(2015)第103122号

责任编辑：詹　蜜　　责任校对：汪欣怡　　版式设计：马　佳

出版发行：**武汉大学出版社**　(430072　武昌　珞珈山)
(电子邮箱：cbs22@whu.edu.cn　网址：www.wdp.com.cn)
印刷：武汉图物印刷有限公司
开本：787×1092　1/16　　印张：22.75　　字数：518千字　　插页：1
版次：2001年8月第1版　　2006年7月第2版
2009年7月第3版　　2015年6月第4版
2022年2月第4版第5次印刷
ISBN 978-7-307-15817-7　　定价：46.00元

前言

这本《大学语文》教材，是新武汉大学人文科学学院中文系大学语文教研室的教师集体劳动的成果。

现代经济的全球化趋向，高科技的迅猛发展，社会对综合型、创新型、实践型人才的迫切需求，促使文、理、工、医各学科齐备的新武汉大学顺应时代潮流而诞生。原分属老武汉大学、武汉水利电力大学、武汉测绘科技大学、湖北医科大学讲授大学语文课的同行，从此相聚景色秀美、人文气息浓厚的珞珈山，共同肩负起培养新型人才的历史重任。为完成这一光荣使命，编写出有较高质量的教材，便是当务之急。同时，原四校使用的《大学语文》教材，或自编，或借用，其选篇与新版中学语文课本重复者多。为便于对教学作统一要求，提高教学质量，很有必要编写一本新教材。

新武汉大学将在继承老武汉大学优良传统的基础上，推进各学科间的优势互补，真正实现文理交叉渗透，加快更新人才培养模式的步伐。目前，校教务部正着手重组课程体系，强化公共基础课和学科基础课的建设，探索复合、创新型人才培养的途径和方法。其中一个重大举措，就是规定在理、工、医及外文等学院开设大学语文必修课。

在培养复合、创新型而又有较强实践能力的高级专门人才过程中，大学语文的作用究竟是什么？这是每个高等教育决策者、管理工作者以及大学语文教师必须深思和回答的问题。

我们认为大学语文课的开设，一是能增强学生对于真假、善恶、美丑的鉴别能力及审美能力。随着我国经济持续、稳定的发展，综合国力不断增强，人们的物质生活水平也不断提高；但不可否认的事实是，社会上不少人的精神境界却陷入低谷，如崇拜物质、金钱至上、人情淡薄、理想缺失，唯我主义、享乐主义日趋严重。学校不是与世隔绝的圣地，课堂亦非纤尘不染的净土。如果我们培养的学生对此种种不良现象缺乏鉴别能力、批判能力，当他们进入社会之后，难免不会被这种精神上的“沙漠化”所侵蚀。与经济发展所带来的自然界的沙漠化相比，其后果将更为严重、更加可怕。这绝非危言耸听，我们从少数毕业生的择业观念中不是可以发现一些端倪吗？大学语文课所讲授的都是古今中外的名篇佳作，学习它们，能使学生进入真、善、美的艺术境界，在潜移默化中净化心灵，陶冶情操，提升人格。往往一部优秀的文学作品对于人的影响，远胜于坐而论道和抽象空洞的说教。

二是学习大学语文能增强学生的创新能力。在高校公共基础课的设置中，将文学艺术类课程排除在外，是一种只看重实利和即时效益、迷信抽象思维功能的短视行为。著名院士、数学家钱学森教授说：“创造性很丰富的伟大科学家，往往在文学艺术上也有很深的修养，他在科学上的创造也得益于文艺的修养。”（《在北京地区第四次思维科学研讨会上的讲话》）这是睿智者的远见卓识，也是钱老的夫子自道。其实，凡是学过大一国文（即大学语文）课的老一辈科学家、学者都有此同感，如周培源、苏步青、李国平、匡亚明、王梓坤等，都相当重视文学艺术的作用。其奥秘在于："逻辑思维，微观法；形象思维，宏观法；创造思维，微观与宏观结合。创造思维才是智慧的源泉。"（钱学森：《给戴汝为的信》，载《思维科学研究》，中国人民大学出版社 1999 年版）《大学语文》入选篇目多为文学作品，而文学创作离不开想象与虚构，想象力又是形象思维的核心。阅读文学作品，能激发理工科学生的形象思维能力，丰富他们的想象力，而形象思维能力的增强，善于想象，对他们将来的专业研究无疑是有益的。因此，大学语文是高校公共基础课中不可或缺的重要课程之一。

三是大学语文的开设有利于培养学生良好的心理素质。现在的大学生多受到应试教育的影响，一般又是在顺境中成长，意志品质缺少磨炼，心理素质偏低，抗挫折能力不强。大学语文课不仅讲作品，而且要介绍优秀作家，让学生从其文品人品中受到高尚人格魅力的感染。如司马迁、苏轼、辛弃疾、鲁迅等人，无不身受迫害、命运坎坷，但他们仍以坚忍不拔的意志，顽强进取的精神，或为国家效力，或为学术献身，或为理想奋斗，为中华民族文化建设作出了重大贡献。大量事实证明，凡有所发明、有所创造的杰出人物，无不具有这类民族精英的坚强品格。显然，这种坚忍不拔的奋斗精神，也是今天复合、创新型人才所必须具备的心理素质的重要方面。另外，学习大学语文能增强学生对语言的感悟能力，从而提高他们的写作水平和口头表达能力。

总之，大学语文在高级专门人才培养中，是极为重要的素质教育课程之一。

基于这种认识，结合当前学生的实际情况，本教材在编写体例上特别注意到以下三点：一、以史为纲，即按照文学史发展的脉络，精选各个历史时期重要作家的代表性作品。入选标准是：思想内容健康，文化内涵丰厚，艺术上具有独创性、审美价值高，便于讲授。二、选篇适量，本书选有古今中外的诗文等各类作品 87 篇。古代作品占的比重较大，目的是通过学习，提高学生的古典文学修养，增进对我国优秀文化传统的了解。根据课时安排，部分作品供老师课堂讲授，其他部分供学生课余自学。三、有利于教师讲授和学生自学。本书对每位作家均有简要介绍，所有选文（古代作品还作了必要的注释）都以"提示"的方式概括其思想艺术特点。此外，每篇文章还附有一至三道思考题。要说明的是，本书所选作品，除个别地方进行必要的技术处理外，均保持原貌。

为配合本书的教学，近期内我们还将编写出版两本教材：一是《大学语文导读》，介绍文学史知识、文体知识、语言文字知识、写作知识等，供学生课外阅读。二是《实用写作》，主要介绍实用文体的写作方法，供有关院系学生作为必修课或选修课的教材。

本书选目由主编提出（其中古代部分征求过熊礼汇教授的意见，现代部分征求过龙泉明教授的意见），送交编委会讨论通过。选目确定后，各位编委分头编撰。初稿写出后，由主编审阅，提出修改意见。主编负责二稿的全面审阅、修改、统稿和最后定稿。

在本书编写过程中，一直得到人文学院党委书记陶梅生教授的热情鼓励和大力支持，他对所选篇目给予了充分肯定。中文系罗立乾教授不仅为本书选篇提出建设性意见，而且将其专著提供给主编参考；王庆元先生也热心关注本书的编写，为主编提供有关资料。在此，一并致以深挚的谢意！

需要说明的是，编写者原分属四校，此次是第一次合作，加之时间仓促，本书定有不少错讹疏漏之处，因此，企盼同行专家及广大使用者不吝赐教，以便再版时修订。

徐绍建

2001年5月

修订版说明

《大学语文》出版至今已有5个年头,共印刷10次,发行数万册。这本教材原是应本校大学语文必修课的需要而编写的,出版后,被省内外一些兄弟院校采用,产生了一定的社会影响。今年初春,武汉大学出版社发行部和武汉大学文学院大学语文部联合主办了“大学语文教材、教学研讨会”。与会教师代表在充分肯定本教材的同时,也提出许多建设性意见,为这次修订工作打下了良好的基础。

在编写体例不变和入选标准不变的前提下,我们对教材作了以下几个方面的修订:第一,为减少与中学语文教材选篇的重复率,更换了若干篇目,但也保留了少量相同篇章。一是考虑到教学内容的相对稳定性和连续性,不会因新篇目过多而加重教师的备课负担;二是大学教师完全可以从不同的角度、运用不同的方法解析作品,以扩大学生的视野,提高其辨析能力和鉴赏水平。第二,请有关专家对古代作品的全部注释,重新进行了审阅、修改与订正。第三,由于当初编写教材的时间仓促和水平所限,作家作品简介和“提示”部分存在一些不足之处,对此相应地在概念内涵、观点提炼、理论分析和文字表述等方面作了修改,无法修改的则重新撰写。

本教材修订过程中,一直得到许多同行、同事与专家的关心、帮助,尤其是刘继馥教授对注释中语言方面的问题,提供了详尽的书面修改意见;责任编辑蔡先保教授,在教材的编写、出版、修订工作上付出了更多的辛劳,对此我们一并深表谢意。

徐绍建

2005年12月

修订版说明

[illegible]

目　录

蒹　葭[1]

《诗经》

《诗经》原称《诗》或《诗三百》，是我国最早的一部诗歌总集。编成于春秋时代，共收入西周初年至春秋中叶500余年间的诗歌305篇，依“风”、“雅”、“颂”三大类编排。“风”大多是一些诸侯国或地区的民歌，有周南、召南、邶、鄘、卫、王、郑、齐、魏、唐、秦、陈、桧、曹、豳15国风，计160篇。“雅”是周王朝直接统治地区的歌乐，多为贵族、士大夫所作，分为“大雅”、“小雅”，计105篇。“颂”是宗庙祭祀时用的乐歌，有“周颂”、“鲁颂”、“商颂”，计40篇。另有小雅笙诗6篇，有目无辞，不计在内。

《诗经》的题材广泛，内容丰富，从各个方面反映了当时社会的政治矛盾、经济状况和风俗习尚。《诗经》的句式以四言为主，语言朴素优美，多隔句用韵；结构常采用重章叠句形式，回环往复，富于韵味；普遍运用赋、比、兴的表现手法，形象生动，蕴藉含蓄，富有艺术感染力。《诗经》为我国文学奠定了现实主义的基础，对我国诗歌民族艺术特色的形成产生了深远的影响。

蒹葭苍苍[2]，白露为霜[3]。所谓伊人[4]，在水一方[5]。溯洄从之[6]，道阻且长[7]；溯游从之[8]，宛在水中央[9]。

蒹葭凄凄[10]，白露未晞[11]。所谓伊人，在水之湄[12]。溯洄从之，道阻且跻[13]；溯游从之，宛在水中坻[14]。

蒹葭采采[15]，白露未已[16]。所谓伊人，在水之涘[17]。溯洄从之，道阻且右[18]；溯游从之，宛在水中沚[19]。

【注释】

［1］此诗选自《诗经·秦风》。秦：国名，其地即今陕西、甘肃一带。蒹（jiān）：没有长穗的芦荻。葭（jiā）：初生的芦苇。

［2］苍苍：繁盛的样子。

［3］为霜：凝结成霜。

［4］伊人：那个人。指诗人所思念、追寻的人。

［5］一方：那一边。

［6］溯洄：逆流而上。从：跟从，追寻。

［7］阻：险阻。指路险难走。

［8］溯游：顺流而下。

[9] 宛：宛然，好像。

[10] 凄凄：通“萋萋”，草茂盛的样子。

[11] 晞（xī）：干。

[12] 湄：水边。

[13] 跻（jī）：登，升。

[14] 坻（chí）：水中高地。

[15] 采采：形容多、盛，与“苍苍”、“凄凄”意近。

[16] 已：止。未已：指露水尚未被蒸发完。

[17] 涘（sì）：水边。

[18] 右：迂回曲折。

[19] 沚（zhǐ）：水中小洲。

【提示】

这首诗为怀人之作，至于所怀何人，一直众说纷纭。有人认为是秦之君子隐于河上，秦人慕之而作；有人认为是怀念朋友之词；有人认为是思念、追求恋人之曲。其实，我们大可不必去考证作者所谓“伊人”究竟是何人。神秘而朦胧、可望而不可即的“伊人”，恰好可以给读者以无穷的遐想：或是梦中的情人，或是难觅的贤才，抑或是某种理想的境界。人们在苦苦寻觅各种可望而不可即的人生境遇时，都可以从这首诗里获得审美快感。

本诗具有虚实相生、重章叠句、情景交融等艺术特点，把抒情主人公对“伊人”的真诚向往、执著追求和追求不得的怅惘感情，表现得十分真实、曲折、动人。全诗分为三章，每章前四句以秋景起兴，并点出追寻的对象；后四句先是实写对“伊人”的苦苦追寻，然后虚写追寻的结果——“伊人”出现的幻景。幻景的出现，不仅深刻地表现出一个追寻者的痴迷状态，进一步深化了前面所述的实景实情，而且还给诗境淡淡地抹上了一层追寻不得的怅然色彩，丰富了诗的情感质素。

重章叠句形式的采用，使得本诗一唱三叹，有回肠荡气之美。本诗重叠的特点是字句使用略有变化，以丰富和推进诗意的发展。从白露之“为霜”，到“未晞”、“未已”，即暗示了追寻时间的推移；“伊人”“在水一方”、“在水之湄”、“在水之涘”，即以空间位置的转换暗示了追寻对象的飘忽不定和难以接触。每章虽然只有几个字的变更，却能看出作者驾驭语言的高超技巧。

此外，本诗情景交融，感染力强，又节奏鲜明，音韵和谐，读来韵味很足。

【思考题】

一、这首诗朦胧的意趣主要表现在哪些方面？

二、这首诗运用起兴的手法取得了怎样的艺术效果？

采　薇[1]

《诗经》

采薇采薇，薇亦作止[2]。曰归曰归[3]，岁亦莫止[4]。靡室靡家[5]，猃狁之故[6]。不遑启居[7]，猃狁之故。

采薇采薇，薇亦柔止[8]。曰归曰归，心亦忧止。忧心烈烈[9]，载饥载渴[10]。我戍未定[11]，靡使归聘[12]。

采薇采薇，薇亦刚止[13]。曰归曰归，岁亦阳止[14]。王事靡盬[15]，不遑启处[16]。忧心孔疚[17]，我行不来[18]！

彼尔维何[19]，维常之华[20]。彼路斯何[21]，君子之车[22]。戎车既驾[23]，四牡业业[24]，岂敢定居[25]，一月三捷[26]。

驾彼四牡，四牡骙骙[27]。君子所依[28]，小人所腓[29]。四牡翼翼[30]，象弭鱼服[31]。岂不日戒[32]，猃狁孔棘[33]！

昔我往矣[34]，杨柳依依[35]。今我来思[36]，雨雪霏霏[37]。行道迟迟[38]，载渴载饥。我心伤悲，莫知我哀！

【注释】

[1] 本篇选自《诗经·小雅》。薇：野豌豆苗，可食。

[2] 亦：语助词。一说同“已”。作：生出。止：语助词。

[3] 曰：言，说。一说为语首助词，无实义。

[4] 莫：同“暮”。

[5] 靡：无，没有。靡室靡家：指终年远征在外，没有家庭生活。

[6] 猃（xiǎn）狁（yǔn）：一作“玁允”，西周时北方的一个部族，春秋时称北狄，战国、秦汉时称匈奴，隋唐时称突厥。

[7] 不遑：不暇。启：跪、危坐。居：安坐。古人席地而坐，有危坐与安坐之分。危坐和安坐都是两膝着席，危坐时腰部伸直，臀部同足跟离开；安坐时则将臀部贴在足跟上。启居：安居休息。

[8] 柔：柔嫩。

[9] 烈烈：本是火势猛盛的样子，这里用来形容忧心如焚。

[10] 载饥载渴：又饥又渴。

[11] 戍：驻守。

[12] 使：指派，这里是委托的意思。聘：问候。

[13] 刚：坚硬。

[14] 阳：阳月，指夏历四月以后。一说十月为阳，现代还称农历十月为“小阳春”。

［15］王事：国事，此指战争之事。靡盬（gǔ）：无止息。

［16］启处：同“启居”。

［17］孔：甚，很。疚（jiù）：病痛。

［18］来：归。

［19］尔：通“苶（ěr）”，花盛的样子。维：语助词。一说相当于为、是。

［20］常：通“棠”。常棣：棠棣，植物名。华：同“花”。

［21］路：通“辂（lù）”，高大的车。斯：语助词。

［22］君子：这里指将帅。

［23］戎车：兵车。

［24］牡：雄兽，这里指雄马。业业：强健的样子。

［25］定居：犹言“安居”。

［26］捷：接，此指接战、交战。一说抄小路为“捷”，“三捷”言多次行军。

［27］骙（kuí）骙：马强壮威武的样子。

［28］依：凭靠，这里指乘坐。

［29］腓（féi）：庇，掩护。

［30］翼翼：安闲貌，这里指行列整齐的样子。

［31］弭（mǐ）：弓的两端受弦处。象弭：以象牙装饰的弓端。服：通“箙（fú）”，箭袋。鱼服：用鱼兽皮制成的箭袋。

［32］日戒：日日警惕戒备。

［33］棘：通“急”，急迫。孔：很，甚。

［34］昔：过去，指初离家出征时。

［35］依依：柳枝随风摆动的样子。一说“茂盛貌”。

［36］思：语助词。

［37］霏霏：雪下得很大的样子。

［38］迟迟：缓慢。

【提示】

这首诗描写一位远征的士兵在战罢归来的途中，对同玁狁作战的回顾所流露出来的哀怨感情。

按《汉书·匈奴传》所述，这首诗产生于周懿王时代。当时玁狁侵扰北方边境，许多男子不得不服兵役，远征他乡，与入侵之敌作战。全诗分为六章。第一章写长期征战的士兵有家不能归的原因。第二、三章写归家心切，但由于戍守没有固定的地方，连给家人捎信问候也不能，甚至可能命殒沙场，再也不能与家人团聚。第四、五章转到回忆对敌作战的情况，侧重表现战斗的紧张、军队的声威和士兵们对敌人的高度警惕。最后一章写士兵还乡途中抚今追昔的哀怨和伤感。

这首诗表现的思想感情比较复杂。它将长期征战不得归家的下层士兵置于两对矛盾之中：一方面是西周与玁狁的民族矛盾。在这对矛盾中，西周的统治者站在正义的一边，所以士兵们尽管对远离家乡、劳苦困顿的征战生活感到哀怨，但他们能清醒地认识到造成这种痛苦的原因，因而都勇敢地投入战斗，表现出朴素的爱国精神和对正义战争的支持。另一方面，是西周统治者与下层人民的矛盾。西周统治者只不过把劳动人民当做他们防御的工具，打仗时士兵们冒着生命危险、历经千辛万苦，仗打完了就被无情地驱赶回去，统治者根本不管他们的生死饥渴。所以这个士兵回乡时内心充满了怨愤，痛苦地感叹“我心伤悲，莫知我哀”。

这首诗属于小雅，但它的风格与国风中同类诗篇差别不大，由此可以看出小雅中有些作品来自民歌的痕迹。诗中有比、兴，但主要采用了赋的手法，或叙事，或写景，或抒情，虽为“直言之”，却形象鲜明，生动感人。诉哀怨，肝肠寸断；述战斗，豪情澎湃。特别是最后一章，对比衬托，极具感染力，成为古代诗歌中以乐景写哀情和以哀景写乐情的经典诗例。

【思考题】

一、本诗表现了怎样的思想感情？

二、本诗如何运用赋的表现手法，达到生动感人的艺术效果？

宫之奇谏假道[1]

《左传》

《左传》是《春秋左氏传》的简称，又名《左氏春秋》、《春秋古文》等。相传为春秋末年鲁国史官左丘明所撰，现代学者一般认为是战国初年人所作。

《左传》是一部编年体史书，也是一部优秀的散文名著。它以《春秋》为纲，较详细地记载了自鲁隐公元年（前722年）到鲁哀公二十七年（前468年）间，各诸侯国的政治、军事、外交、经济等方面的史实。记叙线索清晰，详略得当，善于通过一系列的具体情节描写，使所记叙的内容故事化。《左传》尤其擅长描写战争，注重交代战争的政治社会背景、谋划过程及战术的运用，从而揭示其胜负的必然性。在记叙历史事件的过程中，它往往通过人物的言行和心理活动的描写，生动地表现出人物的思想和性格特征。《左传》对后世史学和文学都产生了重要的影响。

晋侯复假道于虞以伐虢[2]。宫之奇谏曰："虢，虞之表也[3]。虢亡，虞必从之。晋不可启[4]，寇不可玩[5]，一之谓甚[6]，其可再乎？谚所谓'辅车相依，唇亡齿寒'者[7]，其虞、虢之谓也。"

公曰："晋，吾宗也[8]，岂害我哉？"对曰："大伯、虞仲大王之昭也[9]。大伯不从，是以不嗣[10]。虢仲、虢叔，王季之穆也[11]，为文王卿士[12]，勋在王室，藏于盟府[13]。将虢是灭[14]，何爱于虞？且虞能亲于桓、庄乎[15]，其爱之也？桓、庄之族何罪，而以为戮[16]，不唯逼乎[17]？亲以宠逼，犹尚害之，况以国乎？"

公曰："吾享祀丰洁，神必据我[18]。"对曰："臣闻之，鬼神非人实亲[19]，惟德是依。故《周书》曰：'皇天无亲[20]，惟德是辅。'又曰：'黍稷非馨，明德惟馨[21]。'又曰：'民不易物，惟德繄物[22]。'如是，则非德，民不和，神不享矣。神所冯依[23]，将在德矣。若晋取虞而明德以荐馨香[24]，神其吐之乎？"

弗听，许晋使。宫之奇以其族行[25]，曰："虞不腊矣[26]，在此行也[27]，晋不更举矣[28]。"冬，晋灭虢。师还，馆于虞[29]，遂袭虞，灭之，执虞公。

【注释】

［1］宫之奇：虞大夫。假道：借路。

［2］晋侯：指晋献公，公元前676年—前652年在位。虞：国名，在今山西平陆东北。虢：国名，在今河南陕县东南。僖公二年（前658年），晋曾向虞借路伐虢，僖公五年（前655年）再次向虞借道，故曰"复假道"。复：再。

［3］表：外表，这里有外屏之意。

［4］启：开，引申作启发。

［5］玩：忽视，轻视。

［6］谓：通“为”。一之谓甚：一次已经是很严重了。

［7］辅：面颊。车：牙床骨。

［8］宗：同宗。晋、虞都是姬姓，出自同一祖先。

［9］大（tài）伯：泰伯。虞仲：虞国的始封君。大（tài）王：周太王，周朝的先王。昭：古代宗庙之制，始祖的神位居中，子在左，称为昭；子之子在右，称为穆。周以太王为始祖，其子三人泰伯、虞仲、王季都称为昭。

［10］“大伯不从”两句：泰伯不从大王之命，因此不能继承王位。事实是泰伯知道其父要传位给幼弟王季，就和虞仲一起出走，所以没有嗣立。

［11］“虢仲、虢叔”两句：虢仲封东虢，虢叔封西虢，都是王季之子、文王之弟。王季于周为昭，故其子为穆。

［12］卿士：又作“卿事”、“卿史”，周王室的执政大臣。

［13］盟府：掌管保存盟书的官府。一说主持盟会之官。

［14］将虢是灭：是，代词，复指前置宾语“虢”。此句意谓连虢国都要灭掉。

［15］桓、庄：桓叔、庄伯，晋献公的曾祖和祖父。

［16］“桓、庄之族”两句：桓、庄之族，指献公的同祖兄弟各支。鲁庄公二十五年（前669年），晋献公尽诛同族诸公子。

［17］逼：迫近而构成威胁。

［18］据：依靠，凭借，这里可释为保佑。

［19］实：通“是”，复指前置宾语“人”。

［20］“故《周书》曰”两句：见《周书·蔡仲之命》。皇天无亲，谓皇天不随便和某人特别亲近。

［21］“黍稷非馨”两句：见《周书·君陈》。意谓祭祀的谷物没有芳香，只有光明的德行才有芳香。

［22］“民不易物”两句：见《周书·旅獒（áo）》，“民”作“人”，“繄（yì）”作“其”。两句意谓百姓不能改换祭品，只有德行可以充当祭品。

［23］冯（píng）：同“凭”，凭借。

［24］荐：献、进。

［25］以其族行：带领全族离开虞国。

［26］腊：祭祀名。指岁终大祭之礼。这句说，虞国等不到岁终大祭就要亡国了。

［27］在此行也：就在这一次假道之行。

［28］晋不更举矣：晋国不用再出兵了。

［29］馆：宾馆，这里作动词用，即借住。

【提示】

本篇写虞大夫宫之奇就晋侯向虞借道伐虢之事，对虞公的谏诤。他以敏锐的政治眼光，明确指出借道的必然后果是虞国的灭亡。

文章分析精辟，说理透彻。宫之奇的三段议论，从三个不同的角度论述了晋借道之利害。首段，从当前虢、虞的位置关系出发，以“唇亡齿寒”作比，一针见血地点明了晋灭虢对虞的直接威胁；第二段，以历史事实为据，驳斥了虞公同宗不会相残的观点；第三段，以古书理论为据，捅破了虞公靠神保佑的希望。三段论述紧紧围绕一个主旨，充分说明了“虢亡，虞必从之”的道理，表现出一个成熟的政治家对政治斗争残酷性的清醒认识和一个忠臣对国家前途的深谋远虑。

全文结构严谨，详略得当，语言简练。开篇用一句话交代事件背景，紧接着用大量的篇幅写宫之奇的谏言。结尾以十几个字写明虞公不听劝谏的下场，不仅与篇首相照应，且进一步以事实证明了宫之奇的远见卓识和虞公的昏聩愚蠢。

【思考题】

一、“唇亡齿寒”，道理至深，请你结合本课内容，谈谈对此的理解。

二、宫之奇的第三段谏言，处处扣住一个“德”字，用意深远，请予以分析。

王孙圉论楚宝[1]

《国语》

《国语》是我国最早的一部国别史，分载周、鲁、齐、晋、郑、楚、吴、越八国的史事。所记述的历史起自周穆王，终于鲁悼公（约前967—前453年）。相传为春秋时期鲁国史官左丘明所作，现代学者一般认为是战国时期的作品。

《国语》以记载历史人物的言论为主，记事简略。它在内容上主要表现"重民"、"尚礼"、"崇德"等思想，风格大多比较朴素平实，语言简括，少有文采。其史学价值和文学价值不如《左传》，但也有个别篇章在史实上可补《左传》之不足。有些优秀的片段，往往能把记事和记言融为一体，写得比较生动传神，对人物的刻画也很成功，具有一定的故事性。

王孙圉聘于晋[2]，定公飨之[3]。赵简子鸣玉以相[4]，问于王孙圉曰："楚之白珩犹在乎[5]？"对曰："然。"简子曰："其为宝也几何矣？"曰："未尝为宝。楚之所宝者，曰观射父[6]，能作训辞[7]，以行事于诸侯[8]，使无以寡君为口实[9]。又有左史倚相[10]，能道训典，以叙百物，以朝夕献善败于寡君，使寡君无忘先王之业；又能上下说乎鬼神[11]，顺道其欲恶[12]，使神无有怨痛于楚国。又有薮曰云连徒洲[13]，金、木、竹、箭之所生也[14]，龟、珠、角、齿、皮、革、羽、毛[15]，所以备赋[16]，以戒不虞者也[17]，所以共币帛[18]，以宾享于诸侯者也[19]。若诸侯之好币具[20]，而导之以训辞，有不虞之备，而皇神相之，寡君其可以免罪于诸侯，而国民保焉。此楚国之宝也。若夫白珩，先王之玩也，何宝焉？

"圉闻国之宝，六而已：圣能制议百物[21]，以辅相国家，则宝之；玉足以庇荫嘉谷[22]，使无水旱之灾，则宝之；龟足以宪臧否[23]，则宝之；珠足以御火灾，则宝之；金足以御兵乱，则宝之；山林薮泽，足以备财用，则宝之。若夫哗嚣之美，楚虽蛮夷[24]，不能宝也。"

【注释】

[1] 本篇选自《国语·楚语下》。王孙圉（yǔ）：春秋末期楚国大夫。

[2] 聘：访问，代表本国政府访问其他诸侯国。

[3] 定公：晋定公，公元前511年—前476年在位。飨（xiǎng）：用酒食招待客人。

[4] 赵简子：赵鞅，又名志父，春秋末期晋国的卿。鸣玉：使衣服上的佩玉相触发响。相（xiàng）：相礼。辅佐国君执行礼仪。

[5] 珩（héng）：一作“衡”，系在玉佩上部的横玉。

[6] 观（guàn）射（yì）父（fǔ）：春秋末期楚国大夫。

[7] 训辞：外交辞令。

[8] 行事：交往。

[9] 口实：话柄。

[10] 倚相：春秋末期楚国史官人名。

[11] 上下：指天地。说：同“悦”。古代相传，史官能和鬼神交往。

[12] 道：通“导”。

[13] 薮（sǒu）：生长着很多草的湖。云连徒洲：地名，位于今湖北监利县北。

[14] 金：指铜、铁等金属。箭：箭竹。

[15] 龟：龟甲。古代用龟甲占卜，并记载吉凶征兆。珠：珍珠。古代相传，珍珠可以防御火灾。角：兽角，可以做弓弩的构件。齿：象牙。皮：兽皮，如虎皮可做垫席，鱼皮可做盛弓箭、刀剑的囊、鞘。革：犀牛皮，可做甲胄。羽：鸟类的羽毛。毛：牦牛尾，又叫旄头，用来做旗杆顶端的装饰品。

[16] 赋：兵赋，军用物资。

[17] 戒：防备。不虞：没有料到的患难。

[18] 共：同“供”，供给。

[19] 宾：作动词用，即款待宾客。享：馈赠，献礼。

[20] 好（hào）：喜爱。币具：礼品。

[21] 制：控制，掌握。议：评判。

[22] 玉：指国君用于祭祀的玉器。嘉谷：古以粟为嘉谷，后成为五谷的总称。

[23] 宪：显示。臧否（pǐ）：善恶，得失。

[24] 蛮夷：古称南方部族为蛮夷。楚国位于南方，礼仪、文化与中原不同，所以王孙圉谦称蛮夷。

【提示】

本文记叙了楚国大夫王孙圉与晋国卿赵简子之间关于楚国宝贝的一段对话。王孙圉作为一个使臣，在对方企图以借楚宝为题羞辱自己国家的时候，从容镇定，机智有力地回击了对方，维护了本国的尊严。

王孙圉的论述酣畅淋漓，观点鲜明，机锋射人，始终不离楚宝又不囿于楚宝，纵横驰骋又层层推进。他首先断然否定了赵简子所说的白珩是楚宝，给骄横的赵简子迎头一击，变被动为主动。紧接着提出了楚人视为宝贝的是人才和物产，并说明了视其为宝的原因，就是于国于民有利。对比白珩，其无用而不可为宝之理明矣。第二段，王孙圉从具体论述楚国的宝贝进而泛论国家之宝，他所说的六种国宝，都体现了能为国为民派大用的特点。最后一笔收拢，又回到楚宝上来，进一步点明了华而不实的美玉不能被视为楚宝，并暗示了视其为宝的愚昧。这样，既使自己的论述首尾照应，无懈可击，又含蓄地对赵简子“鸣玉以相”进行了嘲讽。

自古以来，人们对什么是最可宝贵的东西就有各种不同的看法。衡量宝贝的标准不同，得出的结论就必然不同。王孙圉的这篇评论，对我们怎样认识、判断事物的价值，难道不具有一定的启发性吗？

【思考题】

一、本文在表现人物的性格特征方面有何特点？

二、王孙圉评价宝贝的标准是什么？你对此有何看法？

庄辛说楚襄王[1]

《战国策》

《战国策》是一部战国时代的史料汇编，也是一部优秀的散文集。作者已无可考。流传到现在的本子是经西汉学者刘向整理编订的，因其主要内容是记载战国时代游说之士的策谋或互相辩难的言行，故定名为《战国策》。全书分为12国策，共33篇。书中记事，始于周贞定王十四年，止于秦始皇三十一年（前455—前216年）。保存了西周、东周及秦、齐、楚、赵、魏、韩、燕、宋、卫、中山诸国许多珍贵的历史资料，是研究战国史的重要文献。

从文学角度看，《战国策》文笔恣肆，语言流畅，说理充分，论事透辟，尤善于运用比喻和寓言故事说明事理，具有很强的说服力和艺术感染力。在人物刻画方面，一些篇章镂刻精细，极为生动传神。《战国策》对后世散文有深远影响。

庄辛谓楚襄王曰："君王左州侯，右夏侯[2]，辇从鄢陵君与寿陵君[3]，专淫逸侈靡，不顾国政，郢都必危矣[4]！"襄王曰："先生老悖乎[5]，将以为楚国袄祥乎[6]？"庄辛曰："臣诚见其必然者也，非敢以为国袄祥也。君王卒幸四子者不衰[7]，楚国必亡矣。臣请辟于赵[8]，淹留以观之[9]。"

庄辛去之赵，留五月，秦果举鄢、郢、巫、上蔡、陈之地[10]，襄王流揜于城阳[11]。于是使人发驺[12]，征庄辛于赵[13]。庄辛曰："诺。"

庄辛至。襄王曰："寡人不能用先生之言，今事至于此，为之奈何？"

庄辛对曰："臣闻鄙语曰：'见兔而顾犬，未为晚也[14]；亡羊而补牢，未为迟也[15]。'臣闻昔汤、武以百里昌，桀、纣以天下亡。今楚国虽小，绝长续短[16]，犹以数千里，岂特百里哉？

"王独不见夫蜻蛉乎[17]？六足四翼，飞翔乎天地之间，俛啄蚊虻而食之[18]，仰承甘露而饮之，自以为无患，与人无争也；不知夫五尺童子，方将调饴胶丝[19]，加己乎四仞之上[20]，而下为蝼蚁食也[21]。

"夫蜻蛉，其小者也，黄雀因是以[22]。俯噣白粒[23]，仰栖茂树，鼓翅奋翼，自以为无患，与人无争也；不知夫公子王孙，左挟弹[24]，右摄丸，将加己乎十仞之上，以其类为招[25]。昼游乎茂树，夕调乎酸咸[26]，倏忽之间，坠于公子之手[27]。

"夫黄雀，其小者也，黄鹄因是以[28]。游于江海，淹乎大沼[29]，俯噣鳝鲤[30]，仰啮蔆衡[31]，奋其六翮[32]而凌清风，飘摇乎高翔，自以为无患，与人无争也；不知夫射者，方将修其碆卢[33]，治其矰缴[34]，将加己乎百仞之上，被礛磻[35]，引微缴[36]，折清风而抎矣[37]。故昼游乎江湖，夕调乎鼎鼐[38]。

“夫黄鹄，其小者也，蔡灵侯之事因是以[39]。南游乎高陂[40]，北陵乎巫山[41]，饮茹溪之流[42]，食湘波之鱼，左抱幼妾，右拥嬖女[43]，与之驰骋乎高蔡[44]之中，而不以国家为事；不知夫子发方受命乎灵王[45]，系己以朱丝而见之也。

“蔡灵侯之事其小者也，君王之事因是以。左州侯，右夏侯，辇从鄢陵君与寿陵君，饭封禄之粟[46]，而载方府之金[47]，与之驰骋乎云梦之中[48]，而不以天下国家为事；不知夫穰侯方受命乎秦王[49]，填黾塞之内[50]，而投己乎黾塞之外[51]。”

襄王闻之，颜色变作，身体战慄，于是乃以执珪而授之为阳陵君[52]，与淮北之地也[53]。

【注释】

[1] 本文选自《战国策·楚策四》。庄辛：楚臣，楚庄王的后代。楚襄王：即楚顷襄王，名横，怀王的儿子。

[2] 州侯、夏侯：皆为楚襄王的宠臣。

[3] 辇从：跟随在楚王辇车之后。鄢陵君、寿陵君：皆为楚王宠臣。

[4] 郢都：楚国的国都，在今湖北江陵。

[5] 悖（bèi）：悖谬、昏乱。

[6] 祅（yāo）祥：灾祸的预兆。祅，亦作“妖”。祥，凶吉的预兆，这里指灾祸。

[7] 卒幸：始终宠爱。

[8] 辟：同“避”。

[9] 淹：滞留。

[10] 举：攻拔。鄢、郢：鄢，原为楚国之地，在今湖北宜城；郢，楚国国都。巫：楚之巫郡，今湖北省宜昌市以西沿江地区。上蔡、陈：当指楚所迁蔡人陈人新封地，其地无考，似在郢都近旁。此顷襄王二十一年白起拔郢前夕事。

[11] 流：流亡。揜（yǎn）：遮蔽。这里有藏匿之意。城阳：成阳，在今河南息县西北。

[12] 发驺：派遣骑从。发：派出。驺：骑马的侍从。

[13] 征：召。

[14] “见兔”两句：大意是说，猎人虽没有预先使猎犬搜寻兔子，但如在看到兔子后，即发犬捕捉，也还不算太晚。

[15] “亡羊”两句：大意是说，在一些羊逃走以后，即去修补羊圈，也还不算太迟，因为可以防止其余的羊逃跑。牢：养牲畜的圈。

[16] 绝长续短：截长补短，把土地拼凑在一起计算。

[17] 蜻蛉：蜻蜓一类的昆虫。

[18] 俛（fǔ）：同“俯”，向下，低头。蝱（máng）：亦作“虻”，蝇类小飞虫。

[19] 饴：糖浆，性黏。

[20] 加己：加于其身，这里指加害。己：此处指蜻蛉。仞：八尺或七尺为一仞。

[21] 蝼：蝼蛄。一种小昆虫。

[22] 因：犹。是：此。以：通“已”，语助词。因是以，即如同这样。

［23］噣：同“啄”。白粒：指米。

［24］弹：弹弓。

［25］类：王念孙《读书杂志》以为“‘类’当为‘颈’”。招：射击的目标。

［26］调乎酸咸：用酸咸调味，指为人所烹。

［27］“倏忽之间”二句：王念孙以为这十个字是“后人妄加”的。

［28］鹄（hú）：形状像鹅而体形较大的一种鸟，也称天鹅。

［29］淹：停留。

［30］鳝：原作“鲢”，鲍彪注本改作“鳝”。王念孙认为当做“鰋”。鰋（yǎn）：一种白额的鱼。

［31］蔆衡：同“菱荇”。荇，水草。

［32］翮（hé）：羽茎。六翮：羽翼。

［33］碆（bō）：石镞，即石制的箭头。卢：通作“玈（lú）”，黑色。这里指黑色的弓。

［34］治：整治。矰（zēng）：短箭。缴（zhuó）：系在箭上的丝绳。矰缴：系有生丝绳的箭，捕鸟用。

［35］被：遭受。一说通“披”。磩（jiān）：锐利。磻（bō）：石箭头。

［36］引：拖。

［37］折：曲行。《礼记·玉藻》：“折还中矩。”郑玄注：“折，曲行也。”抎：通“陨”，坠落。这句说，黄鹄被射中后，拖着轻微的缴绳在清风中曲曲折折地掉了下来。

［38］鼎：古代用以烧煮食物的器具。鼐（nài）：大型的鼎。

［39］蔡灵侯：一本作“蔡圣侯”。灵侯名般。蔡国的国君，后为楚灵王所杀。蔡国在今河南上蔡。

［40］高陂：高坡。又，吴师道说：陂，池。

［41］陵：登。巫山：在今四川巫山县东。

［42］茹溪：在今四川巫山县以北。

［43］嬖（bì）女：宠幸的女子。

［44］高蔡：上蔡。

［45］子发：楚大夫。据《左传·昭公十一年》与《史记·楚世家》所载，受灵王命围蔡者是公子弃疾，不是子发。《史记·楚世家》：“八年使公子弃疾，将兵灭陈，十年召蔡侯醉而杀之，使弃疾定蔡，因为陈蔡公。”灵王：楚灵王，名围。

［46］饭：作动词用，即吃。封禄之粟：各封邑进奉来的粮食。

［47］载：指楚襄王出游的车中装载。方府之金：四方府库所纳之金。

［48］云梦：楚大泽，在今湖北中部，跨长江两岸。此时云梦泽已大部沦陷于秦，楚襄王已不能驰骋其中。可能楚于其他地方也有加以“云梦”之称的，否则这是策士后来粉饰之词。

［49］穰侯：魏冉，秦昭王舅父，封于穰（在今河南邓县东南）。秦王：秦昭王。

［50］填：充塞。黾（méng）塞：黾阨塞，古隘道名，在今河南武胜关一带。

［51］投：掩捕。以上两句是说，秦将陈重兵于黾塞之内，要出兵来掩捕已经出逃的顷襄王。

［52］执珪：楚之最高爵位。《淮南子·道应》注：“执圭，楚爵。功臣赐以圭，谓之执圭，比附庸之君也。”圭即珪，瑞玉。为阳陵君：据《新序》记载，襄王封庄辛为成陵君，与此不同。

［53］“与淮北之地”句：吴师道曰：“此句上有脱文。”《新序》作“乃封庄辛为成陵君，而用计焉，与举淮北之地”。按此时秦未占领楚淮北地。楚淮水以北地区颇大，或者魏国乘楚的逃亡侵占了一部分。《新序》“与举淮北之地”句，也不甚可解。

【提示】

楚国从怀王开始，已出现由盛转衰的趋势。顷襄王即位后，“淫逸侈靡，不顾国政”，庄辛进谏却不被采纳，终至秦兵攻破郢都。顷襄王逃到城阳后，不得不主动请庄辛来商量对策，庄辛以一系列生动的比喻告诫顷襄王，如果只图眼前享乐，终日与倖臣为伍，丧失警惕，必将招致国破身亡之祸。

庄辛这段谏言的最大特点，是大量引譬设喻，使说理生动形象而富有感染力。庄辛运用比喻至少有两个特色：一是由小到大，由远及近，由物到人，娓娓说来却步步紧逼，直到击中顷襄王的要害。二是正面立意，反面设喻。其立意为“见兔而顾犬，未为晚也。亡羊而补牢，未为迟也”，而所用比喻，全为“晚”、“迟”之事，突出了亡羊而不补牢的后果，这种写法就更具震撼力，不得不令对方警醒和深思。

这篇文章还成功地通过语言描写，展现了人物的性格特点。庄辛的劝诫分为两段：第一段为直言进谏，表现了庄辛清醒的政治头脑和勇敢无畏的精神。第二段引用一连串的比喻婉言相劝，显示出庄辛审时度势的眼光、巧妙的攻心术、出色的辩说才能和不计前嫌的胸怀。

总的来看，这篇文章体现了《战国策》的主要风格和特色。

【思考题】

一、本文运用比喻有何特色，试举例分析。

二、庄辛的论述对我们现在立身处世有何借鉴意义？

子路曾皙冉有公西华侍坐[1]

《论语》

《论语》是儒家学派的经典，主要记载孔子及其弟子的言行，由孔子弟子或再传弟子记录编纂而成。

孔子（前551—前479年），名丘，字仲尼，春秋时鲁国陬邑（今山东曲阜）人。我国古代伟大的思想家、教育家，儒家学派的创始人。其思想核心为“仁”，政治上主张“仁者爱人”、“克己复礼”，教育上主张“有教无类”、“因材施教”。孔子的思想对中国后世政治、思想、文化、教育等许多方面，都产生了深远的影响。

《论语》为语录体散文集，全书共20篇，每篇各有若干章，多半是简短的谈话和问答。其主要特点是语言简练，用意深远，雍容和顺，迂徐含蓄。有些篇章也能在简短的对话和行动描写中生动地展示人物的性格特点。

子路、曾皙、冉有、公西华侍坐。

子曰：“以吾一日长乎尔，毋吾以也[2]。居则曰：‘不吾知也[3]！’如或知尔，则何以哉[4]？”

子路率尔而对曰[5]：“千乘之国[6]，摄乎大国之间[7]，加之以师旅[8]，因之以饥馑[9]；由也为之[10]，比及三年[11]，可使有勇，且知方也[12]。”

夫子哂之[13]。

“求，尔何如？”

对曰：“方六七十[14]，如五六十[15]，求也为之，比及三年，可使足民[16]。如其礼乐，以俟君子[17]。”

“赤，尔何如？”

对曰：“非曰能之，愿学焉。宗庙之事[18]，如会同[19]，端章甫[20]，愿为小相焉[21]。”

“点，尔何如？”

鼓瑟希，铿尔，舍瑟而作[22]。对曰：“异乎三子者之撰[23]。”

子曰：“何伤乎[24]，亦各言其志也！”

曰：“莫春者[25]，春服既成，冠者五六人[26]，童子六七人，浴乎沂[27]，风乎舞雩[28]，咏而归。”

夫子喟然叹曰：“吾与点也[29]。”

三子者出，曾皙后[30]。曾皙曰：“夫三子者之言何如？”

子曰：“亦各言其志也已矣！”

曰：“夫子何哂由也？”

曰：“为国以礼，其言不让，是故哂之。”“唯求则非邦也与[31]？”“安见方六七十、如五六十而非邦也者！”“唯赤则非邦也与？”“宗庙、会同，非诸侯而何？赤也为之小[32]，孰能为之大？”

【注释】

[1] 本文选自《论语·先进》。子路：仲氏，名由，字子路。曾皙（xī）：名点，字皙，曾参的父亲。冉有：名求，字子有。公西华：公西氏，名赤，字子华。四人均为孔子弟子。侍坐：陪孔子坐着。

[2] “以吾”两句：大意说，你们不要因为我的年龄比你们长一些就受拘束而不敢言。下句的“吾以”二字是倒装。

[3] “居则曰”两句：你们平日闲居时常说：“人家不了解我啊！”则：作“辄”解，犹常常。

[4] “如或”两句：意谓如果有人了解你们，要用你们，你们将怎样从政呢？

[5] 率尔：急遽的样子。

[6] 千乘之国：古代按土地出兵车，能出一千辆兵车的是一个拥有一百平方公里面积的诸侯之国。

[7] 摄：逼迫。

[8] 师旅：古代军队的组织单位，二千五百人为师，五百人为旅。此处指战争。

[9] 因：犹继。饥馑：灾荒。《尔雅·释天》：谷不熟为饥，蔬不熟为馑。

[10] 为：治理。

[11] 比（bì）：等到的意思。

[12] 方：指礼义。

[13] 夫子：古代对男子的一种敬称。哂（shěn）：微笑。

[14] 方六七十：指六七十平方公里的小国。

[15] 如：或。

[16] 足民：使民衣食富足。

[17] “如其”两句：意思说，至于兴礼乐教化，则不是自己所能，须待其他君子。这是自谦的话。

[18] 宗庙之事：指祭祀之事。宗庙，是君主祭祀祖先的地方。

[19] 如：或。会同：诸侯会盟之事。

[20] 端：玄端，一种礼服。章甫：一种礼帽。此言自己愿意穿着礼服，戴着礼帽。

[21] 相：祭祀、会盟时主持赞礼的人，即司仪。称“愿为小相”，表示谦逊。

[22] “鼓瑟”三句：记述曾皙承孔子询问及作答时的动作。鼓：作动词用，犹“弹”。希：“稀”之本字。曾皙正在鼓瑟，及被孔子一问，注意力分散，故瑟声逐渐稀疏了。一说，鼓瑟已近尾声，故乐音稀疏。铿（kēng）尔：放瑟声。一说，指曲终的余音。作：起。

[23] 撰：述。这句大意是，我的志向和他们三位所讲的不一样。

[24] 何伤：有什么妨害。

[25] 莫：同“暮”。暮春：夏历三月。

[26] 冠者：指成年人。古代男子二十岁举行冠礼。

[27] 沂（yí）：水名，在今山东曲阜南。

[28] 风：作动词用，迎风乘凉。舞雩（yú）：鲁国祭天求雨的场所。

[29] 与：赞同。

[30] 后：最后出。

[31] "唯求"句：与下文"唯赤"句同为曾皙的发问之词。邦：国。这句说，难道冉求所说的就不是邦国之事了吗？

[32] "赤也"句：指上文公西华自称"愿为小相"的话。意谓公西华只能做小相，那谁还能做大相呢？

【提示】

本文记述孔子弟子子路等四人申述各自的政治抱负和人生理想，以及孔子对他们的评价。子路、冉有、公西华三人的说法，虽然志向大小不同，态度谦倨有别，但都是从正面回答"如或知尔，则何以哉"。只有曾皙的回答似乎离题，他不是讲得到国君信任后将怎样从政，而是讲投身于大自然，过悠闲自在生活的乐趣。这样离开政治而谈自己的志趣，却意外地得到了孔子的赞许。为什么孔子特别赞赏曾皙的志向呢？孔子认为修养自己来使所有的百姓安乐，这是君子的最高境界。他曾在回答子路关于怎样才能算是一个君子的问题时说："修己以安百姓。修己以安百姓，尧舜其犹病诸？"（《论语·宪问》）曾皙的做法正是修身养性，以此教化社会，就能使百姓都过上安然悠闲的生活，这不就达到了治理天下的最高境界了吗？所以孔子由衷地赞叹道："吾与点也。"也有人认为，这段话反映了孔子在不得志时产生的一种愤世嫉俗的思想。孔子曾周游列国，四方游说，却处处受到冷遇。虽然孔子是主张积极用世的，但在屡受挫折之后，有时难免会产生一种脱离人间世俗，自甘淡泊的想法。

这篇短文，虽然只有三百字左右，但描写人物的语态性格却非常传神。孔子的和蔼可亲和循循善诱，子路的率直而自负，冉有、公西华的谦逊，曾皙的洒脱和志趣高远，都一一表现得清晰而生动。特别是曾皙的那一段话，非常形象地描绘出一幅阳光和煦、其乐融融的春游图，充满诗情画意，文采灿然。

【思考题】

一、孔子对四位弟子所申述的不同志向的评价，表现了怎样的思想感情？

二、分析本文的语言特点。

好乐何如

《孟子》

《孟子》是重要的儒家经典著作，也是先秦优秀的散文集。它主要记述战国中期思想家孟子的言行，由孟子本人和他的门弟子公孙丑、万章等人编写而成。

孟子（约前372—前289年），名轲，邹（今山东邹县东南）人。他曾受业于孔子之孙子思的门人，继承和发展了孔子的学说。孔子讲“仁”，孟子往往“仁义”并言；孔子讲忠恕之道，讲“克己复礼为仁”，孟子则认为“贼仁”、“贼义”之君当诛，说“武王伐纣”乃“闻诛一夫纣矣，未闻弑君也”。说“贵戚之卿”，可使“有大过”却“反复（谏）之而不听”之君“易位”。明确提出一国之内“民为贵，社稷次之，君为轻”。此外，还提出人“性善”，同时主张“君子深造之以道，欲其自得之也”，并且自谓“我善养吾浩然之气”，从多方面丰富和发展了孔子开创的儒学思想。

《孟子》七篇，全是论辩文字。其中《梁惠王》、《公孙丑》、《滕文公》和《万章》四篇几乎都是用的对话（包括问答形式）体，《离娄》、《告子》和《尽心》三篇则以语录体为主。孟子主要是用批判异学的方式来维护孔子儒学的正统地位和宣扬自己的观点，故其好辩、善辩。加上他胸怀浩然之气，“说大人则藐之”，又“诐辞知其所蔽，淫辞知其所陷，邪辞知其所离，遁辞知其所穷”，深谙论辩诀窍，故其为文，能做到“近而远，浅而深，流畅条达而详允精密。不为钩深索隐，而肯綮盘错，通会无迹”（郝敬《读孟子》）。不单出语犀利、气势凌厉者有强大的震撼力，就是辞不迫切，“语约而意尽，不为巉刻斩绝之言，而其锋不可犯”（苏洵《上欧阳内翰第一书》）。《孟子》内容宽厚宏博，行文气盛语壮，对古代儒家散文发展产生过深远影响。

庄暴见孟子[1]，曰：“暴见于王[2]，王语暴以好乐[3]，暴未有以对也[4]。”曰[5]：“好乐何如[6]？”

孟子曰：“王之好乐甚，则齐国其庶几乎[7]！”

他日，见于王曰：“王尝语庄子以好乐[8]，有诸[9]？”

王变乎色[10]，曰：“寡人非能好先王之乐也[11]，直好世俗之乐耳。”

曰：“王之好乐甚，则齐其庶几乎！今之乐由古之乐也[12]。”

曰：“可得闻与[13]？”

曰：“独乐乐[14]，与人乐乐，孰乐？”

曰：“不若与人。”

曰：“与少乐乐[15]，与众乐乐，孰乐？”

曰："不若与众。"

"臣请为王言乐。今王鼓乐于此[16]，百姓闻王钟鼓之声、管籥之音[17]，举疾首蹙頞而相告曰[18]：'吾王之好鼓乐，夫何使我至于此极也[19]？父子不相见，兄弟妻子离散。'今王田猎于此[20]，百姓闻王车马之音，见羽旄之美[21]，举疾首蹙頞而相告曰：'吾王之好田猎，夫何使我至于此极也？父子不相见，兄弟妻子离散。'此无他，不与民同乐也。

"今王鼓乐于此，百姓闻王钟鼓之声、管籥之音，举欣欣然有喜色而相告曰：'吾王庶几无疾病与，何以能鼓乐也？'今王田猎于此，百姓闻王车马之音，见羽旄之美，举欣欣然有喜色而相告曰：'吾王庶几无疾病与，何以能田猎也？'此无他，与民同乐也。今王与百姓同乐，则王矣[22]。"

齐宣王问曰："文王之囿方七十里[23]，有诸？"

孟子对曰："于传有之[24]。"

曰："若是其大乎[25]？"

曰："民犹以为小也。"

曰："寡人之囿方四十里，民犹以为大，何也？"

曰："文王之囿方七十里，刍荛者往焉[26]，雉兔者往焉[27]，与民同之。民以为小，不亦宜乎？臣始至于境，问国之大禁，然后敢入。臣闻郊关之内有囿方四十里[28]，杀其麋鹿者如杀人之罪，则是方四十里为阱于国中[29]。民以为大，不亦宜乎？"

……

齐宣王见孟子于雪宫[30]。王曰："贤者亦有此乐乎？"孟子对曰："有。人不得，则非其上矣[31]。不得而非其上者，非也；为民上而不与民同乐者，亦非也。乐民之乐者，民亦乐其乐，忧民之忧者，民亦忧其忧。乐以天下，忧以天下，然而不王者，未之有也。

"昔者齐景公问于晏子[32]，曰：'吾欲观于转附朝儛[33]，遵海而南[34]，放于琅邪[35]，吾何修而可以比于先王观也[36]？'

晏子对曰：'善哉问也！天子适诸侯曰巡狩。巡狩者，巡所守也。诸侯朝于天子曰述职。述职者，述所职也。无非事者。春省耕而补不足[37]，秋省敛而助不给[38]。夏谚曰[39]：'吾王不游，吾何以休？吾王不豫[40]，吾何以助？一游一豫，为诸侯度[41]。'今也不然：师行而粮食[42]，饥者弗食，劳者弗息。睊睊胥谗[43]，民乃作慝[44]。方命虐民[45]，饮食若流[46]。流连荒亡，为诸侯忧。从流下而忘反谓之流[47]，从流上而忘反谓之连，从兽无厌谓之荒[48]，乐酒无厌谓之亡。先王无流连之乐、荒亡之行。惟君所行也。'

"景公悦，大戒于国[49]，出舍于郊。于是始兴发补不足[50]。召大师曰：'为我作君臣相说之乐[51]！'盖《徵招》、《角招》是也[52]。其诗曰'畜君何尤[53]？'畜君者，好君也。"

【注释】

［1］庄暴：齐国臣子，余不详。

［2］王：指齐宣王。齐宣王（？—前301年）为齐威王之子，田氏，名辟疆，约前319—前301年在位。

［3］好乐：喜好音乐。

［4］未：没有。有以：有理由或有一种看法。"未有以对"是说找不到一种理由回答对方。

［5］曰：仍指庄暴说。在同一人说辞中，用"曰"字隔断上下语句，表示说话者说话有所停顿。

［6］何如：怎么样。句中有究竟好不好的意思。

［7］其：表揣测的副词。庶几：差不多。"其庶几"，意谓"大概就会很不错了吧"。

［8］庄子：指庄暴。子，古代对男子的尊称。

［9］有诸：意谓："有这回事吗？"诸："之乎"的合音。

［10］变乎色：指脸色改变，文中写齐宣王不好意思的神态。

［11］寡人，古代君主的谦称。

［12］由：通"犹"，还。

［13］闻：听。可得闻与，意谓："可以把这个道理说给我听听吗？"

［14］乐乐：前一"乐（yuè）"字，作动词用，意谓欣赏音乐，后一"乐（lè）"字作快乐解。

［15］少：指少数人。

［16］鼓乐：奏乐。鼓，敲击、弹奏。

［17］管籥(yuè)：管和籥，古代两种吹奏的乐器。管，今已失传，传说似篪(chí)而小，长一尺，六孔，并两而吹。籥，像笛，短管，三孔或六孔。

［18］举：皆，俱，全都。疾首：犹言头痛。蹙(cù)頞(è)：蹙，皱、缩；頞，鼻梁。蹙頞，犹言皱眉头，描写痛苦之状。

［19］此极：意谓这种地步。极，顶点。

［20］田猎：打猎。

［21］羽旄（máo）：古代一种军旗，文中代指仪仗。

［22］王（wàng）：作动词用，称王，即使天下归服。

［23］囿（yòu）：古代畜养禽兽草木的园林，无围墙者称囿，有围墙者称苑。方：测量面积的一种单位。"方七十里"，谓纵横各七十里。

［24］传（zhuàn）：书传，指史书所记。

［25］其：用法相当于"之"。

［26］刍（chú）荛（ráo）者：指割草砍柴的人。刍，割草；荛，打柴。

［27］雉（zhì）兔者：指捕野鸡猎兔的人，即打猎的人。

［28］郊关：郊指城外郊区，关指城关。

［29］国：国都。

［30］雪宫：齐宣王的离宫。离宫为君主正宫以外、在外临时居住的宫馆。

［31］非：非议、责怪。上：指君主。

［32］齐景公（？—前490年）：春秋时齐国君主，姜姓名杵臼。齐庄公的异母弟，前547—前490年在位。晏子：即晏婴，春秋齐国贤臣。其事迹可参看《晏子春秋》。

［33］观：游览。转附：地名，后人疑其为芝罘山（位于山东烟台西北的陆连岛）。朝儛（wǔ）：地名，后人疑其为山东荣成东之召石山。

［34］遵：沿着。

［35］放：使远游。琅邪：山名，位于今山东诸城东南。

［36］脩：同“修”。何脩，意谓“如何做”。

［37］省（xǐng）耕：视察耕种情况。省，察看、视察。不足：指难以耕种的贫困人家。

［38］敛：聚敛、收集，文中指收获庄稼。不给：指所收粮食不能自给的农户。

［39］夏：指夏代。

［40］豫：与“游”义同。

［41］度：法度。

［42］师行：指出游时兴师动众而行。粮食：作动词用，意谓筹粮运米。

［43］睊（juàn）睊：侧目相视的样子，写人愤怒之状。胥：都。谗：说别人的坏话。

［44］慝（tè）：恶。

［45］方（fáng）命：违背天命。方，违、逆。

［46］若流：如同流水。“饮食若流”，谓大吃大喝、铺张浪费如同流水。

［47］从流下：指从河流上游玩到河流下游。反：同“返”。

［48］从兽：指猎兽。无厌：没有满足的时候。

［49］戒：备，准备。国：都城。

［50］始兴：开始行动。兴，作。

［51］说（yuè）：通“悦”，喜悦。

［52］《徵（zhǐ）招》、《角招》：两种乐曲名。徵、角是古代五音（宫、商、角、徵、羽）中的两个音声名。招，同“韶”。

［53］畜（xù）君：喜爱君主。尤：错误、过失。

【提示】

《好乐何如》选自《孟子·梁惠王》。

本文论述君主的忧乐观，实已涉及为君之道，立论的理论基点是君主当行仁政，以民为本。文章的关键句应是：“与民同乐。”“今王与百姓同乐，则王矣。”“乐民之乐者，民亦乐其乐；忧民之忧者，民亦忧其忧。乐以天下，忧以天下，然而不王者，未之有也。”这些语句与《梁惠王》次段所说“古之人与民偕乐，故能乐也”一样，都意在强调君主与民同乐的重要。

文章由对齐威王个人爱好（“好乐”）的议论，引出君主“与民同乐”的治国之道和“乐以天下，忧以天下”的称王之术，颇能反映《孟子》说理近而能远、浅而能深的艺术特点。全文分为三节，都用对话形式结构其文。第一节主体是孟子和齐威王的对话，庄暴与孟子的问对只对主体内容起引发、提絜作用。孟子先肯定宣王“好乐”，然后通过提问，使威王说出“独乐乐”不若“与人乐乐”、“与少乐乐”不若“与众乐乐”的感受。再将“与人乐乐”、“与众乐乐”引向“与民同乐”。并细说君主将其欣赏音乐之乐、田猎之乐和顾及民众生计之乐结合在一起，才是“与民同乐”，否则即为“不与民同乐”，从而得出“今王与百姓同乐，则王矣”的结论。读这节文字，不难看出孟子说理如何借助对话以推阐入深的手法。第二节写孟子借与齐宣王讨论文王之囿是大是小的问题，说君主之囿若与民同用，再大也不算大；若诛杀出入囿中的民众，则设囿如同设阱，小亦为大。显然，此节所言，仍体现了孟子君主当与民同乐的主张。第三节仅一问一答，但孟子的答词中又有问对之词。孟子答词除进一步提出君主“乐民之乐”、“忧民之忧”、“乐以天下、忧以天下”必能为王于天下的观点外，还借齐景公、晏子的问对之词，具体说到君主当如何与民同乐的方法。从这番答词，可见孟子说理好引《诗》、传以及谚语为证，又爱用先王之事为证，而且引先王之事是展开来说，不同于后来骈文中的用典。

【思考题】

一、孟子说的君主当与民同乐和他讲的推行仁政、民为邦本有什么关系？

二、联系本文说说孟子说理由近及远、推阐入深的特点。

秋　水[1]

《庄子》

《庄子》是庄子及其门人的著作。

庄子（约前369—前286年），名周，战国时宋国蒙（今河南商丘东北）人，是老子之后道家的主要代表人物，后世将他与老子并称为“老庄”。庄子的思想既有合理因素，也有消极成分。他主张顺应自然，提倡无为而无不为。他的哲学思想的基本倾向是唯心主义的，其中有不少辩证法的因素。庄子对统治阶级采取不合作的态度，对当时黑暗现实也有所揭露和抨击。

《庄子》一书现存33篇，其中内篇7，外篇15，杂篇11。一般认为内篇为庄周自著，外、杂篇为庄周的门人和后学所撰。这些文章想象丰富、构思奇特、纵横恣肆、辞藻瑰丽，并多采用寓言形式，善于用比，富有浪漫主义色彩。《庄子》的艺术成就是高超的，正如鲁迅先生评价的：“晚周诸子之作，莫能先也。”庄子的思想和散文艺术，对后世作家产生了极其深远的影响。

秋水时至[2]，百川灌河[3]。泾流之大[4]，两涘渚崖之间[5]，不辩牛马[6]。于是焉河伯欣然自喜[7]，以天下之美为尽在己[8]。顺流而东行，至于北海，东面而视，不见水端[9]。于是焉河伯始旋其面目[10]，望洋向若而叹曰[11]：“野语有之曰[12]：‘闻道百，以为莫己若者[13]。’我之谓也[14]。且夫我尝闻少仲尼之闻而轻伯夷之义者[15]，始吾弗信。今我睹子之难穷也[16]，吾非至于子之门则殆矣[17]，吾长见笑于大方之家[18]。”

北海若曰：“井蛙不可以语于海者[19]，拘于虚也[20]；夏虫不可以语于冰者，笃于时也[21]；曲士不可以语于道者[22]，束于教也[23]。今尔出于崖涘[24]，观于大海，乃知尔丑[25]，尔将可与语大理矣[26]。天下之水，莫大于海：万川归之，不知何时止而不盈[27]；尾闾泄之[28]，不知何时已而不虚[29]；春秋不变，水旱不知。此其过江河之流[30]，不可为量数。而吾未尝以此自多者[31]，自以比形于天地，而受气于阴阳[32]，吾在于天地之间，犹小石小木之在大山也。方存乎见少[33]，又奚以自多[34]！计四海之在天地之间也，不似礨空之在大泽乎[35]？计中国之在海内[36]，不似稊米之在大仓乎[37]？号物之数谓之万[38]，人处一焉[39]；人卒九州[40]，谷食之所生[41]，舟车之所通[42]，人处一焉[43]。此其比万物也[44]，不似豪末之在于马体乎[45]？五帝之所连[46]，三王之所争[47]，仁人之所忧[48]，任士之所劳[49]，尽此矣[50]！伯夷辞之以为名[51]，仲尼语之以为博[52]。此其自多也[53]，不似尔向之自多于水乎[54]？”

河伯曰：“然则吾大天地而小豪末[55]，可乎？”

北海若曰：“否。夫物，量无穷[56]，时无止[57]，分无常[58]，终始无故[59]。是故大知观于远近[60]，故小而不寡[61]，大而不多，知量无穷；证曏今故[62]，故遥而不闷[63]，掇而不跂[64]，知时无止；察乎盈虚[65]，故得而不喜，失而不忧[66]，知分之无常也；明乎坦涂[67]，故生而不说，死而不祸[68]，知终始之不可故也。计人之所知，不若其所不知；其生之时，不若未生之时；以其至小[69]，求穷其至大之域，是故迷乱而不能自得也！由此观之，又何以知豪末之足以定至细之倪[70]？又何以知天地之足以穷至大之域？”

河伯曰：“世之议者，皆曰：‘至精无形[71]，至大不可围。’是信情乎[72]？”

北海若曰：“夫自细视大者不尽，自大视细者不明。夫精，小之微也；垺，大之殷也[73]；故异便[74]。此势之有也[75]。夫精粗者，期于有形者也[76]；无形者，数之所不能分也[77]；不可围者，数之所不能穷也。可以言论者[78]，物之粗也[79]；可以意致者，物之精也[80]。言之所不能论，意之所不能察致者，不期精粗焉[81]。是故大人之行，不出乎害人，不多仁恩[82]；动不为利，不贱门隶[83]；货财弗争，不多辞让[84]；事焉不借人，不多食乎力，不贱贪汙[85]；行殊乎俗，不多辟异[86]；为在从众，不贱佞谄[87]；世之爵禄不足以为劝，戮耻不足以为辱[88]；知是非之不可为分，细大之不可为倪[89]。闻曰：‘道人不闻，至德不得[90]，大人无己。’——约分之至也[91]。”

河伯曰：“若物之外[92]，若物之内，恶至而倪贵贱[93]？恶至而倪小大？”

北海若曰：“以道观之[94]，物无贵贱；以物观之，自贵而相贱；以俗观之[95]，贵贱不在己。以差观之[96]，因其所大而大之[97]，则万物莫不大；因其所小而小之，则万物莫不小；知天地之为稊米也[98]，知豪末之为丘山也，则差数覩矣[99]。以功观之[100]，因其所有而有之[101]，则万物莫不有；因其所无而无之，则万物莫不无；知东西之相反而不可以相无[102]，则功分定矣[103]。以趣观之[104]，因其所然而然之[105]，则万物莫不然；因其所非而非之[106]，则万物莫不非；知尧、桀之自然而相非[107]，则趣操覩矣[108]。昔者尧、舜让而帝[109]，之、哙让而绝[110]，汤、武争而王[111]，白公争而灭[112]。由此观之，争让之礼，尧、桀之行，贵贱有时，未可以为常也[113]。梁丽可以冲城[114]，而不可以窒穴[115]，言殊器也[116]。骐骥、骅骝一日而驰千里[117]，捕鼠不如狸狌[118]，言殊技也。鸱鸺夜撮蚤[119]，察豪末，昼出瞋目而不见丘山[120]，言殊性也[121]。故曰：盖师是而无非[122]，师治而无乱乎？是未明天地之理[123]，万物之情者也[124]。是犹师天而无地，师阴而无阳，其不可行明矣[125]。然且语而不舍[126]，非愚则诬也[127]！帝王殊禅[128]，三代殊继[129]。差其时，逆其俗者[130]，谓之篡夫[131]；当其时，顺其俗者，谓之义之徒[132]。默默乎河伯！女恶知贵贱之门[133]，小大之家[134]！”

河伯曰：“然则我何为乎[135]？何不为乎？吾辞受趣舍[136]，吾终奈何[137]？”

北海若曰：“以道观之，何贵何贱，是谓反衍[138]；无拘而志[139]，与道大蹇[140]。何少何多，是谓谢施[141]；无一而行[142]，与道参差[143]。严乎若国之有君[144]，其无私德[145]；繇繇乎若祭之有社[146]，其无私福；泛泛乎其若四方之无穷[147]，其无所畛域[148]；兼怀万物[149]，其孰承翼[150]？是谓无方[151]。万物一齐[152]，孰短孰长？道无终始，物有死生，不恃其成[153]。一虚一满[154]，不位乎其形[155]。年不可举[156]，时不可止；消息盈虚[157]，终则有始。是所以语大义之方，论万物之理也[158]。物之生也，若骤若驰[159]，无动而不变[160]，无时而不移[161]。何为乎[162]？何不为乎？夫固将自化[163]！"

河伯曰："然则何贵于道邪[164]？"

北海若曰："知道者必达于理[165]，达于理者必明于权[166]，明于权者不以物害己[167]。至德者火弗能热[168]，水弗能溺[169]，寒暑弗能害[170]，禽兽弗能贼[171]；非谓其薄之也[172]，言察乎安危[173]，宁于祸福[174]，谨于去就[175]，莫之能害也[176]。故曰：天在内，人在外，德在乎天[177]；知天人之行[178]，本乎天，位乎得[179]，蹢躅而屈伸[180]，反要而语极[181]。"

曰："何谓天？何谓人？"

北海若曰："牛马四足，是谓天；落马首[182]，穿牛鼻，是谓人。故曰：无以人灭天，无以故灭命[183]，无以得殉名[184]，谨守而勿失，是谓反其真[185]。"

夔怜蚿[186]，蚿怜蛇，蛇怜风，风怜目，目怜心。

夔谓蚿曰："吾以一足趻踔而行[187]，予无如[188]矣！今子之使万足，独奈何[189]？"

蚿曰[190]："不然。子不见夫唾者乎？喷则大者如珠，小者如雾，杂而下者不可胜数也。今予动吾天机[191]，而不知其所以然。"

蚿谓蛇曰："吾以众足行而不及子之无足，何也？"

蛇曰："夫天机之所动，何可易邪[192]？吾安用足哉[193]！"

蛇谓风曰："予动吾脊胁而行，则有似也[194]；今子蓬蓬然起于北海[195]，蓬蓬然入于南海，而似无有，何也？"

风曰："然。予蓬蓬然起于北海而入于南海也，然而指我则胜我[196]，鳍我亦胜我[197]。虽然，夫折大木，蜚大屋者[198]，唯我能也，故以众小不胜为大胜也[199]。为大胜者，唯圣人能之。"

孔子游于匡[200]，宋人围之数币[201]，而弦歌不惙[202]。子路入见，曰："何夫子之娱也[203]？"孔子曰："来，吾语汝[204]！我讳穷久矣[205]，而不免，命也；求通久矣，而不得，时也。当尧、舜而天下无穷人[206]，非知得也[207]；当桀、纣而天下无通人[208]，非知失也。时势适然[209]。夫水行不避蛟龙者，渔父之勇也。陆行不避兕虎者[210]，猎夫之勇也。白刃交于前，视死若生者，烈士之勇也。知穷之有命，知通之有时，临大难而不惧者，圣人之勇也。由，处矣[211]！吾命有所制矣[212]！"

无几何，将甲者进[213]，辞曰[214]："以为阳虎也[215]，故围之。今非也，请辞而退。"

公孙龙问于魏牟曰[216]："龙少学先王之道，长而明仁义之行；合同异[217]，离坚白[218]；然不然[219]，可不可[220]；困百家之知[221]，穷众口之辩[222]；吾自以为至达已。今吾闻庄子之言，汒焉异之[223]；不知论之不及与？知之弗若与？今吾无所开吾喙[224]。敢问其方[225]？"

公子牟隐机太息[226]，仰天而笑曰："子独不闻夫埳井之蛙乎[227]？谓东海之鳖曰：'吾乐与！出跳梁乎井干之上[228]，入休乎缺甃之崖[229]；赴水则接腋持颐[230]，蹶泥则没足灭跗[231]；还虷、蟹与科斗[232]，莫吾能若也[233]！且夫擅一壑之水[234]，而跨跱埳井之乐[235]，此亦至矣。夫子奚不时来入观乎[236]？'东海之鳖左足未入，而右膝已絷矣[237]。于是逡巡而却[238]，告之海曰：'夫千里之远，不足以举其大；千仞之高[239]，不足以极其深。禹之时十年九潦[240]，而水弗为加益[241]；汤之时八年七旱，而崖不为加损[242]。夫不为顷久推移[243]，不以多少进退者[244]，此亦东海之大乐也。'于是埳井之蛙闻之，适适然惊[245]，规规然自失也[246]。且夫知不知是非之竟[247]，而犹欲观于庄子之言[248]，是犹使蚊负山，商蚷驰河也[249]，必不胜任矣！且夫知不知论极妙之言，而自适一时之利者[250]，是非埳井之蛙与[251]？且彼方跐黄泉而登大皇[252]，无南无北，奭然四解[253]，沦于不测[254]；无东无西，始于玄冥[255]，反于大通[256]；子乃规规然而求之以察[257]，索之以辩，是直用管窥天[258]，用锥指地也[259]，不亦小乎？子往矣！且子独不闻夫寿陵馀子之学行于邯郸与[260]？未得国能[261]，又失其故行矣，直匍匐而归耳[262]！今子不去，将忘子之故，失子之业。"

公孙龙口呿而不合[263]，舌举而不下[264]，乃逸而走[265]。

庄子钓于濮水[266]，楚王使大夫二人往先焉[267]，曰："愿以境内累矣！"

庄子持竿不顾[268]，曰："吾闻楚有神龟，死已三千岁矣，王巾笥而藏之庙堂之上[269]。此龟者，宁其死为留骨而贵乎？宁其生而曳尾于涂中乎[270]？"

二大夫曰："宁生而曳尾涂中。"

庄子曰："往矣，吾将曳尾于涂中。"

惠子相梁[271]，庄子往见之。或谓惠子曰[272]："庄子来，欲代子相。"于是惠子恐，搜于国中，三日三夜。

庄子往见之曰："南方有鸟，其名为鹓[273]，子知之乎？夫鹓鹓发于南海，而飞于北海，非梧桐不止[274]，非练实不食[275]，非醴泉不饮[276]。于是鸱得腐鼠[277]，鹓鹓过之，仰而视之曰：'吓[278]！'今子欲以子之梁国而吓我邪？"

庄子与惠子游于濠梁之上[279]。庄子曰："鲦鱼出游从容[280]，是鱼之乐也。"惠子曰："子非鱼，安知鱼之乐？"庄子曰："子非我，安知我不知鱼之乐？"惠子曰："我非子，固不知子矣[281]；子固非鱼也，子之不知鱼之乐，全矣[282]。"庄子曰："请循其本[283]。子曰，'女安知鱼乐'云者，既已知吾知之而问我。我知之濠上也[284]。"

【注释】

［1］本文选自《庄子·外篇》。

［2］时：作动词用，意谓按时、按季节。

［3］灌：注入。河：黄河。

［4］泾（jīng）流：水流。

［5］两涘（sì）：河的两岸。涘：水边，河岸。渚（zhǔ）崖：水中小岛的岸沿。渚：水中小岛。

［6］辩：通“辨”，辨别。

［7］河伯：黄河之神。

［8］尽在己：全都集中在自己这里。

［9］端：边，尽头。

［10］旋其面目：改变了他（原先欣然自喜）的面容。旋：转，转变。

［11］望洋：仰视的样子。若：海若，海神。

［12］野语：俗语。

［13］莫己若：“莫若己”的倒装。

［14］我之谓：谓我。

［15］尝闻：曾经听说。少仲尼之闻：小看孔子（仲尼）的学识。轻伯夷之义：轻视伯夷的义行。伯夷：商代诸侯孤竹君的长子，与其弟叔齐互让君位，逃亡到周。周武王伐商纣王时，伯夷、叔齐两人叩马谏阻，认为臣伐君乃不义之举。商亡后，伯夷兄弟不食周粟，最终饿死在首阳山。

［16］子：你，本指海神若，这里借指整个北海。难穷：难以穷尽。

［17］殆（dài）：危险。

［18］大方之家：明白大道理的人。

［19］以：与。

［20］拘于虚：眼界受狭小居处、环境的局限。拘：受拘束，受局限。虚：同“墟”，狭小的居处。

［21］笃：固，拘限。时：时令季节。

［22］曲士：乡曲之士，指见识浅陋之人。

［23］束于教：受所受教育情况的束缚。束：束缚，限制。

［24］尔：你。

［25］乃：才。丑：鄙陋。

［26］大理：大道理。

［27］盈：满。

［28］尾闾：神话中排泄海水的地方。泄：排泄。

［29］已：停止。虚：空虚。

［30］“此其”句：大海的容水量超过了长江、黄河的水流。其：它，指大海。过：超过。

［31］自多：自我夸耀。多：赞美，自负。

［32］“自以”句：我自以为列身于天地间，禀受了阴阳之气。比：并列。形：身形。

［33］方存乎见少：正是自己存有见识很少的想法。方：正。

［34］奚以：何以，怎么。

［35］礨（lěi）空：蚁穴，小孔穴。

［36］中国：指中原地区。

［37］稊（tí）米：一种稗草的籽粒。大仓：储粮的大仓库。

［38］号：称。

［39］人处一：意思是人类只是天下万物中的一类。

［40］卒：尽 。

［41］生：生长。

［42］通：通过，到达。

［43］人处一：意谓个人只是天下人中的一个。

［44］其：人。

［45］豪末：毫毛的末梢。豪：通“毫”。

［46］五帝：指传说中的黄帝、颛（zhuān）顼（xū）、帝喾（kù）、尧、舜。一说指伏羲、神农、黄帝、尧、舜。所连：所连续统治的。

［47］三王：指夏启、商汤、周武王。所争：所争夺的。

［48］仁人：崇尚仁的人。

［49］任士：以天下为己任的贤能之士。劳：劳心劳力。

［50］尽此：尽于此。

［51］“伯夷”句：伯夷以辞让君位而获得名声。

［52］“仲尼”句：孔子以说仁而显得渊博。

［53］其：指伯夷、孔子。

［54］向：刚才。

［55］大、小：形容词的意动用法。即以天地为大，以毫末为小之意。

［56］穷：尽，此处指物量的大小，都是无穷的。

［57］时无止：止，止境。时间是无止境的。

［58］分（fèn）无常：常，常规。得失之分并无常规。

［59］终始：指事物的因果关系。故：原因。此句可理解为：事物的发展变化，终而复始，并无定因。

［60］知：同“智”。大知：具有大智慧的人。

［61］小而不寡：不因物量小而以为寡。

［62］曏：作明解。故：古。证曏今故：证明古今。一说“证曏今故”，即“证于曏今”。“曏”，“向”的异体字。“曏今”即“古今”。

［63］遥：远，指长寿。闷：厌倦，郁闷。

［64］掇（duō）：若手拾物，言近而可取。此处指短命。跂：通“企”，企羡。成玄英疏：“既知古今无古今，则知寿夭无寿夭，是故年命延长终不厌生而悒闷，禀龄夭促亦不欣企于遐寿。随变任化，未始非吾。”

［65］察：详察。盈虚：指天道有盈有亏。

［66］喜：喜悦。忧：忧伤。言不因有所得而喜悦，不因有所失而忧伤。

［67］坦：平。涂：同“途”，道。

［68］说：同“悦”。祸：灾祸，危害。死而不祸：不以死去为灾祸。

［69］至：极。至小，指极有限的智慧。

［70］倪：事物细微的初始，端倪，头绪。又章炳麟说：“倪”为“仪”之假借字，作“度”解，即“标准”。

［71］至精无形：精，细。最小的东西，看不到它的形体。

［72］围：包围、环绕。信：实。信情，实情。

［73］垺（fú）：郭。城外有郭（即廓），喻指大中更大的。殷：盛。

［74］异：指大小之异。言大小不同。便：便利。此句意谓大小不同，各有便利之处。

［75］势：形势，自然形势。

［76］期：限。有形者：有形体可以寻求的。

［77］分：剖分。

［78］以：用。

[79] 粗：粗浅。

[80] 意：心意，思维。致：到。意致：思维可以达到的。精：精细。

[81] 察致者：详察明辨到的。期：限。

[82] 大人：至人，圣人。乎：同“于”。多：赞许。

[83] 贱：卑贱。此处为形容词的意动用法，以为卑贱之意。隶：奴隶，差役。

[84] 多：赞许。辞让：谦让。

[85] 借：求助。贱：以为贱。汙：同污。贪汙：贪婪污浊。

[86] 殊：不同。辟：通“僻”，不诚实；邪僻。辟异：邪僻怪异。

[87] 为：行为。佞谄：奉承谄媚。

[88] 劝：劝诱。戮耻：刑戮耻辱。以为：把……当做。

[89] 分：划分。倪：端，边际。

[90] 道人、大人：均指为人处世合于“道”的人。不闻：不使人知道他，亦即不求闻达于世。

[91] 约：约束。分：本分。至：极，最。全句为约束自己恰如其分。

[92] 若：此，这个。

[93] 恶（wū）：何，怎么。至：至于。倪：作动词用，此处为“划分”、“衡量”意。

[94] 道：常道，规律。此处指自然界事物发展的规律。按自然的常道来看，事物大小各有其分，各有自己的属性，各有自己变化的规律，所以无所谓贵贱之分、大小之别，各适其分而已。

[95] 俗：世俗的观点。

[96] 差：差别。

[97] 因：依照，根据。大：原指事物面积、体积、容量、数量的广阔、高厚、宽绰和众多，此处可引申为与其他物相比较本身所固有的长处。大之：以之为大。

[98] 稊：一种形似稗的草，实如小米。

[99] 覩（dǔ）：“睹”的异体字。见：察看。

[100] 功：功效，在实用方面的成效。

[101] 所有：指事物本来具有的特性。

[102] 东西：指互相对立的方向而言。东、西方向相反，但又互相依赖，不能脱离一方而单独存在。

[103] 功分：指事物的功效、本分。定：固定，固有。

[104] 以：从。趣：意趣，倾向。

[105] 然：是，对，引申为可肯定之处。然之：以之为然。这句的意思是说：从人们的意趣、倾向来看万物，依据其可以肯定之处肯定它，万物都值得肯定。

[106] 非：不是，不对。此处指不可肯定之处。非之：以之为非。

[107] 自然：自以为然，即自以为对。相非：互以为非，互相认为对方不对。

[108] 趣：趣向。操：持，拿，引申为所主张的。即以尧桀的自以为对而互以为非，就可以看出人们的趣向和主张是多么不同了。一说：“趣操”应作“趣捨”即“取舍”。

[109] 让：禅让。帝：称帝。

[110] 之：燕王哙之相，名子之。哙（kuài）：燕王（燕昭王之父）。哙为燕王时，重用其相子之。后欲效法尧、舜禅让，让子之为王。燕人不服，不到三年，燕国大乱。齐宣王乘机攻燕，燕大败。齐人杀哙及子之，燕几乎亡国。待昭王立，战乱才得以平定。绝：灭亡。

[111] 此处指汤伐桀灭夏而建立商，武王伐纣灭商而建立周，都是用武力争夺而称王。王（wàng）：称王。

[112] 白公：名胜，楚平王之孙，作乱而死。

[113] “未可”句：不可以把上述历史上的禅让天下或争夺王位看做是一定之规。

[114] 丽：同“欐”，即栋。梁丽即栋梁。

[115] 窒：阻塞。穴：岩洞，动物的巢穴。

[116] 殊：不同。器：器具。

[117] 骐骥：良马。骅骝：骏马。

[118] 狸（lí）狌（shēng）：狸，善伏之兽，俗称野猫。狌，同鼪，俗称黄鼠狼。一说狸狌即野猫。

[119] 鸱（chī）鸺（xiū）：猫头鹰。撮（cuō）：用指爪取物。

[120] 瞋（chēn）目：睁大眼睛。

[121] 殊性：特殊的本性。

[122] 盖：通“盍”（hé），何不。师：效法。无：不，不要。

[123] 天地之理：即自然界对立统一，相反相成的大道理。庄子认为是与非、治与乱相反，而不可以相无，这是天地之间的大道理。

[124] 万物之情：万物本身的情理，即万物本身存在的矛盾性。

[125] 明：明白，清楚。

[126] 然：但是，然而。且：抑或，还是。舍：舍弃。此句大意是说如果还是坚持以上的说法，不放弃。

[127] 诬：欺骗。

[128] 帝王：五帝，即指尧、舜、禹、汤、武。其中尧、舜是禅让，禹、汤、武则传帝位给子孙。殊：不同。

[129] 三代：夏、商、周三代。继：继承帝位。夏、商、周三代取得王位，或父子相继，或兴兵篡弑，形式也各不相同。

[130] 差（chā）：错过。俗：民俗，民情。

[131] 篡夫：篡夺帝位的坏人。

[132] 义：正义，道义。全句为：称他做合乎正义的人。

[133] 恶（wū）：何，怎么。门：门径，此处指道理。

[134] 家：指学术流派，例如儒家、法家等。

[135] 然则：既然如此，那么…… 何为：为何，做什么。

[136] 辞：辞谢，拒绝。受：接受。趣舍：亦作取舍或趋舍，谓趋向或舍弃，进取或退止。

[137] 终：终究。

[138] 反衍：反复流动。

[139] 拘：拘束，拘泥。而：尔，即你。

[140] 蹇（jiǎn）：困苦，不顺利，艰难。

[141] 谢：代谢。施（yì）：蔓延，延续。一说“施”为“驰”的假借字。

[142] 无：没有，此处可理解为缺少。一：另一，事物的另一方面。

[143] 参差：长短、高低不齐。

[144] 严：威严，端整。一说同“俨”（yǎn），恭敬，庄重。若：像。

[145] 其：代指国君。私：偏私的。德：恩德，恩惠。

[146] 繇繇（yóu）：同“悠悠”，自由自在的样子。一说“繇”，通“游”。祭：祭祀。社：土地神。

[147] 泛泛：水涨溢的样子。

[148] 畛（zhěn）域：范围，界限。

[149] 怀：包容。

[150] 承：承受，蒙受。翼：遮蔽，掩护。

[151] 方：方面，一边或一面。无方：不偏向任何一方面。

[152] 一齐：齐一，同等的。

[153] 恃（shì）：依靠，凭借。成：成就。

[154] 虚：空，虚亏。满：全，充实。

[155] 位：位置，居，处。不位乎其形：即不固定地处于某一种形体上。

[156] 年：指岁月。举：当做攀，意谓攀留。

[157] 消：消减。息：增长。盈：满，充实。虚：亏虚。

[158] 是：这。语：谈论。大义：即大道，正道。方：引申为准则、原则。大义之方：即大道之理。此句大意是说懂得了以上的道理，才可以和他谈论天地的常道，万物的义理。

[159] 骤：马奔驰。驰：车马疾行。

[160] 无：没有。动：举动，行动。

[161] 移：动，变动。

[162] 何：什么。为（wéi）：做。

[163] 固：本来。自化：自己变化，即按其自然规律变化。

[164] 何：为什么。贵于道：即以道为贵。

[165] 达：通“达”。理：事理。

[166] 明：明达。权：权变，权宜机变。

[167] 以：因。物：外物。

[168] 弗能热：不能使之热。弗，不。

[169] 溺：淹没。

[170] 害：伤害。

[171] 贼：伤残，虐害。

[172] 薄：迫近，侵犯。其：代指至德者。之：代指水火、寒暑、禽兽。此句大意是说行为合“道”之人迫近水火、寒暑、禽兽而不受伤害。

[173] 此处是说在事前圣人就能明察安危，避开灾祸。

[174] 宁：安。祸：灾害，灾难；亦指穷塞，即处于困顿的境地。福：与祸相对，指处于通达顺利之时。

[175] 谨：谨慎。去：离开。就：趋向，归附。

[176] 莫之能害：莫能害之。

[177] 德：高尚的品德。天：天然。在乎：亦即“顺乎”之意。至德与天然相合。

[178] 知：懂得。全句大意为：能通晓自然界运行的规律和预见人事的变化。

[179] 位：居，处。得：所得，此处指所处的地位。

[180] 蹢（zhí）躅（zhú）：同“踯躅”。进退不定的样子。

[181] 反：同“返”，回，归。要：要害，关键。极：顶点。全句是说：知“道”的人，可以知道事物的本质、要害，可以回归到事物的关键上去，可以谈论至理。

[182] 落：通“络”，马笼头。这里为羁勒的意思。

[183] 故：指意外的变故。命：天然的禀赋。

[184] 得：指所得。谓受于自然的天性。殉名：为名而牺牲天性。

[185] 反：同“返”。真：真性。反其真，回复真性。即一切任其自然，废弃人为。

[186] 夔（kuí）：古代传说中一种异兽，貌似牛而无角，一足。怜：爱慕。

[187] 趻（chěn）踔（chuō）：跳着走。

[188] 无如：不如，赶不上。

[189] 独：语气助词，犹“其”。

[190] 蚿（xián）：百足虫。

[191] 天机：天然的特有的机能。

[192] 易：更改。

[193] 安：怎么。

[194] 有似：应作“似有”。

[195] 蓬蓬然：风的声音，或谓风刮起来的样子。

[196] 指我：用手指挡风。

[197] 鳍（qiū）：通“遒”，迫蹙，引申为践踏。

[198] 蜚（fēi）：通“飞”。蜚大屋，即使大屋飞。

[199] 以：此，这些。为：此处可理解为“取得”。

[200] 匡：卫国邑名。

[201] 宋人：应作卫人。帀（zā）：环绕一周。

[202] 惙（chuò）：通“辍”，停止。

[203] 娱（yú）：快乐，欢娱。

[204] 语（yù）：告诉。

[205] 讳：避忌。穷：困窘，处境困顿。

[206] 当（dāng）：处在，处于。穷人：处境困窘的人。

[207] 知：同“智”。

[208] 通：通达。

[209] 适：往，去，到。引申为归向。适然：造成这样的。

[210] 兕（sì）：古代犀牛一类的兽名。

[211] 处（chǔ）：安排，处置。

[212] 制：制约，控制。

[213] 将：带领。甲：带甲的武士。

[214] 辞：辞谢，谢罪。

[215] 以为阳虎：阳虎曾对匡人施过暴行，孔子面貌极像阳虎。匡人误以孔子为阳虎，所以围困他。

[216] 公孙龙：姓公孙，名龙，战国时赵国人，属名家学派。清姚鼐说：“公孙龙与庄生时不相及，此其弟子所记耳。”（见《庄子章义》）魏牟：魏国公子。

[217] 合同异：名家学派的命题，把事物的共性加以绝对化，合异为同，因称合同异。

[218] 离坚白：离，分离。把坚固的本性和白的颜色从石头中分离开来。

[219] 然不然：第一个然为动词，“以为然”之义。全句为：“以不然为然”。

[220] 可不可：句式同上句。“不可”中的可，应解释为“合宜”。

[221] 困：使……困窘。知：同“智”。

[222] 穷众口之辩：句式同上句。

[223] 汒：同“茫”。异：惊异，诧异。

[224] 喙（huì）：鸟兽的嘴，此处借指人的嘴。

[225] 方：方术，古指关于治道的方法。

[226] 隐（yìn）：凭倚。机：亦作“几”。太息：即叹息。

[227] 埳井：埳，即“坎”。埳井即浅井。
[228] 跳梁：亦作“跳踉”，跳跃。井干：井上的栏圈。
[229] 甃（zhòu）：井壁。崖：井边。
[230] 腋：腋窝。颐（yí）：下巴。持：支持，此处为托住。
[231] 蹶（jué）：踏。没（mò）：淹没，盖没。跗（fū）：脚背。
[232] 还虷（hán）：孑孓，蚊子的幼虫。一说井中赤虫。科斗：即蝌蚪。
[233] 莫吾能若：莫能若吾，意为不能像我一样。
[234] 擅（shàn）：专，独揽，据有。壑（hè）：坑。
[235] 跱（zhì）：同“峙”，耸立。
[236] 奚：何。
[237] 絷（zhí）：用绳索绊住马足。此处为“绊住”之义。
[238] 逡（qūn）巡：欲进不进，迟疑不决的样子。
[239] 仞（rèn）：古代长度单位。周制为八尺，汉制为七尺，东汉末则为五尺六寸。
[240] 潦（lào）：同“涝”，雨水过多，淹没庄稼。
[241] 加：增益，更加。益：同“溢”。水漫出，引申为水涨。
[242] 损：减少。
[243] 顷：短暂。久：长久。
[244] 以：因。多少：指雨量的多少。
[245] 适适然：恐惧的样子。
[246] 规规然：吃惊地看着，若有所失的样子。
[247] 知不知是非之竟：第一个“知”即智，才智。第二个“知”为“通晓”之义。竟，同“境”，境域。全句言你的才智尚不能达到通晓是非的境界。
[248] 犹：还。
[249] 商蚷（jù，又读 qú）：虫名，即马陆，也叫马蚿。
[250] 适：适合，逢迎。
[251] 是非：这不是。
[252] 跐（cǐ）：踏。大：通“太”，太皇，天。
[253] 奭（shì）然：消散的样子。
[254] 沦：淹没。
[255] 玄冥：幽奥深远。
[256] 大通：深远宏阔之境。
[257] 乃：却，竟然。规规：亦作“瞡瞡”，浅陋拘泥。
[258] 是：这。直：简直。
[259] 用锥指地：用锥子测地之深浅。
[260] 寿陵：燕之邑。馀子：弱龄未壮之少年。邯郸：赵国国都。
[261] 国能：赵国的本领。
[262] 直：特，但。
[263] 呿（qū）：张口。
[264] 舌举而不下：举，抬起。舌头抬起放不下。吃惊的样子。
[265] 逸（yì）：逃跑。走：疾趋，即跑。
[266] 濮水：在今山东与河南交界处的濮城。
[267] 楚王：楚威王，名熊商，楚怀王之父。使：派遣。往：前去。先：致意。

［268］顾：回头看。

［269］巾：巾幂（mì），古人专用于覆盖贵重器物的手巾之类的东西。笥（shì）：盛饭食或衣物的竹器。

［270］其：助词。曳（yè）尾：拖着尾巴。涂：泥，泥泞。

［271］惠子：姓惠名施，宋人，为梁惠王之相，是庄子的朋友。相：任相。梁：战国魏的别称。公元前361年，魏惠王迁都大梁（今河南开封），自此魏亦称梁。

［272］或：有的人。

［273］鹓（yuān）鸰（chú）：传说中鸾凤一类的鸟。

［274］止：栖息。传说凤凰一类的鸟只栖息在梧桐树上。

［275］练食：竹实。

［276］醴（lǐ）：甜美的泉水。

［277］鸱（chī）：鹞鹰。

［278］吓（hè）：怒声。

［279］濠：濠水，在今安徽南部。梁：桥。

［280］鲦（tiáo，又读 yóu）：鱼名，亦称白鲦。

［281］固：本来，诚然。

［282］全：完全。

［283］本：根源，本来，原来。循其本：意谓请把话题从头说起吧。

［284］我知之濠上也：郭象说："我正知之于濠上耳，岂待入水哉?"宣颖说："我游濠上而乐，则知鱼游濠下亦乐也。"

【提示】

本文所阐述的是庄子的认识论。在这里，庄子把"无为"的思想用于认识论，将人的认识区别为小知和大知，以河伯喻有为的小知，以北海若喻无为的大知，肯定了后者而摒斥前者。庄子所说的"大"，有两个层次的含义：一是针对于小的大，只具有相对意义；二是针对所有的有限（小大都包括在内）的无限，具有绝对意义。河伯所说"吾大天地而小豪末"，还只限于前一层次，只是在有限之中考虑问题，而北海若说的"量无穷"、"时无止"、"分无常"、"终始无故"，都有无限之意。庄子首先是立大小，然后又破大小，从第一个小大的层次进入到第二个层次，即有限无限的层次，而无限才是真正的大知。大知者认为万物齐一，道无终始，无为即可以"反其真"，这就是文章的主旨。下面又借"夔怜蚿"等寓言进一步说明"反其真"即是乘天机而动，无为而无不为；再用孔子被围于匡一事证明无为的作用；用公孙龙问于魏牟事说明有为之辩不如无为之无辩，无辩才能接近自然之道。最后，以"庄子钓于濮水"等三则寓言故事结尾，意在说明养生以保身、轻世以肆志、通情以知物，是深得无为之道、达到大知境界之人的处世方法。通观全文，其旨意带有消极虚无的色彩，但其中辩证法的思想却能为人们认识事物提供某些有益的启迪。

庄子的文章特别善于用生动的寓言故事和比喻来说明事理，把抽象的哲理化为具体的形象，令人自悟而易于接受。本文首先在整体构思上虚拟了一个河神与海神对话的寓言故事，以此展开说理。在这个大的寓言里又套有若干小的寓言故事，好像园中之园，使人涉步成趣，避免了说理的枯燥乏味。其次，文章大量引用比喻说理，将深微玄奥的哲理蕴含于生动形象的比喻之中，引人联想，发人深省。再次，本文以优美的文笔，将写景叙事与说理有机地结合起来，增强了文章的艺术性和感染力。如开头一段对河水与海景的描写，把审美主体的感受与审美对象的磅礴气势巧妙地融合在一起，赞扬了大美，揶揄了小美，形象地渲染了文章的主题。

【思考题】

一、本文在论证方法上有何特点？

二、试比较《庄子》文章的比喻与《孟子》文章的比喻的不同特点。

山鬼

屈　原

屈原（约前342—约前278年），名平，字原，战国时楚国人。他是楚国王室后裔（熊渠之后），曾辅佐怀王，做过左徒、三闾大夫。屈原博学多才，是我国古代著名的爱国诗人。他在政治上改革意识较强，主张对内彰明法度，举贤授能，对外联齐抗秦。起初深得怀王信任，后来却被怀王放逐于汉北。顷襄王继位后，屈原又被流放到沅、湘一带。秦兵攻破楚都郢城，屈原遂投汨罗江而亡。

屈原是楚辞的创始者和最重要的代表性诗人。今天能见到的屈原的作品，有《离骚》、《天问》、《招魂》、《卜居》、《渔父》以及《九歌》（11篇）、《九章》（9篇）。这些诗篇“书楚语，作楚声，纪楚地，名楚物”，具有浓郁的荆楚地方文化色彩。同时，它的形成，又受到中原文化的深度影响。屈原作品的突出特点，是它强烈的爱国精神和浪漫色彩。不但它所创造的艺术风格和艺术技巧为我国古代浪漫主义文学的发展奠定了牢固基础，而且它所蕴含的艺术精神对中华民族精神的形成起过重要作用。

若有人兮山之阿[1]，被薜荔兮带女萝[2]。既含睇兮又宜笑[3]，子慕予兮善窈窕[4]。乘赤豹兮从文狸[5]，辛夷车兮结桂旗[6]。被石兰兮带杜衡[7]，折芳馨兮遗所思[8]。余处幽篁兮终不见天[9]，路险难兮独后来[10]。

表独立兮山之上[11]，云容容兮而在下[12]。杳冥冥兮羌昼晦[13]，东风飘兮神灵雨[14]。留灵修兮憺忘归[15]，岁既晏兮孰华予[16]！采三秀兮于山间[17]，石磊磊兮葛蔓蔓[18]。怨公子兮怅忘归[19]，君思我兮不得闲[20]。山中人兮芳杜若[21]，饮石泉兮荫松柏[22]，君思我兮然疑作[23]。

雷填填兮雨冥冥[24]，猿啾啾兮狖夜鸣[25]。风飒飒兮木萧萧[26]，思公子兮徒离忧[27]！

【注释】

[1] 若：用于句首的发语词，一说有好像、似乎的意思。人：指山鬼。阿（ē）：山阜弯曲处。山之阿，指山之深处。

[2] 被（pī）：同“披”。薜（bī）荔［lì］：即木莲，常绿藤本植物。女萝：即兔丝草，蔓生草本植物。带女萝，以女萝为带。

[3] 含睇［dì］：脉脉含情而视。睇，流盼。宜笑：笑得自然动人、恰到好处。

[4] 子：指山鬼意中人。慕：爱慕。善：美。窈（yǎo）窕（tiǎo）：美好。

[5] 赤豹：毛色赤红的豹子。文狸：毛色有花纹的狸。乘赤豹兮从文狸，是说坐着赤豹驾辕、文狸拉边套的车子。

[6] 辛夷车：用辛夷木造的车。辛夷，香木名。结桂旗：指插上以桂木为竿的旗帜。结，缠扎。

[7] 石兰、杜衡：均为香草名。

[8] 芳馨：指散发香气的香花香草。遗（wèi）：赠送。所思：指所思念的意中人。

[9] 幽篁（huáng）：幽深的竹丛。篁，竹林。

[10] 后来：来得晚，迟到了。

[11] 表：特。

[12] 容容：与"溶溶"同，水流之状，诗中形容云飘如水流淌。

[13] 杳（yǎo）：幽远。冥冥：昏昧之状。羌：连词，表示并列关系，相当于"乃"。昼晦：白昼变得晦暗。

[14] 东风：春风。神灵雨：谓风飘雨降来去不定，有如神灵所使。

[15] 留灵修：为灵修而留。灵修，本指有神明远见的人，诗中指山鬼意中人。憺（dàn）：安然之状。

[16] 岁既晏：指年岁老大。既，已。晏，晚。孰：谁。华予：予我以青春年华。

[17] 三秀：指芝草，芝草一年开花三次，故云。秀，开花。

[18] 磊磊：众石堆积状。葛：多年生草本植物。蔓蔓：蔓延之状。

[19] 怅：怅然，失意之状。

[20] 君思我：山鬼想象中的境况。闲：空闲。

[21] 山中人：山鬼自称。芳杜若：如同杜若一般芬芳。

[22] 荫：荫蔽。荫松柏，指用松柏枝叶遮蔽自己。

[23] 然疑作：谓又信又疑。然，肯定。疑，怀疑。作，产生。

[24] 填填：雷声，犹言"隆隆"。

[25] 啾（jiū）啾：猿鸣声。狖（yòu）：长尾猿。

[26] 飒（sà）飒：风声。木：树木。萧萧：风声。诗中指风吹落叶的声响。

[27] 徒：徒然，白白地。离：通"罹"，遭受。

【提示】

《山鬼》为《九歌》之一。《九歌》是屈原在楚国民间祭神乐歌基础上加工、创作而成的一组抒情诗，它存在于歌、乐、舞相结合的艺术形式中。《九歌》祭祀天神、日神、云神、司命之神、为国阵亡者之神等九种神灵，《山鬼》是祭祀山鬼的。和《九歌》多数诗篇一样，《山鬼》也是将鬼神拟人化，使之具有人的情性、心态，而所写场景和"人物"活动也弥漫着神奇灵异的氛围。它像一首少女的恋歌，用委婉、含蓄的抒情方式，表达出她对爱情的渴望，创造出优美、凄迷的意境。诗的前半部分通过写山鬼的服饰、神态、匆匆赴约、折花欲赠所思之人、独立山头久久眺望，描绘出一位美丽、多情、急欲与意中人相会的少女形象。后半部分写山鬼切盼"君"至而"君"未至的失望、怨愤情绪，即谓"怨公子兮怅忘归"，"君思我兮然疑作"，说"君"之爽约使我对你说思念我将信将疑；最后直言"思公子兮徒离忧"，把心中怨愤吐露无遗。从艺术创作角度看，诗人愈是写山鬼的怨愤，便愈能凸显她对"公子"思念的真切，而极写其思"君"不得的失落感、愁苦情，实与前半部分写她对与"君"相会的迫切愿望和美好憧憬形成鲜明对比，由于写出了人物情感的曲折变化，就使山鬼作为美丽、多情而又饱受相思之苦的少女形象更为动人。全诗用凄迷、苍茫之景写哀怨、愁苦之情，与《离骚》同一格调。只是《离骚》直抒其情，酣畅淋漓；《山鬼》间接抒情，显得含蓄、婉转。王夫之说屈原作《九歌》，言其“依慕君父，怨悱合离之意致，自溢出而莫圉”（《楚辞通释》卷二），则说出了《山鬼》等诗立意与《离骚》相通的特点。

【思考题】

一、如何理解《山鬼》中山鬼形象的思想意义？

二、《山鬼》用了哪些艺术手法表现山鬼的哀怨心绪？

谏逐客书[1]

李　斯

李斯（约前284—前208年），战国时楚国上蔡（今河南上蔡西南）人。曾与韩非一起跟荀况学“帝王之术”。学成西游入秦，得到秦王器重，拜为客卿。秦统一后，官至丞相。秦始皇采用李斯的建议，废分封制，行郡县制，统一文字和度量衡，对典章制度进行了一系列改革，具有历史进步意义。秦二世时，李斯为权臣赵高诬陷，被腰斩于咸阳，夷灭三族。

《谏逐客书》为李斯的代表作。此外，还有《泰山刻石文》、《琅琊台刻石文》等。

臣闻吏议逐客，窃以为过矣[2]。

昔缪公求士[3]，西取由余于戎[4]，东得百里奚于宛[5]，迎蹇叔于宋[6]，来丕豹、公孙支于晋[7]。此五子者，不产于秦，而缪公用之，并国二十，遂霸西戎。孝公用商鞅之法[8]，移风易俗，民以殷盛，国以富强，百姓乐用[9]，诸侯亲服，获楚、魏之师[10]，举地千里，至今治强[11]。惠王用张仪之计[12]，拔三川之地[13]，西并巴、蜀[14]，北收上郡[15]，南取汉中[16]，包九夷，制鄢、郢[17]，东据成皋之险[18]，割膏腴之壤，遂散六国之从[19]，使之西面事秦，功施到今[20]。昭王得范雎[21]，废穰侯，逐华阳[22]，强公室，杜私门[23]，蚕食诸侯，使秦成帝业。此四君者，皆以客之功。由此观之，客何负于秦哉？向使四君却客而不内[24]，疏士而不用，是使国无富利之实，而秦无强大之名也。

今陛下致昆山之玉[25]，有随、和之宝[26]，垂明月之珠[27]，服太阿之剑[28]，乘纤离之马[29]，建翠凤之旗[30]，树灵鼍之鼓[31]。此数宝者，秦不生一焉，而陛下说之[32]，何也？必秦国之所生然后可，则是夜光之璧不饰朝廷[33]，犀象之器不为玩好[34]，郑、卫之女不充后宫[35]，而骏良駃騠不实外厩[36]，江南金锡不为用，西蜀丹青不为彩[37]。所以饰后宫、充下陈[38]、娱心意、悦耳目者，必出于秦然后可，则是宛珠之簪[39]，傅玑之珥[40]，阿缟之衣[41]，锦绣之饰不进于前[42]，而随俗雅化[43]，佳冶窈窕[44]，赵女不立于侧也。夫击瓮叩缶[45]，弹筝搏髀而歌呼呜呜快耳者[46]，真秦之声也；郑、卫、桑间、韶虞、武象者[47]，异国之乐也。今弃击瓮叩缶而就郑、卫，退弹筝而取韶虞，若是者何也？快意当前，适观而已矣[48]。今取人则不然，不问可否，不论曲直，非秦者去，为客者逐。然则是所重者在乎色、乐、珠玉，而所轻者在乎人民也，此非所以跨海内、制诸侯之术也。

臣闻地广者粟多，国大者人众，兵强则士勇。是以泰山不让土壤[49]，故能成其大；河海不择细流[50]，故能就其深[51]；王者不却众庶，故能明其德。是以地无四方，民无异国，四时充美[52]，鬼神降福，此五帝三王之所以无敌也[53]。今乃弃黔首以资敌国[54]，却宾客以业诸侯，使天下之士退而不敢西向，裹足不入秦，此所谓“藉寇兵而赍盗粮”者也[55]。

夫物不产于秦，可宝者多；士不产于秦，而愿忠者众。今逐客以资敌国，损民以益仇，内自虚而外树怨于诸侯[56]，求国无危，不可得也。

【注释】

[1] 本篇选自《史记·李斯列传》，是李斯的一个奏章。李斯入秦后，被拜为客卿。此前，韩国派水工郑国（人名）赴秦修渠，借以消耗秦国的人力、物力。这个计谋被发觉后，秦宗室大臣借机建议秦王逐客，说客卿都是为本国的利益而来秦国的。秦王于是下逐客令，李斯也在被逐之列，因此作《谏逐客书》上奏秦王。秦王看后取消了原令，恢复了李斯的官职。客：客卿，指在秦国做官的其他诸侯国的人。

[2] 窃：私下，自谦之辞。过：错误。

[3] 缪公：即秦穆公（前659—前621年在位），名任好，春秋五霸之一。缪，通“穆”。

[4] 由余：春秋时晋国人，流亡入戎，奉戎王命去秦考察。秦穆公用计离间由余与戎王的关系，并收用他为谋臣，灭十二戎国，扩疆千里，遂霸西戎。

[5] 百里奚：楚国宛（今河南南阳）人，曾任虞国大夫。晋灭虞后，百里奚被晋国俘去，作为晋献公女儿的陪嫁奴仆入秦。百里奚逃到楚国，又被楚国边兵俘获。穆公知他有才干，以五张黑色公羊皮把他赎回，并任他为相。

[6] 蹇（jiǎn）叔：岐（今陕西境内）人，寓居于宋，是百里奚的好友。

[7] 来丕豹：来，招致。丕豹，晋大夫丕郑之子。晋惠公（夷吾）杀了他的父亲，丕豹逃到秦国。穆公任他为大将攻晋，打下八城，并生俘夷吾。公孙支：字子桑，岐人，寓居于晋。穆公收为谋臣，任大夫。

[8] 孝公：秦孝公（前361—前338年在位），名渠梁。商鞅：战国时卫国人，姓公孙，名鞅，又称卫鞅。因秦封他于商，故名商鞅。商鞅任秦相十年，先后变法两次，奠定了秦国统一六国的基础。

[9] 乐用：乐于被使用。

[10] 获楚、魏之师：秦孝公二十二年（前340年），商鞅大破魏军，虏魏公子卬，魏割河西之地予秦。同年又南侵楚国。

[11] 治：太平、安定。

[12] 惠王：秦惠王，也称惠文王（前337—前311年在位），孝公之子，名驷。张仪：魏国人，惠文王时为秦相，用连横之计破坏六国的合纵，以便秦国对六国各个击破。

[13] 拔三川之地：三川之地本属韩国，在今河南黄河以南、灵宝以东一带。三川：指黄河、伊水、洛水。按，拔三川之地为秦武王时事。

[14] 巴、蜀：皆古国名。巴，在今四川东部。蜀，在今四川西部。秦惠文王更元九年（前316年），使司马错伐蜀。秦并吞巴、蜀后，设置巴郡、蜀郡。

[15] 上郡：魏地，包括今陕西北部和宁夏、内蒙古的部分地方。惠文王十年（前328年），派公子华与张仪攻魏，魏国以上郡十五县献秦求和。

[16] 汉中：楚地，在今陕西西南部。公元前312年，秦大破楚军于丹阳，斩首八万，接着攻占楚汉中六百里地，设置汉中郡。

［17］九夷：指当时楚国境内的少数民族。鄢（yān）：楚地名，在今湖北宜城东南。

［18］成皋：又名虎牢，今河南荥阳汜（sì）水镇，为古代军事要地。

［19］散六国之从：解散、瓦解了韩、魏、燕、赵、齐、楚六国的合纵。从：同“纵”。

［20］施（yì）：延续。

［21］昭王：即秦昭襄王（前307—前251年在位），名则，又名稷，惠文王子，武王异母弟。范睢（suī）：一作“范雎（jū）”。魏国人，魏相魏齐疑他私通外国，加以迫害。他逃到秦国，化名张禄，后为秦昭襄王相。他提出远交近攻的策略，使秦得以逐步征服邻国，扩大疆土。

［22］穰（rǎng）侯：魏冉，秦昭王母宣太后的异父弟，封于穰（今河南邓县），故称穰侯。为秦相，掌政三十余年，使秦王事实上处于傀儡地位。华阳：宣太后的同父弟芈（mǐ）戎，封于华阳，故称华阳君。也因宣太后的关系，在朝专权。昭王听从范睢的劝告，缴了穰侯的相印，并把华阳君逐出关外。

［23］强：增强、巩固。公室：王室。私门：对公室而言，指贵族豪门。

［24］向使：当初假如。却：拒绝。内：同“纳”。

［25］昆山之玉：昆山即昆仑山，古时传说昆仑山北麓和田产美玉。

［26］随、和之宝：随是周初小国，在今湖北境内，传说随侯用药敷治了一条受伤的大蛇，后来此蛇于夜间衔一珠来报恩。故称此珠为“随侯之珠”。和是卞和，春秋时楚国人，曾于山中得一璞玉，献给楚王，琢成美玉，因称“和氏之璧”。

［27］明月之珠：夜间光如明月的宝珠。

［28］太阿（ē）：宝剑名。

［29］纤离：古骏马名。

［30］翠凤之旗：用翠羽做成凤鸟形状装饰起来的旗子。

［31］鼍（tuó）：鳄鱼类，俗称猪婆龙。皮可制鼓，声洪大。

［32］说：同“悦”。

［33］夜光之璧：《战国策·楚策》载：张仪为秦说楚王，楚王乃遣使献夜光之璧等物于秦王。

［34］犀：犀牛角。象：象牙。玩好：供玩赏的东西。

［35］郑、卫之女：郑、卫均为东周时国名，郑、卫的女子以善于歌舞著称。

［36］駃（jué）騠（tí）：骏马名。厩（jiù）：马棚。

［37］丹青：丹砂和青雘。绘画的颜料。

［38］下陈：后列，即站在后列的人，指侍妾。

［39］宛珠：宛（今河南南阳）地出产的珠。

［40］傅玑之珥：附有玑珠的耳饰。傅，通“附”。玑：不圆的珠子，这里泛指珠。珥：耳环。

［41］阿（ē）：地名，齐国东阿（今山东阳谷东北阿城镇）。缟：白色的丝绸。

［42］锦：织锦。绣：刺绣。

［43］随俗雅化：意谓随着时尚打扮自己，力求时髦漂亮。

［44］佳冶：容颜美丽。冶，艳丽。

［45］瓮、缶（fǒu）：都是瓦器，秦当时作为打击乐器。

［46］搏：拍击。髀（bì）：大腿。

［47］郑、卫、桑间：指郑国和卫国的音乐，当时以优美动听闻名于世。“桑间”本为卫国地名（今河南濮阳一带），在濮水边，当时青年男女常在这里欢聚歌唱。这里指“桑间之乐”。韶虞：相传是舜时的音乐。武象：周武王时的乐舞曲。

［48］适观：适合欣赏。

［49］让：辞让，拒绝。

［50］择：选择，区别。

［51］就：达到，形成。

［52］四时充美：意谓一年四季富裕丰足。充：满。

［53］五帝：黄帝、颛（zhuān）顼（xū）、帝喾（kù）、尧、舜。三王：夏、商、周三代开国之王，即禹，汤，周文王、周武王。

［54］黔首：秦时百姓称黔首。资：助。

［55］藉（jiè）：借。兵：兵器。赍（jī）：赠送。

［56］自虚：自取虚弱。

【提示】

这是一篇出色的奏章，也是一篇典范的议论文。作为奏章，它达到了作者的写作目的，使秦王收回了逐客的成命。作为议论文，它论点鲜明，层次清晰，论据充分，分析透辟，结构严谨，语言简洁而精美。

秦王是一个有雄才大略的政治家，他一旦作出决定，一般是难以改变的，可是读了李斯的《谏逐客书》后，却马上改变了主意，可见此文具有多么强的说服力和感染力。《谏逐客书》之所以能打动秦王，首先不是以写作技巧取胜，而是由于李斯善于洞察对方的心理，紧紧抓住秦王希望"跨海内、制诸侯"的欲望，站在统一天下的战略高度来立论。文章处处从秦国的利益出发分析问题，每个层次的结论都归结到秦国能否强大并统一天下这个关键问题上，这就必然对秦王造成强大的心理冲击，使其真正认识到逐客有百害而无一利，从而放弃了原来的主张。

从论证手法上看，文章紧扣主题，采用了归纳论证、正反论证、类比论证和对比论证等多种论证方法，从古到今，从人到物，又从物到人，洋洋洒洒，纵横论说，既有典型的事实为据，又有透辟的理论分析，由远及近，由轻到重，步步进逼，具有启发人比较、思考，促使人警醒的力量。

本文另一大特点是，大量采用了铺陈排比句式，语意畅达，气势充沛，具有音韵美和节奏感，体现了先秦散文向汉赋过渡的骈偶化趋势。

【思考题】

一、举例说明本文是如何运用归纳论证、正反论证、类比论证、对比论证方法的。

二、试分析本文选用论据材料的特点。

有所思[1]

《汉乐府》

“乐府”，原为汉代音乐机构的名称。“乐”，指音乐，“府”指官署。《汉书·礼乐志》载：“至武帝定郊祀之礼……乃立乐府，采诗夜诵。”当时乐府的任务一方面是采集各地的民间歌谣，另一方面是为文人创作的诗赋制谱配乐，并进行演奏。魏晋以后，人们又将乐府机构所创作、采集的诗歌统称为“乐府”，因而“乐府”又成为一类具有独特风格的诗歌体裁的名称。

从当时乐府所掌管的诗歌来看，可以分为两大类：一类是专供朝廷祀祖宴享使用的郊庙歌辞，如司马相如等人所作的《郊祀歌》；另一类则是从全国各地采集来的“俗乐”，包括相和歌词、鼓吹曲词和杂曲歌词，当时采集音乐，兼及歌辞，其中保存了很多民歌。乐府中的民歌继承了《诗经》的现实主义风格，反映了当时的社会生活和社会矛盾，同时语言朴素生动，表现方式丰富多彩，艺术成就也很高，在我国诗歌发展中起着承上启下的作用。

宋人郭茂倩所编《乐府诗集》是收集乐府诗最为完备的一部总集，其中保存汉乐府四十多篇。

有所思，乃在大海南。何用问遗君[2]？双珠瑇瑁簪[3]，用玉绍缭之[4]。闻君有他心，拉杂摧烧之[5]。摧烧之，当风扬其灰。从今以往，勿复相思！相思与君绝。鸡鸣狗吠，兄嫂当知之。［妃呼豨］[6]，秋风肃肃晨风飔[7]，东方须臾高知之[8]。

【注释】

［1］本诗在《乐府诗集》中属《鼓吹曲词·铙歌十八曲》。

［2］何用：用何，拿什么。问遗（wèi）：赠与。

［3］瑇瑁（dài mào）：玳瑁，龟类，甲壳可制装饰品。

［4］绍缭：缠绕。

［5］拉杂：杂乱不整齐，使动用法。摧：折，折断。

［6］妃呼豨（xī）：乐曲中表声词，无义。一说表叹息声。

［7］肃肃：风声。晨风：雉，野鸡，常朝鸣求偶。一说为鹯（zhān）、鹞子一类的鸟。飔（sī）：快，疾速。

［8］高（hào）：通“皓”，白色。天亮之意。

【提示】

这首诗写出了一个失恋女子复杂而强烈的感情。开头五句写她真心实意地思念着远方的情人，打算送给他一件极其珍贵的礼物来表达自己真挚热烈的爱情。但是，情人却变心了。“闻君”以下七句表现出她听到这一消息时无比的激愤：她折断、摧毁、烧掉表达爱情的礼物，要永远断绝相思之情！然而，一阵激动过后，她又犹豫了。最后五句写她内心极其复杂的矛盾斗争：想到过去与情人幽会时的甜蜜情景，她实在是难以割舍，她犹豫不决，心烦意乱。她叹息着。阵阵秋风中传来晨风鸟拍翅疾飞、啼叫求偶的声音，天就要亮了，或许等到天亮后总能想清楚吧……

爱情是乐府民歌的重要题材之一，但汉乐府中很少有描写男女之间自由相爱、情绪欢快的诗，而往往笼罩着一层不幸和悲惨的阴影。汉代“独尊儒术”，封建礼教的压迫加强了，妇女的命运更加悲惨。本诗女主人公正是这一社会背景下的一个悲剧人物。

这首诗表现人物性格也颇具创造性，角度独特，手法新颖，用民歌特有的直白、泼辣、新鲜的风格，表现出一个爽直而又多情的女子在爱情遭受挫折时的典型心理。如她毁掉表示爱情的簪子，还要“当风扬其灰”，这种看似恨得失去理智的行动，正反衬出了她爱得有多深。短短的一首诗中女主人公的思绪几次转折，由爱到恨，由果决又到犹豫，生动地反映了她波澜起伏的情感。诗歌的语言以五言为主，但又不受五言句式的束缚，基本上采用口语，朴素自然，这是汉乐府的典型风格。诗中不断采用重复的形容来加重语气，也使得感情色彩更加浓烈。

【思考题】

一、谈谈本诗中女主人公的性格特点及其认识作用。

二、分析本诗表达方法的特点及其在刻画人物性格中起的作用。

上山采蘼芜[1]

《汉乐府》

上山采蘼芜，下山逢故夫。长跪问故夫[2]："新人复何如？""新人虽言好，未若故人姝[3]。颜色类相似[4]，手爪不相如[5]。""新人从门入，故人从阁去[6]。""新人工织缣[7]，故人工织素[8]。织缣日一匹[9]，织素五丈余。将缣来比素，新人不如故。"

【注释】

[1] 本篇选自《玉台新咏》（《乐府诗集》中未收）。蘼（mí）芜（wú）：香草名，又名江离，可做香料。又古人以为妇人食蘼芜多子。

[2] 长跪：跪而伸直腰。这样问话表示恭敬。

[3] 姝（shū）：美好。这里不仅指容貌，也泛指各方面的优点。

[4] 颜色：指容貌。

[5] 手爪：指纺织缝纫等技巧。

[6] 阁（gé）：旁门，小门。

[7] 工：善于，精于。缣（jiān）：黄色的丝绢。

[8] 素：白色的细绢。

[9] 一匹：古代四丈为一匹。

【提示】

这首诗写一个弃妇与故夫偶然重逢时的简短问答。开头两句叙述了故事背景，接着就是这对已经分手的夫妻的一番对话，问与答似乎都是日常话题，但内涵却颇为丰富。弃妇的话只有三句：第一句是主动询问"新人"的情况，显示了她对故夫的关心，也委婉地暗示她对故夫似乎仍有情意。另两句是诉说昔日两人分离、自己被赶出夫家门时的情景，旧事重提之中仿佛含着无限的委屈。故夫的回答实际上也不仅仅是他对"新人"与"故人"容貌、手艺的比较，"新人不如故"其实应是他怀念旧情的表白。

从故夫对弃妇的夸赞和表现出的旧情来看，大约造成这一悲剧的主要原因不在故夫，或者竟如《孔雀东南飞》那样，是由于封建家长的迫害。古代认为妇女服食蘼芜可以多子，诗歌又以此开篇，是否暗示弃妇被休的原因是不能生育呢？诗中弃妇的话看似都很平淡，但结合全诗细心体味，却也不难察觉她的内心积蕴着强烈的隐痛和不平。从故夫的回答来看，她的容貌、手工都不比"新人"差，但仍然难免被弃的命运。诗中表现出对这一被弃女子的深厚同情，从中也可认识男女不平等的封建社会中女子的悲惨命运。

本篇是一首工整的五言乐府诗，基本上由几句问答构成，语言也很质朴，但却情景毕现，显得十分感人，其结构方法也是颇具特色的。

【思考题】

一、结合《诗经·卫风·氓》和汉乐府中的《孔雀东南飞》、《白头吟》，谈谈本诗的思想意义。

二、以本教材的两首乐府诗为例，谈谈汉乐府在《诗经》基础上主要有哪些继承和发展。

答　客　难[1]

东方朔

东方朔（前154—前93年），字曼倩，平原厌次（今山东惠民县）人。汉武帝初即位时，要求天下推举人才，他上书自荐，夸其博学多才、文武兼备、才貌超群，“可以为天子大臣矣”。武帝奇之，先令待诏公车，后又待诏金马门，擢为常侍郎，官至太中大夫给事中。东方朔性情滑稽，玩世不恭，不合于正统的儒家行为规范，故始终未得重用。东方朔对汉武帝不仅多有良言进谏，而且有其独特的进言方式，能够寓庄于谐，收到很好的效果。东方朔为人行事具有独特的风格，不仅在汉代，而且在中国历史上都是一类颇具特色的人物类型代表。《史记》将他列入《滑稽列传》，《汉书》为他单独立传。明人辑有《东方太中集》，共收入他的骚、疏、赋、书、论等15篇。

客难东方朔曰：“苏秦、张仪一当万乘之主[2]，而身都卿相之位[3]，泽及后世[4]。今子大夫修先王之术[5]，慕圣人之义，讽诵《诗》、《书》百家之言，不可胜记。著于竹帛[6]，唇腐齿落[7]，服膺而不可释[8]。好学乐道之效[9]，明白甚矣。自以为智能海内无双，则可谓博闻辩智矣[10]。然悉力尽忠以事圣帝，旷日持久，积数十年，官不过侍郎[11]，位不过执戟。意者尚有遗行耶[12]？同胞之徒无所容居[13]，其故何也？”

东方先生喟然长息，仰而应之曰：“是固非子之所能备[14]。彼一时也，此一时也，岂可同哉？夫苏秦、张仪之时，周室大坏，诸侯不朝，力政争权[15]，相擒以兵[16]，并为十二国[17]，未有雌雄[18]。得士者强，失士者亡，故说得行焉[19]。身处尊位，珍宝充内，外有仓廪，泽及后世，子孙长享。今则不然：圣帝德流[20]，天下震慴[21]，诸侯宾服[22]。连四海之外以为带[23]，安于覆盂[24]。天下平均，合为一家，动发举事[25]，犹运之掌[26]，贤与不肖何以异哉[27]？遵天之道，顺地之理，物无不得其所[28]。故绥之则安[29]，动之则苦；尊之则为将，卑之则为虏；抗之则在青云之上[30]，抑之则在深渊之下[31]；用之则为虎，不用则为鼠。虽欲尽节效情[32]，安知前后[33]？夫天地之大，士民之众，竭精驰说[34]，并进辐凑者[35]，不可胜数。悉力慕之[36]，困于衣食，或失门户[37]。使苏秦、张仪与仆并生于今之世，曾不得掌故[38]，安敢望侍郎乎！传曰：‘天下无害[39]，虽有圣人无所施才；上下和同[40]，虽有贤者无所立功。’故曰时异事异。

“虽然，安可以不务修身乎哉！《诗》曰：‘鼓钟于宫，声闻于外[41]’。‘鹤鸣九皋，声闻于天[42]。’苟能修身，何患不荣？太公体行仁义[43]，七十有二，乃设用于文、武[44]，得信厥说[45]。封于齐，七百岁而不绝。此士所以日夜孳孳[46]，修学敏行而不敢怠也[47]。譬若鹡鸰[48]，飞且鸣矣[49]。传曰：‘天不为人之恶寒而辍其冬；地不为人之恶险而辍其广；君子不为小人之匈匈而易其行[50]。’天有常度[51]，地有常形，君子有常行。君子道其常[52]，小人计其功[53]。《诗》云：‘礼义之不愆[54]，何恤人之言[55]，’水至清则无鱼，人至察则无徒[56]。冕而前旒[57]，所以蔽明[58]；黈纩充耳[59]，所以塞聪[60]。明有所不见，聪有所不闻。举大德，赦小过，无求备于一人之义也[61]。枉而直之[62]，使自得之[63]；优而柔之[64]，使自求之；揆而度之[65]，使自索之[66]。盖圣人之教化如此：欲其自得之。自得之，则敏且广矣[67]。

“今世之处士[68]，时虽不用，块然无徒[69]，廓然独居[70]。上观许由[71]，下察接舆[72]；计同范蠡[73]，忠合子胥[74]。天下和平，与义相扶[75]，寡偶少徒[76]，固其宜也。子何疑于予哉？若夫燕之用乐毅[77]，秦之任李斯[78]，郦食其之下齐[79]，说行如流[80]，曲从如环[81]；所欲必得，功若丘山；海内定，国家安，是遇其时者也。子又何怪之耶？语曰：以管窥天[82]，以蠡测海[83]，以筳撞钟[84]，岂能通其条贯[85]，考其文理[86]，发其音声哉？由是观之，譬犹鼱鼩之袭狗[87]，孤豚之咋虎，至则靡耳[88]，何功之有？今以下愚而非处士[89]，虽欲勿困[90]，固不得已[91]。此适足以明其不知权变[92]，而终惑于大道也。”

【注释】

[1]本文选自《昭明文选》。难（nàn）：诘难，诘问。

[2]苏秦：字季子，东周洛阳（今河南洛阳）人，战国时期纵横家的代表人物，游说关东六国，促成合纵抗秦，封武安侯，佩六国相印。张仪：魏国人，战国时纵横家的代表人物，曾任秦惠文王之相，游说六国，破坏合纵而鼓吹连横。与苏秦皆以辞令著称。当：面对，际遇。

[3]都：居，处。

[4]泽：泽惠，福泽。

[5]修：治，从事。术：指学说，事业。

[6]竹帛：古代书写材料，代指书籍。竹：竹简。帛：绢帛。

[7]唇腐齿落：形容读书辛苦之状。唇腐，磨破了嘴皮。

[8]服膺：铭记于心，衷心信服。膺：内心。释：放下，忘记。

[9]乐道：乐于奉行圣贤之道。效：成效。

[10]博闻辩智：见多识广，口才出众，智慧超群。

[11]侍郎：汉代为皇帝的侍从官，负责皇帝的随从护卫等，多由初入仕的官宦子弟担任。

[12]意者：想必。遗行：指品德上有缺点。遗：缺失。行：德行。

[13]“同胞”句：意为因其位卑禄薄，亲友都不来走动。同胞之徒：指亲友辈。容居：寄居。

[14]固：本来。备：详备。这里指详细了解。

[15]力政：专以武力征战。政：通“征”。

[16]擒：捉拿，制服。兵：指军队。

[17]并：兼并。十二国：指战国时经兼并后尚存的国家，即秦、齐、楚、魏、赵、燕、韩、鲁、卫、宋、郑、中山。

[18]未有雌雄：指未分胜负。

[19]说：学说，主张。行：施行，推行。

[20]德流：指德政施行而流布天下。

[21]震慴（shè）：震动畏惧。慴，同“慑”，畏惧。

[22]宾服：顺从，服从。

[23]四海之外：境外，海外，指汉朝周边诸邦国。带：衣带。此处指像衣带围绕腰身一样严密。

[24]覆盂：倒扣的盂，用于比喻局势的稳定。盂：一种圆口陶器。

[25]动发举事：发起、兴办事业。

[26]犹运之掌：好比在自己手掌上转动一样操纵自如。运：转。

[27]“贤与不肖”句：指在这种太平盛世，贤与不肖无法通过比较分出高低。

[28]“遵天”三句：指遵从天意，顺应自然规律，则万物就能各得其所。

[29]绥：使……安定。

[30]抗：通“亢”，抬举，使……高。

[31]抑：压抑，压制。

[32]效情：指进献忠心。

[33]安知前后：意谓不知该怎样去做。

[34]竭精：竭尽全力。驰说（shuì）：奔走游说。

[35]辐凑：形容游说之士聚集在一起，如辐条集中在轮轴间。辐：车轮上的辐条。凑：集。

[36]慕之：指羡慕受重用的人。

[37]“困于”二句：言缺衣少食，背井离乡。形容今之说客处境困难、不受重用的苦状。

[38]曾：甚至 。掌故：汉代初级文官名，掌管礼乐制度典故的小吏。

[39]害：指灾祸或战乱。

[40]和同：协调一致。

[41]“鼓钟”二句：出自《诗经·小雅·白华》。意为在室内敲钟而声音传到室外。

[42]“鹤鸣”二句：出自《诗经·小雅·鹤鸣》。意为鹤鸣叫于大泽之中，而声传于天外。以上四句引自《诗经》，说明士人如内有才德，虽所处卑下，名声必显于外。

[43]太公：即姜太公，姜姓，名尚，字子牙。相传他 70 岁时还是庶民，后遇周文王才受到赏识和重用，辅佐周武王伐纣灭商。

[44]设用：被任用。文武：指周文王、周武王。

[45]信（shēn)：通“伸”。伸张，实现。厥：指姜太公。

[46]孳（zī）孳：同“孜孜”，勤奋努力的样子。

[47]修学：研习学业。敏行：勉于修身。敏：勉。

[48]鹡（jí）鸰（líng)：水鸟名。亦称“脊令”。

[49]飞且鸣：边飞边叫。《诗经·小雅·小宛》：“题彼脊令，载飞载鸣。”此处以鸟喻人，形容士人勤奋上进。

[50]匈匈：喧哗声。

[51]常度：常道。

[52]道其常：遵行常规，施行常法。

[53]计其功：计较功利。

[54]愆（qiān)：过错，偏差。

[55]恤：惧怕，忧惧。自“天不为人”句以下至“何恤人之言”句，皆引自《荀子·天论》，文字稍有出入。这段话意思是说：君子不为小人的指责所动摇，始终如一保持节操。所引《诗经》两句为古逸诗。

[56]“水至清”二句：意为人过于苛求明察、求全责备则难以容众。察：明察。徒：指同道之人。

[57]冕：冠，帽子。旒（liú）：古代帝王冠冕前所挂的珠串。

[58]蔽明：遮光，遮蔽多余的光线。

[59]黈（tǒu）纩（kuàng）：古帝王冠冕左右两侧悬挂的黄丝绵球，以示不听无益之言。

[60]塞聪：阻塞听力，阻挡多余的杂音。

[61]“举大德”三句：意谓考察一个人应注意他的大节和主流，不应纠缠于小的过错而求全责备。举：发扬。大德：主要的优良品德。

[62]枉：曲，引申为错误。直：使动用法，引申为矫正。

[63]自得：自我反思而有所收获。

[64]优：优待。柔：柔和，宽容。

[65]揆（kuí）而度（duó）之：即揆度。揣度，估量。

[66]索：思索，寻求。以上6句出自《大戴礼记·子张问入官》。

[67]敏：聪敏。广：博大。

[68]处士：指未做官的士人。此处也指有才而未受重用之人。

[69]块然：孤独的样子。

[70]廓然：空虚寂寞的样子。

[71]许由：上古隐士。相传尧欲以天下让之，不愿意接受。

[72]接舆：春秋时楚国隐士，相传他佯狂避世，曾唱《凤歌》讽刺孔子热心从政。

[73]计：计谋。范蠡（lí）：春秋时楚人，曾辅佐越王勾践灭吴，功成身退，更名经商。

[74]子胥：姓伍，名员，字子胥，春秋时楚人。因楚平王杀其父兄而奔吴，辅佐吴王阖闾和夫差，败楚、越等国而强大称霸。后因忠心直谏，被夫差赐死。

[75]义：道义。扶：扶持，支持。

[76]寡偶少徒：缺少朋友和徒众。

[77]乐毅：战国时燕将，曾率燕、赵、韩、魏、秦五国军队大败齐军，攻下齐都临淄。后因新君猜忌被罢官逃至赵国。

[78]李斯：战国时楚人，仕秦，官至丞相。后因赵高诬陷，为秦二世所杀。

[79]郦食（yì）其（jī）：秦汉之际人，刘邦手下谋士，为刘邦游说齐国，说服齐王田广归汉。汉将韩信乘齐国罢守备而攻破之，齐王怒而烹杀郦食其。

[80]说行如流：指意见、谋略被毫无阻碍地遵从。

[81]曲从：指屈尊将就服从。如环：形容完全折服的样子。

[82]以管窥天：语出《庄子·秋水》。管：竹管。窥：从小孔或缝隙里看。

[83]蠡：用瓠做的瓢。

[84]筳（tíng）：细竹棍。

[85]通其条贯：指了解天空的条理系统。

[86]考其文理：指探知海洋的走势区划。

[87]鼱（jīng）鼩（qú）：一种以食虫为生的小鼠。

[88]靡：烂。指自身先被咬烂。

[89]下愚：指卑下愚蠢的人。非：否定，非议。

[90]困：困窘。

[91]已：同“矣”，语气词。

[92]权变：变通，随机应变。

【提示】

据《汉书·东方朔传》载，东方朔多次上书，终不见用，“朔因著论设客难己，用位卑以自慰谕”。文章第一段，“客”对东方朔的才能提出质疑：苏秦、张仪这样的说客都能迅速取得君主的赏识而登高位，而你东方朔，自认为有才，又全力尽忠数十年，为何还是“官不过侍郎，位不过执戟”？恐怕是你自己没本事吧！对于这一问难，作者分三个层次作了答复：首先指出“时势造英雄”是苏秦、张仪得志的原因，两人生在群雄逐鹿、“失士者亡”的战国时期，有施展才干的机会；而当今“天下无害，虽有圣人无所施才”，如果苏、张再生，恐怕连我这样的侍郎都当不上！接着作者表明自己的态度：不因地位的高低而放松修身，仍要“修学敏行而不敢怠也”。最后，作者反守为攻，直接表明自己有经邦治国之大才，“客”的批评是“管窥蠡测”，不知权变而终惑于大道。

本文的中心是抒发怀才不遇的牢骚。虽然表面上说自己生活的时代“圣帝流德”，“天下平均，合为一家”，“尊天之道，顺地之理，物无不得其所”，但同时又说当时人才的遭遇却是贤愚无所区别，“抗之则在青云之上，抑之则在深渊之下”，是“虽欲尽节效情，安知前后”。这种矛盾得有点滑稽的对比并不是作者的疏忽，恰恰是以这种手法在发泄不平。

本文通过“客”的设问提出问题，又通过回答表达作者的看法，层层展开作者的思想，使文章形式上比较活泼，结构上也更加紧凑。文章句式骈散相间，以骈为主，语言生动流畅，比较注重思想感情的表达，在汉赋中也是很有特色的一篇。《答客难》这种“设论”或“对问”的文体，上承宋玉《对楚王问》，下启扬雄《解嘲》、班固《答宾戏》，直至韩愈《进学解》、苏轼《赤壁赋》，对“赋”这一文学体裁风格形式的多样化，也起到了承上启下的作用。

【思考题】

一、找出课文第二段中的矛盾之处，并谈谈作者采用这种写法的原因。

二、简要评析本文应对诘问的辩答技巧。

项羽本纪[1]

司马迁

司马迁（前145？—前90年？），字子长，夏阳龙门（今陕西韩城）人。其先代“世典周史”，父亲司马谈曾任太史令。司马迁10岁开始诵读古文，博览群书；20岁起便多次出游，考察风俗民情，搜集遗闻旧事。这为他后来写作《史记》打下了坚实基础。司马迁38岁时继承父职任太史令，公元前104年开始写作《史记》。公元前99年，因替李陵投降匈奴辩护，触怒汉武帝，获罪下狱，遭受宫刑。出狱后被任为中书令。李陵之祸使司马迁对社会有了更深刻的认识，他忍辱发愤坚持著书，完成了《史记》。

《史记》原名《太史公记》，又称《太史公书》，记载了我国从远古直到汉武帝时约3000年的历史，是我国第一部纪传体通史。全书包括十二本纪、十表、八书、三十世家和七十列传，其中本纪、世家和列传是优秀的传纪文学作品，塑造了一批性格鲜明的历史人物形象，其高度的艺术成就和深刻的思想内容都是后代史家难以比拟的。鲁迅称之为“史家之绝唱，无韵之《离骚》”。

项籍者，下相人也[2]，字羽。初起时，年二十四。其季父项梁[3]，梁父即楚将项燕，为秦将王翦所戮者也[4]。项氏世世为楚将，封于项[5]，故姓项氏。

项籍少时，学书不成，去；学剑，又不成。项梁怒之。籍曰：“书足以记名姓而已。剑一人敌，不足学，学万人敌。”于是项梁乃教籍兵法，籍大喜，略知其意，又不肯竟学。

项梁尝有栎阳逮[6]，乃请蕲狱掾曹咎书，抵栎阳狱掾司马欣[7]，以故事得已。

项梁杀人，与籍避仇于吴中[8]。吴中贤士大夫皆出项梁下，每吴中有大繇役及丧，项梁常为主办，阴以兵法部勒宾客及子弟[9]，以是知其能。

秦始皇帝游会稽，渡浙江[10]，梁与籍俱观。籍曰：“彼可取而代也。”梁掩其口，曰：“毋妄言，族矣！”梁以此奇籍。

籍长八尺余，力能扛鼎，才气过人，虽吴中子弟皆已惮籍矣。

秦二世元年七月，陈涉等起大泽中。其九月，会稽守通谓梁曰[11]：“江西皆反，此亦天亡秦之时也。吾闻先即制人，后则为人所制。吾欲发兵，使公及桓楚将[12]。”是时桓楚亡在泽中[13]。梁曰：“桓楚亡，人莫知其处，独籍知之耳。”梁乃出，诫籍持剑居外待。梁复入，与守坐，曰：“请召籍，使受命召桓楚。”守曰：“诺。”梁召籍入。须臾，梁眴籍曰[14]：“可行矣！”于是籍遂拔剑斩守头。项梁持守头，佩其印绶[15]。门下大惊，扰乱，籍所击杀数十百人。一府中皆慑伏[16]，莫敢起。梁乃召故所知豪吏，谕以所为起大事，遂举吴中兵。使人收下县[17]，得精兵八千人。梁部署吴中豪杰为校尉、候、司马[18]。有一人不得用，自言于梁。梁曰："前时某丧使公主某事，不能办，以此不任用公。"众乃皆伏。于是梁为会稽守，籍为裨将，徇下县[19]。

广陵人召平于是为陈王徇广陵[20]，未能下。闻陈王败走，秦兵又且至，乃渡江矫陈王命[21]，拜梁为楚王上柱国[22]。曰："江东已定，急引兵西击秦。"项梁乃以八千人渡江而西。闻陈婴已下东阳，使使欲与连和俱西。陈婴者，故东阳令史[23]，居县中，素信谨[24]，称为长者。东阳少年杀其令，相聚数千人，欲置长，无适用[25]，乃请陈婴。婴谢不能，遂强立婴为长，县中从者得二万人。少年欲立婴便为王，异军苍头特起[26]。陈婴母谓婴曰："自我为汝家妇，未尝闻汝先古之有贵者。今暴得大名[27]，不祥。不如有所属，事成犹得封侯，事败易以亡，非世所指名也[28]。"婴乃不敢为王。谓其军吏曰："项氏世世将家，有名于楚。今欲举大事，将非其人，不可。我倚名族，亡秦必矣。"于是众从其言，以兵属项梁。项梁渡淮，黥布、蒲将军亦以兵属焉[29]。凡六七万人，军下邳。

当是时，秦嘉已立景驹为楚王[30]，军彭城东，欲距项梁[31]。项梁谓军吏曰："陈王先首事[32]，战不利，未闻所在。今秦嘉倍陈王而立景驹[33]，逆无道。"乃进兵击秦嘉。秦嘉军败走，追之至胡陵。嘉还战一日，嘉死，军降。景驹走，死梁地[34]。项梁已并秦嘉军，军胡陵，将引军而西。章邯军至栗[35]，项梁使别将朱鸡石、余樊君与战[36]。余樊君死，朱鸡石军败，亡走胡陵。项梁乃引兵入薛，诛鸡石。

项梁前使项羽别攻襄城[37]，襄城坚守不下。已拔，皆坑之[38]。还报项梁。项梁闻陈王定死，召诸别将会薛计事。此时沛公亦起沛[39]，往焉。

居鄛人范增[40]，年七十，素居家[41]，好奇计，往说项梁曰："陈胜败固当。夫秦灭六国，楚最无罪。自怀王入秦不反[42]，楚人怜之至今，故楚南公曰[43]'楚虽三户，亡秦必楚也'。今陈胜首事，不立楚后而自立，其势不长。今君起江东，楚蜂午之将皆争附君者，以君世世楚将，为能复立楚之后也。"于是项梁然其言[44]，乃求楚怀王孙心民间，为人牧羊，立以为楚怀王，从民所望也。陈婴为楚上柱国，封五县，与怀王都盱台[45]。项梁自号为武信君。

居数月，引兵攻亢父[46]，与齐田荣、司马龙且军救东阿[47]，大破秦军于东阿。田荣即引兵归，逐其王假[48]。假亡走楚。假相田角亡走赵。角弟田间故齐将，居赵不敢归。田荣立田儋子市为齐王[49]。项梁已破东阿下军，遂追秦军。数使使趣齐兵[50]，欲与俱西。田荣曰："楚杀田假，赵杀田角、田间，乃发兵。"项梁曰："田假为与国之王[51]，穷来从我，不忍杀之。"赵亦不杀田角、田间以市于齐[52]。齐遂不肯发兵助楚。

项梁使沛公及项羽别攻城阳[53]，屠之。西破秦军濮阳东[54]，秦兵收入濮阳。沛公、项羽乃攻定陶。定陶未下，去。西略地至雍丘[55]，大破秦军，斩李由[56]。还攻外黄[57]，外黄未下。

项梁起东阿，西，北至定陶[58]，再破秦军，项羽等又斩李由，益轻秦，有骄色。宋义乃谏项梁曰[59]："战胜而将骄卒惰者败。今卒少惰矣，秦兵日益[60]，臣为君畏之。"项梁弗听。乃使宋义使于齐。道遇齐使者高陵君显[61]，曰："公将见武信君乎?"曰："然。"曰："臣论武信君军必败。公徐行即免死，疾行则及祸。"秦果悉起兵益章邯，击楚军，大破之定陶，项梁死。沛公、项羽去外黄攻陈留，陈留坚守，不能下。沛公、项羽相与谋曰："今项梁军破，士卒恐。"乃与吕臣军俱引兵而东。吕臣军彭城东[62]，项羽军彭城西，沛公军砀[63]。

章邯已破项梁军，则以为楚地兵不足忧，乃渡河击赵，大破之。当此时，赵歇为王[64]，陈余为将[65]，张耳为相[66]，皆走入巨鹿城[67]。章邯令王离、涉间围巨鹿[68]，章邯军其南，筑甬道而输之粟，陈余为将，将卒数万人而军巨鹿之北，此所谓河北之军也。

楚兵已破于定陶，怀王恐，从盱台之彭城，并项羽、吕臣军自将之。以吕臣为司徒[69]，以其父吕青为令尹[70]，以沛公为砀郡长，封为武安侯，将砀郡兵。

初，宋义所遇齐使者高陵君显在楚军，见楚王曰："宋义论武信君之军必败，居数日，军果败。兵未战而先见败征，此可谓知兵矣。"王召宋义与计事而大说之，因置以为上将军，项羽为鲁公，为次将，范增为末将，救赵，诸别将皆属宋义，号为卿子冠军[71]。行至安阳，留四十六日不进。项羽曰："吾闻秦军围赵王巨鹿，疾引兵渡河，楚击其外，赵应其内，破秦军必矣。"宋义曰："不然。夫搏牛之蝱不可以破虮虱[72]。今秦攻赵，战胜则兵罢[73]，我承其敝；不胜，则我引兵鼓行而西，必举秦矣。故不如先斗秦赵。夫被坚执锐，义不如公；坐而运策，公不如义。"因下令军中曰："猛如虎，狠如羊，贪如狼，强不可使者，皆斩之。"乃遣其子宋襄相齐，身送之至无盐[74]，饮酒高会。天寒大雨，士卒冻饥。项羽曰："将戮力而攻秦[75]，久留不行。今岁饥民贫，士卒食芋菽，军无见粮[76]，乃饮酒高会，不引兵渡河因赵食[77]，与赵并力攻秦，乃曰'承其敝'。夫以秦之强，攻新造之赵，其势必举赵。赵举而秦强，何敝之承！且国兵新破，王坐不安席，埽境内而专属于将军[78]，国家安危，在此一举。今不恤士卒而徇其私[79]，非社稷之臣。"项羽晨朝上将军宋义[80]，即其帐中斩宋义头，出令军中曰："宋义与齐谋反楚，楚王阴令羽诛之。"当是时，诸将皆慑服，莫敢枝梧[81]。皆曰："首立楚者，将军家也。今将军诛乱。"乃相与共立羽为假上将军[82]。使人追宋义子，及之齐，杀之。使桓楚报命于怀王。怀王因使项羽为上将军[83]。当阳君、蒲将军皆属项羽[84]。

项羽已杀卿子冠军，威震楚国，名闻诸侯。乃遣当阳君、蒲将军将卒二万渡河[85]，救巨鹿。战少利，陈余复请兵。项羽乃悉引兵渡河，皆沉船，破釜甑，烧庐舍，持三日粮，以示士卒必死，无一还心。于是至则围王离，与秦军遇，九战，绝其甬道，大破之，杀苏角，虏王离。涉间不降楚，自烧杀。

当是时，楚兵冠诸侯。诸侯军救巨鹿下者十余壁[86]，莫敢纵兵。及楚击秦，诸将皆从壁上观。楚战士无不一以当十。楚兵呼声动天，诸侯军无不人人惴恐。于是已破秦军，项羽召见诸侯将，入辕门，无不膝行而前，莫敢仰视。项羽由是始为诸侯上将军，诸侯皆属焉。

章邯军棘原[87]，项羽军漳南，相持未战。秦军数却，二世使人让章邯[88]。章邯恐，使长史欣请事[89]。至咸阳，留司马门三日[90]，赵高不见[91]，有不信之心。长史欣恐，还走其军，不敢出故道。赵高果使人追之，不及。欣至军，报曰："赵高用事于中[92]，下无可为者。今战能胜，高必疾妒吾功；战不能胜，不免于死。愿将军孰计之[93]。"陈余亦遗章邯书曰："白起为秦将[94]，南征鄢郢[95]，北坑马服[96]，攻城略地，不可胜计，而竟赐死。蒙恬为秦将[97]，北逐戎人，开榆中地数千里[98]，竟斩阳周。何者？功多，秦不能尽封，因以法诛之。今将军为秦将三岁矣，所亡失以十万数，而诸侯并起，滋益多[99]。彼赵高素谀日久，今事急，亦恐二世诛之，故欲以法诛将军以塞责，使人更代将军以脱其祸。夫将军居外久，多内郤[100]，有功亦诛，无功亦诛。且天之亡秦，无愚智皆知之。今将军内不能直谏，外为亡国将，孤特独立而欲常存[101]，岂不哀哉！将军何不还兵与诸侯为从[102]，约共攻秦，分王其地，南面称孤。此孰与身伏铁质[103]，妻子为僇乎[104]？"章邯狐疑，阴使候始成使项羽[105]，欲约。约未成，项羽使蒲将军日夜引兵度三户[106]，军漳南，与秦战，再破之。项羽悉引兵击秦军汙水上，大破之。

章邯使人见项羽，欲约。项羽召军吏谋曰："粮少，欲听其约。"军吏皆曰："善。"项羽乃与期洹水南殷虚上[107]。已盟，章邯见项羽而流涕，为言赵高。项羽乃立章邯为雍王[108]，置楚军中。使长史欣为上将军，将秦军为前行。

到新安。诸侯吏卒异时故繇使屯戍过秦中，秦中吏卒遇之多无状，及秦军降诸侯，诸侯吏卒乘胜多奴虏使之，轻折辱秦吏卒[109]。秦吏卒多窃言曰："章将军等诈吾属降诸侯，今能入关破秦，大善；即不能[110]，诸侯虏吾属而东，秦必尽诛吾父母妻子。"诸将微闻其计[111]，以告项羽。项羽乃召黥布、蒲将军计曰："秦吏卒尚众，其心不服，至关中不听，事必危，不如击杀之，而独与章邯、长史欣、都尉翳入秦[112]。"于是楚军夜击坑秦卒二十余万人新安城南。

行略定秦地。函谷关有兵守关，不得入。又闻沛公已破咸阳，项羽大怒，使当阳君等击关。项羽遂入，至于戏西[113]。沛公军霸上[114]，未得与项羽相见。沛公左司马曹无伤使人言于项羽曰："沛公欲王关中，使子婴为相[115]，珍宝尽有之。"项羽大怒，曰："旦日飨士卒，为击破沛公军！"

当是时，项羽兵四十万，在新丰鸿门[116]，沛公兵十万，在霸上。范增说项羽曰："沛公居山东时[117]，贪于财货，好美姬。今入关，财物无所取，妇女无所幸，此其志不在小。吾令人望其气，皆为龙虎，成五采[118]，此天子气也。急击勿失。"

楚左尹项伯者[119]，项羽季父也，素善留侯张良[120]。张良是时从沛公，项伯乃夜驰之沛公军，私见张良，具告以事，欲呼张良与俱去。曰："毋从俱死也。"张良曰："臣为韩王送沛公[121]，沛公今事有急，亡去不义，不可不语。"良乃入，具告沛公。沛公大惊，曰："为之奈何？"张良曰："谁为大王为此计者？"曰："鲰生说我曰'距关，毋内诸侯，秦地可尽王也[122]'。故听之。"良曰："料大王士卒足以当项王乎？"沛公默然，曰："固不如也，且为之奈何？"张良曰："请往谓项伯，言沛公不敢背项王也。"沛公曰："君安与项伯有故？"张良曰："秦时与臣游，项伯杀人，臣活之。今事有急，故幸来告良。"沛公曰："孰与君少长？"良曰："长于臣。"沛公曰："君为我呼入，吾得兄事之。"张良出，要项伯[123]。项伯即入见沛公。沛公奉卮酒为寿[124]，约为婚姻，曰："吾入关，秋豪不敢有所近，籍吏民[125]，封府库，而待将军。所以遣将守关者，备他盗之出入与非常也[126]。日夜望将军至，岂敢反乎！愿伯具言臣之不敢倍德也[127]。"项伯许诺，谓沛公曰："旦日不可不蚤自来谢项王[128]。"沛公曰："诺。"于是项伯复夜去，至军中，具以沛公言报项王。因言曰："沛公不先破关中，公岂敢入乎？今人有大功而击之，不义也，不如因善遇之。"项王许诺。

沛公旦日从百余骑来见项王[129]。至鸿门，谢曰："臣与将军戮力而攻秦，将军战河北，臣战河南[130]，然不自意能先入关破秦，得复见将军于此。今者有小人之言，令将军与臣有郤。"项王曰："此沛公左司马曹无伤言之；不然，籍何以至此？"项王即日因留沛公与饮。项王、项伯东向坐，亚父南向坐。亚父者，范增也。沛公北向坐，张良西向侍。范增数目项王，举所佩玉玦以示之者三，项王默然不应。范增起，出召项庄[131]，谓曰："君王为人不忍，若入前为寿，寿毕，请以剑舞，因击沛公于坐，杀之。不者，若属皆且为所虏。"庄则入为寿。寿毕，曰："君王与沛公饮，军中无以为乐，请以剑舞。"项王曰："诺。"项庄拔剑起舞，项伯亦拔剑起舞，常以身翼蔽沛公，庄不得击。于是张良至军门，见樊哙[132]。樊哙曰："今日之事何如？"良曰："甚急。今者项庄拔剑舞，其意常在沛公也。"哙曰："此迫矣[133]，臣请入，与之同命。"哙即带剑拥盾入军门。交戟之卫士欲止不内[134]，樊哙侧其盾以撞，卫士仆地，哙遂入，披帷西向立[135]，瞋目视项王，头发上指，目眦尽裂[136]。项王按剑而跽曰[137]："客何为者？"张良曰："沛公之参乘樊哙者也[138]。"项王曰："壮士！赐之卮酒。"则与斗卮酒[139]。哙拜谢，起，立而饮之。项王曰："赐之彘肩[140]。"则与一生彘肩。樊哙覆其盾于地，加彘肩上，拔剑切而啖之。项王曰："壮士，能复饮乎？"樊哙曰："臣死且不避，卮酒安足辞！夫秦王有虎狼之心，杀人如不能举，刑人如恐不胜[141]，天下皆叛之。怀王与诸将约曰'先破秦入咸阳者王之'。今沛公先破秦入咸阳，豪毛不敢有所近，封闭宫室，还军霸上，以待大王来。故遣将守关者，备他盗出入与非常也。劳苦而功高如此，未有封侯之赏，而听细说[142]，欲诛有功之人。此亡秦之续耳，窃为大王不取也。"项王未有以应，曰："坐。"樊哙从良坐。坐须臾，沛公起如厕，因招樊哙出。

沛公已出，项王使都尉陈平召沛公[143]。沛公曰："今者出，未辞也，为之奈何？"樊哙曰："大行不顾细谨，大礼不辞小让[144]。如今人方为刀俎，我为鱼肉，何辞为？"于是遂去。乃令张良留谢。良问曰："大王来何操[145]？"曰："我持白璧一双，欲献项王；玉斗一双，欲与亚父。会其怒，不敢献，公为我献之。"张良曰："谨诺。"

当是时，项王军在鸿门下，沛公军在霸上，相去四十里。沛公则置车骑[146]，脱身独骑，与樊哙、夏侯婴、靳彊、纪信等四人持剑盾步走[147]，从郦山下[148]，道芷阳间行[149]。沛公谓张良曰："从此道至吾军，不过二十里耳。度我至军中，公乃入。"

沛公已去，间至军中。张良入谢，曰："沛公不胜杯杓[150]，不能辞，谨使臣良奉白璧一双，再拜献大王足下；玉斗一双，再拜奉大将军足下。”项王曰：“沛公安在?”良曰：“闻大王有意督过之，脱身独去，已至军矣。”项王则受璧，置之坐上。亚父受玉斗，置之地，拔剑撞而破之，曰：“唉！竖子不足与谋。夺项王天下者，必沛公也，吾属今为之虏矣。”

沛公至军，立诛杀曹无伤。

居数日，项羽引兵西屠咸阳，杀秦降王子婴，烧秦宫室，火三月不灭。收其货宝妇女而东。人或说项王曰：“关中阻山河四塞[151]，地肥饶，可都以霸。”项王见秦宫室皆以烧残破，又心怀思，欲东归，曰：“富贵不归故乡，故衣绣夜行，谁知之者！”说者曰[152]：“人言楚人沐猴而冠耳[153]，果然。”项王闻之，烹说者。

项王使人致命怀王[154]。怀王曰：“如约[155]。”乃尊怀王为义帝。

项王欲自王，先王诸将相。谓曰：“天下初发难时，假立诸侯后以伐秦。然身被坚执锐首事，暴露于野三年[156]，灭秦定天下者，皆将相诸君与籍之力也。义帝虽无功，故当分其地而王之。”诸将皆曰：“善。”乃分天下，立诸将为侯王。

项王、范增疑沛公之有天下，业已讲解[157]，又恶负约[158]，恐诸侯叛之，乃阴谋曰：“巴、蜀道险，秦之迁人皆居蜀[159]。”乃曰：“巴、蜀亦关中地也。”故立沛公为汉王，王巴、蜀、汉中，都南郑。而三分关中，王秦降将以距塞汉王[160]。

项王乃立章邯为雍王，王咸阳以西，都废丘。长史欣者，故为栎阳狱掾，尝有德于项梁；都尉董翳者，本劝章邯降楚。故立司马欣为塞王，王咸阳以东至河，都栎阳；立董翳为翟王，王上郡[161]，都高奴。徙魏王豹为西魏王，王河东[162]，都平阳。瑕丘申阳者[163]，张耳嬖臣也[164]，先下河南郡，迎楚河上，故立申阳为河南王，都洛阳。韩王成因故都，都阳翟。赵将司马卬定河内，数有功，故立卬为殷王，王河内[165]，都朝歌[166]。徙赵王歇为代[167]王。赵相张耳素贤，又从入关，故立耳为常山王，王赵地，都襄国。当阳君黥布为楚将，常冠军[168]，故立布为九江王[169]，都六[170]。鄱君吴芮率百越佐诸侯[171]，又从入关，故立芮为衡山王[172]，都邾。义帝柱国共敖将兵击南郡[173]，功多，因立敖为临江王[174]，都江陵。徙燕王韩广为辽东王[175]。燕将臧荼从楚救赵[176]，因从入关，故立荼为燕王，都蓟。徙齐王田市为胶东王。齐将田都从共救赵，因从入关，故立都为齐王，都临菑。故秦所灭齐王建孙田安，项羽方渡河救赵，田安下济北数城，引其兵降项羽，故立安为济北王[177]，都博阳。田荣者，数负项梁，又不肯将兵从楚击秦，以故不封。成安君陈余弃将印去，不从入关，然素闻其贤，有功于赵，闻其在南皮，故因环封三县[178]。番君将梅锅功多[179]，故封十万户侯。项王自立为西楚霸王[180]，王九郡，都彭城。

汉之元年四月[181]，诸侯罢戏下[182]，各就国。

项王出之国，使人徙义帝，曰：“古之帝者地方千里，必居上游。”乃使使徙义帝长沙郴县。趣义帝行。其群臣稍稍背叛之。乃阴令衡山、临江王击杀之江中。韩王成无军功，项王不使之国，与俱至彭城，废以为侯，已又杀之。臧荼之国，因逐韩广之辽东，广弗听，荼击杀广无终[183]，并王其地。

田荣闻项羽徙齐王市胶东，而立齐将田都为齐王，乃大怒，不肯遣齐王之胶东。因以齐反，迎击田都。田都走楚。齐王市畏项王，乃亡之胶东就国。田荣怒，追击杀之即墨。荣因自立为齐王，而西击杀济北王田安，并王三齐。荣与彭越将军印[184]，令反梁地。陈余阴使张同、夏说说齐王田荣曰[185]："项羽为天下宰，不平。今尽王故王于丑地，而王其群臣诸将善地，逐其故主[186]。赵王乃北居代，余以为不可。闻大王起兵，且不听不义[187]，愿大王资余兵，请以击常山，以复赵王，请以国为扞蔽[188]。"齐王许之，因遣兵之赵。陈余悉发三县兵，与齐并力击常山，大破之。张耳走归汉。陈余迎故赵王歇于代，反之赵。赵王因立陈余为代王。

是时，汉还定三秦[189]。

项羽闻汉王皆已并关中，且东[190]，齐、赵叛之，大怒。乃以故吴令郑昌为韩王，以距汉。令萧公角等击彭越[191]。彭越败萧公角等。汉使张良徇韩，乃遗项王书曰："汉王失职，欲得关中，如约即止[192]，不敢东。"又以齐、梁反书遗项王曰："齐欲与赵并灭楚。"楚以此故无西意，而北击齐。征兵九江王布。布称疾不往，使将将数千人行。项王由此怨布也。

汉之二年冬，项羽遂北至城阳，田荣亦将兵会战，田荣不胜，走至平原[193]，平原民杀之。遂北烧夷齐城郭室屋，皆坑田荣降卒，系虏其老弱妇女。徇齐至北海，多所残灭，齐人相聚而叛之。于是田荣弟田横收齐亡卒[194]，得数万人，反城阳。项王因留，连战未能下。

春，汉王部五诸侯兵，凡五十六万人，东伐楚。项王闻之，即令诸将击齐，而自以精兵三万人南从鲁出胡陵[195]。四月，汉皆已入彭城，收其货宝美人，日置酒高会。项王乃西从萧，晨击汉军而东，至彭城，日中，大破汉军。汉军皆走，相随入谷、泗水，杀汉卒十余万人。汉卒皆南走山，楚又追击至灵璧东睢水上[196]。汉军却，为楚所挤，多杀，汉卒十余万人皆入睢水，睢水为之不流。围汉王三匝。于是大风从西北而起，折木发屋[197]，扬沙石，窈冥昼晦[198]，逢迎楚军[199]。楚军大乱，坏散，而汉王乃得与数十骑遁去。欲过沛，收家室而西。楚亦使人追之沛，取汉王家。家皆亡，不与汉王相见。汉王道逢得孝惠、鲁元[200]，乃载行。楚骑追汉王，汉王急，推堕孝惠、鲁元车下，滕公常下收载之[201]。如是者三。曰："虽急，不可以驱[202]，奈何弃之？"于是遂得脱。求太公、吕后[203]，不相遇。审食其从太公、吕后间行[204]，求汉王，反遇楚军。楚军遂与归，报项王，项王常置军中。

是时吕后兄周吕侯为汉将兵居下邑[205]，汉王间往从之，稍稍收其士卒。至荥阳，诸败军皆会。萧何亦发关中老弱未傅悉诣荥阳[206]，复大振，楚起于彭城，常乘胜逐北，与汉战荥阳南京、索间[207]，汉败楚，楚以故不能过荥阳而西。

项王之救彭城，追汉王至荥阳。田横亦得收齐，立田荣子广为齐王。汉王之败彭城，诸侯皆复与楚而背汉。汉军荥阳，筑甬道属之河[208]，以取敖仓粟[209]。

汉之三年，项王数侵夺汉甬道，汉王食乏，恐，请和，割荥阳以西为汉。项王欲听之。历阳侯范增曰："汉易与耳[210]，今释弗取，后必悔之。"项王乃与范增急围荥阳。汉王患之，乃用陈平计间项王[211]。项王使者来，为太牢具[212]，举欲进之。见使者，详惊愕曰："吾以为亚父使者，乃反项王使者。"更持去[213]，以恶食食项王使者。使者归报项王。项王乃疑范增与汉有私，稍夺之权。范增大怒，曰："天下事大定矣，君王自为之。愿赐骸骨归卒伍[214]。"项王许之。行未至彭城，疽发背而死。

汉将纪信说汉王曰："事已急矣，请为王诳楚为王，王可以间出[215]。"于是汉王夜出女子荥阳东门被甲二千人，楚兵四面击之。纪信乘黄屋车，傅左纛[216]，曰："城中食尽，汉王降。"楚军皆呼万岁。汉王亦与数十骑从城西门出，走成皋。项王见纪信，问："汉王安在?"信曰："汉王已出矣。"项王烧杀纪信。

汉王使御史大夫周苛、枞公、魏豹守荥阳[217]。周苛、枞公谋曰："反国之王，难与守城。"乃共杀魏豹。楚下荥阳城，生得周苛。项王谓周苛曰："为我将，我以公为上将军，封三万户。"周苛骂曰："若不趣降汉[218]，汉今虏若，若非汉敌也。"项王怒，烹周苛，并杀枞公。

汉王之出荥阳，南走宛、叶[219]，得九江王布，行收兵[220]，复入保成皋。

汉之四年，项王进兵围成皋。汉王逃，独与滕公出成皋北门，渡河走修武，从张耳、韩信军。诸将稍稍得出成皋，从汉王。楚遂拔成皋。欲西，汉使兵距之巩[221]，令其不得西。是时，彭越渡河击楚东阿，杀楚将军薛公。项王乃自东击彭越。

汉王得淮阴侯兵[222]，欲渡河南。郑忠说汉王，乃止，壁河内[223]。使刘贾将兵佐彭越[224]，烧楚积聚。项王东击破之，走彭越。汉王则引兵渡河，复取成皋，军广武，就敖仓食。

项王已定东海来西[225]，与汉俱临广武而军，相守数月。

当此时，彭越数反梁地，绝楚粮食，项王患之。为高俎[226]，置太公其上，告汉王曰："今不急下[227]，吾烹太公。"汉王曰："吾与项羽俱北面受命怀王，曰'约为兄弟'，吾翁即若翁。必欲烹而翁[228]，则幸分我一杯羹。"项王怒，欲杀之。项伯曰："天下事未可知，且为天下者不顾家，虽杀之无益，只益祸耳。"项王从之。

楚汉久相持未决，丁壮苦军旅，老弱罢转漕。项王谓汉王曰："天下匈匈数岁者[229]，徒以吾两人耳，愿与汉王挑战决雌雄，毋徒苦天下之民父子为也[230]。"汉王笑谢曰："吾宁斗智，不能斗力。"项王令壮士出挑战。汉有善骑射者楼烦[231]，楚挑战三合，楼烦辄射杀之。项王大怒，乃自被甲持戟挑战。楼烦欲射之，项王瞋目叱之，楼烦目不敢视，手不敢发，遂走还入壁，不敢复出。汉王使人间问之[232]，乃项王也。汉王大惊。于是项王乃即汉王相与临广武间而语[233]。汉王数之[234]，项王怒，欲一战。汉王不听，项王伏弩射中汉王。汉王伤，走入成皋。

项王闻淮阴侯已举河北，破齐、赵，且欲击楚，乃使龙且往击之。淮阴侯与战，骑将灌婴击之，大破楚军，杀龙且。韩信因自立为齐王。项王闻龙且军破，则恐，使盱台人武涉往说淮阴侯[235]。淮阴侯弗听。是时，彭越复反，下梁地，绝楚粮。项王乃谓海春侯大司马曹咎等曰："谨守成皋，则汉欲挑战[236]，慎勿与战，毋令得东而已。我十五日必诛彭越，定梁地，复从将军。"乃东行击陈留、外黄。

外黄不下。数日，已降，项王怒，悉令男子年十五已上诣城东，欲坑之。外黄令舍人儿年十三[237]，往说项王曰："彭越强劫外黄，外黄恐，故且降，待大王。大王至，又皆坑之，百姓岂有归心？从此以东，梁地十余城皆恐，莫肯下矣。"项王然其言，乃赦外黄当坑者。东至睢阳，闻之皆争下项王。

汉果数挑楚军战，楚军不出。使人辱之五六日，大司马怒，渡兵汜水。士卒半渡，汉击之，大破楚军，尽得楚国货赂[238]。大司马咎、长史翳、塞王欣皆自刭汜水上。大司马咎者，故蕲狱掾，长史欣亦故栎阳狱吏，两人尝有德于项梁，是以项王信任之。当是时，项王在睢阳，闻海春侯军败，则引兵还。汉军方围钟离眜于荥阳东[239]，项王至，汉军畏楚，尽走险阻。

是时，汉兵盛，食多，项王兵罢，食绝。汉遣陆贾说项王[240]，请太公，项王弗听。汉王复使侯公往说项王[241]，项王乃与汉约，中分天下。割鸿沟以西者为汉[242]，鸿沟而东者为楚。项王许之。即归汉王父母妻子。军皆呼万岁。汉王乃封侯公为平国君。匿弗肯复见。曰："此天下辩士，所居倾国，故号为平国君。"

项王已约，乃引兵解而东归[243]。

汉欲西归。张良、陈平说曰："汉有天下太半，而诸侯皆附之。楚兵罢，食尽，此天亡楚之时也，不如因其机而遂取之。今释弗击，此所谓'养虎自遗患'也。"汉王听之。

汉五年，汉王乃追项王至阳夏南[244]，止军，与淮阴侯韩信、建成侯彭越期会而击楚军。至固陵，而信、越之兵不会。楚击汉军，大破之。汉王复入壁，深堑而自守。谓张子房曰："诸侯不从约，为之奈何？"对曰："楚兵且破，信、越未有分地，其不至固宜。君王能与共分天下，今可立致也，即不能，事不可知也。君王能自陈以东傅海，尽与韩信[245]；睢阳以北至谷城[246]，以与彭越。使各自为战，则楚易败也。"汉王曰："善。"于是乃发使者告韩信、彭越曰："并力击楚，楚破，自陈以东傅海与齐王[247]，睢阳以北至谷城与彭相国。"使者至，韩信、彭越皆报曰："请今进兵。"韩信乃从齐往。刘贾军从寿春并行[248]，屠城父[249]。至垓下[250]。大司马周殷叛楚，以舒屠六[251]，举九江兵，随刘贾、彭越皆会垓下，诣项王。

项王军壁垓下，兵少食尽，汉军及诸侯兵围之数重。夜闻汉军四面皆楚歌，项王乃大惊曰："汉皆已得楚乎？是何楚人之多也！"项王则夜起，饮帐中。有美人名虞，常幸从[252]；骏马名骓，常骑之。于是项王乃悲歌慷慨，自为诗曰："力拔山兮气盖世，时不利兮骓不逝[253]。骓不逝兮可奈何，虞兮虞兮奈若何！"歌数阕，美人和之。项王泣数行下，左右皆泣，莫能仰视。

于是项王乃上马骑[254]，麾下壮士骑从者八百余人，直夜溃围南出[255]，驰走。平明，汉军乃觉之，令骑将灌婴以五千骑追之。项王渡淮，骑能属者百余人耳[256]。项王至阴陵，迷失道，问一田父，田父绐[257]曰"左"。左，乃陷大泽中。以故汉追及之。项王乃复引兵而东，至东城，乃有二十八骑。汉骑追者数千人。项王自度不得脱。谓其骑曰："吾起兵至今八岁矣，身七十余战，所当者破，所击者服，未尝败北，遂霸有天下。然今卒困于此，此天之亡我，非战之罪也。今日固决死，愿为诸君快战[258]，必三胜之，为诸君溃围，斩将，刈旗[259]，令诸君知天亡我，非战之罪也。”乃分其骑以为四队，四向[260]。汉军围之数重。项王谓其骑曰：“吾为公取彼一将。”令四面骑驰下，期山东为三处[261]。于是项王大呼驰下，汉军皆披靡，遂斩汉一将。是时，赤泉侯为骑将[262]，追项王，项王瞋目而叱之，赤泉侯人马俱惊，辟易数里[263]。与其骑会为三处。汉军不知项王所在，乃分军为三，复围之。项王乃驰，复斩汉一都尉，杀数十百人，复聚其骑，亡其两骑耳。乃谓其骑曰：“何如?”骑皆伏曰：“如大王言。”

于是项王乃欲东渡乌江[264]。乌江亭长檥船待，谓项王曰：“江东虽小，地方千里，众数十万人，亦足王也。愿大王急渡。今独臣有船，汉军至，无以渡。”项王笑曰：“天之亡我，我何渡为！且籍与江东子弟八千人渡江而西，今无一人还，纵江东父兄怜而王我，我何面目见之？纵彼不言，籍独不愧于心乎?”乃谓亭长曰：“吾知公长者。吾骑此马五岁，所当无敌，尝一日行千里，不忍杀之，以赐公。”乃令骑皆下马步行，持短兵接战。独籍所杀汉军数百人。项王身亦被十余创，顾见汉骑司马吕马童[265]，曰：“若非吾故人乎?”马童面之[266]，指王翳曰[267]：“此项王也。”项王乃曰：“吾闻汉购我头千金[268]，邑万户，吾为若德[269]。”乃自刎而死。王翳取其头，余骑相蹂践争项王，相杀者数十人。最其后，郎中骑杨喜，骑司马吕马童，郎中吕胜、杨武各得其一体。五人共会其体[270]，皆是。故分其地为五：封吕马童为中水侯，封王翳为杜衍侯，封杨喜为赤泉侯，封杨武为吴防侯，封吕胜为涅阳侯。

项王已死，楚地皆降汉，独鲁不下。汉乃引天下兵欲屠之，为其守礼义，为主死节，乃持项王头视鲁，鲁父兄乃降。始，楚怀王初封项籍为鲁公，及其死，鲁最后下，故以鲁公礼葬项王谷城。汉王为发哀，泣之而去。

诸项氏枝属[271]，汉王皆不诛。乃封项伯为射阳侯。桃侯、平皋侯、玄武侯皆项氏，赐姓刘。

太史公曰[272]：吾闻之周生曰[273]“舜目盖重瞳子[274]”，又闻项羽亦重瞳子。羽岂其苗裔邪？何兴之暴也[275]！夫秦失其政，陈涉首难，豪杰蜂起，相与并争，不可胜数。然羽非有尺寸[276]，乘势起陇亩之中[277]，三年，遂将五诸侯灭秦[278]，分裂天下，而封王侯，政由羽出，号为“霸王”，位虽不终[279]，近古以来未尝有也。及羽背关怀楚[280]，放逐义帝而自立，怨王侯叛己，难矣。自矜功伐，奋其私智而不师古[281]。谓霸王之业，欲以力征经营天下。五年卒亡其国，身死东城，尚不觉寤而不自责，过矣。乃引[282]“天亡我，非用兵之罪也”，岂不谬哉！

【注释】

[1] 本文选自《史记》卷7。本纪是帝王的传记。史书记载帝王之事，均按年代顺序排比大事，故称“纪”。

[2] 下相：地名，故城在今江苏宿迁西。

[3] 季父：叔父。古代以伯、仲、叔、季排列兄弟次序。

[4] “梁父”二句：公元前224年，秦将王翦（jiǎn）与蒙武破楚，俘楚王；次年又破楚军，楚将项燕兵败自杀。

[5] 项：西周时诸侯国，故址在今河南项城东北。

[6] “项梁尝有”句：指项梁曾在栎阳（故城在今陕西临潼东北）因事受牵连被逮捕。一说“逮”，指追捕。

[7] “乃请蕲狱掾”二句：指请曹咎写信给司马欣说情。蕲（qí）：秦县名，故城在今安徽宿县南。狱掾（yuàn）：主管监狱的官吏。曹咎当时即任此职，后为项羽大司马。

[8] 吴中：秦时会稽郡的郡治，在今江苏吴县。

[9] 阴：暗中。部勒：组织、训练。

[10] 浙江：钱塘江。

[11] 会稽守通：指会稽郡的行政长官殷通。

[12] 桓楚：楚人，后为项羽部下。

[13] 亡在泽中：流落江湖。泽，荒泽野外。

[14] 眴（shùn）：以目示意。

[15] 佩其印绶：把会稽守的官印系在自己身上。绶，穿缚印纽的带子。

[16] 慑伏：吓得伏倒在地。

[17] 收：收取、占领。下县：会稽郡所属各县。

[18] 校尉、候、司马：均为秦代军制中军官名称。候指军候，司马指军司马。

[19] 徇：带兵巡行。

[20] 广陵：今江苏扬州。陈王：指陈胜。

[21] 矫（jiǎo）：假托。

[22] 上柱国：战国时楚国官名，即上卿，相当于后世的相国。

[23] 东阳：秦县名，故城在今安徽天长西北。令史：县令手下的书吏。

[24] 信谨：老实。言而有信，为人谨慎。

[25] 无适（dí）用：没有可以主事的人。适，主管。

[26] “异军”句：指成立一支与众不同的军队。苍头：指士兵皆青布裹头。

[27] 暴：突然。

[28] “非世”句：指不为世人所注目。

[29] 黥（qíng）布：英布，因受黥面之刑（脸上刺字）改名黥布。为楚军勇将，后降汉，封淮南王。蒲将军：姓名事迹不详。

[30] 秦嘉：凌县（今江苏宿县东南）人，秦末起义者之一。景驹：楚王同族，故被立为王。

[31] 距：同“拒”。

[32] 首事：带头起义。

[33] 倍：同“背”，背叛。

[34] 梁地：泛指战国时魏国境内。魏都在大梁（今河南开封），故魏也称梁。

[35] 章邯：秦军大将，官职为少府。栗：古县名，今河南夏邑。

[36] 别将：分统一支军队的将领。朱鸡石：符离人。余樊君：其人不详。

[37] 别攻：分路攻打。襄城：今河南襄城。

[38] 坑：活埋。

[39] 沛公：刘邦，字季，沛（今江苏沛县）人，起兵于沛，故称沛公。

[40] 居鄛（cháo）：今安徽巢县。范增：项羽主要谋臣，被尊为“亚父”。

[41] 居家：指未出仕。

[42] 怀王：楚怀王芈（mǐ）槐，公元前328—前299年在位。应秦昭王约至武关会盟，被秦扣留，死于秦。

［43］楚南公：楚国阴阳家，战国时人。

［44］然其言：认为他的话有理。

［45］盱（xū）台（yí）：台，同“眙”。故址在今江苏盱眙东北。

［46］亢父（fǔ）：故址在今山东济宁南。

［47］田荣：本齐国王族，田儋之弟。龙且（jū）：楚军勇将，时任司马。东阿：古县名，故治在今山东阳谷东北之阿城镇。

［48］假：田假，曾由齐人立为齐王。

［49］田儋（dān）：齐国王族。继陈胜后起兵于狄，自立为齐王，后为章邯所杀。市（fú）：田儋之子，田荣立之为王，自为齐相。

［50］数（shuò）：屡次。趣（cù）：同“促”，催促。

［51］与国：同祸福之国，指相互友好之国。

［52］市：讨好之意。一说指要挟、威胁。

［53］城阳：地名，故城在今山东菏泽东北。

［54］濮阳：古地名，故城在今山东濮县。

［55］略：攻占。雍丘：故城在今河南杞县。

［56］李由：秦丞相李斯之子，时任秦三川郡郡守。

［57］外黄：古县名，故城在今河南民权西北。

［58］北：《汉书·项籍传》作“比至定陶”，较妥。比：等到。

［59］宋义：原楚国令尹。

［60］益：增加。

［61］高陵君显：高陵君为封号，显为名。

［62］吕臣：原为陈涉部将。陈涉失败后，在新阳组织苍头军继续反秦，后来汉封之为宁陵侯。

［63］砀（dàng）：秦郡名，故城在今安徽砀山南。

［64］赵歇：赵国后裔，被陈余、张耳拥立为赵王。

［65］陈余：魏大梁人，曾为赵王武臣的校尉。武臣死，拥立赵歇为王。后为韩信所杀。

［66］张耳：魏大梁人，与陈余一起辅佐赵王武臣，立赵王歇。后从项羽，复降汉，封为赵王。

［67］巨鹿：秦县名，并为巨鹿郡治所所在地，在今河北平乡西南。

［68］王离：秦将，王翦之孙。涉间：秦将。

［69］司徒：官职名，负责管理国家土地和民众，文中似指负责后勤给养的军需官。

［70］令尹：官名。楚国掌握军政大权的最高官职。

［71］卿子冠军：卿子为尊称之词，犹言“公子”。冠军意为“军中之冠”。

［72］“夫搏牛”句：意谓咬牛的牛虻，不会去消灭那小小的虱子。比喻楚军的目标在于灭秦而不在救赵。蝱（méng）：牛虻。

［73］罢（pí）：同“疲”。

［74］无盐：古地名，故址在今山东东平以东。

［75］戮力：协力。

［76］见粮：存粮。见，同“现”。

［77］因：利用，依靠。

［78］埽（sǎo）：同“扫”，悉数，尽括。属（zhǔ）：委托。

［79］徇其私：徇其私情，指使其子相齐而言。徇，顺从。

［80］朝：古代僚属参见长官也可称“朝”。

［81］枝梧：枝，本指架屋之小柱；梧，斜柱，引申为抵触，抗拒。

[82] 假：暂代，暂署。

[83] 因使：因其请求而命。

[84] 当阳君：黥布。布初起江湖间，称当阳君。

[85] 河：此处指漳河，发源于山西，流经河北南部。

[86] 壁：营垒。

[87] 棘原：地名，在今河北平乡南。

[88] 让：责备。

[89] 长史：官府的幕僚佐属之长。欣：司马欣。

[90] 司马门：指皇宫外门。

[91] 赵高：秦宦官，秦二世时把持朝政，后为子婴所杀。

[92] 用事于中：指把持朝政。

[93] 孰计之：仔细考虑此事。孰，即"熟"。

[94] 白起：郿（故城在今陕西郿县东北）人。善用兵，秦昭王时封武安君，屡立战功。后昭王迫其自杀。

[95] 南征鄢（yān）郢（yǐng）：鄢，地当今湖北宜城县城。公元前 279 年，白起伐楚取鄢，次年取郢。

[96] 北坑马服：公元前 260 年，白起破赵括，活埋赵卒 40 万。赵括父赵奢封马服君，赵括承袭此封号。

[97] 蒙恬：秦大将，始皇时逐匈奴，筑长城，战功卓著。后为赵高矫诏赐死。

[98] "开榆中"句：蒙恬北逐匈奴，树榆为塞，开地数千里。榆中：一说即榆林塞，在今内蒙古鄂尔多斯黄河北岸一带。

[99] 滋益多：越来越多。

[100] 内郤（xì）：指朝廷内部产生的裂痕。郤，同"隙"。

[101] 孤特独立：孤立无援。特，单独。

[102] 与诸侯为从（zòng）：和起事的诸侯联合起来。从，即"连横合纵"之"纵"。

[103] 身伏鈇质：身受刑戮。鈇质为腰斩的刑具。鈇，同"斧"。质，斩人的砧。

[104] 为僇：遭杀戮。

[105] 阴：暗中。候：军候。始成：人名，姓始名成。

[106] 三户：漳水上的渡口，在今河北临漳西。

[107] 期：约期相会。洹（huán）水：在今河南安阳北。殷虚：殷墟，殷商故都，在今河南安阳西小屯村。

[108] 雍王：意为秦地之王。雍，春秋时秦国都城，在今陕西凤翔。

[109] 轻：随意。折辱：折磨、凌辱。

[110] 即：假使。

[111] 微闻：暗中听到。

[112] 都尉：军中参谋官。翳（yì）：指董翳。

[113] 戏西：戏水之西。

[114] 霸上：灞水之西的白鹿原。

[115] 子婴：秦二世的堂兄弟，赵高杀秦二世后，立子婴为王。刘邦破武关，子婴投降。

[116] 新丰：地名，在今陕西临潼东。秦时名骊邑，汉始设新丰县。鸿门：古地名，在临潼东，今称项王营。

[117] 山东：指崤山及函谷关以东，即战国时六国故地。

［118］望其气：秦汉方士有所谓“望气之术”，即通过观察云气预测人的吉凶祸福。

［119］左尹：楚官名，令尹之佐。项伯：名缠，字伯，后被刘邦封为射阳侯。

［120］素善：一向交好。张良：字子房，为刘邦重要谋士，后封留侯。

［121］“臣为韩王”句：张良先世为韩臣，陈胜起义后，张良聚众响应，并请项梁立韩公子成为韩王，项梁同意，并任命张良为韩司徒。后韩王成留守阳翟，张良与刘邦同入武关，故云。

［122］鲰（zōu）生：浅薄无知小人。鲰原意为小鱼，引申为小人的样子。一说“鲰”为姓。

［123］要：邀。

［124］奉卮酒为寿：敬一杯酒祝寿。卮（zhī）：酒杯。

［125］籍吏民：登记清点了吏民的户籍。

［126］非常：意外变故。

［127］倍德：背信弃义。倍：“背”之假借字。

［128］蚤：同“早”。

［129］从（zònɡ）：带领。

［130］河北、河南：泛指黄河以北与黄河以南。

［131］项庄：项羽堂弟。

［132］樊哙（kuài）：沛人，屠狗出身，后随刘邦，屡立战功，汉朝建立后封左丞相，舞阳侯。

［133］迫：紧迫、危急。

［134］不内：不纳。

［135］披帷：揭开营帐。

［136］目眦（zì）：眼眶。

［137］跽（jì）：跪而挺直身子。古人席地而坐，臀部压在脚后跟上，“跽”为准备起身的状态。

［138］参（cān）乘（chènɡ）：骖乘，随车侍卫的武士。

［139］斗卮：大酒杯。

［140］彘（zhì）肩：猪的前腿。

［141］“杀人如不能举”二句：杀人惟恐杀不完，处罚人惟恐不重。举：全。胜：超过。

［142］细说：指小人的谗言。

［143］陈平：阳武（今河南原阳）人。后投靠刘邦，汉朝建立后封曲逆侯，累官至丞相。

［144］“大行”二句：当时成语，意为干大事的人不必拘于小节，讲大礼的人不必作细小的谦让。顾：顾虑。

［145］来何操：来时带了些什么。操：持。

［146］置车骑：留下来时所乘的车及人马。

［147］夏侯婴：号滕公，沛人，从刘邦起事，后封汝阴侯。靳彊（qiánɡ）：曲沃人，从刘邦于阳夏，后封汾阳侯。

［148］郦山：在今陕西临潼东南。

［149］道：经由。芷阳：故城在今陕西长安东。间（jiàn）行：抄小路走。

［150］不胜杯杓（sháo）：经受不了酒力，已经喝醉的意思。“杯杓”为两种酒器的名称，这里代指酒。

［151］阻山河：有山河之阻，即有华山和黄河作为屏障。四塞：四面要塞，即东有函谷关，西有散关，南有武关，北有萧关。

［152］说（shuì）者：《汉书》作韩生。

［153］沐猴而冠：猕猴戴帽子学人样，其实无头脑。

［154］致命：报告。

［155］如约：遵守约定。怀王前曾与诸将约定："先入定关中者，王之。"此即重申前约。

［156］暴（pù）露于野：指风餐露宿，奔走于战场。暴，同"曝"。

［157］讲解：化解，和解。

［158］恶负约：厌恶背负约之名。

［159］迁人：因犯罪被流放的人。

［160］距塞汉王：指阻断刘邦回关内的道路。

［161］上郡：郡名，辖境约相当于今陕西北部和内蒙古乌审旗一带，蒙恬曾屯兵 30 万于此御匈奴。

［162］河东：郡名，约相当于今山西西南黄河以东。

［163］瑕丘：县名，故城在今山东兖州东北。申阳：人名。一说楚县令皆僭称"公"，申阳号"瑕丘公"，可能做过瑕丘县令。

［164］嬖（bì）臣：宠幸之臣。

［165］河内：郡名，辖境相当于今河南黄河以北、京广线以西地区。

［166］朝歌：故城在今河南淇县，即商纣别都。

［167］代：辖境相当于今山西、河北北部，代地在战国时为赵国之一郡。

［168］冠军：为诸军之冠。

［169］九江：郡名，辖境约为今江西全省、安徽淮河以南及河南东南部。

［170］六：故城在今安徽寿县境内。

［171］鄱（pó）君吴芮：因吴芮曾为鄱阳令，故称之为鄱君。百越：指分居于东南各地的故越国遗族。

［172］衡山王：吴芮封地包括今湖南全省及湖北、广东一部分。因衡山在湖南境内，故称衡山王。

［173］南郡：辖境约为湖北西南部，治所在今湖北江陵。

［174］临江：辖境约相当于当时的南郡，因地临长江，故名。

［175］韩广：本为赵王武臣之将，领兵北略燕地，因自立为燕王。辽东：燕郡名，辖境约为今辽宁大凌河以东，治所在今辽宁辽阳。

［176］臧荼（tú）：韩广的部将。因追随项羽，故项羽让他和韩广分王燕地。

［177］济北：项羽分齐地为三，称"三齐"，东为胶东，中为齐，西北济水以北若干城即为济北。

［178］"成安君"六句：张耳因援赵不力责陈余，陈余一怒解印给张耳，率部下往河上渔猎。项羽不欲封他，后接受陈余门客劝说，将南皮周围三县分封给他。南皮：故城在今河北南皮东北。

［179］番（pó）君：即上文鄱君吴芮。梅销（xuān）：吴芮部下将领，曾从吴芮、刘邦作战。

［180］西楚：《史记·货殖列传》以今河南东部、安徽北部及江苏西北为西楚；彭城以东至长江下游一带为东楚；长江中部江西两湖一带为南楚。霸王：诸侯（王）盟主之意。

［181］汉之元年：即公元前 206 年。刘邦于这年二月称汉王。

［182］罢：指罢兵。戏下：麾下。"罢戏下"，意谓诸侯受封之后各于旌麾之下罢兵归国。一说"戏"指戏水。

［183］无终：故城在今河北蓟县，即韩广辽东国的国都。

［184］彭越：字仲，昌邑（今山东金乡西北）人，当时有部卒万余人，故田荣招之。

［185］张同、夏说（yuè）：二人名。张同不详，夏说后为代相国，被韩信俘虏。

［186］逐其故主：指上文所言"徙义帝于长沙郴县"。

［187］不义：指项羽号令而言。

[188]“请以国”句：指允诺事成之后以赵国为齐国的外卫。扞（hàn）蔽：卫护，屏蔽。

[189]“是时”二句：汉元年八月，刘邦遣韩信暗度陈仓，击败章邯。次年，塞王司马欣、翟王董翳皆降汉，刘邦平定关中。三秦：指项羽分封于关中的雍、塞、翟三国。

[190]且东：意谓将引兵东进。

[191]萧公角：楚制县令称“公”，此指萧县（故城在今安徽萧县）县令名角者。

[192]如约：指履行怀王之约。

[193]平原：在今山东平原西南。

[194]田横：秦末从兄田儋起兵，后自立为齐王。亡卒：逃亡流散的士卒。

[195]鲁：指山东曲阜。

[196]灵璧：在彭城南面，位于今安徽宿县西北。睢（suī）水：泗水的支流，于彭城境内入泗。

[197]发屋：掀开屋顶。

[198]窈（yǎo）冥昼晦：天色昏暗，使白天如同黑夜。窈冥：形容昏暗的样子。

[199]逢迎楚军：此处指大风卷起沙石，扑击楚军。

[200]孝惠：汉惠帝刘盈的谥号，盈为刘邦嫡子。鲁元：刘邦女儿，后嫁张耳子张敖，生子张偃，为鲁王，遂为鲁太后。谥“元”，故称鲁元。

[201]滕公：即夏侯婴，曾任滕县县令，故称。

[202]“虽急”句：指虽然情况紧急，难道不能将车赶得快些么？怎么能将孩子抛弃呢！

[203]太公：指刘邦父亲。吕后：刘邦妻，名雉，刘邦死后曾执政十余年。

[204]审食（yì）其（jī）：沛人，吕雉幸臣，后为丞相，封辟阳侯。间行：微行，悄悄地走。

[205]周吕侯：名泽，“周吕”是封号。下邑：故治在今安徽砀山东。

[206]萧何：沛人，曾为沛县吏。后佐刘邦成帝业，拜为丞相，封酂侯，此时正坐镇关中。未傅：未列入丁壮的名册。古代二十而傅，需服劳役、兵役，病弱年老才能免傅。

[207]京：县名，故治在今河南荥阳东南。索：京县境内的大、小索亭。一说指大小索城。

[208]属（zhǔ）：连接。

[209]敖仓：秦所建米仓，建在荥阳西北的敖山上，故名。

[210]与：对付，解决。

[211]间：离间，指离间项王和范增。

[212]太牢：本指备有牛、猪、羊的祭礼。此处指最丰盛的筵席。

[213]更持去：重新撤去（酒席）。

[214]“愿赐”句：意谓表示希望能活着回到家乡。卒伍：古代乡里编制的名称，五家为伍，三百家为一卒。此处代指家乡。

[215]“请为王”二句：意谓请允许我冒充大王蒙骗楚军，大王就可以乘机逃出。

[216]傅（fū）：张着。左纛（dú）：毛羽组成的旌旗，插在车辕前端横木的左方。

[217]御史大夫：官名，位仅次于丞相，掌管监察、执法等。枞（zòng）公：名不详。魏豹：曾被项羽封为西魏王，后为韩信俘虏，刘邦令其与周苛等共守荥阳。

[218]趣（cù）：赶快。

[219]宛：地名，故治在今河南南阳。叶（shè）：地名，故治在今河南叶县南。

[220]行收兵：到各地征集兵员。

[221]巩：县名，故治在今河南巩县西南。

[222]淮阴侯：韩信。

[223]壁：驻扎。河内：此处指黄河北岸。

[224]刘贾：刘邦堂兄，汉封为荆王，后为黥布所杀。

[225] 东海：此处泛指东方。

[226] 俎：盛放牲肉的器具。

[227] 急下：指赶快投降。

[228] 而：相当于“尔”。

[229] 匈匈：动乱不安的样子。

[230] 毋徒苦：毋为徒苦……

[231] 楼烦：当时北方游牧民族之一，善于骑射。此处用来称善骑射之战士。

[232] 间问：刺探，打听。

[233] 即：接近，就而近之。广武间：当做“广武涧”，东西广武各在一山头，相距二百余步，中隔一深涧。

[234] 数之：谓指责项羽。刘邦指责项羽的十条罪状，《高祖本纪》有记载。

[235] “使盱台”句：指派武涉去劝韩信背汉联楚，三分天下。

[236] 则：如果。

[237] 舍人儿：门客的儿子。

[238] 货赂：财物。

[239] 钟离眛（mò）：楚将，复姓钟离，名眛。楚亡后投韩信，后自杀。

[240] 陆贾：楚人，曾任汉太中大夫，以多才善辩著称。

[241] 侯公：一说名成，字伯盛，山阳人。

[242] 鸿沟：古运河名，从今河南荥阳北引黄河水，经中牟、开封、尉氏、扶沟等县境流入颍水。

[243] 解（xiè）：通“懈”，松懈。

[244] 阳夏（jiǎ）：县名，故城在今河南太康。

[245] “君王”二句：指请刘邦将陈地以东到近海一带，即今江苏、安徽两省的淮北地区都封赏韩信。陈：今河南淮阳。傅：同“附”，临近。

[246] 睢阳以北至谷城：包括今河南东部及山东西部等地。谷城：地名，故治所在今山东东阿南。

[247] 齐王：指韩信。韩信灭齐后为齐王。

[248] 寿春：县名，今安徽寿县。

[249] 城父（fǔ）：地名，在今安徽亳县东南。

[250] 垓（gāi）下：地名，在今安徽灵璧东南。

[251] 舒：地名，在今安徽舒城，时为周殷占领。

[252] 幸从：受宠幸而侍从。

[253] 逝：奔驰。

[254] 骑（jì）：一人一马为骑。用作名词。

[255] 直夜溃围：当夜突围。直，同“值”，当。

[256] 属（zhǔ）：跟随。

[257] 绐（dài）：哄骗。

[258] 快战：痛痛快快地打一仗。

[259] 刈：砍断，砍倒。

[260] 四向：指向四面出击突围。

[261] “期山东”句：谓约定在山的东面分三处集合。

[262] 赤泉侯：指杨喜。喜为华阴人，当时为郎中骑将，后封赤泉侯。

[263] 辟易：因惊惧而倒退。
[264] 乌江：渡口名，在今安徽和县东北乌江镇。
[265] 顾见：回头看见。骑司马：骑兵将领之衔。吕马童：汉将，曾以郎骑将击龙且。
[266] 面之：背向项羽，不愿面对。面：通“偭”。一说是面对项羽。
[267] 指王翳：意谓把项羽指给王翳看。
[268] 购：悬赏征求。
[269] 吾为若德：我为你做件好事吧。德，功德，引申为好事。
[270] 共会其体：把各人抢得尸体的一部分拼合到一起。
[271] 枝属：宗族。
[272] 太史公：即太史令，编写史书、记载史事的官，此处是司马迁自称。
[273] 周生：汉代儒者，生平不详。一说为周时贤者。
[274] 盖：大概是。重瞳子：一只眼中有两个眸子。
[275] 暴：突然而剧烈。
[276] 尺寸：指尺寸之地。
[277] 陇亩：田间，这里指民间。
[278] 五诸侯：指齐、赵、韩、魏、燕五国的反秦部队。
[279] 不终：没有保全到底。
[280] 背关怀楚：指项羽放弃关中，思乡东归。
[281] 奋：逞。师古：师法古代帝王。
[282] 引：自认为。

【提示】

《史记》记载历史人物的活动分为本纪、世家、列传三类，其中本纪记载的主要对象是帝王。项羽并未完成帝业，但在由秦至汉的过渡时期，他实际上左右着当时的政局：“政由羽出，号为霸王。”因此，将项羽纳入本纪，并放在《高祖本纪》之前，这反映出司马迁从历史实际出发的客观态度。《史记》还将农民起义领袖陈胜列入世家，为处于社会下层的游侠、刺客、商贾等各类人物立传，均反映出作者识见的深刻性。

本文最突出的特点，是生动的人物形象塑造。作者描绘了项羽从巨鹿之战大破秦军，百战百胜，所向披靡，直到垓下之围，乌江自刎，视死如归，不失英雄本色的人生历程。同时突出其性格爽直、重感情的特点，如霸王别姬、乌江赠马、无颜见江东父老的慨叹等。项羽的豪爽磊落恰与刘邦临难苟且的种种无赖行径形成了鲜明的对比。作者不以成败论英雄，塑造了一个千古传颂的失败的英雄形象。另外，作者忠于史实，并没有因为同情而忽视对项羽一系列性格弱点和战略失误的记载，写他残暴、刚愎、莽撞，关键时刻往往优柔寡断，如杀降屠城起到了为渊驱鱼的作用，不纳良策屡次处置失当，轻信敌人而坐失战略良机，而且至死还认为是“天亡我”。他的失败也是人物性格发展的一种必然。

本文对情节的剪裁、安排也颇具匠心。对项羽一生中几个关键场景，如使之名震天下的巨鹿之战，战略转折点的鸿门宴，以及四面楚歌中的垓下兵败，作者都作了浓墨重笔的描写，通过典型场景塑造人物的性格。而有些离主要事件较远的琐事，看似无关宏旨的闲笔，却也有展示人物思想性格的作用，如项羽少时学书学剑学兵法皆半途而废，观秦始皇游会稽而欲取而代之的大言，都与他的后来经历有着内在联系。此外，本文文字朴素洗练而富于文采，行文风格明快洒脱而又跌宕起伏，对后代散文，尤其是传纪文学的发展产生了很大影响。

【思考题】

一、通过本文末“太史公”对项羽的评论，谈谈你对《史记》思想特点和作者治史态度的看法。

二、分析“鸿门宴”中刘邦、项羽、张良、范增四人的行动、语言反映出的性格特点。

诫兄子严、敦书[1]

马　援

马援（前14—49年），字文渊，扶风茂陵（今陕西兴平东北）人。少有大志，王莽称帝时为新成大尹，两汉之交曾避地凉州，为隗嚣部将。汉光武帝建武四年（公元28年）受隗嚣命奉书洛阳，归顺刘秀。任太中大夫，陇西太守，为汉戍守陇右，善于用兵，屡次击败诸羌，稳定了边疆。后入朝为虎贲中郎将，又拜伏波将军，率军平定交趾叛乱，立铜柱以表功，封为新息侯。后率军出征五溪，病死于军中。

马援是东汉初年名臣之一，为人审时明辨。在两汉之交的割据势力中，他深受隗嚣赏识，又是公孙述的故交，但他却毅然投效汉光武帝并受到信任，"每有所谋，未尝不用"。最为史家所称道的是他为国效命疆场不惜马革裹尸的精神。他曾说："丈夫为志，穷当益坚，老当益壮"，"男儿当死于边野，以马革裹尸还葬耳，何能卧床上在儿女子手中邪?"出征五溪时年已62岁，光武帝愍其老，未许之行，马援主动请战，实现了为国捐躯的夙愿。

援兄子严、敦，并喜讥议[2]，而通轻侠客[3]。援前在交趾[4]，还书诫之曰："吾欲汝曹闻人过失，如闻父母之名，耳可得闻，口不可得言也[5]。好论议人长短，妄是非正法[6]，此吾所大恶也，宁死不愿闻子孙有此行也。汝曹知吾恶之甚矣，所以复言者，施衿结缡[7]，申父母之戒，欲使汝曹不忘之耳。龙伯高敦厚周慎[8]，口无择言[9]，谦约节俭，廉公有威，吾爱之重之，愿汝曹效之。杜季良豪侠好义[10]，忧人之忧，乐人之乐，清浊无所失[11]，父丧致客，数郡毕至[12]，吾爱之重之，不愿汝曹效也。效伯高不得，犹为谨敕之士[13]；所谓刻鹄不成尚类鹜者也[14]。效季良不得，陷为天下轻薄子，所谓画虎不成反类狗者也。讫今季良尚未可知，郡将下车辄切齿[15]，州郡以为言[16]，吾常为寒心，是以不愿子孙效也。"

【注释】

[1] 本文选自《后汉书·马援传》，是马援写给他侄儿马严、马敦的一封家信。文中"援兄子严、敦……还书诫之曰"，为《马援传》中对作书缘由的说明。

[2] 讥议：讥笑、议论别人。

[3] 通轻侠客：结交轻薄任侠的朋友。

[4] 交趾：汉朝郡名，辖境相当于今越南北部。

[5] "吾欲汝曹"四句：我国古代传统习俗，子女或晚辈不可说父母、尊长之名，否则便是犯讳。

［6］是非：评论是非，用作动词。正法：指国家法度。

［7］施衿（jīn）结缡（lí）：古时女儿出嫁，母亲为她挂好佩带，系好佩巾，称“施衿结缡”。因孩子就要离开身边，所以父母总是要谆谆告诫，不厌其烦。衿：佩带。缡：佩巾。

［8］龙伯高：名述，京兆（今陕西西安）人，当时任山都（故城在今湖北襄阳西北）长。敦厚：诚朴宽厚。周慎：周到谨慎。

［9］择：挑选。此处指挑剔。“口无择言”，即说话没有可挑剔的言辞。

［10］杜季良：名保，京兆人，时任越骑司马。

［11］清浊无所失：指无论出身高低，人品好坏，他都能结交而不失礼数。清浊，用水的清浊比喻人品的好坏，时有“清流”、“浊流”之分。

［12］“父丧”二句：指其父去世后，几个郡中的有关人士都来吊丧。

［13］谨敕（chì）：谨慎，能约束自己。

［14］鹄（hú）：天鹅。鹜（wù）：野鸭。

［15］下车：代指到任。切齿：牙齿相磨，表示痛恨到极点。

［16］以为言：以之为言，把这事说给我听。指州郡里的人都将他当成谈话的资料。

【提示】

本文除开头几句交代修书的缘由外，主要可分为两部分：第一部分指出侄儿的毛病：好议论他人过失，褒贬国家法度，结交轻薄任侠的朋友，这都是作者平生最厌恶的毛病。“宁死不愿闻子孙有此行”，这也是作者修书教育侄儿的原因。第二部分作者列举当时的人物作为实例，告诫侄儿应当怎样处世为人。作者举出的第一个人物是龙伯高，其为人诚朴敦厚、谨言慎行、廉洁奉公而具有威望，作者希望侄儿们仿效他。接着，作者又列举了另一个人物杜季良，其为人豪侠好义、推己及人、礼贤下士、广交博游，作者却不愿子侄慕其虚名而效其行。

这篇文章既是一封家书，也可以作为一篇谆谆教诲的家诫。文章的中心内容是教育子侄谨言慎行，这是封建时代士大夫全身远祸的一般行为规范。尤其是汉代，贵族豪强外戚骄横跋扈，不知防微杜渐而招致速败的教训比比皆是，马援在深受信任统兵出征时还不忘教育子侄不慕虚名、廉洁奉公、宽厚待人，并为他们树立好的榜样，其积极意义是应该肯定的。

本文在写作风格上也颇具特色，情意殷切，苦口婆心，反复申说，不厌其烦，如说“施衿结缡，申父母之戒”，使其拳拳之心跃然纸上。同时，作者采用了举例、对比的说理方法，所举二人都是一时之选，作者也都“爱之重之”，但效法两人的得失却相去悬殊：效伯高不得，“刻鹄不成尚类鹜”；而效季良不得，“画虎不成反类狗”，“陷为天下轻薄子”。两个现实的人物，两个生动的比喻，把作者劝诫的意图表达得十分明白，也使文章说理更加形象。

【思考题】

一、有人认为这篇文章教育子弟防微杜渐，十分难能可贵；也有人认为本文只是灌输远祸全身的处世之道，是典型的中国传统思想，没多少现实意义。针对这两种不同意见谈谈你的看法。

二、书信既是一种应用文体，也可以成为具有审美价值和教育意义的文学体裁，找一篇你所熟悉的家书，与本文作对比分析。

遗黄琼书[1]

李　固

李固（94—147年），字子坚，东汉汉中南郑（今陕西南郑）人，是当时的大儒。官府多次征辟，他都不应召。阳嘉二年（133年），汉顺帝特地点名要他与名士马融、张衡等参加对朝廷事务的对策，并评为对策第一。由于他在对策中抨击宦官，不久被诬陷下狱。幸得尚书仆射黄琼等营救始得出狱。曾任荆州刺史、将作大匠、大司农，汉冲帝即位后任太尉。以正直、敢于反对外戚宦官著称。冲帝死，他议立较为贤明的清河王刘蒜为帝，大将军梁冀不从，另立质帝。质帝被梁冀害死，群臣议立新君，李固写信给梁冀再次请立清河王，称："悠悠万事，唯此为大。国之兴衰，在此一举。"梁冀与宦官曹腾等勾结，擅立昏庸的刘志（即桓帝）。李固坚决反对，为梁冀所忌，被免职。后为梁冀所诬，死于狱中。

闻已度伊洛[2]，近在万岁亭[3]，岂即事有渐[4]，将顺王命乎？

盖君子谓"伯夷隘，柳下惠不恭[5]"，故传曰："不夷不惠，可否之间[6]。"盖圣贤居身之所珍也[7]。诚遂欲枕山栖谷，拟迹巢由[8]，斯则可矣；若当辅政济民，今其时也。自生民以来，善政少而乱俗多，必待尧舜之君，此为志士终无时矣。

常闻语曰[9]："峣峣者易缺，皎皎者易污[10]。"《阳春》之曲，和者必寡[11]。盛名之下，其实难副[12]。近鲁阳樊君[13]，被征初至，朝廷设坛席[14]，犹待神明；虽无大异，而言行所守无缺[15]；而毁谤布流[16]，应时折减者[17]，岂非观听望深[18]，声名太盛乎？自顷征聘之士胡元安、薛孟尝、朱仲昭、顾季鸿等[19]，其功业皆无所采[20]，是故俗论皆言处士纯盗虚声[21]。愿先生弘此远谟[22]，令众人叹服，一雪此言耳[23]！

【注释】

［1］本文选自《后汉书·黄琼传》。黄琼：字世英，江夏安陆（故城在今湖北安陆以北）人。汉顺帝永建二年（127年）被征为议郎，后迁尚书令，官至太尉、司空。

［2］度：同渡。伊洛：伊水和洛水，均在东汉都城洛阳之南。

［3］万岁亭：位于洛阳市东，故址在今河南登封境内。

［4］即事：当前的事，指应征做官。渐：开端，进展。

［5］"伯夷隘"二句：《孟子·公孙丑上》："伯夷隘，柳下惠不恭。"伯夷为殷商遗民，不食周粟而饿死。柳下惠为春秋时鲁国人，相传他任鲁国士师（掌刑罚的官），三次被罢官，不以为耻。孟子

认为伯夷太清高狭隘，柳下惠又太不自尊了。

［6］“故传曰”三句：“传”一般指儒家解释经典的文字，此处指汉代扬雄的《法言·渊骞》，文中有谓“不夷不惠，可否之间”。意思是不能像伯夷那样狭隘固执，也不能像柳下惠那样随便、不自尊，而是居于二者之间。

［7］居身：指立身处世。所珍：指珍视的原则。

［8］拟迹巢由：仿效巢父和许由的行动。巢父和许由是传说中尧时的两个隐士，尧要把天下让给他们，他们都不要。拟迹：仿效，追随。

［9］语：此指俗语或谚语。

［10］“峣（yáo）峣者”二句：意为高耸的物体容易折断，洁白的东西容易玷污。峣峣：形容高峻。

［11］“《阳春》”二句：即曲高和寡之意。《阳春》为古代高雅曲调的名称。

［12］“盛名”二句：指有很大名声的人，其实际难以与名声相称。副：相符，相称。

［13］鲁阳樊君：指樊英，南阳鲁阳（今河南鲁山）人，隐于壶山（今河南泌阳东北）。州郡礼聘，公卿推荐，他都拒绝。永建二年，顺帝用重礼征召他，到京称疾不起，于是用轿子强行抬他上殿，他仍十分傲慢，不肯跪拜。顺帝于是为他筑坛，待以师礼，问他时政得失，拜五官中郎将。但他数月后即称病告归，并未提出实际治国良策，大失众望。

［14］“朝廷”句：朝廷指顺帝。坛席：讲坛和垫席。古人席地而坐，故在讲坛上安放席位。

［15］“虽无”二句：虽然没有什么了不起的表现，但言行遵循规范，也没有什么缺点。

［16］布流：散布流传。

［17］应时折减：指名声顿时降低。

［18］观听望深：指听其言而观其行，寄予厚望。

［19］自顷：在此之前。胡元安：名定，颍川颍阳（今河南许昌）人，居丧而饥，县官送食仅取一半，以此得名。薛孟尝：名包，汝南（今河南汝南）人，以能忍受后母虐待和分家产时礼让得名，被征拜郎中。朱仲昭：未详。顾季鸿：名奉，吴郡吴县（今江苏苏州）人，官至颍川太守。

［20］采：取，可取之处。

［21］处士：没有做过官的读书人。一说指隐士。

［22］弘此远谟：施展、发扬你的远大谋略。

［23］一雪：完全消除。一，尽；雪，洗。

【提示】

本文是古代应用文中的佳作。黄琼初以父任为太子舍人，称病不就。由于公卿推荐，被朝廷征辟，但他随公车来到洛阳东南的纶氏（今河南登封）后，又“称疾不进”。征辟是汉代朝廷选拔人才的主要方式之一，而当时的一些名流出于种种考虑而不应征或不急于应征。因此劝说黄琼下决心“出山”，既要意见中肯，有较高的见识水平，也要能揣摩其心理，运用适当的说服方法和语言表达技巧。本文就是李固促请黄琼尽快应征入京的信。

本文主体可分为两部分：第一部分以说服劝导为主，作者首先发表了对出仕的意见：虽说像柳下惠那样不知自重可能被人看轻，但要像伯夷那样采取完全不合作的态度也未免太狭隘了；接着晓之以理，发挥孔子所说“天下有道，丘不与易也”的观点，劝黄琼不必过多考虑朝政清浊及个人得失而“待尧舜之君”，要以“辅政济民”为意，尽快应征赴京。第二部分以鞭策激励为主，作者举鲁阳樊君等人为例：樊英越是不应征，人们对他的期望反而越高，结果没能做出人们期待的政绩，反而把“处士”的名声损坏了。结尾部分作者就此借题发挥，对黄琼加以鞭策：“愿先生弘此远谟，令众人叹服”，激励黄琼尽快做出政绩，改变人们的看法，为自己，也为“处士”们正名。

本文章法严谨，说理透彻，情辞恳切，文字简洁，措辞讲究。文中不少议论或引用，或发挥，或自出机杼，都收到言简意赅的说理效果，其中“峣峣者易折，皎皎者易污”等语已成为具有哲理性的警句。

【思考题】

一、本文是一篇行文目的明确、实用性很强的应用文，试分析作者的说服技巧，并谈谈对你的写作有何启发。

二、找出本文中可以作为格言警句的句子，并对其哲理性作简要分析。

刺世嫉邪赋[1]

赵　壹

赵壹，生卒年不详，字元叔，阳西县（今甘肃天水西南）人。东汉灵帝时的名士。《后汉书·文苑传》对他只有一些粗略的记载。他性情耿介，狂傲不羁，为乡党所排斥，多次获罪，险些送命。赵壹于汉灵帝光和元年（178年）为上计吏来到洛阳，经袁逢及河南尹羊陟等人向朝廷大力举荐，名动京师。后西归，州郡、公府十次征召皆不就，卒于家。

赵壹著有赋、颂、箴、诔、书、论等16篇，今多不传。传世作品以《刺世疾邪赋》为代表。赋中以激愤的感情揭露了东汉末年极为黑暗的社会现实，表现了强烈的愤世嫉俗的反抗精神，以语言的犀利、感情的激烈和揭露的深刻形成了极为鲜明的特色，对赋的变化及发展产生一定影响。传世作品还有《穷鸟赋》等。

伊五帝之不同礼，三王亦又不同乐[2]。数极自然变化[3]，非是故相反驳[4]。德政不能救世溷乱[5]，赏罚岂足惩时清浊[6]？春秋时祸败之始，战国愈复增其荼毒[7]。秦汉无以相逾越，乃更加其怨酷[8]。宁计生民之命[9]？唯利己而自足。

于兹迄今，情伪万方[10]。佞谄日炽[11]，刚克消亡[12]。舐痔结驷[13]，正色徒行[14]。妪媀名势[15]，抚拍豪强[16]。偃蹇反俗[17]，立致咎殃；捷慑逐物[18]，日富月昌。浑然同惑，孰温孰凉[19]？邪夫显进，直士幽藏[20]。

原斯瘼之攸兴[21]，实执政之匪贤。女谒掩其视听兮[22]，近习秉其威权[23]。所好则钻皮出其毛羽[24]，所恶则洗垢求其瘢痕[25]。虽欲竭诚而尽忠，路绝险而靡缘。九重既不可启[26]，又群吠之狺狺[27]。安危亡于旦夕[28]，肆嗜欲于目前[29]。奚异涉海之失柂[30]，积薪而待燃？荣纳由于闪揄[31]，孰知辨其蚩妍[32]？故法禁屈挠于势族[33]，恩泽不逮于单门[34]。宁饥寒于尧舜之荒岁兮，不饱暖于当今之丰年。乘理虽死而非亡[35]，违义虽生而匪存[36]。

有秦客者[37]，乃为诗曰：河清不可俟，人命不可延[38]。顺风激靡草，富贵者称贤[39]。文籍虽满腹[40]，不如一囊钱。伊优北堂上[41]，抗脏倚门边[42]。

鲁生闻此辞，系而作歌曰[43]：势家多所宜，咳唾自成珠。被褐怀金玉，兰蕙化为刍[44]。贤者虽独悟，所困在群愚。且各守尔分，勿复空驰驱[45]。哀哉复哀哉，此是命矣夫！

【注释】

[1] 此文录自《后汉书・文苑传》。刺世：讽刺世俗。嫉邪：憎恶邪恶。

[2]“伊五帝”二句：《礼记・乐记》：“五帝殊时，不相沿乐；三王异世，不相袭礼。”意为五帝三王依照各自所处时代特点制定出不同的礼乐典章制度。伊：发语词。五帝：传说中的古代帝王，说法不一。《史记・五帝本纪》中指黄帝、颛顼、帝喾、唐尧、虞舜。礼：礼法制度。三王：指夏、商、周三代开国君主夏禹、商汤和周文王、周武王。乐：礼乐典章。

[3] 数：气数，气运。极：极限。

[4] 驳：排斥，反对。

[5] 溷（hùn）乱：同“混乱”。

[6] 惩时清浊：惩治时弊，使浊世变清，“清”为使动用法。一说“清浊”意为由清变浊。

[7] 荼（tú）毒：毒害，残害。荼，苦菜；毒，蛇虫之毒。

[8] 怨酷：怨毒酷虐。

[9] 宁计：哪里考虑。

[10] 情伪万方：意谓诈伪之术多种多样。情，真实情形，即真相。方，方法。

[11] 佞谄日炽：意谓奸佞谄媚之人，日益猖狂得势。炽，像火一样旺盛，引申为猖狂。

[12] 刚克：指刚强正直的人。

[13] 舐（shì）痔结驷：指以无耻行为讨好权贵而获取荣华富贵。据《庄子・列御寇》载，宋国曹商出使秦国，得到秦王赏赐的100辆车，自鸣得意去见庄子。庄子讽刺说秦王找医生，能治疖子的赏车一辆，能给他舔痔疮的赏车五辆，“所治愈下，得车愈多。子岂治其痔邪？何得车之多也？”舐，舔。结驷，指马车一辆接一辆。驷，同拉一辆车的四匹马。

[14] 正色：态度严正，指正直的人。徒行：徒步行走，无车可乘。

[15] 妪（yù）媀（qǔ）名势：指对有权势的人卑躬屈节。妪媀，同“伛偻”，弯腰。

[16] 抚拍：奉承、巴结的样子。

[17] 偃蹇（jiǎn）：高傲不屈。

[18] 捷慑：急忙而又畏惧的样子，形容逐物者的神态。一说“捷慑”同“捷蹑”，碎步急走。逐物：此处指追名逐利。

[19]“浑然”二句：意谓全部迷惑不解，哪是温哪是凉也分辨不清。

[20] 幽藏：深藏，指隐居。

[21] 原：追究。瘼（mò）：疾病，病态。攸兴：所兴，即所以产生的原因。

[22] 女谒：指宫中受宠的女子和宦官。

[23] 近习：指皇帝左右亲近的人。秉：掌握，把持。

[24]“所好”句：形容对所喜爱的人，想方设法显示其优点。

[25]“所恶”句：形容对所厌恶的人，千方百计挑他的毛病。

[26]“九重”句：指入朝无门。九重，指皇帝的宫门。宋玉《九辨》：“岂不郁陶而思君兮，君之门以九重。”

[27] 狺（yín）狺：犬吠声。

[28]“安危亡”句：指苟安于危亡就在旦夕之间的险境。

[29] 肆：放纵。嗜欲：指贪欲。

[30] 奚异：何异。柂（duò）：同“舵”。

[31] 荣纳：受宠而被任用。纳，接纳，任用。闪揄（yú）：巧言谄媚之状。

[32] 蚩（chī）：同“媸”，丑恶。妍：美好。

[33] 法禁：法度，禁令。屈挠：屈服，阻挠。势族：有权势的豪门贵族。

［34］逮：及。单门：无权无势的小户人家。

［35］乘理：坚持真理。乘，顺应，引申为坚持。虽死而非亡：即虽死犹生。

［36］违义：违背道义。

［37］秦客：与下文“鲁生”，皆为虚构人物。

［38］“河清”二句：传说黄河水千年一清，河水清则会出现太平盛世。《左传·襄公八年》引逸诗：“俟河之清，人寿几何!”此用其意，喻太平盛世不可待。俟：待。

［39］“顺风”二句：意为人心如细草随风一样随顺世俗，富贵者就被称为贤人。激：劲吹。靡草：枝干细弱的草。

［40］文籍：文章典籍，代指才华学问。

［41］伊优：鞠躬谄媚的样子。北堂：指达官贵人居住的坐北向南的高堂。

［42］抗脏（zàng）：指高尚刚直的人。倚门边：形容受冷落、无人理睬的样子。

［43］系：连，接着。

［44］“被褐”二句：意为贫贱之士即使德才兼备也照样被埋没。被褐，穿粗布衣服，代指贫贱之士。金玉，喻才德。《老子》七十章：“是以圣人被褐怀玉。”兰蕙：两种香草名。刍：喂牲口的干草。

［45］“且各”二句：意为贫寒之士还是要安分守己，不要白白地奔走辛劳。

【提示】

东汉后期，宦官和外戚轮流把持朝政，社会黑暗，政治动荡。作者生活的“桓灵之世”更是汉代的“末世”，是非颠倒，道德沦丧。不仅人民生活痛苦，正直的读书人也屡遭迫害，政治上看不到出路，对现实极端不满。本文正是这种激愤之情的如实写照。

全文可分为四段：开头一段即揭示了自春秋至秦汉的统治者都是“唯利己而自足”，而且一代甚于一代。第二段批判了当时“情伪万方”、“佞谄日炽”的社会风气，正是这样的风气造成了“邪夫显进，直士幽藏”的社会现实。第三段进一步分析了邪恶的根源“实执政之匪贤”，因此引起政治败坏，忠言难进，美丑不分，法禁不行的一系列恶果。作者在段末表示“宁饥寒于尧舜之荒岁兮，不饱暖于当今之丰年”，申明了绝不与恶势力同流合污的态度。最后，作者假托秦客和鲁生的唱和概括全文，秦客的诗主要表现了对世风日下已不可挽回的悲愤，而鲁生的歌则以知命守分的思想自宽自解。

本文的风格和汉代前期司马相如、枚乘等人所作典型的汉代大赋形成了鲜明的对比。从思想特点看，前者虽然是“讽一劝十”，但也显示了封建社会上升时期的气势和力量，本文则是一篇典型的愤世嫉俗的抨击之作。二者都是时代风貌的反映。从形式上看，本文变大赋的板滞、典雅、华丽为疏宕、通俗、坦率，体制简短，笔调犀利，不重辞藻堆砌和内容的铺陈，而注重直抒胸臆，表达思想感情，因此又被称为抒情小赋，它是汉赋由体物大赋向抒情小赋转变的代表作之一，实开魏晋抒情小赋发展之先河。

【思考题】

一、谈谈本文中运用的对比手法及其表达效果。

二、结合本文分析时代风貌和文学作品风格的关系。

步出夏门行

曹　操

曹操（155—220年），字孟德，沛国谯（今安徽亳县）人。二十岁举孝廉，官至骑都尉。他在镇压黄巾起义过程中扩充势力，初平元年起兵讨伐董卓，建安元年迎献帝定都许昌，受封大将军及丞相。从此挟天子以令诸侯，掌握了政治上的主动权。他在打败袁绍、平定北方后，成为中国北方事实上的最高统治者。经过赤壁之战，中国进入三国鼎立时期。建安二十一年，曹操封为魏王。曹丕称帝，追尊其父为武帝。

曹操诗文兼擅。其文说理言事简约直致，有清峻、通脱之美。其诗全为乐府，既写汉末兵连祸结、民生艰难的社会现实，又写个人志在统一天下的宏愿和愿望难以实现的感慨。无论悯时悼乱，还是歌以述志，总以沉郁、直朴为特色。或如前人所说："曹公古直，甚有悲凉之句。"（钟嵘《诗品》）"魏武帝如幽燕老将，气韵沉雄。"（敖陶孙《诗评》）

其　一

东临碣石[1]，以观沧海[2]。水何澹澹[3]，山岛竦峙[4]。树木丛生，百草丰茂。秋风萧瑟[5]，洪波涌起。日月之行，若出其中。星汉灿烂[6]，若出其里。幸甚至哉[7]，歌以咏志。

其　二

神龟虽寿[8]，犹有竟时[9]。腾蛇乘雾[10]，终为土灰。老骥伏枥[11]，志在千里。烈士暮年[12]，壮心不已。盈缩之期[13]，不但在天。养怡之福[14]，可得永年[15]。幸甚至哉，歌以咏志。

【注释】

[1] 碣石：山名，位于今河北乐亭西南。

[2] 以：用。沧海：大海。沧，同"苍"，青绿色。

[3] 澹（dàn）澹：水波摇荡之状。

[4] 竦：同"耸"，突起之状。峙（zhì）：耸立之状。

[5] 萧瑟：风吹树木发出的声响。

[6] 星汉：即银河。

[7] 幸甚至哉：此句和下句为合乐时所加，与正文没有太多的关系。

[8] 神龟：长寿之龟称为神龟。

[9] 竟时：终了（死亡）之时。《庄子·秋水》有谓"吾闻楚有神龟，死已三千岁矣"。

[10] 腾蛇：当做“螣（téng）蛇”（依黄节说），古代传说螣蛇是能乘雾而飞的神蛇。

[11] 骥：日行千里的良马。枥（lì）：马槽。

[12] 烈士：胸怀壮志、有意创建功业的人。

[13] 盈缩：指寿命长短而言，盈指延长寿命，缩指年寿缩短。期：期限，指寿命的长短。

[14] 养怡：即怡养，安乐舒适地保养。

[15] 永年：长寿。

【提示】

《步出夏门行》，又称《陇西行》，乐府名，属相和歌瑟调曲。夏门为洛阳北面西头城门。曹操《步出夏门行》作于建安十二年（207年）北征乌桓时。全诗共有四章，依次为《观沧海》、《冬十月》、《土不同》和《龟虽寿》，这里选的是一、四章。《观沧海》着意表现大海的磅礴气势和壮阔景象，显露出诗人吞吐宇宙的博大胸怀。诗的起句平实，只是交代观海位置。接着写放眼纵观大海。只见水天辽阔，波光荡漾。一个“何”字准确地表现出诗人登上山头、一眼瞥见沧海时所引起的惊讶、赞叹的神情。诗人的视线由远到近，见到海上“山岛竦峙”，岛上“树木丛生，百草丰茂”，虽是秋天，却处处充满活力。陡然秋风劲吹，草木发声，海上洪波巨浪，喧豗奔腾。诗人的心像大海一样不能平静，他想到那运行的日月、灿烂的银河以至整个宇宙都出自大海的怀抱之中。这是何等壮观的境界！一个动荡不安而又包容一切的大海形象出现了。前人说此诗“志在容纳，而以海自比也”（张玉穀《古诗赏析》）。诗人写海确实是在写他自己。因此，他写海并不专写海的外观，而是写海的壮阔气势。在手法上可以说是虚实相间、动静结合。写海的外貌全属实写，其中写了静景，也写了动景。在布设景物时，由于插入山岛草木，海景便不单调；由于引入秋风，方显出大海生气。而写大海气度恢宏则用虚笔。这种虚拟之词出现在实写之后，尽管夸张，仍然可信，很真实地表现出了大海的特点。《观沧海》是一首完整的山水诗，它通过写海来写人的性情、抱负，艺术水准很高。《龟虽寿》言万物皆有竟时，即使是长寿的神龟、能兴云驾雾的龙蛇亦不能免，作为有志之士应该及时建立功业，到了晚年也要不断奋斗。因为人的寿命不一定全由天定，人通过主观努力可以延年益寿。这种积极乐观的进取精神和诗人在《短歌行》中表现的思想感受是相通的。这首诗开头四句从反面着笔，用两个比喻极言万物同有尽日，为的是衬托“老骥”、“烈士”精神气概的可贵。而在后四句中，“老骥”二句又兼有比兴作用。经过一番跌宕、渲染，“烈士”二句便显得十分突出。它实际上成了诗中之柱，下面的议论也是围绕它展开的。传说王敦（处仲）每每酒后辄咏“老骥伏枥”四句，且“以如意打唾壶，壶口尽缺”（《世说新语·豪爽》），可见这几句诗是如何激动人心。

【思考题】

一、《观沧海》是如何写出大海的壮阔景象和吞吐宇宙的气概的？

二、说说《龟虽寿》使用比喻、议论手法直言其志的特点。

白　马　篇[1]

曹　植

曹植（192—232年），字子建，曹操第四子，死后谥“思”，世称陈思王。自幼聪明，富于才学，“年十岁余，诵读诗论及辞赋数十万言，善属文”，深受曹操赏识，几乎被立为太子。终因倜傥不群、恃才傲物而失宠。曹丕为帝后，屡次对曹植贬爵徙封。曹睿即位后，他多次上疏希望被重用，都未能如愿，忧郁而死。

曹植是建安时代文学成就最高的作家。他的诗歌既善于学习乐府诗又具有独创性，注重诗歌的抒情色彩，辞藻丰富华美，具有很强的艺术表现力，对我国五言诗的发展起了承上启下的作用，他是建安文学的杰出代表，其诗歌艺术对六朝诗歌发展产生过很大影响。钟嵘《诗品》将曹植诗列为上品，称其：“骨气奇高，词采华茂，情兼雅怨，体被文质，粲溢古今，卓尔不群。”曹植的辞赋、散文造诣也很高，有不少脍炙人口的名篇。

现存诗八十余首，辞赋、散文共四十余篇。有《曹子建集》。

白马饰金羁[2]，连翩西北驰[3]。借问谁家子？幽并游侠儿[4]。少小去乡邑，扬声沙漠垂[5]。宿昔秉良弓[6]，楛矢何参差[7]。控弦破左的[8]，右发摧月支[9]。仰手接飞猱[10]，俯身散马蹄[11]。狡捷过猴猿[12]，勇剽若豹螭[13]。边城多警急，虏骑数迁移[14]。羽檄从北来[15]，厉马登高堤[16]。长驱蹈匈奴[17]，左顾凌鲜卑[18]。弃身锋刃端，性命安可怀？父母且不顾，何言子与妻？名编壮士籍[19]，不得中顾私[20]。捐躯赴国难，视死忽如归。

【注释】

[1] 本篇一作《游侠篇》，属《杂曲歌辞·齐瑟行》。一般认为是曹植自制的乐府新题，以篇首二字名篇。

[2] 羁：马笼头。

[3] 连翩：也作“联翩”，本指鸟飞，这里比喻骏马腾跃自如的姿态。

[4] 幽并：幽州、并州，今河北、山西、陕西三省的部分地区。历史上幽并之民以“好气任侠”著称。

[5] 垂：同“陲”，边陲。

[6] 宿昔：向来，经常。

[7] 楛（hù）矢：用楛木做杆的箭。参差：长短不齐。

[8] 控弦：拉弓。的：箭靶。

[9] 摧：摧毁，射裂。月支：又名素支，箭靶名。

[10] 接：迎射。猱（náo）：一种矮小的猿猴。攀援树木轻捷如飞。也泛指猿类动物。

[11] 散：摧毁。马蹄：箭靶的名称。

[12] 狡捷：灵巧敏捷。

[13] 剽（piāo）：行动迅速轻捷。螭（chī）：传说中一种似龙的动物。

[14] 数（shuò）：屡次。迁移：指入侵骚扰。

[15] 羽檄：征兵的文书。情况紧急时插上羽毛，故称羽檄。

[16] 厉：奋起，使动用法。厉马即催马。堤：这里指防御工事。

[17] 蹈：践踏。

[18] "左顾"句：指战胜匈奴后回师东讨鲜卑。左顾：左向。凌：凌驾，压倒。鲜卑：我国古代东北方的一个少数民族。

[19] 籍：名册，簿籍。

[20] 中：指心中。

【提示】

曹植的诗以曹丕即位为界，大致可分为前、后两期。前期受时代风气的影响，抒发建功立业的雄心壮志；后期由于个人经历的显著变化，更多地表现有志难酬的激愤心情。本诗是他前期的代表作。诗中着力塑造了一个武艺高强、不惜为国捐躯的少年骑士的形象。开头六句，先以白马奔腾如飞的画面推出一个骑术高超的游侠儿形象，接着用问答的形式补叙出他的来历。"宿昔"以下八句，用一系列形象的描绘和生动的比喻，赞扬了游侠儿高超的武功。"边城"以下六句，写出了游侠儿驰骋沙场、奋勇杀敌、保卫边疆的英雄气概。最后八句，热情赞颂他忧国忘私、视死如归的爱国思想。

曹植"生乎乱，长乎军"，在汉末群雄混战中，多次跟随曹操出征，有"戮力上国，流惠下民；建永世之业，流金石之功"（《与杨德祖书》）的雄心壮志。本诗就寄托了诗人建功立业的夙愿，游侠儿不妨看做诗人的自我写照。

本诗构思严谨，由表及里，由浅入深，层层推进，使人物形象不断丰满。尤其是对游侠儿这一形象的描写，手法新颖而具有创造性，如"仰手接飞猱，俯身散马蹄。狡捷过猴猿，勇剽若豹螭"，采用生动形象的比喻和夸张手法为人物披上一层传奇色彩。本诗语言简洁、清丽，注意字句的锤炼、韵律的和谐，前后一气贯通，结构严谨，感情激荡，风格豪放，是建安文学的代表作之一。

【思考题】

一、本诗是如何达到思想性和艺术性高度统一的？

二、举例说明本诗塑造游侠儿的方法对后代文学作品的影响。

和郭主簿

陶渊明

陶渊明（约365—427年），字元亮，一说名潜，字渊明，世号靖节先生，浔阳柴桑（今江西九江西南）人。他的曾祖陶侃做过江、荆二州刺史，都督八州诸军事，祖父、父亲做过太守一类的官。他曾三次出仕，前后做过江州祭酒、镇军参军、彭泽县令。从41岁归隐田园直到去世，陶渊明一直在故乡过着躬耕自食的生活。

陶渊明早年儒玄双修，其人生观和诗文审美观都曾受到儒、玄思想的影响。其文可分为两类：一类具有不违名教的儒家艺术精神和叙事、说理详赡、细致、平实、和缓的艺术风貌；一类具有道家、玄学崇尚自然的艺术精神和简约、平淡、闲远的艺术风貌。但陶渊明对古代文学发展影响最大的是诗，尤其是他的田园诗，他享有"古今隐逸诗人之宗"（钟嵘《诗品》）的称号。陶诗清淡、自然，真趣流溢，不假修饰。出语平易却诗味醇厚，或如苏轼所说："其诗质而实绮，癯而实腴。……外枯而中膏，似淡而实美。"（《东坡诗话录》）陶诗也不是全为平淡之作，也有"豪放得来不觉"（朱熹语）的作品。

蔼蔼堂前林[1]，中夏贮清阴[2]。凯风因时来[3]，回飙开我襟[4]。息交游闲业[5]，卧起弄书琴[6]。园蔬有余滋[7]，旧谷犹储今。营己良有极[8]，过足非所钦[9]。舂秫作美酒[10]，酒熟吾自斟。弱子戏我侧，学语未成音。此事真复乐[11]，聊用忘华簪[12]。遥遥望白云，怀古一何深[13]！

【注释】

[1] 蔼蔼：茂盛之状。

[2] 中夏：即仲夏，夏季第二月，即农历五月。贮（zhù）：储存、收藏。清阴：指清凉的树阴。

[3] 凯风：南风。

[4] 回飙（biāo）：回风，旋风。襟：衣襟，上衣的前幅。

[5] 息交：停止和昔日友朋的交往。游：游心于，有留心、专注之意。闲业：不急之务。

[6] 弄：从事。弄书，指读书。弄琴，指弹琴。

[7] 滋：繁殖。余滋，谓长得很多，吃不完。

[8] 营己：营谋自己的生活。良：的确。极：限度。

[9] 过足：超过足够的程度。钦：仰慕，羡慕。

[10] 秫（shú）：粘性高粱。

[11] 真："此中有真意"（陶潜《饮酒》其五中语）之"真"，自然意趣。

［12］聊：姑且。用：以。簪（zān）：古人连冠于发的长针。华簪，华美的簪缨，指代高官，诗中指仕宦富贵。

［13］怀古：怀念古人。诗中缅怀的古人当指“羲皇上人”或古代遁世而隐的高人。深：深切。

【提示】

《和（hè）郭主簿》，是陶渊明依照郭主簿原诗题材、格律所作的诗。和诗一共两首，此选其一。郭主簿，其人不详。主簿是一种官职，中央机构及郡、县官府均设主簿，负责文书、簿籍，掌管印鉴。此诗之作，颇有些向人叙说自己归隐田园生活的境况和内心感受的意味。诗中大半文字都在叙说诗人归隐田园的日常生活，他说得仔细，说得兴奋，言语间流露出怡然自得的情趣和出自内心的满足感。最后四句集中写诗人的生活感受，实是在说他归隐田园已然达到和有意追求的人生境界。其中“此事真复乐，聊用忘华簪”二句，自是用对仕宦荣华富贵的唾弃来衬写诗人归隐田园“真复乐”的人生境界。“遥遥望白云，怀古一何深”二句，则写出了诗人对远古之人（如“羲皇上人”）人生境界和生活方式的深切向往。这种向往，是一种追求，同时也表明诗人认为自己归隐田园与远古之人的人生艺术精神相通。全诗出语平淡，而意远味永。“春秫作美酒，酒熟吾自斟。弱子戏我侧，学语未成音”，以家常语写家常事，真是“一味本色真味，直书胸臆”（方车树《昭味詹言》）。而首二句写景，何等简净、生动，“中夏贮清阴”之“贮”，岂止言景如画，还带出诗人的赏爱之情。末二句写诗人遥望白云而缅怀古人，更是以平常语写悠然不尽之意，寓意深长。

【思考题】

一、从《和郭主簿》可以看出陶渊明向往何种人生境界？

二、试以此诗为例，说说陶诗平淡、自然的特点。

文心雕龙（情采篇）[1]

刘　勰

刘勰（约465—520年），字彦和，原籍东莞莒县（今山东莒县）人，世居京口（今江苏镇江）。他早年丧父，笃志好学，家贫不能婚娶。青年时代曾随当时著名的和尚僧佑整理佛经。南朝梁初曾做过记室、参军等小官，并兼东宫通事舍人，后又升为步兵校尉（东宫的重要武官）。《梁书·刘勰传》称："昭明太子好文学，深爱接之。"晚年出家，法名慧地。

《文心雕龙》是刘勰主要的著作，完成于南朝齐代。全书上下两编各25篇。上编前五篇为"文之枢纽"，阐述其基本思想，相当于总论。其余20篇分为有韵之文和无韵之笔各10篇，就各体源流、历史发展以及不同作品的特点加以概述和评论，相当于文体论。下编前24篇全面系统地讨论了文学创作和文学批评等问题，相当于创作规律、创作方法和批评标准的专论。末篇是全书的后序。《文心雕龙》是我国文学批评史上一部杰出的巨著，不仅比较系统地总结了我国梁代以前数千年的创作经验，而且在文学史观、文学理论、文学创作方法论以及文学批评方法论等方面都既能博采众长吸收前人的成果，又能自出机杼加以提炼升华，对我国文学的进一步发展起到了理论指导作用。

通行的《文心雕龙》，有清人黄叔琳辑注本和现代范文澜注本。

圣贤书辞[2]，总称文章[3]，非采而何？夫水性虚而沦漪结[4]，木体实而花萼振，文附质也[5]。虎豹无文，则鞟同犬羊[6]；犀兕有皮，而色资丹漆[7]，质待文也。若乃综述性灵[8]，敷写器象[9]，镂心鸟迹之中[10]，织辞鱼网之上[11]，其为彪炳[12]，缛采名矣[13]。故立文之道，其理有三：一曰形文[14]，五色是也[15]；二曰声文[16]，五音是也[17]；三曰情文[18]，五性是也[19]。五色杂而成黼黻[20]，五音比而成韶夏[21]，五情发而为辞章[22]，神理之数也[23]。《孝经》垂典[24]，丧言不文[25]；故知君子常言，未尝质也[26]。老子疾伪，故称美言不信[27]，而五千精妙[28]，则非弃美矣。庄周云"辩雕万物"[29]，谓藻饰也[30]。韩非云"艳采辩说[31]，谓绮丽也[32]。绮丽以艳说，藻饰以辩雕[33]，文辞之变，于斯极矣。研味《李》《老》[34]，则知文质附乎性情[35]；详览《庄》《韩》，则见华实过乎淫侈[36]。若择源于泾渭之流，按辔于邪正之路[37]，亦可以驭文采矣。夫铅黛所以饰容[38]，而盼倩生于淑姿[39]；文采所以饰言，而辩丽本于情性[40]。故情者，文之经，辞者，理之纬；经正而后纬成，理定而后辞畅；此立文之本源也。

昔诗人什篇[41]，为情而造文；辞人赋颂[42]，为文而造情。何以明其然？盖风雅之兴[43]，志思蓄愤[44]，而吟咏情性，以讽其上[45]，此为情而造文也；诸子之徒[46]，心非郁陶[47]，苟驰夸饰[48]，鬻声钓世[49]，此为文而造情也。故为情者要约而写真[50]，为文者淫丽而烦滥[51]。而后之作者，采滥忽真[52]，远弃风雅，近师辞赋；故体情之制日疏[53]，逐文之篇愈盛[54]。故有志深轩冕[55]，而泛咏皋壤[56]；心缠几务[57]，而虚述人外[58]。真宰弗存[59]，翩其反矣[60]。夫桃李不言而成蹊[61]，有实存也；男子树兰而不芳[62]，无其情也。夫以草木之微，依情待实；况乎文章，述志为本，言与志反，文岂足征[63]！

是以联辞结采，将欲明经[64]；采滥辞诡[65]，则心理愈翳[66]。固知翠纶桂饵[67]，反所以失鱼；言隐荣华[68]，殆谓此也。是以衣锦褧衣[69]，恶文太章[70]；贲象穷白[71]，贵乎反本。夫能设谟以位理[72]，拟地以置心[73]；心定而后结音[74]，理正而后摛藻[75]。使文不灭质，博不溺心[76]，正采耀乎朱蓝[77]，间色屏于红紫[78]，乃可谓雕琢其章[79]，彬彬君子矣[80]。

赞曰：言以文远[81]，诚哉斯验[82]。心术既形[83]，英华乃赡[84]。吴锦好渝[85]，舜英徒艳[86]。繁采寡情，味之必厌。

【注释】

[1] 本文是《文心雕龙》的第31篇。情：指情感。采：指文采。

[2] 书辞：指著作。

[3] 文章：原指错杂华美的色彩或花纹，这里指有华美而鲜明文采的文章。

[4] 沦漪（yī）：水的波纹。

[5] 文：指文采。质：指质地。

[6] 鞹（kuò）：去毛的皮革。

[7] “犀兕（sì）”二句：都是形体像牛的野兽，雄为犀，雌为兕，皮坚韧，可制兵甲。资：凭借。

[8] 若乃：至于。综述性灵：指抒写情感。性灵：性情，感情。

[9] 敷写器象：指描绘事物的形象。敷写，即描写。敷，铺陈。

[10] 镂(lòu)心:精心刻画。鸟迹:指文字。据许慎《说文解字·序》载，仓颉因见鸟兽的足迹受到启发而创造了文字。

[11] 织辞：组织文辞。鱼网：指纸。据《后汉书·蔡伦传》称，蔡伦用树皮、鱼网造纸。

[12] 彪炳：文采焕发的样子。

[13] 缛：繁盛。名：即“明”。

[14] 形文：指五色，颜色有文采。

[15] 五色：青、黄、赤、白、黑。

[16] 声文：声中之文，音乐有文采。

[17] 五音：宫、商、角、徵、羽。

[18] 情文：情中之文，情理构成的文章。

[19] 五性：指喜、怒、哀、乐、怨。五种性情一说为静、躁、力、坚、智，即肝性静，心性躁，脾性力，肺性坚，肾性智。

[20] 黼（fǔ）黻（fú）：古代礼服上绣的花纹，白与黑相间为黼，黑与青相间为黻。

[21] 比（bì）：并，指配合。韶夏：古乐名，相传“韶”为舜时乐名，“夏”为禹时乐名。

［22］五情：即五性。

［23］神理之数：自然的规律。数：指规律。

［24］《孝经》：儒家的“十三经”之一。垂：流传。典：法度，法则。

［25］丧言不文：指为父母守丧时说话不加文采。语出《孝经·亲丧》。

［26］质：质朴。

［27］美言不信：语见《老子·八十一章》：“信言不美，美言不信。”信，真实。

［28］五千：指老子的《道德经》。因其共五千多字，故用“五千言”代称之。

［29］辩雕万物：用巧妙的言辞来描绘万事万物，语见《庄子·天道》。辩，巧言。雕，雕饰，描绘。

［30］藻：辞藻。

［31］艳采辩说：议论在于华美。《韩非子·外储说左上》为“艳乎辩说”，故“采”应为“乎”。

［32］绮：原意为有花纹的丝织品，这里指华丽，有文采。

［33］“绮丽”二句：意为用华美的文辞使辩说艳丽，用辞藻的修饰使万物刻画得更巧妙。

［34］《李》：应作《孝》，指《孝经》。《老》：指《老子》。

［35］文质：指文辞的华美或质朴。

［36］华实：指文采（即形式）和实质（即内容）。淫侈：过分。

［37］“若择源”二句：用选择清流和正路来比喻情与采不能偏废。泾渭：二水名，一浊一清。按辔（pèi）：扣紧马缰。

［38］铅：铅粉，古人用于化妆。黛：古时女子画眉用的青黑色颜料。

［39］盼倩：形容女子妍媚之态。盼，动人的眼神。倩，美丽的笑貌。淑：美好。

［40］情性：指作品中表达的思想感情。

［41］诗人：指《诗经》的作者。什篇：篇什。《诗经》中的“雅”和“颂”一般以十篇为一什，如“鹿鸣之什”、“文王之什”等，后泛指诗篇。

［42］辞人：指辞赋作者。

［43］风雅：这里用以指代《诗经》。

［44］志思蓄愤：《毛诗序》：“诗者志之所之也，在心为志，发言为诗。”司马迁《报任安书》：“诗三百篇，大抵圣贤发愤之所为作也。”

［45］讽：婉言劝诫。

［46］诸子之徒：指上文所说“辞人”。

［47］郁陶：忧思郁积的样子。

［48］苟：勉强。夸饰：夸张修饰。

［49］鬻（yù）声钓世：沽名钓誉。鬻，卖。

［50］要约：扼要简约。

［51］淫丽：过分华丽。烦：多而杂。滥：失实，这里指没有真情实感。

［52］忽：忽略，轻视。

［53］体：体现。制：作品。

［54］逐文：追求文采。

［55］轩冕：指官爵。轩，古代大夫以上所乘的车。冕，古代大夫以上所戴的礼帽。

［56］皋壤：水边的原野，这里指代隐居。

［57］几务：机务，指政事。

［58］人外：指尘世之外。

［59］宰：主宰，这里指内心情感。

［60］翩其反矣：适得其反。翩，偏。

［61］“夫桃李”句：语出《史记·李将军列传》：“桃李不言，下自成蹊。”蹊：小路。

［62］“男子”句：语出《淮南子·谬称》：“男子树兰，美而不芳。”

［63］征：凭信。

［64］经：指情感。一本作“理”。

［65］诡：反常，怪异。

［66］心：思想。理：道理。翳（yì）：隐蔽。

［67］翠纶：用翡翠鸟毛装饰的钓鱼线。桂饵：用肉桂做的钓饵。

［68］言隐荣华：言语的本意被文采所掩蔽了。荣华：草木之花，这里指文采。《庄子·齐物论》说：“言隐于荣华。”

［69］衣锦褧（jiǒng）衣：指穿着锦衣，外面再罩一件麻布衣。褧衣，麻布单衣。语出《礼记·中庸》：“衣锦尚褧，恶其文之著也。”

［70］章：同“彰”，指文采鲜明。

［71］贲（bì）象：贲，《易经》的卦名，指文饰。象，指《易经》的象辞。穷：极。这里指最后一爻上九，象辞为“白贲无咎”。

［72］谟：当做“模”，规范。

［73］地：底子。心：指感情。

［74］结音：安排音律。

［75］摛（chī）：铺陈。

［76］博：广博。溺：淹没。

［77］正采：正色。古代以青（蓝）、黄、赤、白、黑为正色。

［78］间色：杂色。

［79］章：文辞。

［80］彬彬：形容文质兼美。语出《论语·雍也》：“文质彬彬，然后君子。”

［81］言以文远：语出《左传·襄公二十五年》：“言之无文，行而不远。”

［82］验：应验。

［83］心术既形：语出《礼记·乐记》：“应感起物而动，然后心术形焉。”心术：指内心情感活动。形：表现。

［84］英华：指文章的辞藻。赡：丰富，充足。

［85］好（hào）渝：容易改变。

［86］舜英：木槿花，朝开暮落，有花无实。

【提示】

本文可分为三个部分：第一部分，作者正面论述“质”与“文”，即作品的情感与文采的关系。一方面，二者相辅相成，不可偏废，好比绘画与之五色，乐曲与之五音，没有前者，后者无所依附，但没有后者，前者也无从表达。先贤对此尽管说法各异，他们的作品却概无例外。另一方面，二者又不是一种完全并列的关系，好比织布，必须先有经线，才能织上纬线，而情居于“经”的地位，采居于“纬”的地位。第二部分，作者通过对比，批评了“为文而造情”的创作倾向。第三部分，作者进一步强调了“文不灭质”的重要性，即“联辞结采，将欲明理”，修饰是为了更好地表达情感，如果繁多的文采以辞害意，那么其效果将会是“繁采寡情，味之必厌”。作者的观点是符合文学艺术的创作规律的。

本文写于萧齐末年，正值单纯追求辞藻华美而忽视真情实感的六朝浮靡文风盛行之际。作者从文学创作倾向上着力批判了当时“为文而造情”的流弊，其时代意义也是十分明显的。

本文出色地实践了作者“为情而造文”的主张，采用当时流行的骈文而绝不堆砌，观点鲜明，逻辑严密，论证充分，尤其是用一系列生动形象的举例和比喻来阐述理论见解，不仅增强了文章的感染力，也使得说理更加透彻。

【思考题】

一、本文论述了“为情而造文”与“为文而造情”的两种创作倾向。请分析作者所持的态度，谈谈对你有何启发。

二、找出本文中的比喻手法，并举例分析其表达效果。

汉江临泛

王 维

王维（701？—761 年），字摩诘，太原祁州（今山西祁县）人，后举家迁至蒲州（今山西永济西），亦可称为蒲人。21 岁中进士，官授太乐丞，因伶人舞黄狮子事贬为济州司库参军。张九龄为相，王维上书自荐，被任为右拾遗。李林甫当政，王维颇不得意，在辋川购得宋之问的庄园别墅，在那里过着半官半隐的“中隐”生活。安禄山攻破长安，王维扈从不及，为贼所俘，被迫做了给事中。唐肃宗收复两京，王维因受伪职入狱，由于他作过一首怀念唐王朝的《凝碧池》诗，加上乃弟愿以宰相之职赎其罪，方免罪得迁中书舍人，拜给事中。59 岁时转尚书右丞，故后人称其为王右丞。

王维为盛唐著名诗人。他的诗歌创作，可以张九龄罢相为界分为前、后两期。前期诗歌反映社会现实较为深入，情感充沛，辞采飞扬。尤其是那些表现将士边塞生活和描写壮丽山河景象的诗，境界阔大，出语明快，显得雄浑、壮美、劲健、豪放。后期诗歌多表现诗人的隐逸生活，他在隐居终南山和辋川时写的不少山水诗，明显受到佛理和释家审美观念的影响。这类诗多具清远幽淡之美，诗中景物明净、清澈，画面平静、和谐，有的则显出恬静、萧条、凄清、冷落的特点，表现出一位既是隐士，又是居士的文士的人生意趣。王维精通音乐，又擅长绘画，对音声美、色泽美十分敏感。故其诗写景，既能勾勒其总体特点，又能于细微处妙传其神。特别善于用白描手法，让人在空白处体会其未言之意。苏轼说：“味摩诘之诗，诗中有画。”（《书摩诘蓝田烟雨图》）岂止有画，尚有意新理惬之美。

楚塞三湘接[1]，荆门九派通[2]。江流天地外，山色有无中。郡邑浮前浦[3]，波澜动远空。襄阳好风日，留醉与山翁[4]。

【注释】

［1］楚塞：楚国边疆要塞之地，诗中指汉水流域一带。江淹诗云：“奉义至江汉，始知楚塞长。”三湘：漓水与湘水合称漓湘，潇水与湘水合称潇湘，蒸水与湘水合称蒸湘，漓湘、潇湘、蒸湘总称为三湘。接：指汉江与三湘相连。

［2］荆门：荆门山，位于今湖北宜都西北长江南岸，与北岸虎牙山隔江相对。九派：泛指长江及其支流。派，江河支流。《汉书·地理志》应劭注：“江自庐江浔阳分为九也。”通：指汉江与长江相通。

［3］郡邑：郡县，诗中指郡县治所所在的城镇。浦：水滨。

［4］山翁：晋人山简。山简出为征南将军，都督荆、湘、交、广四州诸军事，驻节襄阳，优游卒岁，惟酒是耽。襄阳豪族习氏有佳园池，山简常到习家池游嬉酣饮，称之为高阳池。诗中山翁指襄阳地方长官。后二句说，襄阳风和日丽，正好留下来与“山翁”醉饮。

【提示】

《汉江临泛》，一作《汉江临眺》。诗写王维在襄阳汉江泛舟远眺所见景象，境界阔大，气格雄浑。首二句可谓思接千里，实因初眺汉水奔流远去展开的联想。这一联想，着意突出汉江与“三湘”、“九派”相“接”、相“通”的特点，不单能为下写汉江提供广阔的背景，还可借“三湘”、“九派”衬显汉江的浩荡、辽远之势。故中间二联直写汉江景观，气象壮美，浑浑无际，却来得自然。四句诗句句出语雄伟有力，所写阔大之景亦真亦幻，既历历在目，又境界缥缈，令人生想。从四种景象的次第展现，隐约可见诗人泛舟江上人随船移不断眺望远方的形象。此诗之妙，还在于尾联收束有力，不但“襄阳好风日”能与中间两联所写之景浑成如一，就是“留醉与山翁”所表达的脱俗兴致，也与前写江景既实在又缥缈的境界一致，不存在情景毫不相关或景大意弱的毛病。前人评论此诗，多欣赏它所写之景壮阔、清美，认为诗人“胸中有一段浩然广大之致”，始能有此妙句。对诗中写景之句，人们最为叹赏的是“江流天地外，山色有无中”一联，称其“真境说不得”（钟惺语）。也有人说到此诗的不足。谓“第一、第三句中两用‘江’字。不但此也，‘三江’、‘九派’、‘前浦’、‘波澜’，篇中说水处太多，终是诗病”（查慎行语）。又谓“三、四好，五、六撑不起，六句尤少味，复衍三句故也”（纪昀语。）

【思考题】

一、说说“江流天地外，山色有无中”写景出语之妙。

二、前人说此诗“气格雄浑，盛唐本色”，你有何感受？

终南别业

王　维

中岁颇好道[1]，晚家南山陲[2]。兴来每独往[3]，胜事空自知[4]。行到水穷处，坐看云起时。偶然值林叟[5]，谈笑无还期。

【注释】

［1］中岁：中年。好道：喜好道学。道，指佛学之道。

［2］家：作动词用，安家。南山：终南山，又称中南山或南山。此山山脉绵长，西起今甘肃天水山，东至今河南陕县。陲：边。

［3］每：每每，时常。

［4］胜事：美好的事情。空：一作“只”。

［5］值：遇见，逢着。

【提示】

王维终南别业即辋川别业，位于终南山辋川山谷（用陈允吉说）。别业，即别墅，本宅外另建的园林游憩处所。此诗题为《终南别业》，实写家居终南别业时的户外游憩活动。诗说作者家住南山山麓，每每兴起就独自前往山林。游憩山林，常有一些美好的经历，其事之妙，唯有自己明白。王维讲的“胜事”或谓美好经历，显然是指“行到水穷处，坐看云起时”、“偶然值林叟，谈笑无还期”一类活动。至于他所讲的“空自知”的“胜事”之妙，则需要分析。有人说是“脱落一切尘凡”，“与造物相表里”的人生意趣，有人说是“闲逸之趣”，似乎都不确切。其实，诗中首句“中岁颇好道”对其游憩“胜事”之妙，已作提示。大抵“行到水穷处”云云，正是他喜好佛道、服膺佛道（指禅宗）处世方式的结果，或谓他正是从这些活动中，体会到了服膺禅宗“任性逍遥，随缘旷放”人生理想的乐趣。对二联写诗人漫无目的的追赏自然风光和与偶然相逢的林叟恣意谈笑所体现的禅意，与首句所说“好道”的关系，徐增有很好的分析，值得参考。他说：“……随己之意，只管行去。行到水穷，去不得处，我亦便止。倘有云起，我即坐而看云之起。坐久当还，偶遇林叟，便与谈论山间水边之事，相与留连，则便不能以定还期矣。于佛法看来，总是个无我，行无所事，‘行到’是大死，‘坐看’是得活，‘偶然’是任运。此真‘好道’人行履，谓之‘好道’不虚也。”（《唐诗解读》）此诗深具禅宗理趣，但主要是通过叙写诗人游憩山林的活动，来显现他悠然会心所得的禅理，并未说破，因而出语自然、形象，耐人寻味。

【思考题】

一、如何理解“行到水穷处，坐看云起时”所蕴含的禅趣？

二、以此诗和《汉江临泛》为例，谈谈王维诗歌语言的特点。

庐山谣寄卢侍御虚舟

李　白

李白（701—762年），字太白，号青莲居士。自称为汉将李广之后，大约出生在西域碎叶（今吉尔吉斯斯坦托克马克附近）。5岁至25岁在蜀中读书、习剑、任侠，26岁辞亲远游。在与故相许圉师孙女成婚后，在安陆过了10年。30岁初入长安，曾西游邠州、坊州，继而与元演隐居嵩山。不久，回到安陆，又出游洛阳、太原等地。许夫人去世，李白遂移家东鲁，客居任城。从42岁到44岁，李白在京待诏翰林。不久就遭到张泊等人的谗毁，被唐玄宗赐金放归。安史乱起，两京失陷，李白携宗氏夫人由梁园西上华山，接着南下宣城、浔阳，到越中避难，继而隐居庐山屏风叠。当永王李璘率水师经过浔阳时，李白怀着“誓欲清幽燕”的宏愿，应邀踏上了李璘的战船。李璘被杀，李白入狱，不久流放夜郎。在流放途中遇赦后，又重到浔阳，过金陵，徘徊于历阳、宣城一带。当他听到李光弼率大军出征东南的消息后，主动请缨参战。可惜因病半道而还，第二年冬天，竟一病不起，卒于当涂。

李白年轻时就确定了人生目标和处世方式，即为王佐之臣，建不世之功，然后功成身退。其思想明显含有儒、道、墨、纵横诸家以及法家、释家的思想质素，但起主导作用的是儒家思想。它们不但影响到李白的人生态度，还影响到他诗风的形成。李白是继陈子昂之后又一位自觉以改革唐代诗风为己任的诗人，其诗从多方面表达他的思想观念、人生感受和生活情趣，具有以豪放、飘逸为主要特征的艺术风格。李白才高气盛，为诗兼擅众体。其中创作艺术成就很高的，是五古、乐府、歌行和绝句。

我本楚狂人[1]，凤歌笑孔丘。手持绿玉杖[2]，朝别黄鹤楼。五岳寻仙不辞远，一生好入名山游。庐山秀出南斗旁[3]，屏风九叠云锦张[4]，影落明湖青黛光[5]。金阙前开二峰长[6]，银河倒挂三石梁[7]。香炉瀑布遥相望，回崖沓嶂凌苍苍[8]。翠影红霞映朝日，鸟飞不到吴天长[9]。登高壮观天地间，大江茫茫去不还。黄云万里动风色，白波九道流雪山[10]。好为庐山谣，兴因庐山发。闲窥石镜清我心，谢公行处苍苔没[11]。早服还丹无世情[12]，琴心三叠道初成[13]。遥见仙人彩云里，手把芙蓉朝玉京[14]。先期汗漫九垓上[15]，愿接卢敖游太清[16]。

【注释】

[1] 楚狂人：《高士传》记载，陆通，字接舆，春秋时楚国人，时人谓之楚狂。孔子到楚国，接舆在他车旁唱歌，表达避世之意。其歌首句为“凤兮，凤兮，何如德之衰也”，故称之为“凤歌”。

［2］绿玉杖：绿玉装饰的手杖，道教徒称其竹杖为绿玉杖。

［3］秀出：突出。南斗：星名，二十八宿中的斗宿。庐山在春秋时属吴国，为斗宿分野。

［4］屏风九叠：庐山自五老峰下九叠如屏风，故名。云锦张：指云霞像锦绣一般展开。

［5］青黛：青黑色。

［6］金阙：指庐山中的金阙岩，又名石门山。慧远《庐山记》："西南有石门山，其形似双阙，壁立千余仞，而瀑布流焉。"

［7］三石梁：庐山屏风叠之左有三叠泉，水势三折而下，如银河倒泻于石梁（桥）。

［8］回崖：曲折的山崖。沓嶂：重重叠叠的山峰。

［9］吴天：庐山一带春秋时属吴国，故云吴天。

［10］白波九道：传说长江流到浔阳（今江西九江）分为九道。雪山：形容江中波涛堆叠。

［11］谢公：谢灵运。其《入彭蠡湖口》有云："攀崖照石镜，牵叶入松门。"

［12］还丹：相传道教炼丹，使丹砂烧成水银，积久又还成丹砂，因称还丹。道教以为服此可以成仙。世情：人世俗情。

［13］琴心三叠：道教修炼术语，指修炼身心。《黄庭内景经》说："琴心三叠舞胎仙。"梁丘子注："琴，和也。叠，积也。存三丹，使和积如一。"

［14］玉京：道教所称天帝居处。葛洪《枕中书》说："元始天王在天中心之上，名曰玉京山。山中宫殿，并金玉饰之。"

［15］先期：预先约定。汗漫：诗中指仙人名字。九垓：九重天。

［16］卢敖：《淮南子·道应》说，卢敖游于北海，见一形貌古怪之士，就邀他同游北阴之地，士笑曰："吾与汗漫期于九垓之外，吾不可以久驻。"随即纵身跳入云中。诗中是以卢敖代指卢虚舟。太清：道教以玉清、上清、太清为三清，太清为最高仙境。

【提示】

卢侍御虚舟，即殿中侍御史卢虚舟（字幼直）。李白另有《和卢侍御通塘曲》，言"君夸通塘好，通塘胜耶溪"，知卢氏亦为喜山水者。此诗作于上元元年（760年），诗人时在浔阳。读这首诗，先要弄清它的结构。从表面看，诗由三段组成。"一生好入名山游"以前为第一段，"早服还丹无世情"以后为第三段，中间部分为第二段。就题目看，中间一段是主体，写的是"庐山谣"；就立意看，则第一、三段不可分割，它们既抒诗人之情，又寄卢氏以意。其实，第三段不单和第一段意接词应，还是第二段内容的自然延伸。也就是说，它本是"庐山谣"的一部分。大抵诗人构思此诗是将自己和卢虚舟和庐山打成一片，由自己"五岳寻仙不辞远，一生好入名山游"，引出庐山，由对庐山风光的描述，引出庐山仙人"愿接卢敖（指代卢虚舟）游太清"，以抒发学道初成，了无世情的胸怀。只是写庐山景观，既作总体形容，又细写峰峦、瀑布，还摄入登高所见山外景象。而且言必铺叙，写得充分，使得"庐山谣"内容十分突出。但三段意脉贯通，章法未乱。倒显得"全篇开合佚荡"（桂天祥《批点唐诗正声》），或谓其行文"天马行空，不可羁绁"（《唐宋诗醇》）。如果说诗中"庐山谣"气势宏伟，在于体物得其壮大之势，那抒情寄意境界不凡，就在于诗人以雄快之词，说出了绝意世情、求道访仙的志趣。像"我本楚狂人，凤歌笑孔丘"自道其人格精神，"遥见仙人彩云里，手把芙蓉朝玉京"，实写其游心仙境，无不意兴高迈，形象超逸，使人过目难忘。

【思考题】

一、从此诗可以看出李白何种人格精神？

二、谈谈此诗构思的特点。

与史郎中钦听黄鹤楼上吹笛

李　白

一为迁客去长沙[1]，西望长安不见家。
黄鹤楼中吹玉笛，江城五月落梅花[2]。

【注释】

［1］一为：一旦成为。去长沙：用贾谊被贬为长沙王太傅的典故，说自己流放夜郎事。去，前往。

［2］江城：指武昌城。落梅花：即《梅花落》，汉乐府横吹曲名。

【提示】

史郎中钦，一作“史郎中饮”。郎中，唐代尚书省所属六部各司长官之职。史钦，其人事迹不详。读李白《江夏使君叔席上赠史郎中》所云：“昔放三湘去，今还万死余。仙郎久为别，客舍问何如。涸澈思流水，浮云失旧居。多惭华省贵，不以逐臣疏。复如竹林下，而陪芳宴初。”知李白遇赦后，史郎中对他十分关心，并曾与他会饮于江夏。此诗则写于李白贬往夜郎，途经武昌之时。就思维逻辑而言，第一、二句所言自有因果关系，叙说中含有无限慨叹。首句说自己远谪，出语也是说因道果，而用汉代贾谊贬官长沙说自己贬官夜郎，实“暗寓为自己参加李璘幕府一事进行辩解之意在内”（沈祖棻语）。次句中“不见家”的“家”，并非家室之家。当时，李白的妻子宗氏和孩子们都留在今江西一带，并不在长安。诗人是把他政治上的归宿地称为家。“西望长安不见家”，“这句诗写的实质上是眷恋朝廷之意，也就是所谓去国之情”（沈祖棻语）。诗人言此，带有很深的失望之感和无奈之情。三、四句正是在抒发惆怅意绪的基础上，写诗人听黄鹤楼中传来的笛声的感受，大有身为迁客本自愁，更哪堪闻《梅花落》之意。第四句中的“落梅花”，是因闻笛曲《梅花落》产生的想象之词。诗以纷纷扬扬飘落的梅花，形容笛声悠悠扬扬传遍江城，实将听觉形象转化为视觉形象，用的是通感手法。仔细体味，“江城五月落梅花”一句，不单妙在摹写音乐生动，还在于巧借笛曲的乡愁情韵和梅花飘落带出的寒凉氛围，衬写出诗人心绪的寥落。

【思考题】

一、如何理解诗中“西望长安不见家”的含义？

二、此诗是如何借笛曲《梅花落》构思诗境以抒情的？

新婚别

杜 甫

杜甫（712—770年），字子美，出生在巩县（今河南巩义）一个“奉儒守官”的书香门第。他仕途坎坷，于746年到长安参加科举考试，因李林甫作祟而落第。他怀着出仕从政的迫切愿望，在长安等待10年，才获得右卫率府胄曹参军的小官。肃宗时曾任左拾遗，旋即获罪遭贬。759年，弃官入蜀，曾以检校工部员外郎任严武参谋，世称杜工部。晚年漂泊在夔府、江湘一带，贫病交加的诗人卒于湘水舟中。

杜甫生活在唐朝由全盛走向衰败的急剧变革时期，他的一生饱经忧患。其诗歌真实、深刻地反映了这一历史转折时期的社会现实，有着丰富的社会政治内容和浓郁的时代气息，在当时就获得“诗史”的美称。强烈的忧国忧民的思想感情，充分展现了诗人的伟大人格。在诗歌创作上，作者广泛吸取古今作家的长处，创造出丰富而又精湛的艺术技巧，并形成自己独特的“沉郁顿挫”的风格，成为后世现实主义诗歌的典范，其人被称为“诗圣”。有《杜少陵集》。

兔丝附蓬麻[1]，引蔓故不长[2]。
嫁女与征夫，不如弃路旁。
结发为君妻[3]，席不暖君床[4]。
暮婚晨告别[5]，无乃太匆忙[6]。
君行虽不远，守边赴河阳[7]。
妾身未分明[8]，何以拜姑嫜[9]？
父母养我时[10]，日夜令我藏[11]。
生女有所归[12]，鸡狗亦得将[13]。
君今往死地，沉痛迫中肠[14]。
誓欲随君去，形势反苍黄[15]。
勿为新婚念，努力事戎行[16]。
妇人在军中，兵气恐不扬。
自嗟贫家女，久致罗襦裳[17]。
罗襦不复施[18]，对君洗红妆[19]。
仰视百鸟飞，大小必双翔。
人事多错迕[20]，与君永相望[21]！

【注释】

［1］兔丝：蔓生草，多缠附在其他植物上生长。蓬、麻：都是矮小的植物。《荀子》："蓬生麻中，不扶而直。"这里比喻女子依附男子。

［2］引：牵引。蔓：草藤。

［3］结发：古代男子 20 岁行冠礼，女子 15 岁插笄，表示已经成年。这里指结婚。

［4］席不暖君床：极言时间短促。

［5］暮婚：古礼规定黄昏时行礼，曰婚。暮婚晨别是说新郎、新娘分别之快。

［6］无乃：岂不是。

［7］河阳：孟津，今河南孟县，在黄河北岸。

［8］妾身未分明：古代婚礼规定，女子嫁三日，告庙上坟，谓之成婚，身份始定。诗中新妇与新郎是暮婚晨别，还来不及完成一系列礼仪，所以新妇对自己身份不明确的处境深感难堪。

［9］姑嫜：指公婆。

［10］父母养我时：指在娘家未出嫁时。

［11］藏：指深居闺阁。

［12］归：古代女子出嫁曰归。

［13］鸡狗亦得将：用俗语"嫁鸡与之飞，嫁狗与之走"即"嫁鸡随鸡，嫁狗随狗"的意思。将：跟随。

［14］中肠：内心。

［15］苍黄：本指青色和黄色。《墨子·所染》："见染丝者而叹曰：染于苍则苍，染于黄则黄。"后以"苍黄"比喻极大的变化。

［16］戎行：军队。

［17］襦（rú）：短袄。

［18］不复施：指不再穿。

［19］洗红妆：洗去脂粉，言不再打扮。

［20］错迕（wǔ）：错杂抵触，指难如人意。

［21］相望：相思。

【提示】

这首诗写于唐肃宗乾元二年（759 年）春，为组诗"三别"中的一篇。诗歌正面抒写了新妇与新郎生离死别时的哀伤和深明大义的情怀，暴露了战乱给人民带来的深重苦难。

诗歌采用新妇独白的形式，前后用七个"君"字，倾诉了新妇复杂的思想感情。全诗可分为三层：从首句到"何以拜姑嫜"，主要诉说新妇的不幸命运：她是刚过门的新嫁娘，本指望与夫婿恩爱相处，白头偕老，可一夜醒来，连床席还未睡暖，公婆还未拜见，名分还来不及确定，就要匆匆分离，故发出"不如弃路旁"的怨言。自"父母养我时"到"形势反苍黄"，表白新妇对丈夫出生入死的征战生活的担忧，她愿与夫君一同走上战场，但又有害怕把事情弄复杂的矛盾心理。最后一部分，抒写新妇经过一番痛苦的倾诉和内心斗争之后，从个人的不幸中挣脱出来，为了国家利益，准备牺牲个人利益，含泪劝勉新郎走上前线，努力作战。为了鼓舞夫君的斗志，她表白了自己生死不渝的坚贞爱情，同时也把自己的幸福寄托在丈夫的凯旋上。

诗人精心构思了一个新婚惨别的典型生活图景，塑造了一个伤心欲绝又深明大义的少妇形象。诗中采用个性化语言，表达人物由矜持羞涩、欲说还休到坦率、直白的心理变化过程，极符合人物的特定身份和精神面貌，显示了诗人卓越的艺术才华。

【思考题】

一、结合新妇思想感情的变化脉络，试分析七个“君”字在诗歌中的含义。

二、人物语言符合其特定身份和精神面貌，是本诗的一大特色，试找出具体诗句加以分析体会。

阁夜

杜甫

岁暮阴阳催短景[1]，天涯霜雪霁寒宵[2]。
五更鼓角声悲壮[3]，三峡星河影动摇[4]。
野哭千家闻战伐[5]，夷歌数处起渔樵[6]。
卧龙跃马终黄土[7]，人事音书漫寂寥[8]。

【注释】

［1］阴阳：指日月。景：光阴。短景：指短暂的冬日。冬季日短，故言。

［2］天涯：指远离故土的他乡。霁：雪后天晴。

［3］鼓角：古代军中用来报时和发号施令的军鼓和号角。

［4］三峡：指长江三峡（瞿塘峡、巫峡、西陵峡）。星河：银河。

［5］战伐：指765年10月蜀地发生的崔旰之乱。

［6］夷歌：少数民族歌谣。渔樵：指唱夷歌的渔父、樵夫。

［7］卧龙：指诸葛亮，夔州西郊有武侯庙。跃马：指公孙述，夔州东南有白帝庙。公孙述，字子阳，扶风人。西汉末年，蜀中时局动荡，公孙述乘乱在夔自称白帝。

［8］漫：任随。

【提示】

这首诗作于大历元年（766年）冬。当时，诗人寓居夔州西阁，耳闻目睹，尽是蜀地军阀动乱带给百姓的苦痛，睹景伤时，感怀写下此诗。

首联，由岁暮而感叹光阴荏苒，人生易老，在这样一个凄清的寒夜，沦落天涯的诗人不由悲从中来，感慨万千。颔联写夜中所见所闻：听到的是悲壮感人的鼓角声。五更欲曙，愁人无眠，军中传出来的鼓角之声，分外响亮，暗示着时局的动荡不安。看到的是三峡夜景。银河流泻，繁星璀璨，江水湍急，星影摇曳。如此壮美的山川景色，却回荡着战乱年代特有的鼓角声。景物描写中蕴含了诗人忧心忡忡的情怀。颈联，一写动荡时局带给百姓的不幸和痛苦，悲恸的哭声响彻四野；一写此地渔夫樵人自由自在地随意歌唱，“野哭”成为“夷歌”的一个极不和谐的音符。这是忧国忧民的诗人的有力控诉。以上两联中上下句的强烈对比，反差极大，哀景与乐景互相映衬，使哀景更令人悲伤，使乐景更叫人向往。尾联借附近古迹抒怀，转向自我宽慰。既然从来贤忠逆愚都要同归黄土，那么自己眼下的不幸处境和远方亲友的毫无音讯，也就不必太在意了。诗人忧愤感伤的情绪因自我宽解而更加凸显。

此诗被誉为七言律诗的“千秋鼻祖”，其遣词造句、韵律对仗、内容表达，都显示了诗人的艺术功力。

【思考题】

杜诗讲究诗歌语言的锤炼，请从遣词造句、音韵铿锵、抑扬缓急等方面，分析这首诗的颔联与颈联的特色。

张中丞传后叙[1]

韩　愈

韩愈（768—824年），字退之，河阳（今河南孟县）人。郡望昌黎，世称韩昌黎。3岁丧父，由兄嫂抚养。曾三考进士而不中，792年终于如愿。803年任监察御史时，因上奏天旱人饥的实况，指斥朝廷，被贬为连州阳山令。817年，任刑部侍郎时，又因上《谏佛骨表》再次被贬为潮州刺史。后官至吏部侍郎，死后谥号“文”。

韩愈是一位富有才华和创造性的文学大师。在中唐诗坛上，他追求新颖奇崛的艺术境界，从意境、结构到语言，都力避陈俗，其想象力奇突精警，诗境光怪陆离。他又是唐代古文运动的领袖，提倡古文，反对六朝以来的骈偶文风，主张“文以明道”，“不平则鸣”，要求“文从字顺”，“词必己出”。其古文形式自由，构思巧妙，表现方法不拘一格。各种文体，运用自如，所作文章具有高度的艺术创造性，对古代散文艺术发展影响深远。有《昌黎先生集》。

元和二年四月十三日夜[2]，愈与吴郡张籍阅家中旧书[3]，得李翰所为《张巡传》[4]。翰以文章自名[5]，为此传颇详密，然尚恨有阙者[6]：不为许远立传[7]，又不载雷万春事首尾[8]。

远虽材若不及巡者，开门纳巡[9]；位本在巡上，授之柄而处其下[10]，无所疑忌，竟与巡俱守死，成功名[11]；城陷而虏[12]，与巡死先后异耳[13]。两家子弟材智下[14]，不能通知二父志[15]，以为巡死而远就虏，疑畏死而辞服于贼[16]。远诚畏死[17]，何苦守尺寸之地[18]，食其所爱之肉[19]，以与贼抗而不降乎？当其围守时，外无蚍蜉蚁子之援[20]，所欲忠者，国与主耳[21]。而贼语以国亡主灭[22]，远见救援不至，而贼来益众[23]，必以其言为信[24]。外无待而犹死守[25]，人相食且尽[26]，虽愚人亦能数日而知死处矣[27]，远之不畏死亦明矣[28]！乌有城坏，其徒俱死[29]，独蒙愧耻求活[30]？虽至愚者不忍为，呜呼！而谓远之贤而为之邪[31]！

说者又谓远与巡分城而守[32]，城之陷自远所分始[33]，以此诟远[34]。此又与儿童之见无异。人之将死，其脏腑必有先受其病者[35]；引绳而绝之，其绝必有处[36]。观者见其然，从而尤之[37]，其亦不达于理矣[38]。小人之好议论，不乐成人之美如是哉[39]！如巡、远之所成就，如此卓卓[40]，犹不得免[41]，其他则又何说！

当二公之初守也，宁能知人之卒不救[42]，弃城而逆遁[43]？苟此不能守，虽避之他处何益[44]？及其无救而且穷也[45]，将其创残饿羸之余[46]，虽欲去，必不达[47]。二公之贤，其讲之精矣[48]。守一城，捍天下[49]，以千百就尽之卒[50]，战百万日滋之师[51]，蔽遮江淮，沮遏其势[52]，天下之不亡，其谁之功也[53]！当是时，弃城而图存者，不可一二数[54]；擅强兵坐而观者，相环也[55]。不追议此[56]，而责二公以死守，亦见其自比于逆乱[57]，设淫辞而助之攻也[58]。

愈尝从事于汴、徐二府[59]，屡道于两府间[60]，亲祭于其所谓双庙者[61]，其老人往往说巡、远时事云[62]。

南霁云之乞救于贺兰也[63]，贺兰嫉巡、远之声威功绩出己上，不肯出师救。爱霁云之勇且壮[64]，不听其语，强留之[65]。具食与乐[66]，延霁云坐[67]。霁云慷慨语曰："云来时，睢阳之人不食月余日矣，云虽欲独食，义不忍[68]！虽食，且不下咽[69]！"因拔所佩刀断一指[70]，血淋漓以示贺兰。一座大惊[71]，皆感激为云泣下[72]。云知贺兰终无为云出师意，即驰去[73]。将出城，抽矢射佛寺浮图[74]，矢着其上砖半箭[75]，曰："吾归破贼，必灭贺兰，此矢所以志也[76]！"愈贞元中过泗州[77]，船上人犹指以相语[78]。城陷，贼以刃胁降巡[79]，巡不屈，即牵去，将斩之。又降霁云，云未应，巡呼云曰："南八[80]！男儿死耳，不可为不义屈[81]！"云笑曰："欲将以有为也[82]。公有言，云敢不死[83]！"即不屈。

张籍曰："有于嵩者[84]，少依于巡[85]。及巡起事[86]，嵩尝在围中[87]。籍大历中于和州乌江县见嵩[88]，嵩时年六十余矣。以巡初尝得临涣县尉[89]，好学，无所不读。籍时尚小，粗问巡、远事，不能细也[90]。云巡长七尺余[91]，须髯若神[92]。尝见嵩读《汉书》，谓嵩曰：'何为久读此？'嵩曰：'未熟也。'巡曰：'吾于书读不过三遍，终身不忘也。'因诵嵩所读书，尽卷不错一字。嵩惊，以为巡偶熟此卷，因乱抽他帙以试[93]，无不尽然[94]。嵩又取架上诸书试以问巡，巡应口诵无疑[95]。嵩从巡久，亦不见巡常读书也。为文章，操纸笔立书[96]，未尝起草。初守睢阳时，士卒仅万人[97]，城中居人，户亦且数万[98]，巡因一见问姓名，其后无不识者。巡怒，须髯辄张[99]。及城陷，贼缚巡等数十人坐，且将戮，巡起旋[100]，其众见巡起，或起或泣。巡曰：'汝勿怖！死，命也！'众泣不能仰视。巡就戮时，颜色不乱[101]，阳阳如平常[102]。远宽厚长者，貌如其心。与巡同年生，月日后于巡，呼巡为兄，死时年四十九。嵩贞元初死于亳、宋间[103]。或传嵩有田在亳、宋间，武人夺而有之[104]，嵩将诣州讼理[105]，为所杀。嵩无子。"张籍云。

【注释】

［1］张中丞：张巡（709—757年），邓州南阳（今河南南阳）人。唐玄宗开元末年进士。755年，安禄山叛变，张巡在雍丘一带起兵抗击，后与许远同守睢阳（今河南商丘南）孤城。被围近一年，后兵尽粮绝，城破被俘，与部将36人同时殉难。中丞是朝廷加封张巡的官衔。《张中丞传》即《张巡传》，唐李翰撰，今佚。叙：古代一种应用文体，放在书的前面或后面，叙述与书相关的情况。

［2］元和：唐宪宗李纯的年号（806—820年）。

［3］吴郡：今江苏苏州。张籍：字文昌，吴郡人，中唐诗人，是韩愈的学生兼朋友。

［4］李翰：字子羽，赵州赞皇（今河北元氏）人。安史之乱时，他曾随同张巡在睢阳亲见战守事迹，后见有人诬蔑张巡降敌，于是写《张巡传》上肃宗，并上《进张中丞传表》。

［5］自名：自负，自许。

［6］阙：缺漏，不足。

［7］许远：字令威，杭州盐官（今浙江海宁）人。安史之乱时，为睢阳太守，后与张巡合守孤城，城破被掳往洛阳，在偃师被害。

［8］雷万春：与南霁云同为张巡得力勇将，与张巡同时被杀。后文补叙南霁云事而不及雷，故清代有人曾怀疑“雷”为“南”之误。

［9］开门纳巡：打开城门，接纳张巡。

［10］柄：权柄。

［11］成功名：成就功业和名节。

［12］城陷而虏：至德二年（757年）十月，睢阳陷落，张、许被俘虏。

［13］死先后异耳：指二人就义的时间前后不同罢了。城破之后，张巡与部将被斩，许远被送往洛阳邀功，后被害于偃师。

［14］两家子弟：指张去疾和许岘。下：低下。

［15］通知：完全了解。

［16］辞服：请降。

［17］诚：确实，果真。

［18］尺寸之地：指睢阳孤城。

［19］食其所爱之肉：睢阳被围困时，城中粮尽，军民以鼠雀为食，最后只得以妇女和老弱男子充饥。张巡曾杀爱妾，许远杀奴仆以充军粮。

［20］蚍蜉：黑色大蚁。蚁子：幼蚁。指极微弱的援助。

［21］国与主：指唐王朝和皇帝。

［22］语：告诉。安史之乱后，唐玄宗入蜀，长安、洛阳二京失陷。叛军曾以“国亡主灭”诱降张巡。

［23］益众：更加众多。

［24］信：真实。

［25］无待：没有援兵依靠。当时，贺兰进明等人拥兵观望，不来救援。

［26］且尽：将完。

［27］数（shǔ）：计算。

［28］亦明矣：也是清楚的了。

［29］乌有：哪有。城坏：城破。

［30］独蒙愧耻求活：意思为独自蒙受惭愧与耻辱而求活。

［31］为之：做出这种事。

［32］说者：发议论的人，指张去疾等。

［33］“城之陷”句：意为城池的陷落是从许远所分守的西南地区开始的。当时张与许分兵把守睢阳，张守东北，许守西南，西南处先被攻破。

［34］诟（gòu）：诬蔑，诽谤。

［35］病：害。

［36］引绳：拉紧绳子。绝：断开。处：指绳子断开的地方。

［37］尤之：责怪它（指先受侵害的脏腑和绳子先断的地方）。

［38］不达于理：不通达事理。

［39］成人之美：成全别人的好事。《论语·颜渊》：“君子成人之美，不成人之恶，小人反是。”

［40］卓卓：卓越出众。

［41］犹不得免：还不能免掉小人的议论。

［42］宁：哪里。卒：最终。

[43] 逆遁：事先逃跑。逆，预先。

[44] 苟：假设。虽：即使。

[45] 且穷：意谓将要陷入困境。

[46] 将：率领。创残：受伤而致残。饿羸（léi）：因饿而瘦弱。

[47] 不达：办不到。

[48] 讲：筹谋、考虑。精：周密、精当。

[49] 捍天下：捍卫天下。睢阳是江淮咽喉，地位重要。

[50] 就尽：濒临死亡。卒：士兵。

[51] 日滋：天天增多。师：军队。

[52] 沮遏：阻止。

[53] 也：语气助词，表示反问。

[54] 不可一二数：不能用一个两个来计算，形容不在少数。

[55] 意谓四周都是。

[56] 追议：追究。

[57] 比：比附，亲附。

[58] 设淫辞：捏造荒谬的言辞。助之攻：帮助敌人攻击。

[59] 从事：唐时称节度使、观察使的幕僚为从事。汴：汴州，州治故地位于今河南开封。徐：徐州，今江苏徐州。

[60] 屡道：屡次经过。

[61] 双庙：后人在睢阳为张巡、许远立庙祭祀两人，称为双庙。

[62] 时事：当时的事情。云：语末助词。

[63] 南霁云：魏州顿丘（今河南清丰）人，出身贫贱，当过船夫。安禄山反，钜野尉张诏起兵讨贼，提拔南霁云为将，后被遣至睢阳与张巡议事，遂留为部将。贺兰：复姓，指贺兰进明，时为御史大夫，河南节度使，驻军临淮（今安徽凤阳东北）。

[64] 且：而且。

[65] 强（qiǎng）：勉强，强迫。

[66] 具食与乐：准备了酒食与音乐。

[67] 延：请。

[68] 义：道义。

[69] 且：将。

[70] 因：于是。

[71] 一座：满座。

[72] 感激：感动。

[73] 驰去：骑马离去。

[74] 浮图：佛塔。

[75] 着：射中。半箭：箭身一半射入佛塔砖中。

[76] 所以志：用来作为标志。

[77] 贞元：唐德宗年号（785—805 年）。泗州：唐时属河南道，州治在临淮，当时贺兰即驻军于此。

[78] 相语：互相讲述。

[79] 胁降巡：威逼张巡投降。

[80] 南八：南霁云排行第八，故称。

[81] 不可：不应该。
[82] 有为：指暂时隐忍以图报仇。
[83] 敢：岂敢。
[84] 于嵩：人名，生平事迹不详。
[85] 少依于巡：年轻时投靠张巡。
[86] 起事：指起兵抗击叛军。
[87] 围中：围城之中。
[88] 大历：唐代宗李豫年号（766—780年）。和州乌江县：位于今安徽和县东北。
[89] 以：因。临涣：位于今安徽宿县西南。此句意谓于嵩因张巡的缘故，起初曾做过临涣县尉，张巡死后，朝廷封赏他的亲戚、部下，于嵩遂因此得官。
[90] 细：具体。
[91] 七尺：相当于现在的五尺多。
[92] 须髯（rán）：下巴上的胡子曰须，两颊上的胡子称髯。这里泛指胡须。
[93] 帙（zhì）：书套，这里指书。
[94] 尽然：都是如此。
[95] 无疑：毫不迟疑。
[96] 立书：立即书写。
[97] 仅：接近。
[98] 且：将近。
[99] 张：指胡须因发怒而自然张开。
[100] 起旋：起身环视四周。一说指起身小便。《左传·宣公三年》杜预注："旋，小便也。"
[101] 颜色不乱：指脸色不变。
[102] 阳阳：安详镇定、神态自若的样子。
[103] 亳（bó）：亳州，今安徽亳县。宋：睢阳。
[104] 武人：军人。
[105] 诣：到，往。讼理：打官司。

【提示】

张巡和许远是唐朝安史之乱时英勇抗击叛军的两位将领。当时，玄宗西避蜀中，二京失陷，情况危急，张、许二人合守睢阳，孤军奋战，以少击众，终因粮尽援绝而城破身亡。乱平之后，朝廷竟有人为了开脱自己怯敌逃跑的无耻行径，而散布谣言，百般诋毁二人。作者对此十分愤慨，为了驳斥诽谤，特补充李翰《张巡传》之不足，写下此文。

文章自"远虽材若不及巡者"至"设淫辞而助之攻也"，为许远立传。不同于普通的人物传记，文章在批驳加给许远的诋毁之辞的同时，从正面树立了一个忠贤英雄的形象：先肯定许远纳贤、任贤，一再用假设推理，驳斥许远"畏死而辞服于贼"的诬陷，且用常事作譬，驳"城之陷自远所分始"，最后力辩二人死守并高度赞扬他们以寡敌众、捍卫天下的奇功。语壮意盛，褒贬分明。接下一段补续南霁云轶事，通过拒食宴席，拔刀断指，矢射浮图等一系列富有传奇色彩的典型细节，充分而又生动地展现了人物的个性风貌。最后，以张籍之言，补叙张、许二人轶事，使两人形象更加丰满，同时呼应前文，使全文结构完整而严谨。

本文写作有如下特点：一是议论与叙事并重，互为表里，紧密结合，并融入作者强烈的爱憎感情。二是善于选择细节表现人物性格特征，使人物生动传神，光彩照人。三是运用句法长短伸缩、声调高下扬抑的变化，使语言表达恣肆奔放、雄奇摇曳。

【思考题】

一、分析本文议论与叙事相结合的特点。

二、结合作品的具体内容分析典型细节对刻画人物性格特征的作用。

送李愿归盘谷序[1]

韩　愈

太行之阳有盘谷[2]。盘谷之间,泉甘而土肥,草木丛茂,居民鲜少。或曰:“谓其环两山之间,故曰盘。”或曰:“是谷也,宅幽而势阻[3],隐者之所盘旋[4]。”友人李愿居之。

愿之言曰:“人之称大丈夫者,我知之矣。利泽施于人[5],名声昭于时。坐于庙朝[6],进退百官[7],而佐天子出令[8]。其在外,则树旗旄[9],罗弓矢;武夫前呵[10],从者塞途;供给之人,各执其物,夹道而疾驰。喜有赏,怒有刑。才畯满前[11],道古今而誉盛德,入耳而不烦。曲眉丰颊[12],清声而便体[13],秀外而惠中[14],飘轻裾[15],翳长袖[16],粉白黛绿者[17],列屋而闲居[18],妒宠而负恃[19],争妍而取怜[20]。大丈夫之遇知于天子[21],用力于当世者之所为也[22]。吾非恶此而逃之,是有命焉,不可幸而致也[23]。

“穷居而野处[24],升高而望远,坐茂树以终日,濯清泉以自洁[25]。采于山,美可茹[26];钓于水,鲜可食。起居无时,惟适之安[27]。与其有誉于前[28],孰若无毁于其后[29];与其有乐于身,孰若无忧于其心。车服不维[30],刀锯不加[31],理乱不知[32],黜陟不闻[33]。大丈夫不遇于时者之所为也,我则行之。

“伺候于公卿之门,奔走于形势之途[34],足将进而趑趄[35],口将言而嗫嚅[36],处污秽而不羞,触刑辟而诛戮[37],侥幸于万一,老死而后止者,其于为人贤不肖何如也[38]?”

昌黎韩愈闻其言而壮之[39],与之酒而为之歌曰:“盘之中,维子之宫[40];盘之土,维子之稼;盘之泉,可濯可沿[41];盘之阻,谁争子所[42]!窈而深[43],廓其有容[44];缭而曲[45],如往而复[46]。嗟盘之乐兮,乐且无央[47];虎豹远迹兮,蛟龙遁藏[48];鬼神守护兮,呵禁不祥[49]。饮且食兮寿而康,无不足兮奚所望[50]?膏吾车兮秣吾马[51],从子于盘兮,终吾生以徜徉[52]!”

【注释】

[1] 李愿:陇西隐者,非西平王李晟之子李愿。盘谷:地名,在孟州济源县(今河南济源北)。序:文体名。古时朋友分别,送者常赋诗作序相赠,以表惜别、祝愿和劝勉之意。也有仅有序而无诗的。

[2] 太行(háng):太行山。阳:山的南面。

[3] 宅:位置。句意为位置幽僻而且山势险阻。

［4］盘旋：盘桓，流连。

［5］利泽：利益，恩泽。

［6］庙朝：宗庙和朝廷，这里偏指朝廷。

［7］进退：任免升降。

［8］佐天子出令：句意为辅佐帝王发布政令。

［9］旗旄（máo）：旗帜。旄：旗杆上装饰有牦牛尾或鸟的羽毛的旗。

［10］呵：此指大声吆喝行人让路。

［11］才畯："畯"通"俊"，意为才能出众的人，此指大官的幕僚。

［12］曲眉丰颊：弯弯的眉毛，丰满的面颊。

［13］清声而便（pián）体：声音清脆，体态轻盈。

［14］秀外而惠中：外貌秀美，心中聪慧。

［15］轻裾（jū）：轻薄的衣襟。裾，衣服的前襟。

［16］翳（yì）：遮掩。

［17］粉白黛绿：指浓妆艳抹。粉，用来搽脸。黛，古代女子用以画眉的青黑色颜料。

［18］列屋：众屋罗列。

［19］妒宠：嫉妒他人受宠。负恃：倚仗。

［20］妍：美。取怜：求取怜爱。

［21］遇知：得到赏识和重用。

［22］用力于当世者：指在当时掌握大权的人。

［23］命：天命。幸：侥幸。致：求取。

［24］穷居：居住在隐僻的地方。野处：处于山野之中。

［25］濯（zhuó）：沐洗。

［26］美可茹（rú）：味美可吃。

［27］惟适之安：只安于舒适。适，舒适。"惟……之……"，表示宾语提前。

［28］誉于前：指当面称誉对方。

［29］孰若：哪里比得上。无毁于其后：背后不受诋毁。

［30］车服不维：此句是说不受官职的约束。车服，指卿大夫坐的车子和穿的衣服。官员的车服待遇随职位高低有等级差别。维，羁绊，束缚。

［31］刀锯不加：此句是说不受刑罚的惩处。刀锯，古代的刑具。

［32］理乱不知：理乱，治乱，即太平与动乱。

［33］黜陟（zhì）：降职与升官。

［34］形势：此处指地位与势力。

［35］趑趄（zī jū）：畏缩不前。

［36］嗫嚅（niè rú）：想说话又不敢说出口的样子。

［37］刑辟：刑法。

［38］不肖：不贤。

［39］昌黎：郡名，治所在今辽宁义县。韩姓是北朝昌黎郡的望族，所以韩愈虽籍属河阳，仍以昌黎郡望自称。

［40］维：语气词，用以帮助判断。宫：指房屋、住所。

［41］沿：沿着泉边漫步。

［42］阻：险阻。所：住所。

［43］窈而深：幽远而又深邃。

[44] 廓：广阔。有容：意谓包容着宽阔天地。

[45] 缭而曲：缭绕曲折，指盘谷回环曲折。

[46] 如往而复：像是往前走，却又绕了回来。

[47] 无央：没有穷尽。

[48] 遁藏：逃避躲藏。

[49] 呵禁不祥：呵斥驱赶妖魔怪物。

[50] 奚所望：还有什么奢望。

[51] 膏：在车轴上涂上润滑油。秣（mò）：喂养（马）。

[52] 徜徉（cháng yáng）：自由自在地游荡。

【提示】

本文写于唐德宗贞元十七年（801 年）。800 年，韩愈来长安求官，一直未能如愿。他心情沉重，牢骚满腹，借写这篇临别赠言来吐露他的抑郁心情，表达他对官场丑恶的憎恨和对隐居生活的向往。文章主旨，是通过对李愿归隐盘谷的议论间接表现出来的。

首段简洁叙述盘谷环境之美以及得名由来。接下来三个段落忽开异境，假借李愿之口，生动地描述了三种人的行为和处世态度：声威赫赫的显贵、高洁不污的隐士和卑污谄媚的官迷。通过对这三种人所作所为的刻意描摹，表明了作者对这三种人的抑扬取舍。最后，作者作歌肯定李愿的说法，在对隐士的赞美之中，讽刺当时昏暗的政治、骄奢的权贵和趋炎附势之徒。

文章写得颇有特色。首先，叙述角度富于变化。作者采用多角度方法反复表现自己的观点：开始从第三人称的角度客观叙述隐居环境之美，肯定隐居生活方式；第二部分借用第二人称即所送对象李愿的立场，抑扬相间地描写三种人，肯定隐士，否定其他；最后作者以第一人称口气直接表明自己的观点与态度，使整个内容表达委婉曲折，一唱三叹，体现了作者的巧妙构思。其次，在文体上，采用散体与歌赋韵文相结合的方式，恣肆挥洒，不拘一格。首段全用散体。中间部分以散驭骈，既有骈赋的章法，又有散文的气韵。句末用韵，长短错落，富有节奏感。骈散兼用而又能浑然一体，显示了高超的艺术技巧。

【思考题】

一、如何看待作者对“遇知于天子”的“大丈夫”的所为的态度？

二、如何通过文章对三种人的描述来理解作者矛盾而抑郁的心情？

长恨歌

白居易

白居易（772—846年），字乐天，晚年号香山居士。原籍太原，后迁下邽（今陕西渭南），生于新郑（今属河南）一小官僚家庭。11岁时曾避难越中，接触到社会现实和民间疾苦，这对他的诗歌创作走上现实主义的道路有重大的影响。德宗贞元十四年（798年）中进士。宪宗元和二年（807年）入翰林院。808年以翰林学士任左拾遗。815年，为权贵排挤，贬江州司马。历任忠州（今四川忠县）、杭州、苏州等地刺史。武宗会昌六年（846年）八月，在洛阳逝世。

白居易的思想带有浓厚的儒、释、道三家杂糅的色彩，但主导思想则是儒家的"穷则独善其身，达则兼济天下"。白居易是中唐新乐府运动的主要代表，也是杜甫以后杰出的现实主义诗人，他在理论上提出了"文章合为时而著，歌诗合为事而作"的口号。"讽喻诗"是其最有价值、最受重视的一类诗。白居易的诗通俗易懂，声调优美，形象感强。《长恨歌》、《琵琶行》代表了唐代叙事诗的成就。有《白氏长庆集》。

汉皇重色思倾国[1]，御宇多年求不得[2]。杨家有女初长成，养在深闺人未识。天生丽质难自弃，一朝选在君王侧[3]。回眸一笑百媚生，六宫粉黛无颜色[4]。春寒赐浴华清池[5]，温泉水滑洗凝脂[6]。侍儿扶起娇无力[7]，始是新承恩泽时。云鬓花颜金步摇[8]，芙蓉帐暖度春宵。春宵苦短日高起，从此君王不早朝。承欢侍宴无闲暇，春从春游夜专夜。后宫佳丽三千人，三千宠爱在一身。金屋妆成娇侍夜[9]，玉楼宴罢醉和春。姊妹弟兄皆列土，可怜光彩生门户。遂令天下父母心，不重生男重生女[10]。骊宫高处入青云[11]，仙乐风飘处处闻。缓歌慢舞凝丝竹，尽日君王看不足[12]。渔阳鼙鼓动地来[13]，惊破《霓裳羽衣曲》[14]。九重城阙烟尘生[15]，千乘万骑西南行。翠华摇摇行复止[16]，西出都门百余里[17]。六军不发无奈何，宛转蛾眉马前死[18]。花钿委地无人收，翠翘金雀玉搔头[19]。君王掩面救不得，回看血泪相和流。黄埃散漫风萧索，云栈萦纡登剑阁[20]。峨眉山下少人行[21]，旌旗无光日色薄[22]。蜀江水碧蜀山青，圣主朝朝暮暮情。行宫见月伤心色[23]，夜雨闻铃肠断声[24]。天旋日转回龙驭[25]，到此踌躇不能去。马嵬坡下泥土中，不见玉颜空死处[26]。君臣相顾尽沾衣，东望都门信马归[27]。归来池苑皆依旧，太液芙蓉未央柳[28]。芙蓉如面柳如眉，对此如何不泪垂？春风桃李花开日[29]，秋雨梧桐叶落时。西宫南内多秋草[30]，落叶满阶红不扫。梨园弟子白发新[31]，椒房阿监青娥老[32]。夕殿萤飞思悄然，孤灯挑尽未成眠[33]。迟迟钟鼓初长夜，耿耿星河欲曙天[34]。鸳鸯瓦冷霜华重[35]，翡翠衾寒谁与共[36]？悠悠生死别经年，魂魄不曾来入梦。临邛道士鸿都客[37]，能以精诚致魂魄。为感君王辗转思，遂教方士殷勤觅。排空驭气奔如电，升天入地求之遍。上穷碧落下黄泉[38]，两处茫茫皆不见。忽闻海上有仙山，山在虚无缥缈间。楼阁玲珑五云起[39]，其中绰约多仙子[40]。中有一人字太真[41]，雪肤花貌参差是[42]。金阙西厢叩玉扃[43]，转教小玉报双成[44]。闻道汉家天子使，九华帐里梦魂惊[45]。揽衣推枕起徘徊，珠箔银屏迤逦开[46]。云鬓半偏新睡觉，花冠不整下堂来。风吹仙袂飘飖举，犹似《霓裳羽衣》舞。玉容寂寞泪阑干[47]，梨花一枝春带雨。含情凝睇谢君王[48]，一别音容两渺茫。昭阳殿里恩爱绝[49]，蓬莱宫中日月长[50]。回头下望人寰处，不见长安见尘雾。惟将旧物表深情[51]，钿合金钗寄将去[52]。钗留一股合一扇，钗擘黄金合分钿[53]。但令心似金钿坚，天上人间会相见。临别殷勤重寄词，词中有誓两心知。七月七日长生殿[54]，夜半无人私语时。在天愿作比翼鸟[55]，在地愿为连理枝[56]。天长地久有时尽，此恨绵绵无绝期！

【注释】

[1] 汉皇：汉武帝。唐朝文人常用汉皇代指当朝皇帝。倾国：李延年在武帝面前歌唱其妹之美，谓“北方有佳人，绝世而独立，一顾倾人城，再顾倾人国”，故用“倾国”指代使全国人都为之倾倒的美女。

[2] 御宇：统治天下。

[3] “杨家有女”四句：赵与时《宾退录》卷9：“白乐天《长恨歌》书太真本末详矣，殊不为君讳。然太真本寿王妃，白云‘杨家有女初长成，养在深闺人未识’，何耶？盖宴昵之私犹可以书，而大恶不容不隐。”

[4] 六宫粉黛：指宫内所有妃嫔。无颜色：意谓在杨玉环美色的映照下，六宫宫女的美都不值一顾了。颜色，指女子容貌。

[5] 华清池：位于今陕西临潼东南骊山温泉附近。开元十一年建温泉宫，置温泉池，天宝六年改称华清宫，池亦名华清池。

[6] 凝脂：形容皮肤白嫩而润滑。《诗经·卫风·硕人》：“肤如凝脂。”

[7] 侍儿：侍女。

[8] 金步摇：一种首饰。上有垂珠，随人步行而摇动，故名。

[9] 金屋：借用汉武帝金屋藏娇典故。

[10] “姊妹弟兄”四句：陈鸿《长恨歌传》：“故当时谣咏有云：‘生女勿悲酸，生男勿喜欢。’又曰：‘男不封侯女作妃，看女却为门上楣。’其为人心羡慕如此。”

[11] 骊宫：华清宫。因为在骊山上，故名。

[12] 看不足：看不厌。

[13] “渔阳”句：指安禄山反叛。

[14] 《霓裳羽衣曲》：舞曲名。舞时舞者身着五彩翠鸟羽毛编织成的又轻又薄的衣衫。

[15] 九重城阙：皇宫门有九重，这里指京城。

[16] 翠华：指皇帝仪仗中用翠鸟羽毛装饰的旗子。

[17] “西出都门”句：马嵬故址在兴平县（今属陕西省），距长安百余里。

[18] 六军：这里指保卫皇帝的羽林军。蛾眉：美女的代称，此处指杨贵妃。

［19］花钿：镶嵌金花的首饰。翠翘、金雀：钗名。玉搔头：即玉簪。

［20］云栈：高耸入云的栈道。

［21］峨眉山：这里泛指蜀中高山。

［22］日色薄：日光黯淡。

［23］行宫：皇帝出行时的住处。

［24］“夜雨”句：郑处诲《明皇杂录》补遗：“上既悼念贵妃，采其声为《雨淋铃曲》以寄恨焉。”这句暗咏其事。

［25］天旋日转：指平定叛乱，国家大局转变。

［26］空死处：空见死处。

［27］信马归：任马由缰，懒散前行。

［28］太液、未央：均为汉宫名。这里泛指唐时宫廷、池苑。

［29］日：原作“夜”。

［30］“西宫南内”句：玄宗还京后，初居兴庆宫，因邻近大街，便有和外界接触的机会。肃宗怕他复辟，就将他迁入太极宫，使他与世人隔绝。

［31］梨园弟子：指玄宗过去在梨园训练的一批艺人。

［32］椒房：后妃所住的宫殿，用椒和泥涂壁（用椒取其香暖多子之意），故名。阿监：宫中女官。

［33］“孤灯”句：古时用灯草点油灯，燃到一定程度，就将灯草往外拨一拨。“挑尽”说灯草将要烧完，表示夜深已久。

［34］耿耿：清朗微明的样子。

［35］鸳鸯瓦：两片扣合在一起的屋瓦，称鸳鸯瓦。

［36］翡翠衾：翡翠被，上面饰有翡翠鸟的羽毛。

［37］临邛（qióng）：今四川邛崃。

［38］碧落：指天上。

［39］五云：五色彩云。

［40］绰约：叠韵联绵词，妩媚的样子。

［41］太真：杨贵妃道号太真。

［42］参（cēn）差（cī）：这里是仿佛的意思。

［43］金阙：金碧辉煌的宫阙。扃（jiōng）：门户。

［44］小玉、双成：都是古代神话中的女子，小玉，传说中吴王夫差之女。双成，传说为西王母的侍女。

［45］九华帐：张华《博物志》卷3：“汉武帝好仙道，祭祀名山大泽，以求神仙之道。时西王母遣使乘白鹿告帝当来，乃供帐九华殿以待之。”

［46］珠箔（bó）：珍珠穿成的帘箔。银屏：镶嵌银丝纹的屏风。迤（yǐ）逦（lǐ）：连绵，一个接一个。

［47］阑干：纵横的样子。

［48］含情凝睇（dì）：深情凝视。

［49］昭阳殿：汉殿名，赵飞燕姊妹所居。这里借指贵妃生前的寝宫。

［50］蓬莱宫：泛指仙境。

［51］旧物：指贵妃生前和玄宗定情的信物。

［52］钿合：合，同“盒”，镶嵌珠宝的金盒。

［53］钗擘黄金合分钿：是“擘黄金钗分钿合”的倒装。意为将黄金钗擘开而把钿合分为两半。

擘（bò）：分开。

［54］长生殿：天宝元年十月，在华清宫造长生殿以祀神。

［55］比翼鸟：《尔雅·释地》："南方有比翼鸟焉，不比不飞，其名谓之鹣鹣。"

［56］连理枝：异本草木，枝或干连生并列在一起。

【提示】

唐玄宗李隆基与贵妃杨玉环间的爱情悲剧，因人物身份的特别，又与安史之乱密切联系，具有浓烈的政治色彩；而其故事独特、生动、曲折，又极富传奇色彩，因此中唐出现了不少以此为题材的大量的文学作品。白居易的《长恨歌》为其代表作。

《长恨歌》是一首抒情色彩浓郁的叙事长诗，凡130句，840字，可分为四个部分。前三部分以一定的历史事实为基础，第四部分是作者的艺术想象和创造。

《长恨歌》的主题思想是什么？较公允的看法是：一方面对李、杨生活荒淫、招致祸乱作了明显讽刺；另一方面对两人的爱情悲剧及彼此间的诚笃相思赋予很大同情，贯穿着爱情悲剧的制造者与爱情悲剧的承担者之间的冲突，冲突的结果是人物的绵绵长恨，其中寄托了白居易的爱情理想。

《长恨歌》艺术特色鲜明。作者以优美而练达的语言、丰富而奇特的想象、缠绵悱恻的笔调，向人们描述了一个动人心弦的爱情悲剧。诗作之所以激动人心，首先在于它的情节曲折多变，扣人心弦。其次，刻画人物生动细腻。作者不仅生动地描述了唐玄宗与杨贵妃的外貌、行为，而且细腻地刻画了他们的心理，使人物形象大放光彩。再次，叙事、抒情、描写、对偶、顶针、比喻、借代、对比、夸张等多种手法熔于一炉，相得益彰，为作品平添了无穷的艺术魅力。

【思考题】

一、这首诗后半部分描写李隆基和杨玉环的爱情有什么意义？它与诗的前半部分是否矛盾？体现了作者什么样的态度？

二、试找出诗中叙事、抒情、描写糅合一起的句子，体会其艺术魅力。

种树郭橐驼传

柳宗元

柳宗元（773—819 年），字子厚，河东（今山西永济）人，故名柳河东。晚年被贬柳州（今属广西），人称柳柳州。他出身于官僚地主家庭，21 岁进士及第，31 岁为监察御史里行。贞元时期，柳宗元在科名和仕途上较为得意。顺宗时期，参加王叔文的政治革新集团，任礼部员外郎。革新失败后，柳宗元被贬为永州司马。永州 10 年，使他进一步了解了社会现实，许多著名的散文和诗歌就是这期间写的。后改贬为柳州刺史，四年后病逝于柳州，年仅 47 岁。

柳宗元是中唐古文运动的主要倡导者之一，其文学成就与韩愈齐名。柳宗元散文有议论文，如《封建论》、《非〈国语〉》等；有寓言，如《三戒》等；有传记，如《捕蛇者说》、《种树郭橐驼传》等；有山水游记，如《永州八记》。柳文雄深雅健，或立论新颖，见识过人，或清新秀美，富于诗情画意。著有《柳河东集》。

郭橐驼[1]，不知始何名。病偻[2]，隆然伏行，有类橐驼者，故乡人号之“驼”。驼闻之曰：“甚善，名我固当。”因舍其名，亦自谓“橐驼”云。

其乡曰丰乐乡，在长安西。驼业种树，凡长安豪家富人为观游[3]，及卖果者，皆争迎取养。视驼所种树，或迁徙，无不活，且硕茂蚤实以蕃[4]。他植者虽窥伺效慕，莫能如也。

有问之，对曰：“橐驼非能使木寿且孳也[5]，能顺木之天以致其性焉尔。凡植木之性：其本欲舒，其培欲平，其土欲故，其筑欲密。既然已，勿动勿虑，去不复顾。其莳也若子[6]，其置也若弃，则其天者全而其性得矣。故吾不害其长而已，非有能硕茂之也；不抑耗其实而已，非有能蚤而蕃之也。他植者则不然，根拳而土易。其培之也，若不过焉则不及。苟有能反是者，则又爱之太殷，忧之太勤，旦视而暮抚，已去而复顾，甚者爪其肤以验其生枯，摇其本以观其疏密，而木之性日以离矣。虽曰爱之，其实害之；虽曰忧之，其实仇之。故不我若也。吾又何能为哉？”

问者曰：“以子之道，移之官理可乎[7]？”

驼曰：“我知种树而已，官理非我业也。然吾居乡，见长人者[8]，好烦其令，若甚怜焉，而卒以祸。旦暮吏来而呼曰：‘官命促尔耕，勖尔植[9]，督尔获，蚤缫而绪[10]，蚤织而缕，字而幼孩[11]，遂而鸡豚[12]！’鸣鼓而聚之，击木而召之[13]。

吾小人辍飧饔以劳吏者且不得暇[14]，又何以蕃吾生而安吾性耶[15]？故病且怠[16]。若是，则与吾业者，其亦有类乎[17]？”

问者嘻曰：“不亦善夫！吾问养树，得养人术。”传其事，以为官戒也。

【注释】

[1] 橐（tuó）驼：骆驼。

[2] 偻（lóu）：脊背弯曲，背隆起。

[3] 观游：供观赏游览。

[4] 蚤：通“早”。

[5] 孳：孳生，繁殖。

[6] 莳（shì）：移栽花草树木。

[7] 官理：为官治民。唐人避高宗名讳，“治”改用“理”。

[8] 长人者：即管理民众的官长。

[9] 勖（xù）：勉励。

[10] 缫（sāo）：缫丝，煮茧抽丝。而：通“尔”，你。下三句“而”字义同。绪：丝头。

[11] 字：抚养，养育。

[12] 遂：顺利地成长。豚（tún）：小猪。

[13] 木：梆子。

[14] 飧（sūn）：晚饭。饔（yōng）：早饭。暇：空闲。

[15] 蕃：繁，兴旺。

[16] 病：困苦。怠：疲乏。

[17] 类：相似，类同。

【提示】

本文题为“传”，但并非实录的纪传体文章。它用种树之道，来说明治国之理，抨击了那些不从人民的实际需要出发，“好烦其令”，名为爱民，实则扰民的官吏。“顺木之天以致其性”的道理，具有哲理意义。

本文艺术上突出之处是巧用类比，用纪传说理，实为一篇寓言：把养民治国的大道理，寄寓在一个“小人物”的传记之中；把严肃的政治主题，寄寓在村民幽默风趣的议论之中；用种树类比治民，用害树、仇树类比害民、仇民。文章前后照应，意理相通，种树的道理说清了，治民的道理也就说明白了。柳宗元的说理文、寓言小品和传记中常用此手法。其次，对比鲜明，事理昭彰。文章用郭橐驼种树方法与“他植者”种树方法作对比，说明应如何种树的道理，孰优孰劣，何取何舍，自然一目了然。而且，从总体上看，郭橐驼的“病偻”，这种违天害性与其种树“顺天致性”，以及“长人者，好烦其令”，也形成内在义理上的对比，含义之深，也发人深省。再次，语言精练、生动。郭橐驼的答话富于个性，口吻切合一个园艺人的身份，由他娓娓道来，朴实亲切，生动感人。

【思考题】

一、分析本文的思想意义及其表现方法。

二、本文哪些地方用了对比、详写与略写手法?

过华清宫绝句（其一）

杜 牧

杜牧（803—约852年），字牧之，京兆万年（今陕西西安）人。他是名相杜佑的孙子。26岁中进士，但仕途不顺，做了10年幕僚。36岁回朝做京官，后遭排挤，出为刺史，官终中书舍人。世称杜樊川。

杜牧在政治上曾想有所作为，任地方官时也为老百姓做了一些好事，不少作品充满爱国忧民的思想感情。杜牧擅长赋予古文的写作，诗以抒情写景的七言绝句艺术成就最高。杜牧与李商隐一起被称为"小李杜"。有《樊川集》22卷。

长安回望绣成堆[1]，山顶千门次第开。
一骑红尘妃子笑[2]，无人知是荔枝来。

【注释】

[1] 绣成堆：骊山右侧有东绣岭，左侧有西绣岭。唐玄宗时，岭上广植花草树木，红花绿草，远望若锦绣一般。

[2] 骑（jì）：一人一马谓骑。红尘：微红色的尘土。

【提示】

本题共三首，此为其一，是杜牧经过骊山华清宫时有感而作。华清宫是唐玄宗开元十一年（723年）在骊山温泉修建的行宫，玄宗和杨贵妃曾在那里寻欢作乐。后代众多文人以华清宫为题咏诗，杜牧这首绝句尤为脍炙人口，久为传诵。此诗选取了一个独特的视角，用送荔枝的典型事件，讽刺、抨击了玄宗与杨贵妃骄奢淫逸的生活。

起句描写华清宫所在骊山景色。林木葱茏，花草繁盛，楼阁耸立，东、西绣岭花团锦簇，美不胜收。宫门为何依次打开？"一骑"为何而来？"妃子"又因何而笑？"荔枝"两字，透出事情的原委。

《新唐书·杨贵妃传》载："妃嗜荔枝，必欲生致之，乃置骑传送，走数千里，味未变，已至京师。"至此，前面诗人精心选择的几个典型意象也就连缀一体，显得含蓄隽永。

吴乔《围炉诗话》说："诗贵有含蓄不尽之意，尤以不著意见声色故事议论者为最上。”杜牧这首诗不用典，不雕琢，却寓意天成，含蓄精深，是唐人咏史绝句中的佳品。

【思考题】

这首诗的思想内容是什么？诗人是如何安排悬念使之具有含蓄意味的？

金铜仙人辞汉歌（并序）

李　贺

李贺（约790—约816年），字长吉，河南福昌（今河南宜阳）人，唐皇室后代，7岁能诗，见知于韩愈、皇甫湜。因避父讳，不能应进士考试，一生只作过职掌祭祀的九品小官奉礼郎，死时才27岁。他的诗充满了怀才不遇的悲愤和对黑暗政治的不满。在诗歌艺术上，他继承了“楚辞”的浪漫主义精神，也汲取了汉魏六朝乐府诗的传统，富于象征性。想象奇特，语言新颖，色彩瑰丽，在中唐诗坛上独树一帜。有《李长吉歌诗》4卷、《外集》1卷。《金铜仙人辞汉歌》可能是他辞去奉礼郎离开京城赴洛阳途中写的。

魏明帝青龙元年八月[1]，诏宫官牵车西取汉武帝捧露盘仙人[2]，欲立置前殿。宫官既拆盘，仙人临载，乃潸然泪下[3]。唐诸王孙李长吉遂作金铜仙人辞汉歌[4]。

茂陵刘郎秋风客[5]，夜闻马嘶晓无迹[6]。
画栏桂树悬秋香，　三十六宫土花碧[7]。
魏官牵车指千里[8]，东关酸风射眸子[9]。
空将汉月出宫门[10]，忆君清泪如铅水[11]。
衰兰送客咸阳道[12]，天若有情天亦老[13]！
携盘独出月荒凉，　渭城已远波声小[14]。

【注释】

[1] 青龙：魏明帝曹睿（ruì）的年号。

[2] 牵车：拉车。

[3] 潸（shān）然：流眼泪的样子。

[4] 唐诸王孙：李贺是唐高祖李渊叔父郑王李亮的后代，故称。

[5] 茂陵：汉武帝的陵墓，在今陕西兴平东北。刘郎：指汉武帝刘彻。秋风客：秋风中的过客。刘彻《秋风辞》云：“欢乐极兮哀情多，少壮几时奈老何！”所以称刘彻为秋风客。

[6]“夜闻”句：夜间好像听到刘彻的马嘶声，清早却不见其踪迹。

[7] 画栏：绘有花纹图案的栏杆。秋香：指桂花的芳香。三十六宫：汉代长安有宫殿三十六座。土花，苔藓。这两句描写汉宫的荒凉景象。

[8]“魏官”句：指魏官带领手下人拉车向千里外的洛阳进发。

[9] 酸风：刺眼的冷风。

[10]“空将”句：意思是说金铜仙人出宫门时，只有天上的明月陪伴它。

[11]君：指刘彻。铅水：指铜人流的眼泪。

[12]“衰兰”句：意谓金铜仙人从长安东去，只有路旁衰败的兰花送行。

[13]“天若有情”句：意谓如果苍天有情感，目睹此情此景也会为之悲伤而衰老。

[14]渭城：咸阳，故址在今陕西咸阳东北20里。波声：指渭河水声。

【提示】

元和八年（813年），李贺因病辞去奉礼郎职务，由京赴洛，诗人“百感交并，故作非非想，寄其悲于金铜仙人耳”。

诗中金铜仙人临去时“潸然泪下”，表达的主要是亡国之恸，也交织着家国之痛和身世之悲的凝重复杂情感。

全诗可分为三个部分：前四句慨叹韶华易逝，人生难久。《三辅故事》载汉武帝建造的金铜仙人“高二十丈，大十围”，矗立在神明台上，异常雄伟。诗人将史实与神奇传说糅合发挥，写出金铜仙人的观感。中间四句用拟人法写金铜仙人初离汉宫时的凄婉情态。金铜仙人是刘汉王朝由昌盛到衰亡的“见证人”，眼前的沧桑剧变使它神情凄惨，感慨万千。末四句写出城后途中的情景。“忆君”句中的“泪如铅水”，比喻奇妙，“铅水”与“铜人”的身份相适，又暗喻深哀巨痛的沉重。“衰兰”一语写形兼写情，尤以写情为主，凡是有情之物都会衰老枯谢，就是苍天，假若有情，也会衰老。“天若有情天亦老”被司马光称为“奇绝无对”。“波声小”句表现出金铜仙人“思悠悠，恨悠悠”的伤离情怀，也恰是诗人仕进无望、被迫离开长安时的心境。

此诗是李贺的代表作之一。设想奇特，而又深沉感人，出人意表的想象糅合历史、铜人与自我的情感，饰以精彩的语言，使诗歌充满了强烈的浪漫主义色彩。“天若有情天亦老”成为历代传诵的指斥现实无情的警句。

【思考题】

一、联系写作背景，分析李贺这首诗的主要思想内容。

二、作者是怎样将物和人、历史和现实融为一体，幻化出美丽的艺术境界的？

三、此诗比喻的独特性是什么？由此可看出李贺诗怎样的艺术风格？

无题（昨夜星辰昨夜风）

李商隐

李商隐（约813—约858年），字义山，号玉谿生，怀州河内（今河南沁阳）人。父亲去世早，从叔父受业，颇见才华。但由于陷进牛（僧孺）李（德裕）两党之争，终其一生受到牛党执政者的排斥，漂泊四方，穷困潦倒，死于荥阳。他的诗大体可分三类，即：关心现实生活的政治诗、托古讽今的咏史诗和爱情诗。爱情诗最为人们传诵。这类诗往往以“无题”或取篇中两字做题目。内容既有寄托之作，也有交织爱情的希望、回忆、沉痛之篇。艺术上成就最高的是他的近体诗和七律，锤炼谨严，沉郁顿挫，构思缜密，多用幻想象征手法，韵调和谐婉转，情感曲折深厚，形成了他独特的风格。现存有《李义山诗集》。文集散佚，后人辑有《樊南文集》、《樊南文集补编》。

昨夜星辰昨夜风，　画楼西畔桂堂东[1]。
身无彩凤双飞翼，　心有灵犀一点通[2]。
隔座送钩春酒暖[3]，分曹射覆蜡灯红[4]。
嗟余听鼓应官去[5]，走马兰台类转蓬[6]。

【注释】

［1］画楼：彩绘华美的楼。桂堂：用香木建成的厅堂，形容厅堂芳美。

［2］“心有灵犀”句：古人把犀牛角看做灵物。犀牛角中心有一条白色纹线贯通，其线从角端直通大脑，故犀牛反应灵敏，称为灵犀。这里比喻两心相印。

［3］送钩：藏钩，古人的一种游戏。方法是将人分为二队，以决胜负。一钩藏于手中让人猜，不中者罚酒。

［4］分曹：分组，分队。射覆：也是一种游戏，方法是将物覆盖在器皿下，让对方猜。射，猜的意思。

［5］听鼓：听到报时的更鼓声。应官：到官府上班。唐时官府卯刻击鼓，召集僚属上班。

［6］走马：跑马。兰台：唐高宗改秘书省为兰台，不久又恢复秘书省。李商隐当时在秘书省任校书郎。转蓬：蓬草秋枯根拔，随风而转。指身如蓬草飞转，比喻身世飘零。

【提示】

李商隐在中国诗歌史上享有盛名，一个主要原因就在于他写了不少“无题”诗。这首爱情诗主要表达了作者对情人的热烈思念，甜蜜回忆中穿插有分离的苦闷惆怅和心灵的相通相慰。尤其是诗中表达的对美好爱情的精神追求和坚定信念，形成了高尚而纯洁的美好理想，可以陶冶情操。

此诗艺术成就颇高，历来传诵不绝，作者用满含情韵的景象，描绘了昨夜与今夜的气氛、情景，参加宴会时的欢乐与今日孑然一身的孤零形成强烈反差，寓情于景，引人遐思。新颖独到的比喻最为引人注目：不能比翼双飞却心灵相通相慰，立意超绝，有着相反相成的艺术效果。诗句表现了他对爱情的深刻理解和超凡脱俗的见识，尤其难能可贵。又全诗对偶工稳，除尾联外，其余三联都用了非常工整的对仗。对偶的运用，使全诗句式整饬匀称，音律和谐婉转，在互相对比中强化了诗人的情感体验与心理矛盾。

【思考题】

一、本诗颔联的两个比喻好在哪里？

二、如何欣赏本诗相反相成的艺术魅力？

浪淘沙（帘外雨潺潺）

李　煜

李煜（937—978年），字重光，五代南唐中主李璟第六子。961年继父为南唐后主，世称“李后主”。他即位时，宋已代周建国。他委曲求全，奉宋为正朔，苟且偷安地生活了15年。975年宋军攻破金陵，他仓皇中肉袒出降，被押到汴京，封违命侯，从此过着屈辱的囚徒生活。978年七夕，宋太宗看到他在《虞美人》中明言“故国”，赐牵机药将其毒死，死时41岁。他工书画，擅长诗文，尤以词名世。李煜的词创作，可以分为前、后两期。前期作品大抵描写宫廷享乐生活，情调柔靡。后期作品则抒写他作为亡国囚徒的哀痛之感，以及对往事、故国的追寻，情调哀伤凄楚。艺术上他突破了晚唐五代花间派樽前花下吟唱的局限，扩大到多方面的抒情言志，对后来豪放派词家有积极的影响。此外，他的词语言优美、明净、口语化，描写上多用白描手法，形象鲜明，比喻贴切。后人把他父亲和他的词合编为《南唐二主词》。

帘外雨潺潺[1]，春意阑珊[2]；罗衾不耐五更寒。梦里不知身是客，一晌贪欢[3]。　独自莫凭栏[4]，无限江山；别时容易见时难。流水落花春去也[5]，天上人间[6]！

【注释】

［1］潺潺（chán）：雨声。

［2］阑珊（shān）：衰残，将尽。“春意阑珊”，谓春天快完了。

［3］一晌（shǎng）：一会儿，片刻。

［4］莫：不要。凭栏：靠在栏杆上。

［5］“流水”句：暗喻亡国。

［6］“天上”句：意思是说亡失的国家和自己如同天上人间隔绝，永远没有回复之期。

【提示】

《浪淘沙》属双调词，一般上片以写景为主，下片以抒情为主。但李煜此词上、下片都充满了深沉强烈的感情。

首句以雨声写起，潺潺雨声令词人感到的是春意消残，才五更便被寒意侵醒。这寒更在心里，心寒只因梦醒后的凄苦愁哀。上片景寓愁情。

下片第一句起笔不凡，为什么独自不要凭栏？故国无限江山震撼着他的心灵，触发万千心思——故国之思，亡国之痛，凝结成一句“别时容易见时难”。其中包蕴了诗人多少伤感与惨痛！最后两句历来被誉为“千古名句”：春天般的天上仙境与严冬般酷寒的人间现实，真有天壤之别！

全诗运用对照、比喻、象征等手法，笔致凄婉，语气沉痛，形象生动，令人吟咏不绝。

【思考题】

分析此词情景交融的手法和语言特色。

八声甘州（对潇潇暮雨）

柳　永

柳永（984？—1053年？），初名三变，字耆卿，因排行第七，作过屯田员外郎，故又有“柳七”、“柳屯田”之称。福建崇安人。青年时因在词中宣泄不满情绪，为当时权贵不容，屡试不第。后改名柳永，始得中选。曾在浙江桐庐、定海等地做过几任小官。晚年穷困潦倒，死于润州（今江苏镇江）。

柳永是北宋前期婉约派词的大家。部分作品描写了北宋社会经济繁荣，市民生活欢乐以及城市的壮观景象。但更多的是描写妓女生活情感，羁旅离别之情以及他自己“浅斟低唱”的生活。艺术上多用白描手法，善于铺叙，且层次分明，情真意切。其词语言口语化，扫却唐五代词作中的雕琢习气，自成一家。有《乐章集》。

对潇潇暮雨洒江天[1]，一番洗清秋。渐霜风凄紧，关河冷落，残照当楼。是处红衰翠减[2]，苒苒物华休[3]。惟有长江水，无语东流。　　不忍登高临远，望故乡渺邈[4]，归思难收。叹年来踪迹，何事苦淹留[5]？想佳人妆楼颙望[6]，误几回天际识归舟。争知我[7]、倚栏杆处，正恁凝愁[8]。

【注释】

［1］潇潇：雨下得急的样子。一说指雨声。

［2］是处：到处，处处。

［3］苒苒（rǎn）：同冉冉，逐渐的意思。物华：美好的景物。

［4］渺邈（miǎo）：遥远。

［5］淹留：久留。

［6］颙（yóng）望：抬头呆望。

［7］争：同“怎”，念平声。

［8］恁（nèn）：这样，如此。

【提示】

《八声甘州》（对潇潇暮雨）是柳永的名作之一，写的是游子思乡题材。由于词作景物描写精当，情感抒发高超，因而广为传诵。

上片写秋景。开头的“暮雨”、“清秋”，用一“洗”字精心关联。一场凉沁沁的暮雨，洗出了秋天，给人留下深刻印象。秋雨之后，是裹着霜雾的秋风，楼上人放眼远眺，但见秋色秋意满眼，将人带入凄清之境。苏东坡赞此三句为“不减唐人高处”。

“是处红衰翠减”四句，是进一步写秋色秋意的冷落、凄凉，也是在抒发作者目睹秋色、心纳秋意的惆怅之感。

下片抒写游子思乡之情。“不忍登高”却终于远眺，“归思”急迫难收，一声感叹，说尽思归心曲。“想佳人”句又变换视角，借恋人的思念与怨恨来写自己的思归。末句“正恁凝愁”呼应前面大段写景，针线细密，景语皆着离人的感情色彩。

柳永这首词，写景、融情、虚拟、设问，运用自如，手法娴熟。言词优美，音律和谐。且长于白描，写景叙事，简朴生动，耐人寻味。

【思考题】

一、在这首词中，作者是如何选择运用秋景意象融合词人思想感情的？

二、细加体会“洗”、“叹”、“想”、“误”等词的表达效果。

祭石曼卿文[1]

欧阳修

欧阳修（1007—1072年），字永叔，号醉翁、六一居士，庐陵（今江西吉安）人。他4岁丧父，家境贫穷。天圣八年中进士，历任翰林学士、枢密副使、参知政事、兵部尚书，最后以太子少师致仕，谥号"文忠"。他关心国事，同情人民疾苦，主张减轻赋税，消除社会弊端，实行"宽简"政治。他积极支持范仲淹政治革新运动，直言敢谏，受到守旧派的排斥，屡遭贬谪。晚年政治上趋于保守，反对王安石变法，辞官隐退。在文学主张上，他推崇韩愈，提出"文""道"并重，"道"先"文"后的观点，反对北宋开国以来的绮丽文风，是北宋诗文革新运动的领袖。他的政论性散文富于现实意义，说理畅达，切中时弊。叙事、写景、怀人的散文摇曳多姿，富有感人的力量。他的诗反映人民疾苦，语言流畅，清新自然。词受冯延巳的影响，多为艳情，风格婉丽。有《欧阳文忠集》、《六一诗话》。

维治平四年七月日[2]，具官欧阳修谨遣尚书都省令史李敭至于太清[3]，以清酌庶羞之奠，致祭于亡友石曼卿之墓下，而吊之以文曰：

呜呼曼卿！生而为英，死而为灵。其同乎万物生死，而复归于无物者，暂聚之形；不与万物共尽，而卓然其不朽者，后世之名。此自古圣贤莫不皆然，而著在简册者昭如日星。

呜呼曼卿！吾不见子久矣，犹能仿佛子之平生。其轩昂磊落，突兀峥嵘，而埋藏于地下者，意其不化为朽壤，而为金玉之精；不然，生长松之千尺，产灵芝而九茎。奈何荒烟野蔓，荆棘纵横；风凄露下，走磷飞萤？但见牧童樵叟，歌吟而上下；与夫惊禽骇兽，悲鸣踯躅而咿嘤。今固如此，更千秋而万岁兮，安知其不穴藏狐貉与鼯鼪？此自古圣贤亦皆然兮，独不见夫累累乎旷野与荒城[4]？

呜呼曼卿！盛衰之理，吾固知其如此；而感念畴昔，悲凉凄怆，不觉临风而陨涕者，有愧乎太上之忘情[5]。

——尚飨[6]。

【注释】

［1］本篇选自《欧阳文忠公文集·居士集》卷50。石曼卿，名延年，宗城（今河南商丘）人，是作者的旧友。

［2］治平：宋英宗年号。治平四年即公元1067年。

[3] 具官：作者官职在文稿中的代用语，到誊正时再填上。太清：地名，石曼卿的墓葬地，在今河南商丘南。

[4] 荒城：坟墓美称为佳城，这里出于悼念伤痛之情，称为荒城，即荒芜的坟茔。

[5] 太上之忘情：最高境界是忘掉一切喜怒哀乐的情感。

[6] 尚飨：尚，希望的意思。飨，食用，意谓希望亡灵能享用祭品。这是祭文末尾的套语。

【提示】

这篇祭文写在石曼卿逝世26年之后。

作者在祭文中没有细写曼卿生前的事迹，也没有追忆二人交往的旧事，只是就墓地景象抒发感慨，借此寄托他对亡友的怀念之情。文中三呼曼卿，感慨一层比一层深。一呼曼卿，谈人虽同万物一样有生有死，但有名可传不朽，且“自古圣贤莫不皆然”，似不可大悲。二呼曼卿，哀叹他生前卓然不凡，本应死后化作金玉之精，或生千尺长松，或长九茎灵芝，而今却墓地荒凉。由此想到千万年后的景象，更加令人生悲。但作者又把文笔一转，说道“自古圣贤亦皆然兮”，如此，似又不必生悲。三呼曼卿，说盛衰之理虽是这样，本应不悲，但感念畴昔，却终不能忘情。文章虽从人死不足悲入手，结穴处却是不能不悲。经过几番转折，反复衬托，深婉曲折地表达了作者的哀哀情思。全文抒情色彩极浓，作者言未出而悲呼曼卿，议论抒怀直如同友人谈心一样。情感真挚，出语自然。加上行文骈散兼施，一韵到底，读来抑扬顿挫，更加强了文章悲凉凄怆的气氛。

【思考题】

一、本文的中心意旨是什么？

二、本文是怎样表情达意而产生感人效果的？

戏答元珍[1]

欧阳修

春风疑不到天涯[2]，二月山城未见花[3]。
残雪压枝犹有橘，　冻雷惊笋欲抽芽[4]。
夜闻归雁生乡思，　病入新年感物华。
曾是洛阳花下客[5]，野芳虽晚不须嗟[6]。

【注释】

［1］作者在宋仁宗景祐三年（1036年）被贬为峡州夷陵（今湖北宜昌）县令，此诗作于景祐四年。当时，他的朋友丁宝臣（字元珍）因事被贬为峡州判官，曾作《花时久雨》诗寄赠欧阳修。欧阳修出于同病相怜，就写了这首诗作答，宽慰对方。

［2］天涯：天边，极远的地方，这里指峡州。

［3］山城：指峡州夷陵县城。

［4］冻雷：冷天的雷。

［5］洛阳花下客：作者与丁元珍在洛阳共事时，曾经游赏洛阳牡丹。

［6］野芳：指峡州的野花。

【提示】

欧阳修被贬后身居远离京都的偏僻山城，犹如被逐天涯，而山城的春天又姗姗迟来，令诗人伤今怀昔，感叹吟哦。在原应百花盛开的时节却冷雨涟涟，春光未露，自然令人伤感。尾联自我宽慰排遣，是作诗的“高一层意自慰”技法。

诗的颔联、颈联对偶工稳、语言优美。选取了由冬入春的典型景物，诗句内涵丰富，起转自如，寥寥数语便勾勒出一幅雪压枝头红橘犹艳，冷雨冻雷声中春笋破土而出的清新景致。而诗人夜闻雁声思乡情切，病中欣见新年光华气象的浓郁复杂的感情被抒写得千回百转，凝练优美蕴藉。首联的写景入题，与尾联“意自慰”的宽解出题，恰好首尾圆合，相互照应。笔力的圆熟老到，意象的清新，与虚字、动词的巧妙周转，共同营造了一个哀而不伤的叹春意境。

【思考题】

一、欧阳修在此诗中表达了怎样的思想感情？是如何表达的？

二、“高一层意自慰”技法在诗中有何作用？

前赤壁赋

苏　轼

苏轼（1037—1101 年），字子瞻，号东坡居士，眉州（今四川眉山）人。嘉祐二年举进士，深得主司欧阳修和梅尧臣的赏识。神宗时，反对王安石新法，出为杭州通判。元丰二年因“乌台诗案”入狱，出狱后被贬为黄州团练副使。神宗死后，旧党司马光执政，奉召回京，旋出知杭州等地。绍圣元年，新党复执政，贬谪惠州（今广东惠阳）、儋州（今海南儋县）。徽宗即位，赦还。第二年死于常州。谥“文忠”。苏轼思想复杂，对儒、佛、老诸家思想都有所吸纳。文学上主张“有为而作”，“有补于国”，提倡自然平易的文风，反对雕琢绮丽。工散文、诗、词、赋，又工书画，是北宋诗文革新运动后文学成就最高者。散文文情并茂，说理透辟，抒情富于哲理。诗的风格清新，自由挥洒，充满浪漫主义气息。词则神采飞扬，感情豪迈奔放，浪漫主义色彩浓重，一洗晚唐五代的婉约词风，成为豪放派词家的奠基人。有《东坡七集》，传世书画有《赤壁赋》、《竹石图》等。

壬戌之秋[1]，七月既望[2]，苏子与客泛舟，游于赤壁之下。清风徐来，水波不兴。举酒属客，诵明月之诗[3]，歌窈窕之章[4]。少焉，月出于东山之上，徘徊于斗牛之间[5]。白露横江，水光接天。纵一苇之所如，凌万顷之茫然[6]。浩浩乎如冯虚御风[7]，而不知其所止；飘飘乎如遗世独立[8]，羽化而登仙[9]。

于是饮酒乐甚，扣舷而歌之。歌曰：“桂棹兮兰桨[10]，击空明兮溯流光[11]；渺渺兮予怀[12]，望美人兮天一方[13]。”客有吹洞箫者，倚歌而和之。其声呜呜然，如怨如慕，如泣如诉；余音袅袅[14]，不绝如缕，舞幽壑之潜蛟[15]，泣孤舟之嫠妇[16]。

苏子愀然[17]，正襟危坐[18]，而问客曰：“何为其然也[19]？”客曰：“‘月明星稀，乌鹊南飞’，此非曹孟德之诗乎？西望夏口，东望武昌，山川相缪[20]，郁乎苍苍[21]，此非孟德之困于周郎者乎[22]？方其破荆州，下江陵，顺流而东也，舳舻千里[23]，旌旗蔽空，酾酒临江[24]，横槊赋诗[25]，固一世之雄也，而今安在哉！况吾与子渔樵于江渚之上，侣鱼虾而友麋鹿，驾一叶之扁舟，举匏樽以相属[26]。寄蜉蝣于天地[27]，渺沧海之一粟。哀吾生之须臾，羡长江之无穷。挟飞仙以遨游，抱明月而长终。知不可乎骤得，托遗响于悲风[28]。”

苏子曰：“客亦知夫水与月乎？逝者如斯，而未尝往也[29]；盈虚者如彼，而卒莫消长也[30]。盖将自其变者而观之，则天地曾不能以一瞬；自其不变者而观之，则物与我皆无尽也，而又何羡乎？且夫天地之间，物各有主，苟非吾之所有，虽一毫而莫取。惟江上之清风，与山间之明月，耳得之而为声，目遇之而成色；取之无禁，用之不竭。是造物者之无尽藏也[31]，而吾与子之所共适。”[32]

客喜而笑，洗盏更酌。肴核既尽，杯盘狼藉。相与枕藉乎舟中[33]，不知东方之既白。

【注释】

［1］壬戌：宋神宗元丰五年（1082年）。

［2］既望：农历十六日。农历每月十五日称“望”。既，已。

［3］明月之诗：指《诗经·陈风·月出》。

［4］窈（yǎo）窕（tiǎo）之章：指《诗经·陈风·月出》第一章：“月出皎兮，佼人僚兮，舒窈纠兮，劳心悄兮。”一说指《诗经·周南·关雎》。

［5］斗牛：斗宿（南斗）和牛宿，星辰名。

［6］纵：任凭。一苇：一片苇叶，指代小船。如：往。

［7］冯：同“凭”。虚：指天空。

［8］遗世：离开尘世。

［9］羽化：道教称人成仙为羽化。

［10］桂棹兮兰桨：用木兰、桂木做的船桨。短小的叫桨，在旁边拨水的叫棹。

［11］击空明：指用桨在被月色照得明澈的江水中划动。流光：水波上浮动的月光。

［12］渺渺：悠远。

［13］美人：指内心思慕的人。

［14］余音：尾声。袅袅：形容声音婉转悠长。

［15］舞幽壑之潜蛟：使藏在深渊的蛟龙闻之起舞。

［16］嫠（lí）妇：寡妇。

［17］愀然：脸色严肃或忧伤的样子，此处指后者。

［18］正襟危坐：整理衣襟，端正坐着。

［19］何为其然：意谓箫声为什么这样悲凉。

［20］缪（liáo）：环绕。

［21］郁乎苍苍：树木茂密，一片苍翠。郁，茂盛的样子。

［22］周郎：指周瑜。周瑜24岁官建威中郎将，吴中都称他为周郎。

［23］舳（zhú）舻（lú）千里：战船前后相连千里不绝。

［24］酾（shī）酒：酌酒，饮酒。

［25］横槊（shuò）：横执长矛。

［26］匏樽：酒器。匏，葫芦，可剖为瓢。

［27］蜉蝣：生存期极短的小昆虫。

［28］遗响：余音，指箫声。悲风：指令人生悲的秋风。

［29］“未尝往”句：意谓江水没有消失掉，江水还始终是一江的水。

［30］卒莫消长：卒，终究。消长，增减。

［31］“是造物者”句：是，这。造物者，大自然。无尽藏，无穷无尽的宝藏。

［32］适：享受的意思。

［33］枕藉：意谓互相枕着睡觉。

【提示】

《前赤壁赋》全文可分为三大段。第一段，从“壬戌之秋”到“羽化而登仙”，写因泛舟江上而生乐。第二段，“于是饮酒乐甚”到“托遗响于悲风”，写因箫声呜咽而生悲愁。第三段，“苏子曰”到结束，是写解脱后的喜悦。全文采用了主客问答形式，抒写确认人生价值之后思想上的升华。

《前赤壁赋》是苏轼贬谪黄州时期的作品，反映了作者在政治失意时期复杂的世界观。他叹惜人生如梦，借助老庄佛家思想求得解脱，从江上清风和山间明月中求得慰藉。苏轼这种对待逆境乐观旷达的人生态度，是值得肯定的。

《前赤壁赋》全文构思缜密，充满诗情画意。主要艺术特色是景、情、理三者融为一体。第一段描写的月夜江景，充满了作者的欢愉之情；第二段由箫声引发对人生的哀叹，凭吊历史英雄，抒写人生苦闷，顺手撷取长江、江风、明月，比喻人生，触景而生情。第三段仍通过水、月等景物的描写，自然过渡到说理，由情入理。

作为文赋，此文除继承传统赋体的表现手法外，还注意抑客扬主，讲究句式对偶、整散结合，读来朗朗上口，摇曳舒缓。

【思考题】

一、对苏轼“且夫天地之间，物各有主，苟非吾之所有，虽一毫而莫取”的观点，你认为是否可取？为什么？

二、找出全文所用的修辞手法并说明其作用。

水调歌头（明月几时有）

苏　轼

丙辰[1]中秋，欢饮达旦，大醉，作此篇，兼怀子由[2]。

明月几时有？把酒问青天。不知天上宫阙[3]，今夕是何年。我欲乘风归去，又恐琼楼玉宇[4]，高处不胜寒[5]。起舞弄清影，何似在人间！　转朱阁，低绮户[6]，照无眠。不应有恨，何事长向别时圆？人有悲欢离合，月有阴晴圆缺，此事古难全。但愿人长久，千里共婵娟[7]。

【注释】

［1］丙辰：宋神宗熙宁九年（1076年）。当时作者任密州（今山东诸城）知州，与弟苏辙已有七年没有相见。

［2］子由：作者弟弟苏辙的字。

［3］宫阙（què）：宫殿。

［4］琼楼玉宇：用美玉砌成的华美楼阁。

［5］不胜（shēng）寒：寒冷得受不了。

［6］绮（qǐ）户：雕花的门窗。

［7］婵（chán）娟：美好的颜色，这里指月色。

【提示】

词前小序已简要说明了此词的写作背景。苏轼因与王安石政见不合，自请离京到地方任职，中秋的欢饮，在压抑的心情下也不过是苦中作乐。“兼怀子由”，表达对弟弟的怀念，是此词的另一用意。

上片写对月饮酒。化用李白诗句，突出奇问，出人意表，抒写了对理想境界的向往之情。虽然感情起伏，内心矛盾，但最终归结到对现实人生的热爱。

下片对月怀人。由月之移走，写己之无眠怀人。又对月发问，问得无理，却极有情。以理遣情，借月表达了良好的祝愿。

此诗着重表现了苏轼内心出世与入世、感情与理智的矛盾，体现了他对人生的热爱和美好祝愿。此词虽有消极情绪，但主导感情仍是积极的。

这首咏中秋之词，构思上巧妙地以月亮贯穿全篇，逐层深入，挥洒自如。问月、奇想、月影，词意多转。下片为月开脱，以祝愿收结，照应开头。正如黄蓼园所说：“缠绵惋恻之思，愈转愈曲，愈曲愈深。”（《蓼园词选》）

苏轼借用了关于月亮的美丽传说，发挥了李白诗的奇旷，创造出奇逸高妙又空灵蕴藉的意境，具有浓郁的浪漫主义风格。全词语言自然天成，近似口语，但又符合词调格律，抑扬流畅，达到了所谓“极炼似不炼”的艺术至境。

【思考题】

一、这首词蕴含了怎样的感情和哲理？试联系作品具体分析。

二、分析并欣赏此词的构思特点和语言韵味。

永遇乐（落日镕金）

李清照

李清照（1084—1155年?），号易安居士，山东济南（一说山东章丘明水镇）人。其父李格非，官至礼部员外郎，学者兼古文家。公公赵挺之，徽宗时宰相，排斥元祐党人甚力。李清照18岁嫁给太学生赵明诚，夫妻感情融洽。她协助丈夫编成《金石录》，并写成著名散文《金石录后序》。靖康之乱后，李清照迭遭不幸，丈夫不幸病逝，所藏金石书画丧失殆尽。金兵南犯，她流落江南，四处避乱。晚年境遇尤为凄凉，只能依靠亲友接济为生。

李清照是两宋之交最优秀的词人，也是古代词史上最出色的女词人。后人辑其词为《漱玉词》，其中肯定为李氏所作者仅45首。李清照早年作有《词论》，认为诗词各有特点，词于诗"别是一家"，并以此作为重要批评标准评论北宋诸多词人之作。她自己作词，严守声律，风格婉约，极富情致，用语尤其凝练、生动。诚如前人所说："（其）作长短句能曲尽人意，轻巧尖新，姿态百出。"（王灼《碧鸡漫志》卷2）"极是当行本色。"（沈谦《填词杂说》）

落日镕金[1]，暮云合璧[2]，人在何处？染柳烟浓[3]，吹梅笛怨[4]，春意知几许[5]！元宵佳节[6]，融和天气[7]，次第岂无风雨[8]？来相召，香车宝马，谢他酒朋诗侣[9]。　　中州盛日[10]，闺门多暇[11]，记得偏重三五[12]。铺翠冠儿[13]，拈金雪柳[14]，簇带争济楚[15]。如今憔悴，风鬟霜鬓[16]，怕见夜间出去。不如向，帘儿底下，听人笑语。

【注释】

[1] 镕金：熔融为黄金。落日镕金，是以熔融的黄金形容落日的光泽、形态、热度等方面的特点。

[2] 合璧：如说白玉聚合。璧，美玉的通称。暮云合璧，是用白玉聚合形容暮云的形态。江淹《休上人〈怨别〉》有谓"日暮碧云合，佳人殊未来"，"暮云"即从此处来，又下句"人在何处"，亦由江诗引出。所说之"人"，当指作者已故夫君赵明诚，词人随口作问，正带出她暮年独居的孤寂感。一说，"人在何处"是词人对自己流落江南所发的感慨。

[3] 染柳烟浓：指春柳翠绿如染、枝叶蓬勃茂密如烟。

[4] 吹梅：吹奏笛曲《梅花落》。李白《与史郎中饮，听黄鹤楼上吹笛》："黄鹤楼中吹玉笛，江城五月落梅花。"笛怨：指笛中发出幽怨的笛音。

[5] 春意：春天气象。几许：多少。

［6］元宵佳节：农历正月十五日为元宵节，又称上元、元夕。

［7］融和：暖和。

［8］次第：如说转眼间。

［9］谢：辞谢。

［10］中州：今河南辖区一带，因处古九州之中，故称中州。词中“中州”特指汴京（今河南开封）。盛日：兴盛之时。

［11］闺门：女子居住的内室，词中指闺门女子。

［12］重：重视。三五：指正月十五日元宵节。北宋真宗、仁宗都十分重视元宵节。事见孟元老《东京梦华录》卷6《元宵》。一说“重”念“重（chóng）”，重复。偏重三五，是说那一年偏偏闰正月，有两个元宵节。

［13］铺翠冠儿：用翡翠、羽毛装饰的帽子，为元宵节妇女应时装饰品。

［14］拈金雪柳：加进金线拈丝所制的绢花或纸花，也是宋代妇女过元宵节的应时装饰品。

［15］簇带：宋时方言，插戴满头之意。带，通“戴”。济楚：也是宋时方言，整齐、美丽的意思。

［16］风鬟霜鬓：言鬓发斑白不整。

【提示】

《永遇乐》是李清照晚年的作品，作于临安。据宋人笔记（如孟元老《东京梦华录》卷6《元宵》和佚名《西湖老人繁胜录》等）记载，正月十五元宵节在两宋都是热闹非凡的全民性狂欢节日。节日的主要活动是张灯游赏，闹得最有声势、延续时间最长的，是京城开封、临安。如临安元宵，“南至龙山，北至新桥，四十里灯光不绝。城内外有百万人家，前街后巷，僻巷亦然。挂灯或用玉栅，或用罗帛，或用纸灯，或装故事，你我相赛”（《西湖老人繁胜录》）。《永遇乐》可谓歌咏元宵的节令词，但它并不是在说两宋元宵节的热闹气氛孰优孰劣，而是通过写词人在盛年、暮年分别在中州、临安过元宵节的不同心态，表现她对“中州盛日”的怀念和南渡后的家国之愁。具体写法，则以写“如今憔悴”无心欢度元宵佳节的感受为主。上片写今日“元宵佳节，融和天气”，美则美矣，却用“人在何处”，“染柳烟浓，吹梅笛怨”，“次第岂无风雨”，带出衰飒、悲凉氛围。今逢佳节偏生愁，这当然是词人的主观感受，也是她“谢他酒朋诗侣”盛邀出游的原因。下片进一步写她今逢元宵落寞、孤凄的心态，却说到“中州盛日”元宵之乐。这固然是以内转笔法拓展词境，更重要的是用今昔对比来衬托词人“如今”面容憔悴、心绪低沉的境况。使得“怕见夜间出去”，“不如向，帘儿底下，听人笑语”一类寻常语句，所表达的词人欲与世同乐、终不能与人同乐的悲伤情怀更为突出。而由这种情怀释放出来的家国之愁，也显得更为深沉。

【思考题】

一、为什么说《永遇乐》反映出李清照晚年的家国之愁？

二、词中插入对“中州盛日”元宵佳节活动的回忆，对深化词意有何作用？

九月十六日夜，梦驻军河外，遣使招降诸城，觉而有作[1]

陆　游

陆游（1125—1210年），字务观，号放翁，越州山阴(今浙江绍兴)人。受家庭亲友爱国思想的熏陶，从小立下“击狂胡”、“草军书”的报国壮志。29岁应进士试，取为第一；次年应礼部试，触怒秦桧，黜而不取。孝宗继位召见，赐进士出身。他积极支持张浚北伐，北伐失利，被罢官居家。46岁任夔州通判，两年后进入王炎幕府，投身军旅生活。54岁去蜀东归，在福建、江西、浙江等地做官。66岁以后在老家农村生活，嘉定二年去世，享年85岁。陆游工诗、词、散文，诗的成就最高。现存诗九千三百多首，内容丰富，对南宋前期社会生活有较全面的反映，但最负盛名的是爱国诗篇。诗中感情炽热，奔放激扬，思想性、战斗性十分强烈。又语言明白、晓畅，直抒胸臆，豪迈雄浑，给读者以巨大的心灵震撼。词百余首，兼具秦观的纤丽和东坡的雄快。有《剑南诗稿》、《渭南文集》、《南唐书》、《老学庵笔记》。

杀气昏昏横塞上，　东并黄河开玉帐[2]。
昼飞羽檄下列城，　夜脱貂裘抚降将。
将军枥上汗血马[3]，猛士腰间虎文韔[4]。
阶前白刃明如霜，　门外长戟森相向。
朔风卷地吹急雪，　转盼玉花深一丈[5]。
谁言铁衣冷彻骨，　感义怀恩如挟纩[6]。
腥臊窟穴一洗空，　太行北岳元无恙。
更呼斗酒作长歌，　要遣天山健儿唱。

【注释】

[1] 九月十六日：宋孝宗乾道九年（1173年），陆游任职嘉州（今四川乐山），九月写作此诗。河外：黄河以北，时为金人所占。

[2] 玉帐：军中主帅的军帐。

[3] 枥：马槽。汗血马：出自大宛的良马，能日行千里。

[4] 虎文韔（chàng）：画有虎纹的弓套。

[5] 玉花：雪花色白如玉，所以叫做玉花。

［6］挟纩：穿着丝绵的袄子。语出《左传·宣公十二年》。纩（kuàng），丝绵。

【提示】

陆游是南宋著名的爱国诗人，爱国情感贯穿了他的全部生活与全部作品。陆游早年曾从戎，有金戈铁马的实际生活体验，诗作不同于空呼口号和无病呻吟者，他诗中的山山水水都渗透了强烈真挚的爱国感情。

陆游的记梦诗多达99首，他常借助梦境展开想象来抒发在现实中遭受压抑无法实现的理想，描写胜利的喜悦。此诗所写全是梦境，由于现实的阻隔，诗人只能把在投降派压制下未能实现的雄心借虚幻的梦境加以展现。结合诗题，可见确有此梦。“日有所思，夜有所梦”，“遣使招降”云云，正是陆游宿愿。

全诗描写了塞外战场将帅生活战斗的特定情景，用奇特的夸张、形象的比喻及反问的手法勾勒了一幅边塞军旅雪景图，更有对爱国勇士的呼告与钦叹，正如宋人罗大经《鹤林玉露》所说：“多豪丽语，言征伐恢复事。”笔致婉转洗练，语言晓畅平易、精练自然，富于浪漫主义色彩。因为这梦中理想根基于现实，反映了广大人民的心声，所以具有极大的感染力。

【思考题】

一、结合这首说梦诗所表现的爱国情感，体会陆游爱国诗的风格。

二、找出诗中时间、地点的场景变换，并说明场景变换对构成诗境的作用。

水龙吟（登建康赏心亭）[1]

辛弃疾

辛弃疾（1140—1207年），字幼安，号稼轩，历城（今山东济南）人。出生时，历城已被金人占领。21岁参加耿京起义，并缚取叛徒张安国南归宋朝杀之。为收复河山，他先后写了《美芹十论》和《九议》呈报朝廷，均未被采纳。后遭投降派忌恨被免职，在上饶、铅山两地闲居20年。韩侂胄执政时曾复出，他积极募兵训练，准备北伐。但不久，他又遭罢黜，最后在忧愤中与世长辞。

他的文学创作以词为主，现存词六百多首。内容主要是抒写打击敌人、收复河山的强烈愿望，赞颂抗金斗争，赞颂历史上为国立功的英雄，对苟且偷安的当政者进行鞭挞和讽刺，同时表露自己怀才不遇的郁闷心情。他的词气势纵横，意境开阔，创作中随情挥洒，不受格律约束，大胆融取诗文经史语句和口语入词，丰富了词的表现力，把苏词豪放风格推到了极致。有《稼轩长短句》，又今人辑有《辛稼轩诗文钞存》。

楚天千里清秋，水随天去秋无际。遥岑远目[2]，献愁供恨，玉簪螺髻[3]。落日楼头，断鸿声里[4]，江南游子[5]。把吴钩看了[6]，栏杆拍遍，无人会，登临意。

休说鲈鱼堪鲙[7]，尽西风、季鹰归未[8]？求田问舍，怕应羞见、刘郎才气[9]。可惜流年，忧愁风雨，树犹如此[10]！倩何人、唤取红巾翠袖，揾英雄泪[11]！

【注释】

[1] 建康：今南京市。赏心亭：在建康西边城楼上。

[2] 遥岑（cén）：远山。远目：远望。

[3] 玉簪螺髻：妇女头上的簪子和发髻。这里比喻远山的形状。

[4] 断鸿：失群的孤雁。

[5] 江南游子：作者离开山东济南故乡流寓南方，故自称江南游子。

[6] 吴钩：古代吴地（今江苏南部）生产一种弯形的刀叫吴钩。这里泛指佩刀。

[7] 鲙（kuài）：把鱼肉切细。鲙，通“脍”。

[8] 季鹰：西晋张翰的字。他是吴郡（今江苏苏州）人，在洛阳做官。秋风初起，他想到家乡的鲈鱼鲙和莼菜羹，就辞职回家。

[9] 刘郎：指刘备。《魏志·陈登传》记载：刘备曾经批评许汜只知道为个人买田地、置房产，不思救世。

[10] 树犹如此：晋朝桓温北伐，经过金城时见早年种的柳树长到几人合抱那么粗了，感慨地说：“木犹如此，人何以堪！”事见《世说新语·言语》。这里借来说自己虚度岁月，壮志未酬。

[11] 揾（wèn）：揩擦。

【提示】

辛弃疾是一位民族志士，更是一位杰出的词人。这首词写于宋孝宗乾道五年(1169年)，即辛弃疾渡江南归的第8个年头，他当时任建康府（今江苏南京）通判。

全词分为上、下两片，每片各分四个层次。上片写景抒怀，下片具体说“无人会”之“登临意”的内涵。这首词抒发了作者一心报国却遭受压抑、壮志难酬而岁月蹉跎的郁闷悲愤之情。辛弃疾一生坚持抗金，南归也是为领兵北伐中原收复失地，但南宋朝廷偏安江南，不思恢复。辛弃疾满腔热血，却遭到猜忌、排挤，这“把吴钩看了，栏杆拍遍，无人会，登临意”，自是强烈地抒发词人内心报国无门的悲愤情感。

辛词的主要风格是感情深沉，豪放不羁。这首词内蕴丰厚，有对沦陷河山的忧思、痛惜，有壮志难酬的悲愤和无奈，也有遭受排挤冷落和孤寂，更有年华虚度的悲伤和慨叹。辛弃疾既有勇武、雄伟的气魄，同时又有缠绵、细致的感情、深厚的文学修养和过人的才气，故其词雄放而清新。这首词的抒情多间接表达，中原河山“献愁供恨”为移情于物，“江南游子”则为寓情于景，看吴钩，拍栏杆，却是借动作抒情。辛弃疾词多用典故，显得隽永蕴藉，此词中的三个典故，既生动地表明了自己的心曲，又自然契合，显得言约意丰，深沉委婉，耐人寻味。

辛弃疾是苏轼词的继承者，更是发展者，他能作豪放语、愤激语、情语、幽默语，即使是慢词小令，也表现出深厚的内容和独特的风格。此词可见一斑。

【思考题】

一、这首词抒发了作者什么样的思想感情？对当时来说，有何社会意义？

二、结合本篇的用典及情景交融手法，说明辛词豪放愤激而深沉蕴藉的风格。

正　气　歌[1]

文天祥

文天祥（1236—1283 年），字履善，一字宋瑞，号文山。吉州庐陵（今江西吉安）人。理宗宝祐四年（1256 年），考取状元。德祐元年（1275 年），在江西赣州组织义军，以家财为军资，率万余人入卫临安（今杭州）。次年，以右丞相兼枢密使赴元营谈判，因坚决抗争被扣留。后于镇江脱险，逃到温州，以图复兴。曾转战今江西、广东等地区，继续抗击元军。景炎三年（1278 年），在五坡岭（今广东海丰北）兵败被俘，送至大都（今北京）囚禁 4 年。至元十九年（1283 年），终以坚贞不屈而被害。

文天祥在临安陷落后所写的诗价值较高。作品多记叙他带领部下与敌人的艰苦战斗，表现了崇高的民族气节和爱国精神，风格沉痛悲凉，慷慨激昂。著有《文山先生全集》。

天地有正气，杂然赋流形[2]：下则为河岳，上则为日星；于人曰浩然，沛乎塞苍冥[3]。皇路当清夷[4]，含和吐明庭[5]。时穷节乃见[6]，一一垂丹青。

在齐太史简[7]，在晋董狐笔[8]，在秦张良椎[9]，在汉苏武节[10]；为严将军头[11]，为嵇侍中血[12]，为张睢阳齿[13]，为严常山舌[14]；或为辽东帽[15]，清操厉冰雪；或为出师表[16]，鬼神泣壮烈；或为渡江楫[17]，慷慨吞胡羯[18]；或为击贼笏[19]，逆竖头破裂[20]。是气所磅礴，凛然万古存。当其贯日月，生死安足论！地维赖以立[21]，天柱赖以尊[22]。三纲实系命，道义为之根。

嗟予遘阳九[23]，隶也实不力。楚囚缨其冠[24]，传车送穷北[25]。鼎镬甘如饴[26]，求之不可得。阴房阒鬼火[27]，春院闷天黑[28]。牛骥同一皂[29]，鸡栖凤凰食[30]。一朝蒙雾露，分作沟中瘠[31]。如此再寒暑，百沴自辟易[32]。哀哉沮洳场[33]，为我安乐国。岂有他缪巧[34]，阴阳不能贼[35]！顾此耿耿存[36]，仰视浮云白。悠悠我心悲，苍天曷有极[37]！哲人日以远，典型在夙昔[38]。风檐展书读，古道照颜色[39]。

【注释】

［1］此诗作于元世祖至元十八年（1281 年），这时作者已被元军囚禁两年。

［2］杂然：纷纷地。流形：各种物体。

［3］沛乎：充满的样子。苍冥：天空，指天地之间。

［4］皇路：国家的政局。清夷：清平。

［5］含和：内含的温和之气。明庭：圣明的朝廷。

［6］时穷：指国家遇到危难。

［7］在齐太史简：春秋时齐国大夫崔杼弑其君，太史及两个弟弟冒死将此事记入史册。

［8］在晋董狐笔：春秋时晋灵公被赵盾族侄赵穿杀死，赵盾未惩处他，太史董狐认为赵盾有责任，便用笔记下："赵盾弑其君。"

［9］在秦张良椎：张良的祖父、父亲相继在韩国做官，韩国为秦国所灭，张良决心为韩国报仇，派力士以重椎袭击秦始皇。

［10］在汉苏武节：汉武帝时，苏武出使匈奴被扣留，他坚决不降，牧羊时仍始终手持汉朝符节。

［11］为严将军头：三国时刘璋部将严颜被张飞俘获，张飞逼他投降，他答道："我州但有断头将军，无降将军。"

［12］为嵇侍中血：晋惠帝与叛军作战，侍中嵇绍用身体掩护他，血溅帝衣而死。

［13］为张睢阳齿：安史之乱时，叛军攻睢阳，太守张巡每督战时必大呼，以至齿牙皆碎。

［14］为严常山舌：唐安史之乱中常山陷落，太守颜杲卿被俘，因拒降且大骂反贼，被割舌而死。

［15］或为辽东帽：东汉末年，管宁避乱辽东，常戴黑帽穿布裙，多次拒绝征聘。

［16］或为出师表：诸葛亮为蜀相，志在北定中原，他出兵伐魏时，两次上表后主刘禅以示决心，表称《出师表》。

［17］或为渡江楫：东晋元帝时，豫州刺史祖逖北伐，渡江时中流击楫，发誓收复失地。楫：船桨。

［18］胡羯（jié）：中国古代北方的少数民族。

［19］或为击贼笏：唐德宗时，朱泚（cǐ）谋反，段秀实用笏猛击其头。笏：古代大臣朝见时所持的手板，用以记事。

［20］逆竖：叛逆者，此指朱泚。

［21］地维：地的四角。古人以为天圆地方，地有四维系缀。《列子·汤问》："折天柱，绝地维。"

［22］天柱：古代神话中的支天之柱。

［23］遘（gòu）：相遇。阳九：厄运。

［24］楚囚缨其冠：春秋时楚人钟仪被俘，仍戴着楚帽以示不忘国家。后来便称囚俘为楚囚。缨，帽带，这里作动词用。

［25］传车送穷北：传车，驿车。穷北，极北之地。

［26］鼎镬（huò）：大锅，古代用来烹人的刑具。

［27］阴房：牢房。阒（qù）：幽暗。

［28］闷（bì）：关闭。

［29］皂：马槽。

［30］鸡栖：鸡栖之处，鸡窝。

［31］分：料想。

［32］沴（lì）：恶气。辟易：退避。

［33］沮（jù）洳（rù）场：低湿的地方。

［34］缪巧：智谋巧术。

［35］贼：侵害。

［36］耿耿：指忠心。

［37］曷：何，哪。极：尽头。

［38］夙昔：从前。

［39］古道：古代传统的美德。

【提示】

这是一首千古传诵的五言古体诗。它格调沉雄、笔力遒劲，是文天祥的名篇之一。

作者落笔便以恢弘的气势环顾宇宙万物，直言天地正气无所不在，体现在人身上就是“浩然之气”。人有此气，治世时可辅佐朝政，乱世时则能忠贞不贰。以下诗句纵观历史，列举国家危难时12位志士仁人的言行，礼赞他们柱天维地的人格风范，并进一层概括这些忠贞节义之士共有的精神特征：“是气所磅礴，凛然万古存。当其贯日月，生死安足论！”最后，作者转入对自我遭遇的抒写，明确表示自己的人生态度：虽身陷囹圄、国破家亡，但先哲前贤的楷模如在眼前，绝不屈服于险恶的环境，随时准备为国慷慨赴死。

此诗起承转合极为自然，隔句押韵，又兼用排比句式，其节奏铿锵有力，且与沉郁雄浑的情感相融合，具有一种强烈的震撼力。

【思考题】

一、分析这首诗的主题意蕴。

二、结合个人实际谈谈阅读此诗后的体会。

西厢记（长亭送别）[1]

王实甫

王实甫（生卒年不详），名德信，字实甫。大都（今北京）人。其生平无可详考。主要创作活动大约在元成宗元贞、大德年间（1295—1307年）。所著杂剧有14种，其中完整保存下来的有3种：《崔莺莺待月西厢记》、《四丞相歌舞丽堂春》、《吕蒙正风雪破窑记》。残存的两种：《苏小卿月夜贩茶船》、《韩彩云丝竹芙蓉亭》。其余9种具已亡佚。

王实甫的代表作《西厢记》共5本21折，其结构规模在中国戏剧史上是空前的。它突破了元杂剧的清规戒律，开创了以长篇巨制表演一个完整故事的先例，在明、清两代即享有盛誉，被称为“天下夺魁”的杂剧之冠。

（夫人、长老上，云）[2]今日送张生赴京，十里长亭[3]，安排下筵席。我和长老先行，不见张生、小姐来到。（旦、末、红同上[4]，旦云）今日送张生上朝取应[5]，早是离人伤感，况值那暮秋天气，好烦恼人也呵！“悲欢聚散一杯酒，南北东西万里程。”（旦唱）

【正宫】[6]【端正好】[7]碧云天，黄花地，西风紧，北雁南飞。晓来谁染霜林醉？总是离人泪。

【滚绣球】恨相见得迟，怨归去得疾[8]。柳丝长玉骢难系[9]，恨不得倩疏林挂住斜晖[10]。马儿迍迍的行[11]，车儿快快的随，却告了相思回避，破题儿又早别离[12]。听得道一声去也，松了金钏[13]；遥望见十里长亭，减了玉肌。此恨谁知！

（红云）姐姐今日怎么不打扮？（旦云）你哪知我的心里呵！
（旦唱）

【叨叨令】见安排着车儿、马儿，不由人熬熬煎煎的气；有甚么心情花儿、靥儿[14]，打扮得娇娇滴滴的媚；准备着被儿、枕儿，只索昏昏沉沉的睡[15]；从今后衫儿、袖儿，都揾做重重叠叠的泪[16]。兀的不闷杀人也么哥[17]？兀的不闷杀人也么哥？久已后书儿、信儿，索与我恓恓惶惶的寄[18]。

（做到科）[19]（见夫人科）（夫人云）张生和长老坐，小姐这壁坐[20]，红娘将酒来。张生，你向前来，是自家亲眷，不要回避。俺今日将莺莺与你，到京师休辱末了俺孩儿[21]，挣揣一个状元回来者[22]。（末云）小生托夫人余荫，凭着胸中之才，视官如拾芥耳。（洁云[23]）夫人主见不差，张生不是落后的人。（把酒了[24]，坐）（旦长吁科）（旦唱）

【脱布衫】下西风黄叶纷飞，染寒烟衰草萋迷。酒席上斜签着坐的[25]，蹙愁眉死临侵地[26]。

【小梁州】我见他阁泪汪汪不敢垂[27]，恐怕人知。猛然见了把头低，长吁气，推整素罗衣[28]。

【幺篇】[29]虽然久后成佳配，奈时间怎不悲啼[30]。意似痴，心如醉，昨宵今日，清减了小腰围。

（夫人云）小姐把盏者！（红递酒，旦把盏长吁科云）请吃酒！（旦唱）

【上小楼】合欢未已，离愁相继。想着俺前暮私情，昨夜成亲，今日别离。我谂知这几日相思滋味[31]，却原来比别离情更增十倍。

【幺篇】年少呵轻远别，情薄呵易弃掷。全不想腿儿相挨，脸儿相偎，手儿相携。你与俺崔相国做女婿，妻荣夫贵，但得一个并头莲，煞强如状元及第[32]。

（夫人云）红娘把盏者！（红把酒科）（旦唱）

【满庭芳】供食太急，须臾对面，顷刻别离。若不是酒席间子母每当回避，有心待与他举案齐眉[33]。虽然是厮守得一时半刻，也合着俺夫妻每共桌而食[34]。眼底空留意，寻思起就里[35]，险化做望夫石[36]。

（红云）姐姐不曾吃早饭，饮一口儿汤水。（旦云）红娘，甚么汤水咽得下！（唱）

【快活三】将来的酒共食，尝着似土和泥。假若便是土和泥，也有些土气息，泥滋味。

【朝天子】暖溶溶玉醅[37]，白泠泠似水，多半是相思泪。眼面前茶饭怕不待要吃[38]，恨塞满愁肠胃。蜗角虚名，蝇头微利[39]，拆鸳鸯在两下里。一个这壁，一个那壁，一递一声长吁气。

（夫人云）辆起车儿[40]，俺先回去，小姐随后和红娘来。（下）（末辞洁科）（洁云）此一行别无话儿，贫僧准备买登科录看[41]，做亲的茶饭少不得贫僧的。先生在意[42]，鞍马上保重者！"从今经忏无心礼[43]，专听春雷第一声。"（下）（旦唱）

【四边静】霎时间杯盘狼藉，车儿投东，马儿向西，两意徘徊，落日山横翠。知他今宵宿在哪里？有梦也难寻觅。

（旦云）张生，此一行得官不得官，疾早便回来。（末云）小生这一去白夺一个状元，正是“青霄有路终须到，金榜无名誓不归”。（旦云）君行别无所赠，口占一绝[44]，为君送行：“弃掷今何在，当时且自亲。还将旧来意，怜取眼前人[45]。”（末云）小姐之意差矣，张珙更敢怜谁？谨赓一绝[46]，以剖寸心[47]：“人生长远别，孰与最关亲？不遇知音者，谁怜长叹人[48]？”（旦唱）

【耍孩儿】淋漓襟袖啼红泪[49]，比司马青衫更湿[50]。伯劳东去燕西飞[51]，未登程先问归期。虽然眼底人千里[52]，且尽生前酒一杯。未饮心先醉，眼中流血，心里成灰。

【五煞】到京师服水土，趁程途节饮食[53]，顺时自保揣身体[54]。荒村雨露宜眠早，野店风霜要起迟！鞍马秋风里，最难调护，最要扶持。

【四煞】这忧愁诉与谁？相思只自知，老天不管人憔悴。泪添九曲黄河溢[55]，恨压三峰华岳低[56]。到晚来闷把西楼倚，见了些夕阳古道，衰柳长堤。

【三煞】笑吟吟一处来，哭啼啼独自归。归家若到罗帏里[57]，昨宵个绣衾香暖留春住，今夜个翠被生寒有梦知。留恋你别无意，见据鞍上马，阁不住泪眼愁眉。

（末云）有甚言语嘱咐小生咱？（旦唱）

【二煞】你休忧文齐福不齐[58]，我只怕你停妻再娶妻。休要一春鱼雁无消息[59]！我这里青鸾有信频须寄[60]，你却休“金榜无名誓不归”。此一节君须记，若见了那异乡花草，再休似此处栖迟。

（末云）再谁似小姐？小生又生此念。（旦唱）

【一煞】青山隔送行，疏林不做美，淡烟暮霭相遮蔽。夕阳古道无人语，禾黍秋风听马嘶。我为甚么懒上车儿内，来时甚急，去后何迟？

（红云）夫人去好一会，姐姐，咱家去！（旦唱）

【收尾】四围山色中，一鞭残照里。遍人间烦恼填胸臆，量这些大小车儿如何载得起？

（旦、红下）（末云）仆童赶早行一程儿，早寻个宿处。泪随流水急，愁逐野云飞。（下）

【注释】

[1] 本篇选自《西厢记》第4本第3折。

[2] 长（zhǎng）老：寺院住持僧的尊称，这里指普救寺的法本。云：此为戏剧道白。这里是夫

人即莺莺的母亲在说话。

[3] 十里长亭：古代在大路旁设置亭子供休息和饯别之用。亭与亭间隔五里者称短亭，间隔十里者称长亭。《白孔六贴》卷9："十里一长亭，五里一短亭。"

[4] 旦：杂剧中女角色名，这里指扮演莺莺的正旦。末：杂剧中男角色名，这里指扮演张生的正末。红：红娘。

[5] 上朝取应：赴京城应试。

[6]【正宫】：宫调名之一。宫调是古代根据音阶的高低所划分的各种调式。正宫调相当于现在乐调中的D调。

[7]【端正好】：曲牌名。每一曲牌，不仅在音乐上必然属于一种宫调，而且都有一定的曲调、唱法、字数、句法、平仄等基本定式。

[8] 归去：指张生进京赶考，有"离去"的意思。

[9] 骢（cōng）：青白色的马。

[10] 倩（qiàn）：请、央求。

[11] 迍迍（tún）：行动迟缓的样子。

[12] 破题儿：原指诗赋起首解析题意的表述，这里用来比喻事情的开端或第一次。

[13] 松了金钏：意谓人因消瘦使得手镯也松脱了。钏（chuàn）：手镯。

[14] 靥（yè）儿：古代妇女贴在面额或眉间上的饰物。

[15] 索：须，应，得。

[16] 揾（wèn）：揩拭。

[17] 兀（wù）的不：这岂不。兀的，犹言"这"。《西厢记》第4本第4折："兀的前面是草桥。"同"不"连用，则表示反诘语气。也么（mó）哥：表示惊叹的语助词，无意义。它是【叨叨令】这个曲牌所规定的唱腔附加语。

[18] 恓恓（xī）惶惶：忙碌不安的样子。这里指赶紧赶忙。

[19] 科：元杂剧中表示人物动作和舞台效果的术语。

[20] 这壁：这边。

[21] 辱末：辱没。

[22] 挣揣：争取，夺得。者：句末语气词，表祈使。

[23] 洁：元杂剧中称僧人为"洁郎"，简称"洁"，这里指长老。

[24] 把酒了（liǎo）：倒完酒。了，了结，完毕。

[25] 斜签着：斜着身子。签，插。

[26] 死临侵地：呆呆地、没精打采的样子。

[27] 阁泪：含泪。阁通"搁"，这里是含着、忍住的意思。

[28] 推整：装作整理。推，推托，这里引申为假装。

[29] 幺（yāo）篇：元杂剧中凡重复前曲曲牌的写作"幺篇"。

[30] 时间：此刻，现时。

[31] 谂（shěn）知：深知。谂，知悉。

[32] 煞：甚，很。

[33] 待：打算，想要。举案齐眉：出自《后汉书·梁鸿传》。东汉梁鸿与孟光是一对相敬如宾的恩爱夫妻。每次吃饭时妻子孟光总是将盛着饭菜的盘子端得高高地递给梁鸿。案，有脚的托盘。

[34] 合着：应该让。合，该。着，教，使。

[35] 就里：内情。

[36] 望夫石：据《幽明录》载，相传有一妇人常登山眺望，盼其从役的丈夫早日归来，日久其

妇化为石人。此类因民间传说而得名的望夫石我国存有多处。

[37] 玉醅（pēi）：美酒。醅，未过滤的酒。

[38] 怕不待：岂不，难道不。

[39] 蜗角：比喻极微小的境地或虚名。《庄子·则阳》篇载：有两个国家分别建在蜗牛的左右角上，一个称作触氏，一个称作蛮氏，经常“争地而战，伏尸百万”。蝇头：比喻小的财利。班固《难庄论》载：青蝇为争逐“所沾无多的”肉汁而不顾被溺死的危险。

[40] 辆起车儿：驾起车儿。辆，作动词用，指驾好、套起。

[41] 登科录：科举考试的录取名册。

[42] 在意：注意，谨慎。

[43] 经忏：经文忏词，这里指代佛经。礼：这里指诵经念佛。

[44] 口占：作诗不打草稿而随口念出。

[45] 怜：爱。

[46] 赓（gēng）：续。

[47] 剖：辨析，这里为表白。

[48] 知音者：指莺莺。长吁人：张生自指。

[49] 红泪：《拾遗记·魏》载，文帝所爱的美人薛灵芸被选入宫时，“闻别父母，欷欷累日”。临别前，以“玉唾壶承泪”，壶中泪即呈红色。后泛称女子的眼泪为“红泪”。

[50] 司马青衫：语出白居易《琵琶行》：“座中泣下谁最多？江州司马青衫湿。”

[51]“伯劳”句：古乐府《东飞伯劳歌》有“东飞伯劳西飞燕”句。后以“劳燕分飞”比喻离别。伯劳：鸟名。

[52] 眼底：眼前。

[53] 趁程途：赶路程。

[54] 保揣：保护，爱惜。

[55] 九曲黄河：黄河河道曲折，相传有九道湾，故称。

[56] 三峰华岳：华岳诸峰。“三峰”并非实指。华岳，西岳华山，其势壁立千仞。它有五座高峰：莲花（西峰）、落雁（南峰）、朝阳（东峰）、玉女（中峰）、五云（北峰）。一说“三峰”指莲花峰、落雁峰、朝阳峰。

[57] 帏（wéi）：同“帷”，帐子。

[58] 文齐福不齐：指有文才而没有考中做官的福分。

[59] 鱼雁：古乐府《饮马长城窟行》：“呼儿烹鲤鱼，中有尺素书。”《汉书·苏武诗》：“教使者谓单于，言天子射上林中，得雁，足有系帛书。”后因将鱼雁指代书信。

[60] 青鸾：青鸟。《艺文类聚》卷91引《汉武故事》：“忽有一青鸟从西方来，集殿前。上（汉武帝）问东方朔，朔曰：‘此西王母欲来也。’有顷，王母至。有二青鸟如乌，侠（夹）侍王母旁。”后世以指传信的使者。

【提示】

王实甫的《西厢记》有着鲜明、深刻的反封建主题。张生和崔莺莺的恋爱故事，突破了“才子佳人”、“夫贵妻荣”的传统理想模式，始终追求真挚的感情并把爱情置于功名利禄之上。更为可贵的是，《西厢记》的结尾处，在中国文学史上第一次正面地表达了“愿天下有情人终成眷属”的美好愿望，鼓舞了封建社会里的青年男女为争取爱情自由、婚姻自主的抗争。

《长亭送别》是《西厢记》中颇为精彩的一折戏。作者调动多种艺术手段，成功地塑造了崔莺莺这个具有个性魅力的艺术形象。

首先，作者充分地利用了元杂剧中每折戏由一人一唱到底的规则，为莺莺安排了19支曲文，浓墨重彩地正面塑造了崔莺莺的叛逆性格：她大胆追求爱情自由，情感真挚专一；她鄙视功名利禄，视之为“蜗角虚名，蝇头微利”；她敢于反抗封建门阀观念，一再叮嘱张生“得官不得官，疾早便回来”，认为“妻荣夫贵”，“煞强如状元及第”。

其次，通过优美的唱词描写莺莺丰富复杂的内心活动，展示了人物的心灵美。前三支曲描写莺莺赴长亭途中的离情别绪，凄婉悲凉；中间八支曲描写饯别宴上，相恋与别情交织，爱情与礼教对峙的矛盾心情，悲怆激昂；后八支曲描写长亭话别，眷恋、怜爱、担忧、叮咛，缠绵依恋。这些描写多角度、多层面地展现了人物的思想价值取向和性情特征，符合人物的身份与性格。

最后，情景交融，反复烘托人物的内心世界。作者刻意将不堪别离的人物放在一个暮秋黄昏时刻，时而寓情于景，尽遣人物的感伤，一如【端正好】；时而情景交融，揭示重压下的沉默，一如【脱布衫】；时而借景抒怀，抒发抗争的愤懑，一如【收尾】。结尾那句“四围山色中，一鞭残照里”，正是这种烘托人物表现手法的最好诠释。

【思考题】

一、请举例说明，本篇从哪几个方面刻画了崔莺莺的叛逆形象。

二、作者将长亭送别安排在暮秋黄昏，这种环境安排对主题的烘托有哪些作用？

司马季主论卜[1]

刘　基

刘基（1311—1375年），字伯温，处州青田（今浙江青田）人。元末进士，曾任江西高安县丞、江浙儒学副提举，旋弃官隐居。后出任江浙行省都事，因反对招抚方国珍而被革职。元至正二十年（1360年），受朱元璋征召，辅佐其建立明朝，官至御史中丞兼太史令，封诚意伯。洪武四年（1371年）辞官，后因宰相胡惟庸谮毁，忧愤而死（一说被胡惟庸毒死），谥号"文成"。

刘基博览群书，诗文兼长。诗作古朴雄浑，擅长古体诗；散文浑厚遒劲，富有形象性。作于元末的寓言散文集《郁离子》，共18章195节，具有短小犀利、言简意赅的特点。有《诚意伯文集》。

东陵侯[2]既废，过司马季主而卜焉。季主曰："君侯[3]何卜也？"东陵侯曰："久卧者思起，久蛰者思启，久懑者思嚏。吾闻之：'蓄极则泄，閟[4]极则达，热极则风，壅[5]极则通。一冬一春，靡屈不伸；一起一伏，无往不复。'仆窃有疑，愿受教焉。"季主曰："若是，则君侯已喻之矣，又何卜为？"东陵侯曰："仆未究其奥也，愿先生卒教之。"

季主乃言曰："呜呼！天道何亲？惟德之亲；鬼神何灵？因人而灵。夫蓍，枯草也；龟，枯骨也[6]：物也。人，灵于物者也，何不自听而听于物乎？且君侯何不思昔者也！有昔者必有今日。是故碎瓦颓垣，昔日之歌楼舞馆也；荒榛断梗，昔日之琼蕤[7]玉树也；露蛬[8]风蝉，昔日之凤笙龙笛也；鬼磷萤火，昔日之金釭[9]华烛也；秋荼[10]春荠，昔日之象白驼峰[11]也；丹枫白荻，昔日之蜀锦齐纨也。昔日之所无，今日有之不为过；昔日之所有，今日无之不为不足。是故一昼一夜，华开者谢；一秋一春，物故者新；激湍之下，必有深潭；高丘之下，必有浚谷。君侯亦知之矣，何以卜为？"

【注释】

［1］司马季主：汉初楚国人，有才学，通经术，曾在长安东市卖卜。卜：占卜，古人用火灼龟甲，以为从其灼开的裂纹可推测行事的吉凶。后来也指用其他方法预测吉凶。

［2］东陵侯：召（一作邵）平，汉初人。秦时受封东陵侯，秦亡后在长安东城种瓜。

［3］君侯：古称列侯为君侯。

［4］閟（bì）：闭塞、掩闭，引申为清静、幽深。

［5］壅（yōng，旧读 yǒng）：阻塞。

［6］“夫蓍”四句：蓍（shī）：占吉凶用的一种草。古时占吉凶，筮用蓍草，卜用龟甲。

［7］蕤（ruí）：草木花下垂貌，这里指花草。

［8］蛬（qióng）：同“蛩”，蟋蟀。一本为“蚕”。

［9］釭（gāng）：灯。

［10］荼（tú）：苦菜。

［11］象白驼峰：象白，指象脂。驼峰，骆驼背上隆起的肉峰，古人以为皆珍贵食品。

【提示】

本篇选自《郁离子·天道》。《郁离子》是刘基元末弃官归隐时的作品。刘基对元末千疮百孔、岌岌可危的现实有较清醒的认识，对统治集团一向采取不合作态度，往往通过多种艺术形象，从不同侧面深刻批判元末的暴政和世风。《明史》本传称他：“慷慨有大节，论天下安危，义形于色。”

本文通过东陵侯与司马季主之间的设问应答，寄寓了天道无亲、惟德之亲、鬼神何灵、变化不居的进步思想，明确表达了元末反动政权必然要向它的对立面转化的辩证观点，具有明显的现实性和针对性。首先，作者通过东陵侯的设问，列举了人们所习见的九种现象，将抽象的哲理变为具体的形象，说明一切事物都在不停地运动和变化的道理。紧接着，作者又借司马季主的应答，列举了六对互为因果的事物，进一步阐明了事物必然要向自己对立面转化的哲理。其思辨所指，显然是在为新兴的革命力量的成长壮大鸣锣开道，提供理论根据，具有积极进步的意义。

尺牍之中，谈论瞬间，本文既以深入浅出、言近旨远的逻辑思辨层层引导读者去探索深邃的哲理，又以取譬浅近、寓情于理的艺术形象频频感染读者，让读者体验熟悉而陌生的人性情感，因而具有极大的说服力和感召力。整齐的句式、铿锵的音韵、华丽的辞藻、犀利的论辩，亦对文章的主旨起到了烘云托月的作用。

【思考题】

一、请归纳本文的主题思想。

二、分析本文的艺术特点。

徐文长传[1]

袁宏道

袁宏道（1568—1610年），字中郎，号石公，明公安（今湖北公安）人，万历进士，官至吏部郎中。他与其兄宗道、弟中道同为反复古主义的“公安派”领袖，世称“三袁”。他们力矫前后七子“文必秦汉，诗必盛唐”的流弊，主张文学要“独抒性灵，不拘格套”，在当时影响很大。

袁宏道的诗文颇多佳作，风格清新明快。著有《袁中郎集》。

余少时过里肆中[2]，见北杂剧有《四声猿》[3]，意气豪达，与近时书生所演传奇绝异，题曰“天池生”，疑为元人作。后适越，见人家单幅上署“田水月”者，强心铁骨，与夫一种磊块不平之气[4]，字画之中，宛宛可见[5]，意甚骇之，而不知田水月为何人。

一夕，坐陶编修楼[6]，随意抽架上书，得《阙编》诗一帙[7]。恶楮毛书[8]，烟煤败黑[9]，微有字形，稍就灯间读之，读未数首，不觉惊跃，急呼石篑：“《阙编》何人作者？今耶，古耶？”石篑曰：“此余乡先辈徐天池先生书也。先生名渭，字文长，嘉、隆间人，前五六年方卒。今卷轴题额上有田水月者，即其人也。”余始悟前后所疑，皆即文长一人。又当诗道荒秽之时，获此奇秘，如魇得醒[10]。两人跃起，灯影下，读复叫，叫复读，童仆睡者皆惊起。

余自是或向人，或作书[11]，皆首称文长先生。有来看余者，即出诗与之读。一时名公巨匠，浸浸知向慕云[12]。

文长为山阴秀才，大试辄不利[13]，豪荡不羁。总督胡梅林公知之[14]，聘为幕客。文长与胡公约：“若欲客某者，当具宾礼，非时辄得出入[15]。”胡公皆许之。文长乃葛衣乌巾，长揖就坐，纵谈天下事，旁若无人，胡公大喜。是时，公督数边兵[16]，威振东南，介胄之士，膝语蛇行[17]，不敢举头；而文长以部下一诸生傲之，信心而行，恣臆谈谑，了无忌惮。会得白鹿[18]，属文长代作表。表上，永陵喜甚[19]。公以是益重之，一切疏记[20]，皆出其手。

文长自负才略，好奇计，谈兵多中。凡公所以饵汪、徐诸虏者[21]，皆密相议，然后行。尝饮一酒楼，有数健儿亦饮其下，不肯留钱。文长密以数字驰公，公立命缚健儿至麾下，皆斩之，一军股栗。有沙门负资而秽[22]，酒间偶言于公，公后以他事杖杀之。其信任多此类。

胡公既怜文长之才，哀其数困[23]，时方省试，凡入帘者[24]，公密属曰：“徐子，天下才，若在本房[25]，幸勿脱失。”皆曰：“如命。”一知县以他羁后至，至期方谒公，偶忘属，卷适在其房，遂不偶[26]。

文长既已不得志于有司[27]，遂乃放浪曲糵[28]，恣情山水，走齐鲁燕赵之地，穷览朔漠[29]。其所见山奔海立，沙起云行，风鸣树偃，幽谷大都，人物鱼鸟，一切可惊可愕之状，一一皆达之于诗。其胸中又有一段不可磨灭之气，英雄失路，托足无门之悲，故其为诗，如嗔如笑，如水鸣峡，如种出土，如寡妇之夜哭，羁人之寒起。当其放意，平畴千里，偶尔幽峭，鬼语秋坟。文长眼空千古，独立一时[30]。当时所谓达官贵人，骚士墨客，文长皆叱而奴之，耻不与交，故其名不出于越。悲夫！

一日，饮其乡大夫家。乡大夫指筵上一小物求赋，阴令童仆续纸丈余进，欲以苦之。文长援笔立成，竟满其纸，气韵遒逸，物无遁情[31]，一座大惊。

文长喜作书，笔意奔放如其诗，苍劲中姿媚跃出。余不能书，而谬谓文长书决当在王雅宜、文征中之上[32]。不论书法，而论书神，先生者，诚八法之散圣[33]，字林之侠客也。间以其余，旁溢为花草竹石，皆超逸有致。

卒以疑杀其继室，下狱论死。张阳和力解[34]，乃得出。既出，倔强如初。晚年，愤益深，佯狂益甚。显者至门，皆拒不纳。当道官至，求一字不可得。时携钱至酒肆，呼下隶与饮。或自持斧击破其头，血流被面[35]，头骨皆折，揉之有声。或以利锥锥其两耳，深入寸余，竟不得死。

石篑言：晚岁，诗文益奇，无刻本，集藏于家。余所见者，《徐文长集》、《阙编》二种而已。然文长竟以不得志于时，抱愤而卒。

石公曰：先生数奇不已[36]，遂为狂疾；狂疾不已，遂为囹圄。古今文人，牢骚困苦，未有若先生者也。虽然，胡公间世豪杰[37]，永陵英主，幕中礼数异等，是胡公知有先生矣；表上，人主悦，是人主知有先生矣。独身未贵耳。先生诗文崛起，一扫近代芜秽之习，百世而下，自有定论，胡为不遇哉[38]！

梅客生[39]尝寄余书曰：“文长，吾老友，病奇于人，人奇于诗，诗奇于字，字奇于文，文奇于画。”余谓：文长，无之而不奇者也。无之而不奇，斯无之而不奇也哉[40]！悲夫！

【注释】

[1] 本文选自《袁中郎集》。徐文长：即徐渭（1521—1593年）。渭字文清，后改字文长，号天池，别号天池生、田水月，山阴（今浙江绍兴）人。明代中叶著名文学家、书画家、戏剧家。

[2] 里肆：街头店铺。

[3] 北杂剧：元明时，用北曲演唱的一种戏剧形式。《四声猿》：徐渭创作的一组短剧，包括《狂鼓吏》、《玉禅师》、《雌木兰》、《女状元》。

[4] 磊块：本意为石块，后常用来比喻胸中郁积的愤懑不平之气。

[5] 宛宛：宛如，仿佛。

[6] 陶编修：陶望龄，字周望，号石篑，曾任翰林院编修。

[7] 一帙（zhì）：一册。帙，书套。

[8] 恶楮毛书：指纸质低劣，刻工粗糙。

［9］烟煤败黑：形容印刷质量很差。

［10］魇（yǎn）：噩梦。

［11］作书：写信。

［12］浸浸：渐渐。

［13］大试：指考取举人的乡试（明代乡试亦称省试），与考取秀才的“小试”相对而言。

［14］胡梅林：胡宗宪，字汝贞，号梅林，曾任浙江巡按御史，升兵部右侍郎总督军务，剿倭有功。

［15］非时：不按规定的时间。

［16］数边兵：明代边防设有九镇，称为九边，此指胡宗宪统帅几镇兵马平定倭寇。

［17］膝语蛇行：跪着说话，像蛇一样匍匐而行。

［18］会：适逢。

［19］永陵：明世宗之陵。宋、元、明人皆以陵名称已故的皇帝。

［20］疏记：即奏记，文体名。

［21］饵：引诱。汪、徐：汪直、徐海，海盗首领，与倭寇勾结作乱于浙江沿海，被胡宗宪设计诱降后诛杀。

［22］沙门：僧人。负资而秽：有钱财而行为肮脏。

［23］数困：指多次参加乡试受挫。

［24］入帘：担任考官。明代科举考官也叫帘官。

［25］房：科举考试中，协助主考的官员阅卷时各占一房，称房官。

［26］不偶：不成功。

［27］有司：官吏，此指试官。

［28］放浪曲蘖（niè）：放纵酗酒。曲蘖，酿酒发酵剂，代指酒。

［29］穷览朔漠：尽览北方荒漠。

［30］独立一时：当代杰出而不合群。

［31］物无遁情：物的情状没有一毫遗漏。

［32］王雅宜：明代书法家王宠，号雅宜山人。文征中：文征明，字征中，也是明中叶的书法家、文学家。

［33］八法：书法理论中有“永字八法”之说，此代指书法艺术。散圣：放纵不羁而自成大家。

［34］张阳和：张元忭，号阳和，徐渭之友。力解：尽力解救。

［35］被（pī）面：满面。被同“披”。

［36］数奇（jī）：命运不好。

［37］间世：隔世，此指不常见。

［38］胡为不遇：怎能说是没有施展抱负的机会。

［39］梅客生：梅国桢，字客生，作者的朋友。

［40］奇：在此段中，前面作“奇异”、“不寻常”解，最后一个作“数奇（jī）”、“不顺利”解。

【提示】

这篇传记散文的一个突出特点，是作者动非常之情，传非常之人，将叙事与抒情紧密结合起来。因此，情托于事，虽激荡而不觉空泛；事注入情，虽纷繁而神气凝聚。

文中，传主奇人奇才奇事，与作者的激赏、扼腕叹息交融共鸣。惺惺相惜之情，源于作者的慧眼卓识：文长本济世之才，遭压抑、埋没，“英雄失路、托足无门”之悲便奔泻于诗文书画；最终因“数奇不已”，以致癫狂求死。作者准确把握传主的精神实质来谋篇布局，文章才写得如此风骨劲健、慷慨激昂。

文末，暗示了为徐文长作传的目的：“无之而不奇，斯无之而不奇也哉!”作者是要借这位博学多才的文坛怪杰，张扬自己求真求新的文学主张，抨击压抑个性、摧残人才的不良现象，为“公安派”壮大声势。

【思考题】

一、结合第一部分，说说作者对徐文长的情感态度是如何表现的。

二、第二部分为何不先叙传主的文学艺术成就，再叙其实际才干？

西湖七月半[1]

张　岱

张岱（1597—1684年），字宗子，又字石公，号陶庵，又号蝶庵。明末清初山阴（今浙江绍兴）人。他不求仕进，喜爱游山玩水、读书品茗。明亡后避居山中，从事著述。所著《陶庵梦忆》、《西湖梦寻》，追忆往昔繁华，寄寓亡国感叹。还著有《嫏嬛文集》、《石匮书》。文学创作以小品文见长。

西湖七月半，一无可看，只可看看七月半之人。看七月半之人，以五类看之：其一，楼船箫鼓，峨冠盛筵，灯火优傒[2]，声光相乱，名为看月而实不见月者，看之；其一，亦船亦楼，名娃闺秀[3]，携及童娈[4]，笑啼杂之，还坐露台[5]，左右盼望，身在月下而实不看月者，看之；其一，亦船亦声歌，名妓闲僧，浅斟低唱，弱管轻丝[6]，竹肉相发[7]，亦在月下，亦看月而欲人看其看月者，看之；其一，不舟不车，不衫不帻[8]，酒醉饭饱，呼群三五，跻入人丛，昭庆、断桥[9]，嘄呼嘈杂[10]，装假醉，唱无腔曲，月亦看，看月者亦看，不看月者亦看，而实无一看者，看之；其一，小船轻幌，净几暖炉，茶铛旋煮[11]，素磁静递，好友佳人，邀月同坐，或匿影树下，或逃嚣里湖[12]，看月而人不见其看月之态，亦不作意看月者，看之。

杭人游湖，巳出酉归[13]，避月如仇。是夕好名，逐队争出，多犒门军酒钱，轿夫擎燎[14]，列俟岸上。一入舟，速舟子急放断桥[15]，赶入胜会。以故二鼓以前，人声鼓吹，如沸如撼，如魇如呓，如聋如哑，大船小船一齐凑岸，一无所见，止见篙击篙，舟触舟，肩摩肩，面看面而已。少刻兴尽，官府席散，皂隶喝道去。轿夫叫船上，怖以关门，灯笼火把如列星，一一簇拥而去。岸上人亦逐队赶门，渐稀渐薄，顷刻散尽矣。

吾辈始舣舟近岸。断桥石磴始凉，席其上，呼客共饮。此时月色如镜新磨，山复整妆，湖复颒面[16]，向之浅斟低唱者出[17]，匿影树下者亦出，吾辈往通声气，拉与同坐。韵友来，名妓至，杯箸安，竹肉发。月色苍凉，东方将白，客方散去。吾辈纵舟，酣睡于十里荷花之中，香气拍人，清梦甚惬。

【注释】

［1］本文选自《陶庵梦忆》。

［2］优傒（xī）：乐伎与奴仆。

［3］娃：美女。

［4］童娈（luán）：亦作娈童，指俊童。娈，美貌。

［5］还：通“环”，环绕。

［6］管：箫笛之类管乐器。丝：琴筝之类弦乐器。

［7］竹肉相发：言器乐声伴着歌声。

［8］衫：长衣。帻（zé）：头巾。

［9］昭庆：即昭庆寺，与断桥同为西湖名胜。

［10］嚣（xiāo）：叫，呼喊。

［11］茶铛（chēng）：煮茶的小锅。旋煮：随时可煮。

［12］逃嚣：躲避喧嚣。里湖：西湖苏堤以内的部分。

［13］巳：巳时，上午9时至11时。酉：酉时，下午5时至7时。

［14］燎：火把。

［15］速：催促。放：向……行船。

［16］颒（huì）面：洗脸。

［17］向：先前。

【提示】

作者为表现明末杭州人中元节游西湖的盛况，既以总镜头鸟瞰杭州人出城、游湖、入城的喧闹、拥挤的场面，又以分镜头描摹各类游人的情态，其中以名与实是否相符、主与宾是否和谐来衡量游人的雅俗。其构思新颖，饶有情趣。

晚明市民文化勃兴，作者也有近俗倾向，颇关注俗人俗事。本文虽有讽世讥俗之意，但仅限于对山水的审美欣赏，并没有扩大范畴、穿凿引申，调侃褒贬适度，情感态度也超脱、达观。

言简义丰，文笔跳荡，是本文的又一特色。如描绘官僚讲排场、富豪求享受、文人装风雅、市民凑热闹、高士赏秋月等，多省略可有可无的词语，注意突出其特征；大场面的转换，不采用冗笔过渡，仅剪辑形象画面自然衔接。

【思考题】

一、“不舟不车，不衫不帻”二句所写情景有何妙处？

二、与出入城的场面描绘相比，第二自然段对杭州人游湖的正面描写是否显得单薄？为什么？

聊斋志异（青凤）[1]

蒲松龄

蒲松龄（1640—1715 年），字留仙，一字剑臣，号柳泉居士。明末清初淄川（今山东淄博）人。自幼有文名，但屡试不第，终生家贫，仅做过幕宾、塾师。他积二十余年时间，写成文言短篇小说集《聊斋志异》，共四百多篇。主要内容是以虚幻的狐鬼故事讽喻社会现实，表现美好的人生理想。

其诗文、俗曲等作品，今汇编为《蒲松龄集》。

太原耿氏，故大家，第宅弘阔。后凌夷[2]，楼舍连亘，半旷废之。因生怪异，堂门辄自开掩，家人恒中夜骇哗。耿患之，移居别墅，留老翁门焉。由此荒落益甚。或闻笑语歌吹声。

耿有从子去病[3]，狂放不羁。嘱翁有所闻见，奔告之。至夜，见楼上灯光明灭，走报生。生欲入觇其异[4]。止之，不听。门户素所习识，竟拨蒿蓬，曲折而入。登楼，殊无少异。穿楼而过，闻人语切切。潜窥之，见巨烛双烧，其明如昼。一叟儒冠南面坐，一媪相对，俱年四十余。东向一少年，可二十许；右一女郎，才及笄耳[5]。酒胾满案[6]，团坐笑语。生突入，笑呼曰："有不速之客一人来！"群惊奔匿。独叟出叱问："谁何入人闺闼？"生曰："此我家闺闼，君占之。旨酒自饮，不一邀主人，毋乃太吝？"叟审睇曰："非主人也。"生曰："我狂生耿去病，主人之从子耳。"叟致敬曰："久仰山斗[7]！"乃揖生入，便呼家人易馔。生止之。叟乃酌客。生曰："吾辈通家[8]，座客无庸见避，还祈招饮。"叟呼："孝儿！"俄少年自外入。叟曰："此豚儿也[9]。"揖而坐，略审门阀。叟自言："义君，姓胡。"生素豪，谈议风生，孝儿亦倜傥；倾吐间，雅相爱悦[10]。生二十一，长孝儿二岁，因弟之。叟曰："闻君祖纂涂山外传[11]，知之乎？"答："知之。"叟曰："我涂山氏之苗裔也。唐以后，谱系犹能忆之；五代而上无传焉。幸公子一垂教也。"生略述涂山女佐禹之功，粉饰多词，妙绪泉涌。叟大喜，谓子曰："今幸得闻所未闻。公子亦非他人，可请阿母及青凤来共听之，亦令知我祖德也。"孝儿入帏中。少时，媪偕女郎出。审顾之，弱态生娇，秋波流慧，人间无其丽也。叟指妇云："此为老荆[12]。"又指女郎："此青凤鄙人之犹女也[13]。颇惠，所闻见，辄记不忘，故唤令听之。"生谈竟而饮，瞻顾女郎，停睇不转。女觉之，辄俯其首。生隐蹑莲钩[14]，女急敛足，亦无愠怒。生神志飞扬，不能自主，拍案曰："得妇如此，南面王不易也[15]！"媪见生渐醉，益狂，与女俱起，遽搴帏去[16]。生失望，乃辞叟出。

而心萦萦，不能忘情于青凤也。至夜，复往，则兰麝犹芳，而凝待终宵，寂无声欬[17]。

归与妻谋，欲携家而居之，冀得一遇。妻不从，生乃自往，读于楼下。夜方凭几，一鬼披发入，面黑如漆，张目视生。生笑，染指研墨自涂，灼灼然相与对视。鬼惭而去。次夜，更既深，灭烛欲寝，闻楼后发扃，辟之闸然[18]。生急起窥视，则扉半启。俄闻履声细碎，有烛光自房中出。视之，则青凤也。骤见生，骇而却退，遽阖双扉。生长跽而致词曰[19]："小生不避险恶，实以卿故。幸无他人，得一握手为笑，死不憾耳。"女遥语曰："惓惓深情[20]，妾岂不知？但叔闺训严，不敢奉命。"生固哀之云："亦不敢望肌肤之亲，但一见颜色足矣。"女似肯可，启关出，捉之臂而曳之。生狂喜，相将入楼下，拥而加诸膝。女曰："幸有夙分[21]；过此一夕，即相思无用矣。"问："何故？"曰："阿叔畏君狂，故化厉鬼以相吓，而君不动也。今已卜居他所，一家皆移什物赴新居，而妾留守，明日即发。"言已，欲去，云："恐叔归。"生强止之，欲与为欢。方持论间，叟掩入。女羞惧无以自容，俛首倚床，拈带不语。叟怒曰："贱婢辱吾门户！不速去，鞭挞且从其后！"女低头急去，叟亦出。尾而听之，诃诟万端[22]。闻青凤嘤嘤啜泣。生心意如割，大声曰："罪在小生，于青凤何与？倘宥凤也[23]，刀锯鈇钺[24]，小生愿身受之！"良久寂然，生乃归寝。自此第内绝不复声息矣。

生叔闻而奇之，愿售以居，不较直。生喜，携家口而迁焉。居逾年，甚适，而未尝须臾忘凤也。

会清明上墓归，见小狐二，为犬逼逐。其一投荒窜去，一则皇急道上。望见生，依依哀啼，葛耳辑首[25]，似乞其援。生怜之，启裳衿，提抱以归。闭门，置床上，则青凤也。大喜，慰问。女曰："适与婢子戏，遘此大厄[26]。脱非郎君[27]，必葬犬腹。望无以非类见憎。"生曰："日切怀思，系于魂梦。见卿如获异宝，何憎之云！"女曰："此天数也，不因颠覆，何得相从？然幸矣，婢子必以妾为已死，可与君坚永约耳。"生喜，另舍舍之。

积二年余，生方夜读，孝儿忽入。生辍读，讶诘所来。孝儿伏地，怆然曰："家君有横难，非君莫拯。将自诣恳，恐不见纳，故以某来。"问："何事？"曰："公子识莫三郎否？"曰："此吾年家子也[28]。"孝儿曰："明日将过，倘携有猎狐，望君之留之也。"生曰："楼下之羞，耿耿在念，他事不敢预闻。必欲仆效绵薄，非青凤来不可！"孝儿零涕曰："凤妹已野死三年矣！"生拂衣曰："既尔，则恨滋深耳！"执卷高吟，殊不顾瞻。孝儿起，哭失声，掩面而去。生如青凤所，告以故。女失色曰："果救之否？"曰："救则救之；适不之诺者，亦聊以报前横耳。"女乃喜曰："妾少孤，依叔成立。昔虽获罪，乃家范应尔[29]。"生曰："诚然，但使人不能无介介耳。卿果死，定不相援。"女笑曰："忍哉！"次日，莫三郎果至，镂膺虎韔[30]，仆从甚赫。生门逆之。见获禽甚多，中一黑狐，血殷毛革[31]；抚之，皮肉犹温。便托裘敝，乞得缀补。莫慨然解赠。生即付青凤，乃与客饮。客既去，女抱狐于怀，三日而苏，展转复化为叟。举目见凤，疑非人间。女历言其情。叟乃下拜，惭谢前愆。喜顾女曰："我固谓汝不死，今果然矣。"女谓生曰："君如念妾，还乞以楼宅相假，使妾得以申返哺之私。”生诺之。叟赧然谢别而去[32]。入夜，果举家来。由此如家人父子，无复猜忌矣。生斋居[33]，孝儿时共谈宴。生嫡出子渐长，遂使傅之[34]；盖循循善教，有师范焉。

【注释】

[1] 本篇选自《聊斋志异》卷1，上海古籍出版社1978年版。

[2] 凌夷：当做“陵夷”。陵，土山。夷，平。土山变为平地，引申为衰落的意思。

[3] 从（zòng）子：侄儿。

[4] 觇（chān）：窥看。

[5] 及笄（jī）：古代称女子15岁为及笄年，表示已成年。笄，女子盘发用的簪子。

[6] 胾（zì）：大块肉。

[7] 久仰山斗：仰望人如仰望泰山、北斗一样，是敬慕之词。久仰，仰慕已久。

[8] 通家：世代有交往的人家。

[9] 豚儿：对人称自己儿子蠢笨的谦词。

[10] 雅：极，甚。

[11] 涂山外传：古代传说，禹在涂山娶九尾白狐为妻，称涂山氏。

[12] 老荆：对人称自己妻子的谦词。东汉梁鸿妻孟光，荆钗布裙，举案齐眉，为贤妻典范。以荆条作钗，是赞颂妻子的俭朴美德，亦表贫寒之意。

[13] 犹女：侄女。

[14] 莲钩：旧指女子缠过的小脚。

[15] 南面王：古代帝王座位面向南，故称南面王。

[16] 搴帏：掀起帷幕。

[17] 欬（kài）：咳嗽。

[18] 辟（pì）之闬（pēng）然：开门的声音。辟：打开。

[19] 长跽（jì）：长跪。一种双膝着地、上身挺直的跪姿。

[20] 惓惓：义同“拳拳”，恳切的样子。

[21] 夙分：前世缘分。

[22] 诃（hē）诟：大声责骂。

[23] 宥（yòu）：宽宥，赦罪。

[24] 鈇（fū）钺（yuè）：鈇，铡刀；钺，古代兵器。

[25] 阘（tà）耳辑首：垂耳缩头。

[26] 遘（gòu）此大厄：遭到这样的大灾难。

[27] 脱非：若不是。

[28] 年家子：科举时代，在同一年考中的举人、进士，彼此称为同年；对彼此的后辈称年家子。

[29] 家范：家规。

[30] 镂（lòu）膺虎韔（chàng）：马胸前镂金饰带、虎皮做的弓袋。

[31] 殷（yān）：赤黑色。

[32] 赧（nǎn）然：羞愧脸红的样子。

[33] 斋：书房。

[34] 遂使傅之：就请（孝儿）做儿子的师傅。

【提示】

这篇爱情故事，并不渲染娇妻美妾、功名富贵、子嗣福泽等人生欲望，而是以耿生遇、求、救狐女青凤及救狐叟几件事，集中言情，具有优美、深刻、蕴藉的特点。

人狐相恋，亦幻亦真。耿生夜入荒宅觇异、人前拍案示爱、涂墨于面退鬼、愿替恋人受责、不因异类变心……勇敢豪放，有情有义。叟为儒狐，本性良善——出入废宅、礼待狂生、扮鬼吓人，无害人之心；哺孤女、排家宴，无淫邪之行。耿生近良善求美色，情爱立足于仁爱，才有缘急难相助，得偿宿愿。由此，爱情的艰难曲折，不在于善与恶、肉欲与亲情的冲突，而深入到人性与礼教的对立。美丽、柔弱的青凤唾弃了残酷的礼教，以反哺报恩再次讴歌了人性的光辉。

结构起伏、紧凑，巧设悬念。语言表现力强。如耿宅“半旷废”、“荒落益甚”与“竟拨蒿蓬”，前后照应，用词精练准确，“急敛足”与“无愠怒”，将青凤闺秀的矜持、少女的情怀刻画得惟妙惟肖；孝儿为父求救，太过悲怆，不识耿生作态，亦真切感人。

【思考题】

一、最后一段文字与爱情无关，是否为赘笔？为什么？

二、耿生初见叟、孝儿、青凤三段文字，曲尽变化之美。请作分析。

红楼梦（节选）

曹雪芹

曹雪芹（1715？—1763年？），名霑，字梦阮，号雪芹，又号芹溪、芹圃。祖籍辽阳（今属辽宁），一说直隶丰润（今属河北）。汉族。远祖为满洲贵族包衣，属正白旗。高祖随清军入关，成为“从龙旧勋”，有较高的社会地位。曾祖母（曹玺之妻）做过康熙皇帝的奶妈，祖父曹寅少年时曾做过康熙的伴读。因此，曹家几代受到康熙的庇护和宠信。曹玺、曹寅、曹颙、曹頫三代连任江宁织造近60年。雍正五年（1727年），曹頫以“行为不端，织造款项亏空甚多”等罪名革职、抄家、入狱，曹氏从此一蹶不振，举家迁往北京居住。曹雪芹为曹頫（一说曹颙）之子，自幼受到家庭文学氛围的熏陶（曹寅诗、文、戏曲修养很好），北返后常与宗室兄弟及贵族失意子弟唱和，曾与诗人张宜泉订交。晚年僻居京郊西山，生活困顿，以卖画为生。后因爱子夭折，悲痛至极，一病不起。

《红楼梦》是曹雪芹晚年的作品。他生前对全书有完整的构思，不单完成了前八十回的创作，还写出了八十回以后的部分章节，可惜文稿散失，不复存在。今本《红楼梦》一百二十回中的后四十回，是高鹗续写的。曹雪芹对前八十回文字作过多次修改，自谓“字字看来都是血，十年辛苦不寻常”。高鹗续书的思想深度和艺术水准都不及曹氏所作，但对宝黛爱情结局的处理大体符合曹氏原意，在艺术上也有可称道之处。又，续书使作品有首有尾，故事完整，结构紧密，对《红楼梦》的流传十分有利。

话说贾妃回宫，次日见驾谢恩，并回奏归省之事。龙颜甚悦，又发内帑彩缎金银等物，以赐贾政及各椒房等员，不必细说。

且说荣宁二府中因连日用尽心力，真是人人力倦，各各神疲，又将园中一应陈设动用之物收拾了两三天方完。第一个凤姐事多任重，别人或可偷安躲静，独他是不能脱得的；二则本性要强，不肯落人褒贬，只扎挣着与无事的人一样。

第一个宝玉是极无事最闲暇的。偏这日一早，袭人的母亲又亲来回过贾母，接袭人家去吃年茶，晚间才得回来。因此，宝玉只和众丫头们掷骰子赶围棋作戏。正在房内顽的没兴头，忽见丫头们来回说：“东府珍大爷来请过去看戏、放花灯。”宝玉听了，便命换衣裳。才要去时，忽又有贾妃赐出糖蒸酥酪来；宝玉想上次袭人喜吃此物，便命留与袭人了。自己回过贾母，过去看戏。

谁想贾珍这边唱的是《丁郎认父》、《黄伯央大摆阴魂阵》，更有《孙行者大闹天宫》、《姜子牙斩将封神》等类的戏文[1]，倏尔神鬼乱出，忽又妖魔毕露，甚至于扬幡过会，号佛[2]行香，锣鼓喊叫之声远闻巷外。满街之人个个都赞："好热闹戏，别人家断不能有的。"宝玉见繁华热闹到如此不堪的田地，只略坐了一坐，便走开各处闲耍。先是进内去和尤氏和丫鬟姬妾说笑了一回，便出二门来。

尤氏等仍料他出来看戏，遂也不曾照管。贾珍、贾琏、薛蟠等只顾猜枚行令，百般作乐，也不理论，纵一时不见他在座，只道在里边去了，故也不问。至于跟宝玉的小厮们，那年纪大些的，知宝玉这一来了，必是晚间才散，因此偷空也有去会赌的，也有往亲友家去吃年茶的，更有或嫖或饮的，都私散了，待晚间再来；那小些的，都钻进戏房里瞧热闹去了。

宝玉见一个人没有，因想"这里素日有个小书房[3]，内曾挂着一轴美人，极画的得神。今日这般热闹，想那里自然无人[4]，那美人也自然是寂寞的，须得我去[5]望慰他一回。"想着，便往书房里来。刚到窗前，闻得房内有呻吟之韵。宝玉倒唬了一跳：敢是美人活了不成？乃乍着胆子，舔破窗纸，向内一看——那轴美人却不曾活，却是茗烟按着一个女孩子，也干那警幻所训之事。宝玉禁不住大叫："了不得！"一脚踹进门去，将那两个唬开了，抖衣而颤。

茗烟见是宝玉，忙跪求不迭。宝玉道："青天白日，这是怎么说。珍大爷知道，你是死是活？"一面看那丫头，虽不标致，倒还白净，些微亦有动人处，羞的脸红耳赤，低首无言。宝玉跺脚道："还不快跑！"一语提醒了那丫头，飞也似去了。宝玉又赶出去，叫道："你别怕，我是不告诉人的。"急的茗烟在后叫："祖宗，这是分明告诉人了！"宝玉因问："那丫头十几岁了？"茗烟道："大不过十六七岁了。"宝玉道："连他的岁属也不问问，别的自然越发不知了。可见他白认得你了。可怜，可怜！"又问："名字叫什么？"茗烟大笑道："若说出名字来话长，真真新鲜奇文，竟是写不出来的。据他说，他母亲养他的时节做了个梦，梦见得了一匹锦，上面是五色富贵不断头卍字的花样，所以他的名字叫作卍儿[6]。"宝玉听了笑道："真也新奇，想必他将来有些造化。"说着，沉思一会。

茗烟因问："二爷为何不看这样的好戏？"宝玉道："看了半日，怪烦的，出来逛逛，就遇见你们了。这会子作什么呢？"茗烟炊炊[7]笑道："这会子没人知道，我悄悄的引二爷往城外逛逛去，一会子再往这里来，他们就不知道了。"宝玉道："不好，仔细花子[8]拐了去。便是他们知道了，又闹大了，不如往熟近些的地方去，还可就来。"茗烟道："熟近地方，谁家可去？这却难了。"宝玉笑道："依我的主意，咱们竟找你花大姐姐去，瞧他在家作什么呢。"茗烟笑道："好，好！倒忘了他家。"又道："若他们知道了，说我引着二爷胡走，要打我呢？"宝玉道："有我呢。"茗烟听说，拉了马，二人从后门就走了。

幸而袭人家不远，不过一半里路程，展眼已到门前。茗烟先进去叫袭人之兄花自芳。彼时袭人之母接了袭人与几个外甥女儿、几个侄女儿来家，正吃果茶。听见外面有人叫"花大哥"，花自芳忙出去看时，见是他主仆两个，唬的惊疑不止，连忙抱下宝玉来，在院内嚷道："宝二爷来了！"别人听见还可，袭人听了，也不知为何，忙跑出来迎着宝玉，一把拉着问："你怎么来了？"宝玉笑道："我怪闷的，来瞧瞧你作什么呢。”袭人听了，才放下心来，嗐了一声，笑道：“你也忒胡闹了，可作什么来呢！”一面又问茗烟：“还有谁跟来？”茗烟笑道：“别人都不知，就只我们两个。”袭人听了，复又惊慌，说道：“这还了得！倘或碰见了人，或是遇见了老爷，街上人挤车碰，马轿纷纷的，若有个闪失，也是顽得的！你们的胆子比斗还大。都是茗烟调唆的，回去我定告诉嬷嬷们打你。”茗烟撅了嘴道：“二爷骂着打着，叫我引了来，这会子推到我身上。我说别来罢，——不然我们还去罢。”花自芳忙劝：“罢了，已是来了，也不用多说了。只是茅檐草舍，又窄又脏，爷怎么坐呢？”

袭人之母也早迎了出来。袭人拉了宝玉进去。宝玉见房中三五个女孩儿，见他进来，都低了头，羞惭惭的。花自芳母子两个百般怕宝玉冷，又让他上炕，又忙另摆果桌，又忙倒好茶。袭人笑道：“你们不用白忙，我自然知道。果子也不用摆，也不敢乱给东西吃。”一面说，一面将自己的坐褥拿了铺在一个炕上，宝玉坐了；用自己的脚炉垫了脚；向荷包内取出两个梅花香饼儿[9]来，又将自己的手炉掀开焚上，仍盖好，放与宝玉怀内；然后将自己的茶杯斟了茶，送与宝玉。彼时他母兄已是忙另齐齐整整摆上一桌子果品来。袭人见总无可吃之物，因笑道：“既来了，没有空去之理，好歹尝一点儿，也是来我家一趟。”说着，便拈了几个松子穰，吹去细皮，用手帕托着送与宝玉。

宝玉看见袭人两眼微红，粉光融滑，因悄问袭人：“好好的哭什么？”袭人笑道：“何尝哭，才迷了眼揉的。”因此便遮掩过了。当下宝玉穿着大红金蟒狐腋箭袖，外罩石青貂裘排穗褂。袭人道：“你特为往这里来又换新服，他们就不问你往那去的？”宝玉笑道：“珍大爷那里去看戏换的。”袭人点头。又道：“坐一坐就回去罢，这个地方不是你来的。”宝玉笑道：“你就家去才好呢，我还替你留着好东西呢。”袭人悄笑道：“悄悄的，叫他们听着什么意思。”一面又伸手从宝玉项上将通灵玉摘了下来，向他姊妹们笑道：“你们见识见识。时常说起来都当希罕，恨不能一见，今儿可尽力瞧了。再瞧什么希罕物儿，也不过是这么个东西。”说毕，递与他们传看了一遍，仍与宝玉挂好。又命他哥哥去或雇一乘小轿，或雇一辆小车，送宝玉回去。花自芳道：“有我送去，骑马也不妨了。”袭人道：“不为不妨，为的是碰见人。”

花自芳忙去雇了一顶小轿来，众人也不敢相留，只得送宝玉出去。袭人又抓果子与茗烟，又把些钱与他买花炮放，教他“不可告诉人，连你也有不是。”一直送宝玉至门前，看着上轿，放下轿帘。花、茗二人牵马跟随。来至宁府街，茗烟命住轿，向花自芳道：“须等我同二爷还到东府里混一混，才好过去的，不然人家就疑惑了。”花自芳听说有理，忙将宝玉抱出轿来，送上马去。宝玉笑说：“倒难为你了。”于是仍进后门来。俱不在话下。

却说宝玉自出了门，他房中这些丫鬟们都越性恣意的顽笑，也有赶围棋的，也有掷骰抹牌的，磕了一地瓜子皮。偏奶母李嬷嬷拄拐进来请安，瞧瞧宝玉，见宝玉不在家，丫头们只顾顽闹，十分看不过。因叹道：“只从我出去了，不大进来，你们越发没个样儿了，别的妈妈们越不敢说你们了。那宝玉是个丈八的灯台——照见人家，照不见自家的。只知嫌人家脏，这是他的屋子，由着你们遭塌，越不成体统了。”这些丫头们明知宝玉不讲究这些，二则李嬷嬷已是告老解事出去的了，如今管他们不着，因此只顾顽，并不理他。那李嬷嬷还只管问“宝玉如今一顿吃多少饭”、“什么时辰睡觉”等语。丫头们总胡乱答应。有的说：“好一个讨厌的老货！[10]”

李嬷嬷又问道：“这盖碗里是酥酪，怎不送与我去？我就吃了罢。”说毕，拿匙就吃。一个丫头道：“快别动！那是说了给袭人留着的，回来又惹气了。你老人家自己承认，别带累我们受气。”李嬷嬷听了，又气又愧，便说道：“我不信他这样坏了。别说我吃了一碗牛奶，就是再比这个值钱的，也是应该的。难道待袭人比我还重？难道他不想想怎么长大了？我的血变的奶，吃的长这么大，如今我吃他一碗牛奶，他就生气了？我偏吃了，看怎么样！你们看袭人不知怎样，那是我手里调理出来的毛丫头，什么阿物儿[11]！”一面说，一面赌气将酥酪吃尽。又一丫头笑道：“他们不会说话，怨不得你老人家生气。宝玉还时常送东西孝敬你老去，岂有为这个不自在的。”李嬷嬷道：“你们也不必妆狐媚子[12]哄我，打量上次为茶撵茜雪的事我不知道呢。明儿有了不是，我再来领！”说着，赌气去了。

少时，宝玉回来，命人去接袭人。只见晴雯躺在床上不动，宝玉因问：“敢是病了？再不然输了？”秋纹道：“他倒是赢的。谁知李老太太来了，混输了，他气的睡去了。”宝玉笑道：“你别和他一般见识，由他去就是了。”说着，袭人已来，彼此相见。袭人又问宝玉何处吃饭，多早晚回来，又代母妹问诸同伴姊妹好。一时换衣卸妆。宝玉命取酥酪来，丫鬟们回说：“李奶奶吃了。”宝玉才要说话，袭人便忙笑道：“原来是留的这个，多谢费心。前儿我吃的时候好吃，吃过了好肚子疼，足闹的吐了才好。他吃了倒好，搁在这里倒白遭塌了。我只想风干栗子吃，你替我剥栗子，我去铺床。”

宝玉听了信以为真，方把酥酪丢开，取栗子来，自向灯前检剥。一面见众人不在房中，乃笑问袭人道：“今儿那个穿红的是你什么人？”袭人道：“那是我两姨妹子。”宝玉听了，赞叹了两声。袭人道：“叹什么？我知道你心里的缘故，想是说他那里配红的。”宝玉笑道：“不是，不是。那样的不配穿红的，谁还敢穿。我因为见他实在好的很，怎么也得他在咱们家就好了。”袭人冷笑道：“我一个人是奴才命罢了，难道连我的亲戚都是奴才命不成？定还要拣实在好的丫头才往你家来。”宝玉听了，忙笑道：“你又多心了。我说往咱们家来，必定是奴才不成？说亲戚就使不得？”袭人道：“那也搬配不上。”

宝玉便不肯再说，只是剥栗子。袭人笑道：“怎么不言语了？想是我才冒撞冲犯了你，明儿赌气花几两银子买他们进来就是了。”宝玉笑道：“你说的话，怎么叫我答言呢。我不过是赞他好，正配生在这深堂大院里，没的我们这种浊物倒生在这里。”袭人道：“他虽没这造化，倒也是娇生惯养的呢，我姨爹姨娘的宝贝。如今十七岁，各样的嫁妆都齐备了，明年就出嫁。”宝玉听了“出嫁”二字，不禁又嗐了两声。正是不自在，又听袭人叹道：“只从我来这几年，姊妹们都不得在一处。如今我要回去了，他们又都去了。”

宝玉听这话内有文章，不觉吃一惊，忙丢下栗子，问道：“怎么，你如今要回去了？”袭人道：“我今儿听见我妈和哥哥商议，教我再耐烦一年，明年他们上来，就赎我出去的呢。”宝玉听了这话，越发怔了，因问：“为什么要赎你？”袭人道：“这话奇了！我又比不得是你这里的家生子儿[13]，一家子都在别处，独我一个人在这里，怎么是个了局？”宝玉道：“我不叫你去也难。”袭人道：“从来没这道理。便是朝廷宫里，也有个定例，或几年一选，几年一入，也没有个长远留下人的理，别说你了！”

宝玉想一想，果然有理。又道：“老太太不放你也难。”袭人道：“为什么不放？我果然是个最难得的，或者感动了老太太，老太太必不放我出去的，设或多给我们家几两银子，留下我，然或有之；其实我也不过是个平常的人，比我强的多而且多。自我从小儿来了，跟着老太太，先伏侍了史大姑娘几年，如今又伏侍了你几年。如今我们家来赎，正是该叫去的，只怕连身价也不要，就开恩叫我去呢。若说为伏侍的你好，不叫我去，断然没有的事。那伏侍的好，是分内应当的，不是什么奇功。我去了，仍旧有好的来了，不是没了我就不成事。”

宝玉听了这些话，竟是有去的理，无留的理，心内越发急了，因又道：“虽然如此说，我只一心留下你，不怕老太太不和你母亲说。多多给你母亲些银子，他也不好意思接你了。”袭人道：“我妈自然不敢强。且漫说和他好说，又多给银子；就便不好和他说，一个钱也不给，安心要强留下我，他也不敢不依。但只是咱们家从没干过这倚势仗贵霸道的事。这比不得别的东西，因为你喜欢，加十倍利弄了来给你，那卖的人不得吃亏，可以行得。如今无故平空留下我，于你又无益，反叫我们骨肉分离，这件事，老太太、太太断不肯行的。”宝玉听了，思忖半晌，乃说道：“依你说，你是去定了？”袭人道：“去定了。”宝玉听了，自思道：“谁知这样一个人，这样薄情无义。”乃叹道：“早知道都是要去的，我就不该弄了来，临了剩我一个孤鬼儿。”说着，便赌气上床睡去了。

原来袭人在家，听见他母兄要赎他回去，他就说至死也不回去的。又说：“当日原是，你们没饭吃，就剩我还值几两银子，若不叫你们卖，没有个看着老子娘饿死的理。如今幸而卖到这个地方，吃穿和主子一样，又不朝打暮骂。况且如今爹虽没了，你们却又整理的家成业就，复了元气。若果然还艰难，把我赎出来，再多掏澄几个钱，也还罢了，其实又不难了。这会子又赎我作什么？权当我死了，再不必起赎我的念头！”因此哭闹了一阵。

他母兄见他这般坚执，自然必不出来的了。况且原是卖倒的死契[14]，明仗着贾宅是慈善宽厚之家，不过求一求，只怕身价银一并赏了这是有的事呢。二则，贾府中从不曾作践下人，只有恩多威少的。且凡老少房中所有亲侍的女孩子们，更比待家下众人不同，平常寒薄人家的小姐，也不能那样尊重的。因此，他母子两个也就死心不赎了。次后忽然宝玉去了，他二人又是那般景况，他母子二人心下更明白了，越发石头落了地，而且是意外之想，彼此放心，再无赎念了。

如今且说袭人自幼见宝玉性格异常，其淘气憨顽自是出于众小儿之外，更有几件千奇百怪口不能言的毛病儿。近来仗着祖母溺爱，父母亦不能十分严紧拘管，更觉放荡弛纵，任性恣情，最不喜务正。每欲劝时，料不能听，今日可巧有赎身之论，故先用骗词，以探其情，以压其气，然后好下箴规[15]。今见他默默睡去了，知其情有不忍，气已馁堕。自己原不想栗子吃的，只因怕为酥酪又生事故，亦如茜雪之茶等事，是以假以栗子为由，混过宝玉不提就完了。于是命小丫头子们将栗子拿去吃了，自己来推宝玉。只见宝玉[16]泪痕满面，袭人便笑道："这有什么伤心的，你果然留我，我自然不出去了。"宝玉见这话有文章，便说道："你倒说说，我还要怎么留你，我自己也难说了。"袭人笑道："咱们素日好处，再不用说。但今日你安心留我，不在这上头。我另说出两三件事来，你果然依了我，就是你真心留我了，刀搁在脖子上，我也是不出去的了。"

宝玉忙笑道："你说，那几件？我都依你。好姐姐，好亲姐姐，别说两三件，就是两三百件，我也依。只求你们同看着我，守着我，等我有一日化成了飞灰，——飞灰还不好，灰还有形有迹，还有知识。——等我化成一股轻烟，风一吹便散了的时候，你们也管不得我，我也顾不得你们了。那时凭我去，我也凭你们爱那里去就去了。"话未说完[17]，急的袭人忙握他的嘴，说："好好的，正为劝你这些，倒更说的狠了。"宝玉忙说道："再不说这话了。"袭人道："这是头一件要改的。"宝玉道："改了，再要说，你就拧嘴。还有什么？"

袭人道："第二件，你真喜读书也罢，假喜也罢，只是在老爷跟前或在别人跟前，你别只管批驳诮谤，只作出个喜读书的样子来，也教老爷少生些气，在人前也好说嘴。他心里想着，我家代代读书，只从有了你，不承望你不喜读书，已经他心里又气又愧了。而且背前背后乱说那些混话，凡读书上进的人，你就起个名字叫作'禄蠹'[18]；又说只除'明明德'[19]外无书，都是前人自己不能解圣人之书，便另出己意，混编纂出来的。这些话，怎么怨得老爷不气，不时时打你。叫别人怎么想你？"宝玉笑道："再不说了。那原是那小时不知天高地厚，信口胡说，如今再不敢说了。还有什么？"

袭人道："再不可毁僧谤道，调脂弄粉。还有更要紧的一件，再不许吃人嘴上擦的胭脂了，与那爱红的毛病儿。"宝玉道："都改，都改。再有什么，快说。"袭人笑道："再也没有了。只是百事检点些[20]，不任意任情的就是了。你若果都依了，便拿八人轿也抬不出我去了。"宝玉笑道："你在这里长远了，不怕没八人轿你坐。"袭人冷笑道："这我可不希罕的。有那个福气，没有那个道理。纵坐了，也没甚趣。"

二人正说着，只见秋纹走进来，说："快三更了，该睡了。方才老太太打发嬷嬷来问，我答应睡了。"宝玉命取表来看时，果然针已指到亥正，方从新盥漱，宽衣安歇，不在话下。

至次日清晨，袭人起来，便觉身体发重，头疼目胀，四肢火热。先时还扎挣的住，次后捱不住，只要睡着，因而和衣躺在炕上。宝玉忙回了贾母，传医诊视，说道："不过偶感风寒，吃一两剂药疏散疏散就好了。"开方去后，令人取药来煎好。刚服下去，命他盖上被渥汗，宝玉自去黛玉房中来看视。

彼时黛玉自在床上歇午，丫鬟们皆出去自便，满屋内静悄悄的。宝玉揭起绣线软帘，进入里间，只见黛玉睡在那里，忙走上来推他道："好妹妹，才吃了饭，又睡觉。"将黛玉唤醒。黛玉见是宝玉，因说道："你且出去逛逛。我前儿闹了一夜，今儿还没有歇过来，浑身酸疼。"宝玉道："酸疼事小，睡出来的病大。我替你解闷儿，混过困去就好了。"黛玉只合着眼，说道："我不困，只略歇歇儿，你且别处去闹会子再来。"宝玉推他道："我往那去呢，见了别人就怪腻的。"

黛玉听了，嗤的一声笑道："你既要在这里，那边去老老实实的坐着，咱们说话儿。"宝玉道："我也歪着。"黛玉道："你就歪着。"宝玉道："没有枕头，咱们在一个枕头上。"黛玉道："放屁！外头不是枕头？拿一个来枕着。"宝玉出至外间，看了一看，回来笑道："那个我不要，也不知是那个脏婆子的。"黛玉听了，睁开眼，起身笑道："真真你就是我命中的'天魔星'[21]！请枕这一个。"说着，将自己枕的推与宝玉，又起身将自己的再拿了一个来，自己枕了，二人对面倒下。

黛玉因看见宝玉左边腮上有钮扣大小的一块血渍，便欠身凑近前来，以手抚之细看，又道："这又是谁的指甲刮破了？"宝玉侧身，一面躲，一面笑道："不是刮的，只怕是才刚替他们淘漉胭脂膏子，搧[22]上了一点儿。"说着，便找手帕子要揩拭。黛玉便用自己的帕子替他揩拭了，口内说道："你又干这些事了。干也罢了，必定还要带出幌子来。便是舅舅看不见，别人看见了，又当奇事新鲜话儿去学舌讨好儿，吹到舅舅耳朵里，又该大家不干净惹气。"

宝玉总未听见这些话，只闻得一股幽香，却是从黛玉袖中发出，闻之令人醉魂酥骨。宝玉一把便将黛玉的袖子拉住，要瞧笼着何物。黛玉笑道："冬寒十月，谁带什么香呢。"宝玉笑道："既然如此，这香是那里来的？"黛玉道："连我也不知道。想必是柜子里头的香气，衣服上熏染的也未可知。"宝玉摇头道："未必。这香的气味奇怪，不是那些香饼子、香球子、香袋子的香。"黛玉冷笑道："难道我也有什么'罗汉''真人'给我些香不成？便是得了奇香，也没有亲哥哥亲兄弟弄了花儿、朵儿、霜儿、雪儿替我炮制。我有的是那些俗香罢了。"

宝玉笑道："凡我说一句，你就拉上这么些，不给你个利害，也不知道，从今儿可不饶你了。"说着翻身起来，将两只手呵了两口，便伸手向黛玉膈肢窝内两肋下乱挠。黛玉素性触痒不禁，宝玉两手伸来乱挠，便笑的喘不过气来，口里说："宝玉！你再闹，我就恼了。"宝玉方住了手，笑问道："你还说这些不说了？"黛玉笑道："再不敢了。"一面理鬓笑道："我有奇香，你有'暖香'没有？"

宝玉见问，一时解不来，因问："什么'暖香'？"黛玉点头叹笑道："蠢才，蠢才！你有玉，人家就有金来配你[23]；人家有'冷香'，你就没有'暖香'去配？"宝玉方听出来。宝玉笑道："方才求饶，如今更说狠了。"说着，又去伸手。黛玉忙笑道："好哥哥，我可不敢了。"宝玉笑道："饶便饶你，只把袖子我闻一闻。"说着，便拉了袖子笼在面上，闻个不住。黛玉夺了手道："这可该去了。"宝玉笑道："去，不能。咱们斯斯文文的躺着说话儿。"说着，复又倒下。黛玉也倒下，用手帕子盖上脸。宝玉有一搭没一搭的说些鬼话，黛玉只不理。宝玉问他几岁上京，路上见何景致古迹，扬州有何遗迹故事，土俗民风。黛玉只不答。

宝玉只怕他睡出病来，便哄他道："嗳哟！你们扬州衙门里有一件大故事，你可知道？"黛玉见他说的郑重，且又正言厉色，只当是真事，因问："什么事？"宝玉见问，便忍着笑顺口诌道：

"扬州有一座黛山，山上有个林子洞。"

黛玉笑道："就是扯谎，自来也没听见这山。"宝玉道："天下山水多着呢，你那里知道这些不成。等我说完了，你再批评。"黛玉道："你且说。"宝玉又诌道：

"林子洞里原来有群耗子精。那一年腊月初七日，老耗子升座议事，因说：'明日乃是腊八，世上人都熬腊八粥。如今我们洞中果品短少，须得趁此打劫些来方妙。'乃拔令箭一枝，遣一能干的小耗前去打听。一时小耗回报：'各处察访打听已毕，惟有山下庙里果米最多。'老耗问：'米有几样？果有几品？'小耗道：'米豆成仓，不可胜记。果品有五种：一红枣，二栗子，三落花生，四菱角，五香芋。'老耗听了大喜，即时点耗前去。乃拔令箭问：'谁去偷米？'一耗便接令去偷米。又拔令箭问：'谁去偷豆？'又一耗接令去偷豆。然后一一的都各领令去了。只剩了香芋一种，因又拔令箭问：'谁去偷香芋？'只见一个极小极弱的小耗应道：'我愿去偷香芋。'老耗并众耗见他这样，恐不谙练，且怯懦无力，都不准他去。小耗道：'我虽年小身弱，却是法术无边，口齿伶俐，机谋深远。此去管比他们偷的还巧呢。'众耗忙问：'如何比他们巧呢？'小耗道：'我不学他们直偷。我只摇身一变，也变成个香芋，滚在香芋堆里，使人看不出，听不见，却暗暗的用分身法搬运，渐渐的就搬运尽了。岂不比直偷硬取的巧些？'众耗听了，都道：'妙却妙，只是不知怎么个变法，你先变个我们瞧瞧。'小耗听了，笑道：'这个不难，等我变来。'说毕，摇身说'变'，竟变了一个最标致美貌的一位小姐。众耗忙笑道：'变错了，变错了。原说变果子的，如何变出小姐来？'小耗现形笑道：'我说你们没见世面，只认得这果子是香芋，却不知盐课林老爷的小姐才是真正的香玉呢。'"

黛玉听了，翻身爬起来，按着宝玉笑道："我把你烂了嘴的！我就知道你是编我呢。"说着，便拧的宝玉连连央告，说："好妹妹，饶我罢，再不敢了！我因为闻你香，忽然想起这个故典来。"黛玉笑道："饶骂了人，还说是故典呢。"

一语未了，只见宝钗走来，笑问："谁说故典呢？我也听听。"黛玉忙让坐，笑道："你瞧瞧，有谁！他饶骂了人，还说是故典。"宝钗笑道："原来是宝兄弟，怨不得他，他肚子里的故典原多。只是可惜一件，凡该用故典之时，他偏就忘了。有今日记得的，前儿夜里的芭蕉诗就该记得。眼面前的倒想不起来，别人冷的那样，你急的只出汗。这会子偏又有记性了。"黛玉听了笑道："阿弥陀佛！到底是我的好姐姐，你一般也遇见对子了。可知一还一报，不爽不错的。"刚说到这里[24]，只听宝玉房中一片声嚷，吵闹起来……

【注释】

[1]《丁郎认父》等戏：《丁郎认父》演明代杜文学（一说高文举）被严嵩迫害流落湖广，入赘

胡丞相府中，他与前妻所生之子丁郎在街上相遇不敢相认，后入府说明原委才得父子相认。《黄伯央大摆阴魂阵》又名《黄伯英怒摆阴兵阵》，故事本于《七国春秋平话》“黄伯杨下山”，“迷魂阵困孙子四人”等章节，讲燕将乐毅的师父黄伯杨下山布迷魂阵围困齐将孙膑的事，剧情十分热闹。《孙行者大闹天宫》、《姜子牙斩将封神》分别为敷演《西游记》和《封神演义》的故事。

[2] 号佛：口宣佛号，即大声念佛。

[3] “有个小书房”：底本“房”下有“名”字并空五字地位，可能是作者拟为小书房起名空下的，后来书房名未起，故将“名”字点去。

[4] “今日这般热闹，想那里自然无人”：原“自然”二字点去，下空半行地位，为求上下文字衔接，此处各本均有改动。甲辰本保留“自然”二字，下添“无人”二字，今从。

[5] “须得我去”：原无“须”字，从各本补。

[6] “叫作卍儿”：己卯、蒙府、戚序、舒序诸本同。梦稿、甲辰、程甲、程乙本作“叫作万儿”。

[7] 欸（xī 西）：通“嘻”。欸欸：戏笑声。

[8] 花子：这里指诓骗小孩的拐子。亦称“拍花子”。

[9] 梅花香饼儿：用香料粉末做成的梅花状小饼，可以佩带，也可焚烧。

[10] “老货”：原无“老”字，从己卯、蒙府、戚序本补。

[11] 阿物儿：如同说“东西”、“家伙”（指人），是一种轻蔑的口气。

[12] 妆狐媚子：用狐狸精善迷人来比喻献媚讨好。

[13] 家生子儿：指家奴的子女。按清代法律，家奴子女世代为奴，永远服役。

[14] 卖倒的死契：指旧社会买卖人口所立的一种字据，其载明永远不能赎取者叫“死契”。“卖倒”即“卖定”、“卖死”、不可变更的意思。

[15] 箴（zhēn 针）规：规劝；告诫。

[16] “只见宝玉”：原无，从梦稿、舒序、甲辰本补。

[17] “话未说完”：原无，从蒙府本补。

[18] 禄蠹（dù 杜）：禄，古代官吏的俸禄。蠹，蛀虫。《韩非子·五蠹》曾把遵“先王之道”的学者、设诈“以成其私”的言谈者、带剑者、习御者以及商工这五种人称为“五蠹之民”，认为足以导致邦国破灭。李贽《史纲评要》赞同前人“无功泽及人，而浪度岁月，宴然为天地间一蠹”的说法。“禄蠹”之称或由此等处化出，用以讽刺那些热中功名利禄的人。

[19] 明明德：语出《大学》。前一个“明”字作动词，彰明，发扬的意思；后一个“明”字修饰“德”，“明德”即所谓至德、完美的德行。

[20] “只是百事检点些”：己卯、蒙府、戚序、舒序、甲辰本并同。梦稿本作“只是诸事检点些”。原作“只是凡百的事检点些”，“凡”、“的”均为旁添。

[21] 天魔星：天魔，佛家语，印度古代传说中四魔之一，即“他化自在天魔”，为魔界之主，常率众魔扰人身心、障碍佛法、破坏善事。这里是缠人的“冤家”的意思。

[22] 撜（cèng 层去声）：同揈、蹭，摩擦，这里是沾上的意思。

[23] “有金来配你”：原无“来”字，从各本补。

[24] “刚说到这里”：原无“到”字，从梦稿、戚序本补。

【提示】

本文原为《红楼梦》第十九回，题名“情切切良宵花解语，意绵绵静日玉生香”。唐玄宗曾称杨贵妃为“解语花”，“花解语”即由“解语花”来，意谓美丽的花袭人善解人意。“玉生香”，则指黛玉情态而言。从题名可知，此回是写花袭人、林黛玉对贾宝玉的态度，或者说是通过写花袭人、林黛玉与贾宝玉的亲密交往来写两位女子的性格特征。由于花、林二人交往的对象都是贾宝玉，而且作者有意将二人与宝玉的交往作对比性叙写，便使宝玉成了此回的“中心”人物。这样，我们也可以说本文是在借写宝玉与花、林二人的交往表现其性格特征。两说皆可。

若依前说，对花袭人“情切切”的理解，似应抓住她要宝玉“要改的”三件事，以及她“自幼见宝玉性格异常……放荡弛纵，任性恣情，最不喜务正。每欲劝时，料不能听，今日可巧有赎身之论，故先用骗词，以探其情，以压其气，然后好下箴规”的良苦用心和规劝方式。由此出发来看袭人虽然出身贫穷人家，却深受当时主流社会思想意识（包括功名观念、品德修养标准）影响而为人小有心计的特点。对林黛玉“意绵绵”的理解，除应注意她和宝玉相互真心体贴、亲昵无猜以及她在笑闹中自然流露对宝玉柔情蜜意的细节外，还应仔细品味书中写的下述内容：一、她听到宝玉不经意说出“我往那去呢，见了别人就怪腻的”以后的感受。二、黛玉让枕，笑中带嗔、嗔中含爱的话：“真真你就是我命中的‘天魔星！’”三、她对宝玉编词为自己“吃人嘴上擦的胭脂”遮掩的议论。四、宝玉说黛玉袖笼奇香、黛玉借题发挥说自己只有“俗香”的一段答词。五、黛玉在宝玉挠痒住手后，理鬓笑问宝玉的话：“我有奇香，你有‘暖香’没有?”从这些内容既可看出黛玉对宝玉的真爱和宝黛相爱的感情基础，也可看出她一方面率真、活泼、多情，同时又敏感、多心，出言尖刻、情思深沉的特点。

此外，分析花、林二人的性格特征，还可拿袭人、黛玉亲近、关爱宝玉的细节来作对比。又篇末所写宝钗对宝玉运用“故典”的讥讽，也不可忽略。宝钗讥讽所蕴含的思想意识，实对花、林二人性格本质特征有点示作用。

【思考题】

一、如何理解花袭人对贾宝玉的“情切切”?

二、花、林都对宝玉关爱有加，两位女子对他的爱，出发点有何异同?

三、从贾宝玉对花袭人“情切切”和林黛玉“意绵绵”的态度，可以看出他具有何种性格特征?

己亥六月重过扬州记[1]

龚自珍

龚自珍（1792—1841年），字尔玉，又字瑟人，号定庵。浙江仁和（今杭州）人。嘉庆二十三年（1818年）中举，官内阁中书。道光九年（1829年）中进士，先后任宗人府主事、主客司主事。道光十九年（1839年），辞官南归。道光二十一年（1841年），暴卒于江苏丹阳。

龚自珍是晚清著名的爱国主义文学家和进步思想家。他生活于清代由盛转衰之际，深感朝政腐败，国势贫弱。故其诗文用笔犀利辛辣，或直或曲，抨击时政，力倡改革，颇具强烈的社会批判色彩。著有《龚自珍文集》。

居礼曹[2]，客有过者曰："卿知今日之扬州乎？读鲍照《芜城赋》[3]，则遇之矣！"余悲其言。

明年，乞假南游，抵扬州。属有告籴谋[4]，舍舟而馆。

既宿，循馆之东墙步游，得小桥，俯溪，溪声讙[5]。过桥，遇女墙[6]啮可登者，登之。扬州三十里，首尾屈折高下见。晓雨沐屋，瓦鳞鳞然，无零甃断甓[7]，心已疑礼曹过客言不实矣。

入市，求熟肉，市声讙。得肉，馆人以酒一瓶、虾一筐馈。醉而歌，歌宋元长短言乐府[8]，俯窗呜呜，惊对岸女夜起，乃止。

客有请吊蜀冈者[9]，舟甚捷，帘幕皆文绣，疑舟窗蠡觳也[10]；审视，玻璃五色具。舟人时时指两岸曰："某园故址也。某家酒肆故址也。"约八九处。其实独倚虹园圮无存。曩所信宿之西园[11]，门在，题榜在，尚可识。其可登临者，尚八九处。阜有桂，水有芙蕖菱芡，是居扬州城外西北隅，最高秀，南览江，北览淮，江淮数十州县治，无如此治[12]华也。忆京师言，知有极不然者。

归馆，郡之士皆知余至，则大讙。有以经义请质难者；有发史事见问者；有就询京师近事者；有呈所业若文、若诗、若笔、若长短言、若杂著、若丛书，乞为叙为题辞者；有状其先世事行乞为铭者；有求书册子、书扇者；填委[13]塞户牖，居然嘉庆中故态，谁得曰"今非承平时"耶？惟窗外船过，夜无笙琶声；即有之，声不能彻旦。然而女子有以栀子华发为贽[14]求书者，爰以书画环瑱[15]互通问，凡三人，凄馨哀艳之气，缭绕于桥亭舰舫间。虽澹定，是夕魂摇摇不自持。余既信信[16]，挐流风，捕余韵，乌睹所谓风号雨啸，鼯狖悲，鬼神泣者[17]！

嘉庆末，尝于此和友人宋翔凤侧艳诗[18]。闻宋君病，存亡弗可知。又问其所谓赋诗者，不可见，引为恨。卧而思之，余齿垂五十矣[19]，今昔之慨，自然之运，古之美人名士、富贵寿考者几人哉！此岂关扬州之盛衰，而独置感慨于江介[20]也哉！抑余赋侧艳则老矣，甄综[21]人物，蒐辑文献，仍以自任，固未老也。

天地有四时，莫病于酷暑，而莫善于初秋。澄汰其繁缛淫蒸，而与之为萧疏淡荡，泠然瑟然，而不遽使人有苍莽寥泬[22]之悲者，初秋也。今扬州其初秋也欤？予之身世虽乞籴，自信不遽死，其尚犹丁初秋也欤？作《己亥六月重过扬州记》。

【注释】

[1] 己亥：道光十九年（1839年）。

[2] 礼曹：礼部主客司。曹，分科办事的官署。

[3] 鲍照《芜城赋》：鲍照，南朝宋文学家，所著《芜城赋》描写了扬州几经战乱后的荒凉景象。

[4] 告籴谋：告籴，向人借粮。谋，打算。

[5] 讙：喧哗。

[6] 女墙：城上的矮墙。

[7] 甃（zhòu）、甓（bì）：都是指砖瓦。

[8] 长短言乐府：指长短句，即词。

[9] 蜀冈：在扬州西北4里。

[10] 蠡（luó）縠（què）：贝壳。

[11] 曩（nǎng）所信宿：曩，以往、过去。信，再宿。信宿：连住两晚。

[12] 此治：指扬州。

[13] 填委：纷集、堆积。

[14] 贽：古时初次求见人时所送的礼物。

[15] 环瑱（zhèn）：指环和玉耳坠。

[16] 信信：连住四晚。

[17] 鼯（wú）狖（yòu）悲，鬼神泣：指《芜城赋》中所写的荒凉景象。鼯：鼯鼠，又叫大飞鼠。狖：黑色长尾猿。

[18] 宋翔凤：字虞廷，江苏长洲（今江苏吴县）人。侧艳诗：文辞艳丽而流于轻佻的诗。

[19] 齿垂五十：年近五十。

[20] 江介：江边。

[21] 甄综：甄，甄别。综，综核。

[22] 寥泬（xuè）：或作“泬寥”，即空旷、萧条。参见《楚辞·九辩》：“泬寥兮天高而气清。”

【提示】

文章写于作者受到排挤、被迫辞官南归的1839年，即鸦片战争发生的前一年。作者曾于嘉庆末年（1820年）到过扬州，这次是“重过”，所见所感自是今非昔比。

作者同一时期写的《己亥杂诗》，其中有如此痛心疾首的诗句：“九州生气恃风雷，万马齐喑究可哀。”但这篇散文则风格迥异，以精致婉曲取胜。开篇写作者耳闻扬州现状，不禁“余悲其言”。过客的话是否可靠？接着文章运用层层铺垫、反衬手法，以大量篇幅描写重过扬州时的市容风貌。首先，鸟瞰全城，处处“晓雨沐屋，瓦鳞鳞然”，怀疑客人所言“不实”。其次，所宿之西园一带风光，仍是“江淮数十州县治”的“最高秀”处，可知客人之语“极不然”。再次，骚人墨客纷至沓来，求书索画，嘉庆流风余韵尚存，谁说“今非承平时”呢？只是“夜无筀琶声”，有些“凄馨哀艳之气”罢了，并未见到“所谓风号雨啸”的可悲景况。

文章最后两段，似乎只是对好友存亡的关切和个人命运的感慨，其实正婉转地表达了作者对世事日衰的深深忧虑：那繁华艳丽分明已为“泠然瑟然”的“初秋”之气所笼罩，而“使人有苍莽寥泬之悲”的酷烈惨状也就为期不远了！

行文几经曲折，止于首尾暗合，构思极新颖巧妙，也显示出作者思想敏锐的特点。

【思考题】

一、作者是如何运用对比、反衬手法的？特点是什么？

二、分析本文的语言特色。

黄海舟中日人索句并见日俄战争地图[1]

秋　瑾

秋瑾（1875—1907 年），字璿卿，号竞雄，别号鉴湖女侠，浙江会稽（今绍兴）人。清末激进的民主革命家、女诗人，第一个献身中国资产阶级民主革命的女烈士。

秋瑾曾随丈夫两次到北京，自目睹了八国联军的入侵后，激起铲除强暴、拯救祖国的雄心。1904 年她冲破封建罗网赴日本留学，积极参加留日学生的革命运动。次年回国探亲后再返日本，途中，写下这首著名的七言律诗。1906 年回国后，在上海创办《中国女报》，提倡女权，积极宣传革命。次年春回绍兴主持大通学堂，以联络各界革命力量准备武装起义，后因徐锡麟在安庆刺杀恩铭未成而事发，在绍兴被捕；7 月 15 日，英勇就义，时年 33 岁。秋瑾擅长诗词创作，主要表现爱国思想和革命情怀，风格沉雄豪放。著有《秋瑾集》。

万里乘风去复来[2]，只身东海挟春雷[3]。
忍看图画移颜色[4]？肯使江山付劫灰[5]！
浊酒不销忧国泪，　救时应仗出群才。
拼将十万头颅血，　须把乾坤力挽回。

【注释】

［1］本诗选自《秋瑾集》。

［2］“万里”句：秋瑾曾自谓“吾以弱女子，只身万里求学”，往返数次。据传记，她曾于甲辰年（1904 年）夏初赴日，是年终返国，次年又东渡，故云“去复来”。

［3］“春雷”：指诗人胸怀寻求推翻清政府统治的救国图存道路的志向。

［4］忍看：不忍心看。

［5］劫灰：佛教用语，指劫火之后的灰烬。新译本《仁王经》有“劫火洞然，大千俱坏”语，意谓天地屡遭焚毁的劫难。

【提示】

此诗产生于特定的时代背景。1904 年日本和沙俄为争夺东亚霸权、瓜分我国东北地区和朝鲜领土而发生战争。腐败无能的清王朝对这种严重侵犯我国主权的行为不敢抗议，竟然宣布持“中立”立场。日俄之战经美国调停于 1905 年 9 月 5 日签订《朴次茅斯和约》，协议将俄国在中国辽东半岛的租借权转让给日本，从而形成对我国领土主权的进一步侵犯。

当秋瑾1906年初再次返回日本时，在船上看见日俄的作战地图，不禁悲愤难抑，怒火中烧。适逢日本人银澜使者向作者求取诗句，作者怀着对祖国强烈的爱和誓死报效祖国的激越情怀写下这首诗。

诗的首联起笔雄浑，展现了中国女侠“万里乘风”的飒爽英姿，描绘出一幅激情满怀地抱着拯救中华的志向奔向祖国的情景。颔联则痛心疾首地指出不忍目睹国土被占、同胞遭受劫难的现实，暗斥了清王朝对入侵者的畏缩无能。由此而延伸到颈联和尾联“拼”出一切、力挽狂澜、献身革命事业的豪情壮志。

【思考题】

本诗是如何表现革命志向和爱国激情的？

屈子文学之精神[1]

王国维

王国维（1877—1927年），字静安，号观堂，浙江海宁人。1898年去上海，在罗振玉主办的东文学社学习外语、哲学和文学。1902年赴日本留学。次年因病回国，先后在南通、苏州等地师范学堂任教。1906年去北京，任学部图书馆编辑、名词馆协修等职。辛亥革命后逃居日本。1916年回国，任上海《学术丛编》编辑。1922年被聘为北京大学通讯导师。1923年应召为溥仪的“南书房行走”。1925年任清华大学文学研究院教授。1927年在颐和园投湖自杀。

王国维是我国近代杰出的学者。他在史学和文学研究上，均作出了开创性的贡献。主要文学论著有：《红楼梦评论》、《文学小言》、《屈子文学之精神》、《人间词话》、《宋元戏曲史》等。

我国春秋以前，道德政治上之思想，可分之为二派：一帝王派，一非帝王派。前者称道尧、舜、禹、汤、文、武[2]，后者则称其学出于上古之隐君子（如庄周所称广成子[3]之类），或托之于上古之帝王。前者近古学派，后者远古学派也。前者贵族派，后者平民派也。前者入世派，后者遁世派也（非真遁世派，知其主义之终不能行于世，而遁焉者也）。前者热情派，后者冷性派也。前者国家派，后者个人派也。前者大成于孔子、墨子，而后者大成于老子（老子楚人，在孔子后，与孔子问礼之老聃系二人，说见汪容甫《述学·老子考异》）。故前者北方派，后者南方派也。此二派者，其主义常相反对，而不能相调和。观孔子与接舆、长沮、桀溺、荷篠丈人之关系[4]，可知之矣。战国后之诸学派，无不直接出于此二派，或出于混合此二派。故虽谓吾国固有之思想，不外此二者，可也。

夫然，故吾国之文学，亦不外发表二种之思想。然南方学派则仅有散文的文学，如老子、庄、列是已。至诗歌的文学，则为北方学派之所专有。《诗》三百篇，大抵表北方学派之思想者也。虽其中如《考槃》、《衡门》等篇，略近南方之思想。然北方学者所谓“用之则行，舍之则藏”[5]，“有道则见，无道则隐”者[6]，亦岂有异于是哉？故此等谓之南北公共之思想则可，不必为南方思想之特质也。然则诗歌的文学，所以独出于北方之学派者，又何故乎？

诗歌者，描写人生者也（用德国大诗人希尔列尔[7]之定义）。此定义未免太狭。今更广之曰“描写自然及人生”，可乎？然人类之兴味，实先人生，而后自然。故纯粹之模山范水，流连光景之作，自建安以前，殆未之见。而诗歌之题目，皆以描写自己深邃之感情为主。其写景物也，亦必以自己深邃之感情为素地，而始得于特别之境遇中，用特别之眼观之。故古代之诗，所描写者，特人生之主观的方面；而对人生之客观的方面，及纯处于客观界之自然，断不能以全力注之也。故对古代之诗，前之定义，苦其广，而不苦其隘也。

诗之为道，既以描写人生为事，而人生者，非孤立之生活，而在家族、国家及社会中之生活也。北方派之理想，置于当日之社会中；南方派之理想，则树于当日之社会外，易言以明之，北方派之理想，在改作旧社会；南方派之理想，在创造新社会。然改作与创造，皆当日之社会之所不许也。南方之人，以长于思辨，而短于实行，故知实践之不可能，而即于其理想中，求其安慰之地，故有遁世无闷，嚣然自得以没齿者矣。若北方之人，则往往以坚忍之志，强毅之气，持其改作之理想，以与当日之社会争；而社会之仇视之也，亦与其仇视南方学者无异，或有甚焉。故彼之视社会也，一时以为寇，一时以为亲，如此循环，而遂生欧穆亚(Humour)之人生观[8]。《小雅》之杰作，皆此种竞争之产物也。且北方之人，不为离世绝俗之举，而日周旋于君臣父子夫妇之间，此等在在畀以诗歌之题目[9]，与以作诗之动机。此诗歌的文学，所以独产于北方学派中，而无与于南方学派者也。

然南方文学中，又非无诗歌的原质也。南人想像力之伟大丰富，胜于北人远甚。彼等巧于比类，而善于滑稽：故言大则有若北溟之鱼[10]，语小则有若蜗角之国[11]；语久则大椿冥灵[12]，语短则蟪蛄朝菌[13]；至于襄城之野，七圣皆迷[14]；汾水之阳，四子独往[15]；此种想象，决不能于北方文学中发见之。故《庄》、《列》书中之某部分，即谓之散文诗，无不可也。夫儿童想像力之活泼，此人人公认之事实也。国民文化发达之初期亦然。古代印度及希腊之壮丽之神话，皆此等想象之产物也。以我中国论，则南方之文化发达较后于北方，则南人之富于想象，亦自然之势也。此南方文学中之诗歌的特质所以优于北方文学者也。

由此观之，北方人之感情，诗歌的也，以不得想象之助，故其所作遂止于小篇。南方人之想象，亦诗歌的也，以无深邃之感情之后援，故其想象亦散漫而无所丽，是以无纯粹之诗歌。而大诗歌之出，必须俟北方人之感情，与南方人之想象合而为一，即必通南北之驿骑而后可，斯即屈子其人也。

屈子南人而学北方之学者也。南方学派之思想，本与当时封建贵族之制度，不能相容。故虽南方之贵族，亦常奉北方之思想焉。观屈子之文，可以征之。其所称之圣王，则有若高辛、尧、舜、禹、汤、少康、武丁、文、武[16]；贤人则有若皋陶、挚、说、彭、咸（谓彭祖、巫咸，商之贤臣也。与“巫咸将夕降兮”之巫咸，自是二人，列子所谓郑有神巫，名季咸者也[17]）、比干、伯夷、吕望、宁戚、百里、介推[18]；暴君则有若夏启、羿、浞、桀、纣[19]，皆北方学者之所常称道，而于南方学者所称黄帝[20]、广成等不一及焉。虽《远游》一篇，似专述南方之思想，然此实屈子愤激之词，如孔子之居夷浮海，非其志也。《离骚》之卒章，其旨亦与《远游》同。然卒曰：“陟升皇之赫戏兮，忽临睨夫旧乡，仆夫悲余马怀兮，蜷局顾而不行[21]。《九章》中之《怀沙》，乃其绝笔，然犹称重华[22]、汤、禹。足知屈子固彻头彻尾抱北方之思想，虽欲为南方之学者，而终有所不慊者也[23]。

屈子之自赞曰“廉贞”。余谓屈子之性格，此二字尽之矣。其廉固南方学者之所优为，其贞则其所不屑为，亦不能为者也。女媭之詈[24]，巫咸之占[25]，渔父之歌[26]，皆代表南方学者之思想，然皆不足以动屈子。而知屈子者，唯詹尹一人[27]。盖屈子之于楚，亲则肺腑，尊则大夫，又尝管内政外交上之大事矣，其于国家既同累世之休戚，其于怀王又有一日之知遇，被疏者一，被放者再，而终不能易其志，于是其性格与境遇相得，而使之成一种之欧穆亚。《离骚》以下诸作，实此欧穆亚所发表者也。使南方之学者处此，则贯谊(《吊屈原文》)、扬雄(《反离骚》)是，而屈子非矣。此屈子之文学，所负于北方学派者也。然就屈子文学之形式言之，则所负于南方学派者，抑又不少。彼之丰富之想像力，实与庄、列为近。《天问》、《远游》凿空之谈[28]，求女谬悠之语[29]，庄语之不足，而继之以谐，于是思想之游戏，更为自由矣。变《三百篇》之体而为长句，变短什而为长篇，于是感情之发表，更为婉转矣。此皆古代北方文学之所未有，而其端自屈子开之。然所以驱使想象而成此大文学者，实由其北方之肫挚的性格[30]。此庄周等之所以仅为哲学家，而周、秦间之大诗人，不能不独数屈子也。

要之，诗歌者，感情的产物也。虽其中之想象的原质（即知力的原质），亦须有肫挚之感情为之素地，而后此原质乃显。故诗歌者，实北方文学之产物，而非儇薄冷淡之夫所能托也。观后世之诗人，若渊明，若子美，无非受北方学派之影响者。岂独一屈子然哉！岂独一屈子然哉！

【注释】

［1］本文原载1906年11月《教育世界》第23期，后收入《王国维文集》第1卷。

［2］尧、舜、禹、汤、文、武：尧、舜，均为古代传说中的圣君。禹，夏朝第一位君主，善治水。汤，商代开国君主。文、武，即周文王、周武王。

［3］广成子：传说黄帝时人，居崆峒山中。

［4］接舆、长沮、桀溺、荷篠丈人：接舆，楚国的隐士，姓陆名通，字接舆。长沮、桀溺，是当时两个不知真实姓名的隐士。荷篠丈人，挑着锄草工具的老人。

［5］用之则行，舍之则藏：语出《论语·述而》。

［6］有道则见，无道则隐：语出《论语·泰伯》。原文为：“天下有道则见，无道则隐。”

［7］希尔列尔：今译为席勒。

［8］欧穆亚：今译为“幽默”。

［9］畀（bì）：给，给予。

［10］大则有若北溟之鱼：语见《庄子·逍遥游》：“北冥有鱼，其名曰鲲。鲲之大，不知其几千里也。”

［11］小则有若蜗角之国：语出《庄子·则阳》：“有国于蜗之左角者，曰触氏，有国于蜗之右角者，曰蛮氏。”

［12］久则大椿冥灵：语见《庄子·逍遥游》：“楚之南有冥灵者，以五百岁为春，五百岁为秋；上古有大椿者，以八千岁为春，八千岁为秋。”冥灵，传说中的大龟。大椿，传说中的古树名。

［13］短则蟪蛄朝菌：语出《庄子·逍遥游》：“朝菌不知晦朔，蟪蛄不知春秋。”蟪蛄，即寒蝉，春生夏死或夏生秋死。朝，清晨，晦朔，一个月的最后一天或第一天。一说“晦”指黑夜，“朔”指清晨。

[14] 襄城之野，七圣皆迷：语出《庄子·徐无鬼》。原文为："至于襄城之野，七圣皆迷，无所问塗。"塗，道路。

[15] 汾水之阳，四子独往：语出《庄子·逍遥游》："尧治天下之民，平海内之政，往见四子藐姑射之山，汾水之阳，窅（yǎo）然丧其天下焉。"四子，旧注指王倪、啮缺、被衣、许由四人，实为虚构人物。窅（yǎo）然：怅然若失的样子。

[16] 高辛：帝喾（kù），传说中的上古帝王。少康：夏朝君主。武丁：商朝君主，死后被祀为高宗。

[17] 皋（gāo）陶（yáo）、挚、说（yuè）、彭、咸：皋陶，相传为舜时的司法官。挚，即伊尹，名挚，商汤时贤臣。说，即传说，商朝武丁时贤臣，与伊尹齐名。彭、咸，应为彭咸，殷贤大夫，谏其君不听，自投水而死。王国维文中原注"谓彭祖、巫咸"，似误。《离骚》有"愿依彭咸之遗则"、"吾将从彭咸之所居"句，可以为证。

[18] 比干、伯夷、吕望、宁戚、百里、介推：比干，殷纣王的叔父，因向纣王进谏，被剖心而死。伯夷，殷末年孤竹君的长子，周灭殷后，拒食周粟而饿死在首阳山上。吕望，即姜太公，姓吕，名尚，曾被称为太公望，所以又叫吕望。宁戚，春秋时卫国人，后被齐桓公用作客卿。百里，即百里奚，春秋时秦穆公的贤相。介推，即介子推，春秋时晋国贤者。

[19] 夏启、羿（yì）、浞（zhuó）、桀、纣：夏启，禹的儿子，继禹为君。羿，指善射的后羿，相传是夏代有穷国的君主。浞，即寒浞，好造谣生事，制造混乱，后为羿的相。桀，夏朝末代暴君。纣，殷商末代暴君。

[20] 黄帝：古代传说中的帝王。

[21] "陟（zhì）升皇之赫戏兮"句：陟，上升。升皇，初升的太阳。戏，同曦。睨，看见。蜷（quán）局：卷曲。

[22] 重华：虞舜的名，传说舜是重瞳子。

[23] 慊（qiè）：满足，快意。

[24] 女媭（xū）之詈（lì）：女媭，古代楚国对姐姐的称呼。詈，责备。

[25] 巫咸之占：巫咸，传说中的古代神巫。占，占卜。

[26] 渔父之歌：参见屈原《渔父》篇。

[27] 詹尹：古代掌管卜筮的官。参见屈原《卜居》："心烦虑乱，不知所从，往见太卜郑詹尹。"

[28] 凿空之谈：凭空之论。

[29] 谬悠：虚空悠远。

[30] 肫（zhūn）：恳切，真挚。

【提示】

作者运用西方的哲学观点、伦理学观点和美学观点，将所谓"大诗歌"即楚辞置于中国古代诗歌发展演变的大系统之中，进行独立的创造性的研究，从而得出符合客观规律的新颖、深刻的结论，是这篇文艺美学论文的最大特色。

何谓"屈子文学之精神"？作者认为，即是《离骚》等作品中所充分表现的"欧穆亚之人生观"。文章从文学与政治道德思想的密切联系入手，指出诗歌的本质特征是"以描写人生为事"，具体表现在感情的肫挚与想象的丰富两个方面。据此，文章深入分析了以孔子为代表的北方派和以老庄为代表的南方派，在相同的社会境遇中理想的内涵及其表现形式的不同特点。正是屈子将北方人之感情与南方人之想象合而为一，创造出全面体现诗歌本质的新的文学样式。因此，屈子文学精神是南北两派文化交融的结晶：既满怀热情执著追求人生理想，“以与当日之社会争”，当理想无法实现时，又“继之以谐”，驰骋想象以解脱心灵的矛盾与痛苦，达到一种忘我的“更为自由”的境界。它具有撼人心魄的悲剧的壮美，是屈子伟大人格的体现。

这篇文章发表距今虽已逾百年，但其价值犹存。它关于文学与政治思想、作品内容与艺术形式之间的关系，以及文学发展的内在规律、诗的本质、审美价值等方面的论述，对于今天的文学创作与文学理论、文学史研究仍有借鉴意义。同时，作者站在哲学的高度，统观全局，在占有丰富翔实材料的前提下，进行科学的、辩证的分析，揭示研究对象的本质及其变化规律的治学方法，敢于在学术探讨上有所突破、有所创新的精神，对于我们更具有启迪作用。

【思考题】

一、作者在评论北方派和南方派时明显有所偏重，原因是什么？

二、本篇对于我们欣赏文学作品具有哪些启示作用？

秋　夜[1]

鲁　迅

鲁迅（1881—1936 年），原名周樟寿，字豫山，后改名周树人，字豫才。浙江绍兴人。中国现代伟大的文学家、思想家、革命家。

鲁迅生于绍兴城内一个没落的封建家庭。幼时便入私塾，习读诗书经传。1902 年从南京江南矿务铁路学堂毕业后赴日本学医，严酷的现实使他认识到改变“愚弱的国民”精神乃是救国之要，遂弃医从文。1909 年回国，曾就教于杭州、绍兴等地。1912 年应蔡元培之邀在教育部任职。1918 年参加《新青年》编辑工作，并以“鲁迅”的笔名发表第一篇白话文短篇小说《狂人日记》。五四运动后，他先后在北京大学、北京女子师范大学、厦门大学、中山大学等校任教。1927 年 10 月，定居上海。在最后的 10 年中，他以杂文为武器，同国民党反动派、黑暗势力以及资产阶级文人进行了英勇卓绝的斗争，直到生命的最后一息。

鲁迅一生著、译近一千万字。主要作品有小说集《呐喊》、《彷徨》；杂文集《热风》、《坟》、《华盖集》、《二心集》、《花边文学》、《且介亭杂文》等；散文集《朝花夕拾》；散文诗集《野草》。1981 年人民文学出版社出版了《鲁迅全集》16 卷本。其著作还被译成英、日、俄、法、德等五十多种文字。

在我的后园，可以看见墙外有两株树，一株是枣树，还有一株也是枣树。

这上面的夜的天空，奇怪而高，我生平没有见过这样的奇怪而高的天空。他仿佛要离开人间而去，使人们仰面不再看见。然而现在却非常之蓝，闪闪地䀹着几十个星星的眼，冷眼。他的口角上现出微笑，似乎自以为大有深意，而将繁霜洒在我的园里的野花草上。

我不知道那些花草真叫什么名字，人们叫他们什么名字。我记得有一种开过极细小的粉红花，现在还开着，但是更极细小了，她在冷的夜气中，瑟缩地做梦，梦见春的到来，梦见秋的到来，梦见瘦的诗人将眼泪擦在她最末的花瓣上，告诉她秋虽然来，冬虽然来，而此后接着还是春，蝴蝶乱飞，蜜蜂都唱起春词来了。她于是一笑，虽然颜色冻得红惨惨地，仍然瑟缩着。

枣树，他们简直落尽了叶子。先前，还有一两个孩子来打他们别人打剩的枣子，现在是一个也不剩了，连叶子也落尽了。他知道小粉红花的梦，秋后要有春；他也知道落叶的梦，春后还是秋。他简直落尽叶子，单剩干子，然而脱了当初满树是果实和叶子时候的弧形，欠伸得很舒服。但是，有几枝还低亚[2]着，护定他从打枣的竿梢所得的皮伤，而最直最长的几枝，却已默默地铁似的直刺着奇怪而高的天空，使天空闪闪地鬼䀹眼；直刺着天空中圆满的月亮，使月亮窘得发白。

鬼䀹眼的天空越加非常之蓝，不安了，仿佛想离去人间，避开枣树，只将月亮剩下。然而月亮也暗暗地躲到东边去了，而一无所有的干子，却仍然默默地铁似的直刺着奇怪而高的天空，一意要制他的死命，不管他各式各样地䀹着许多蛊惑[3]的眼睛。

哇的一声，夜游的恶鸟飞过了。

我忽而听到夜半的笑声，吃吃地，似乎不愿意惊动睡着的人，然而四围的空气都应和着笑。夜半，没有别的人，我即刻听出这声音就在我嘴里，我也即刻被这笑声所驱逐，回进自己的房。灯火的带子也即刻被我旋高了。

后窗的玻璃上丁丁[4]地响，还有许多小飞虫乱撞。不多久，几个进来了，许是从窗纸的破孔进来的。他们一进来，又在玻璃的灯罩上撞得丁丁地响。一个从上面撞进去了，他于是遇到火，而且我以为这火是真的。两三个却休息在灯火的纸罩上喘气。那罩是昨晚新换的罩，雪白的纸，折出波浪纹的叠痕，一角还画出一枝猩红色的栀子[5]。

猩红的栀子开花时，枣树又要做小粉红花的梦，青葱地弯成弧形了。……我又听到夜半的笑声，我赶紧砍断我的心绪，看那老在白纸罩上的小青虫，头大尾小，向日葵子似的，只有半粒小麦那么大，遍身的颜色苍翠得可爱，可怜。

我打一个呵欠，点起一支纸烟，喷出烟来，对着灯默默地敬奠这些苍翠精致的英雄们。

一九二四年九月十五日

【注释】

[1] 本篇最初题作《野草之一：秋夜》，署名鲁迅，发表于1924年12月1日《语丝》周刊第3期。

[2] 低亚：低压。亚，通“压”。

[3] 蛊（gǔ）：迷惑。

[4] 丁丁：象声词。元稹《景申秋》诗有“丁丁窗雨繁”句。

[5] 栀（zhī）子：一种常绿灌木，春夏开白花，极香。

【提示】

鲁迅先生的《秋夜》，写于1924年9月的北京。当时，在帝国主义和北洋军阀相互勾结实行黑暗统治的情况下，北方的革命处于低潮。同时，“五四”退潮后新文化战线发生了分裂，思想界也起了巨大分化，原来“同一战阵中的伙伴”，“有的高升，有的退隐，有的前进”，而且北京的文化界和教育界又掀起一股提倡国粹、整理国故，妄图将青年重新拉回故纸堆的复古思潮。面对这些社会的变故和强大的黑暗势力，鲁迅不免孤寂、彷徨，时而感到一种“成了游勇，布不成阵”的苦闷，但他没有丧失勇气和信心，一方面急切地找寻生力军，一方面孤军奋战，坚忍地进行反帝反封建的斗争。这篇著名的散文诗，正是作者这种思想情感的真实反映。

作者通过对秋夜所见所感的抒写，刻画了枣树敢于正视现实、敢于反抗黑暗的韧性战斗精神，表达了对反动势力的憎恶和蔑视、对弱小的被压迫者的同情，以及对追求光明的奋斗者的热诚赞颂。在艺术上，作者刻意将景物人格化，并借景物所赋予的特定象征意义，触及时事，借景抒怀，托物寓意，使其既符合自然景物的特征，又蕴含丰富的人生哲理。作者还采用环境烘托、正反形象对比等多种手法，着力塑造枣树的形象，从而深化了主题，增强了作品的思想性和战斗性。

【思考题】

一、试分析“墙外有两株树，一株是枣树，还有一株也是枣树”这种表述方式的含义。

二、作品是怎样塑造枣树形象的？

伤逝

——涓生的手记[1]

鲁 迅

如果我能够,我要写下我的悔恨和悲哀,为子君,为自己。

会馆里的被遗忘在偏僻里的破屋是这样地寂静和空虚。时光过得真快,我爱子君,仗着她逃出这寂静和空虚,已经满一年了。事情又这么不凑巧,我重来时,偏偏空着的又只有这一间屋。依然是这样的破窗,这样的窗外的半枯的槐树和老紫藤,这样的窗前的方桌,这样的败壁,这样的靠壁的板床。深夜中独自躺在床上,就如我未曾和子君同居以前一般,过去一年中的时光全被消灭,全未有过,我并没有曾经从这破屋子搬出,在吉兆胡同创立了满怀希望的小小的家庭。

不但如此。在一年之前,这寂静和空虚是并不这样的,常常含着期待;期待子君的到来。在久待的焦躁中,一听到皮鞋的高底尖触着砖路的清响,是怎样地使我骤然生动起来呵!于是就看见带着笑涡的苍白的圆脸,苍白的瘦的臂膊,布的有条纹的衫子,玄色的裙。她又带了窗外的半枯的槐树的新叶来,使我看见,还有挂在铁似的老干上的一房一房的紫白的藤花。

然而现在呢,只有寂静和空虚依旧,子君却决不再来了,而且永远,永远地!……

子君不在我这破屋里时,我什么也看不见。在百无聊赖中,随手抓过一本书来,科学也好,文学也好,横竖什么都一样;看下去,看下去,忽而自己觉得,已经翻了十多页了,但是毫不记得书上所说的事。只是耳朵却分外地灵,仿佛听到大门外一切往来的履声,从中便有子君的,而且橐橐地逐渐临近,——但是,往往又逐渐渺茫,终于消失在别的步声的杂沓中了。我憎恶那不像子君鞋声的穿布底鞋的长班[2]的儿子,我憎恶那太像子君鞋声的常常穿着新皮鞋的邻院的搽雪花膏的小东西!

莫非她翻了车么?莫非她被电车撞伤了么?……

我便要取了帽子去看她,然而她的胞叔就曾经当面骂过我。

蓦然,她的鞋声近来了,一步响于一步,迎出去时,却已经走过紫藤棚下,脸上带着微笑的酒窝。她在她叔子的家里大约并未受气;我的心宁帖了,默默地相视片时之后,破屋里便渐渐充满了我的语声,谈家庭专制,谈打破旧习惯,谈男女平等,谈伊孛生[3],谈泰戈尔[4],谈雪莱[5]……她总是微笑点头,两眼里弥漫着稚气的好奇的光泽。壁上就钉着一张铜板的雪莱半身像,是从杂志上裁下来的,是他的最美的一张像。当我指给她看时，她却只草草一看，便低了头，似乎不好意思了。这些地方，子君就大概还未脱尽旧思想的束缚，——我后来也想，倒不如换一张雪莱淹死在海里的记念像或是伊孛生的罢；但也终于没有换，现在是连这一张也不知哪里去了。

"我是我自己的，他们谁也没有干涉我的权利！"

这是我们交际了半年，又谈起她在这里的胞叔和在家的父亲时，她默想了一会之后，分明地，坚决地，沉静地说了出来的话。其时是我已经说尽了我的意见，我的身世，我的缺点，很少隐瞒；她也完全了解的了。这几句话很震动了我的灵魂，此后许多天还在耳中发响，而且说不出的狂喜，知道中国女性，并不如厌世家所说那样的无法可施，在不远的将来，便要看见辉煌的曙色的。

送她出门，照例是相离十多步远；照例是那鲇鱼须[6]的老东西的脸又紧帖在脏的窗玻璃上了，连鼻尖都挤成一个小平面；到外院，照例又是明晃晃的玻璃窗里的那小东西的脸，加厚的雪花膏。她目不邪视地骄傲地走了，没有看见；我骄傲地回来。

"我是我自己的，他们谁也没有干涉我的权利！"这彻底的思想就在她的脑里，比我还透澈，坚强得多。半瓶雪花膏和鼻尖的小平面，于她能算什么东西呢？

我已经记不清那时怎样地将我的纯真热烈的爱表示给她。岂但现在，那时的事后便已模糊，夜间回想，早只剩了一些断片了；同居以后一两月，便连这些断片也化作无可追踪的梦影。我只记得那时以前的十几天，曾经很仔细地研究过表示的态度，排列过措辞的先后，以及倘或遭了拒绝以后的情形。可是临时似乎都无用，在慌张中，身不由己地竟用了在电影上见过的方法了。后来一想到，就使我很愧恧[7]，但在记忆上却偏只有这一点永远留遗，至今还如暗室的孤灯一般，照见我含泪握着她的手，一条腿跪了下去……

不但我自己的，便是子君的言语举动，我那时就没有看得分明；仅知道她已经允许我了。但也还仿佛记得她脸色变成青白，后来又渐渐转作绯红，——没有见过，也没有再见的绯红；孩子似的眼里射出悲喜，但是夹着惊疑的光，虽然力避我的视线，张皇地似乎要破窗飞去。然而我知道她已经允许我了，没有知道她怎样说或是没有说。

她却是什么都记得：我的言辞，竟至于读熟了的一般，能够滔滔背诵；我的举动，就如有一张我所看不见的影片挂在眼下，叙述得如生，很细微，自然连那使我不愿再想的浅薄的电影的一闪。夜阑人静，是相对温习的时候了，我常是被质问，被考验，并且被命复述当时的言语，然而常须由她补足，由她纠正，像一个丁等的学生。

这温习后来也渐渐稀疏起来。但我只要看见她两眼注视空中，出神似的凝想着，于是神色越加柔和，笑窝也深下去，便知道她又在自修旧课了，只是我很怕她看到我那可笑的电影的一闪。但我又知道，她一定要看见，而且也非看不可的。

然而她并不觉得可笑。即使我自己以为可笑，甚而至于可鄙的，她也毫不以为可笑。这事我知道得很清楚，因为她爱我，是这样地热烈，这样地纯真。

去年的暮春是最为幸福，也是最为忙碌的时光。我的心平静下去了，但又有别一部分和身体一同忙碌起来。我们这时才在路上同行，也到过几回公园，最多的是寻住所。我觉得在路上时时遇到探索，讥笑，猥亵和轻蔑的眼光，一不小心，便使我的全身有些瑟缩，只得即刻提起我的骄傲和反抗来支持。她却是大无畏的，对于这些全不关心，只是镇静地缓缓前行，坦然如入无人之境。

寻住所实在不是容易事，大半是被托辞拒绝，小半是我们以为不相宜。起先我们选择得很苛酷，——也非苛酷，因为看去大抵不像是我们的安身之所；后来，便只要他们能相容了。看了二十多处，这才得到可以暂且敷衍的处所，是吉兆胡同一所小屋里的两间南屋；主人是一个小官，然而倒是明白人，自住着正屋和厢房。他只有夫人和一个不到周岁的女孩子，雇一个乡下的女工，只要孩子不啼哭，是极其安闲幽静的。

我们的家具很简单，但已经用去了我的筹来的款子的大半；子君还卖掉了她唯一的金戒指和耳环。我拦阻她，还是定要卖，我也就不再坚持下去了；我知道不给她加入一点股分去，她是住不舒服的。

和她的叔子，她早经闹开，至于使他气愤到不再认她做侄女；我也陆续和几个自以为忠告，其实是替我胆怯，或者竟是嫉妒的朋友绝了交。然而这倒很清静。每日办公散后，虽然已近黄昏，车夫又一定走得这样慢，但究竟还有二人相对的时候。我们先是沉默的相视，接着是放怀而亲密的交谈，后来又是沉默。大家低头沉思着，却并未想着什么事。我也渐渐清醒地读遍了她的身体，她的灵魂，不过三星期，我似乎于她已经更加了解，揭去许多先前以为了解而现在看来却是隔膜，即所谓真的隔膜了。

子君也逐日活泼起来。但她并不爱花，我在庙会时买来的两盆小草花，四天不浇，枯死在壁角了，我又没有照顾一切的闲暇。然而她爱动物，也许是从官太太那里传染的罢，不一月，我们的眷属便骤然加得很多，四只小油鸡，在小院子里和房主人的十多只在一同走。但她们却认识鸡的相貌，各知道那一只是自家的。还有一只花白的叭儿狗，从庙会买来，记得似乎原有名字，子君却给它另起了一个，叫作阿随。我就叫它阿随，但我不喜欢这名字。

这是真的，爱情必须时时更新，生长，创造。我和子君说起这，她也领会地点点头。

唉唉，那是怎样的宁静而幸福的夜呵！

安宁和幸福是要凝固的，永久是这样的安宁和幸福。我们在会馆里时，还偶有议论的冲突和意思的误会，自从到吉兆胡同以来，连这一点也没有了；我们只在灯下对坐的怀旧谭中，回味那时冲突以后的和解的重生一般的乐趣。

子君竟胖了起来，脸色也红活了；可惜的是忙。管了家务便连谈天的工夫也没有，何况读书和散步。我们常说，我们总还得雇一个女工。

这就使我也一样地不快活，傍晚回来，常见她包藏着不快活的颜色，尤其使我不乐的是她要装作勉强的笑容。幸而探听出来了，也还是和那小官太太的暗斗，导火线便是两家的小油鸡。但又何必硬不告诉我呢？人总该有一个独立的家庭。这样的处所，是不能居住的。

我的路也铸定了，每星期中的六天，是由家到局，又由局到家。在局里便坐在办公桌前钞，钞，钞些公文和信件；在家里是和她相对或帮她生白炉子，煮饭，蒸馒头。

我的学会了煮饭，就在这时候。

但我的食品却比在会馆里时好得多了。做菜虽不是子君的特长，然而她于此却倾注着全力；对于她的日夜的操心，使我也不能不一同操心，来算作分甘共苦。况且她又这样地终日汗流满面，短发都粘在脑额上；两只手又只是这样地粗糙起来。

况且还要饲阿随，饲油鸡，……都是非她不可的工作。

我曾经忠告她：我不吃，倒也罢了；却万不可这样地操劳。她只看了我一眼，不开口，神色却似乎有点凄然；我也只好不开口。然而她还是这样地操劳。

我所预期的打击果然到来。双十节的前一晚，我呆坐着，她在洗碗。听到打门声，我去开门时，是局里的信差，交给我一张油印的纸条。我就有些料到了，到灯下去一看，果然，印着的就是——

奉
局长谕史涓生着毋庸到局办事
秘书处启　十月九日

这在会馆里时，我就早已料到了；那雪花膏便是局长的儿子的赌友，一定要去添些谣言，设法报告的。到现在才发生效验，已经要算是很晚的了。其实这在我不能算是一个打击，因为我早就决定，可以给别人去钞写，或者教读，或者虽然费力，也还可以译点书，况且《自由之友》的总编辑便是见过几次的熟人，两月前还通过信。但我的心却跳跃着。那么一个无畏的子君也变了色，尤其使我痛心；她近来似乎也较为怯弱了。

"那算什么。哼，我们干新的。我们……"她说。

她的话没有说完；不知怎地，那声音在我听去却只是浮浮的；灯光也觉得格外黯澹。人们真是可笑的动物，一点极微末的小事情，便会受着很深的影响。我们先是默默地相视，逐渐商量起来，终于决定将现有的钱竭力节省，一面登"小广告"去寻求钞写和教读，一面写信给《自由之友》的总编辑，说明我目下的遭遇，请他收用我的译本，给我帮一点艰辛时候的忙。

"说做，就做罢！来开一条新的路！"

我立刻转身向了书案，推开盛香油的瓶子和醋碟，子君便送过那黯澹的灯来。我先拟广告；其次是选定可译的书，迁移以来未曾翻阅过，每本的头上都满漫着灰尘了；最后才写信。

我很费踌蹰，不知道怎样措辞好，当停笔凝思的时候，转眼去一瞥她的脸，在昏暗的灯光下，又很见得凄然。我真不料这样微细的小事情，竟会给坚决的，无畏的子君以这么显著的变化。她近来实在变得很怯弱了，但也并不是今夜才开始的。我的心因此更缭乱，忽然有安宁的生活的影像——会馆里的破屋的寂静，在眼前一闪，刚刚想定睛凝视，却又看见了昏暗的灯光。

许久之后，信也写成了，是一封颇长的信；很觉得疲劳，仿佛近来自己也较为怯弱了。于是我们决定，广告和发信，就在明日一同实行。大家不约而同地伸直了腰肢，在无言中，似乎又都感到彼此的坚忍倔强的精神，还看见从新萌芽起来的将来的希望。

外来的打击其实倒是振作了我们的新精神。局里的生活，原如鸟贩子手里的禽鸟一般，仅有一点小米维系残生，决不会肥胖；日子一久，只落得麻痹了翅子，即使放出笼外，早已不能奋飞。现在总算脱出这牢笼了，我从此要在新的开阔的天空中翱翔，趁我还未忘却了我的翅子的扇动。

小广告是一时自然不会发生效力的；但译书也不是容易事，先前看过，以为已经懂得的，一动手，却疑难百出了，进行得很慢。然而我决计努力地做，一本半新的字典，不到半月，边上便有了一大片乌黑的指痕，这就证明着我的工作的切实。《自由之友》的总编辑曾经说过，他的刊物是决不会埋没好稿子的。

可惜的是我没有一间静室，子君又没有先前那么幽静，善于体帖了，屋子里总是散乱着碗碟，弥漫着煤烟，使人不能安心做事，但是这自然还只能怨我自己无力置一间书斋。然而又加以阿随，加以油鸡们。加以油鸡们又大起来了，更容易成为两家争吵的引线。

加以每日的"川流不息"的吃饭；子君的功业，仿佛就完全建立在这吃饭中。吃了筹钱，筹来吃饭，还要喂阿随，饲油鸡；她似乎将先前所知道的全都忘掉了，也不想到我的构思就常常为了这催促吃饭而打断。即使在坐中给看一点怒色，她总是不改变，仍然毫无感触似的大嚼起来。

使她明白了我的作工不能受规定的吃饭的束缚，就费去五星期。她明白之后，大约很不高兴罢，可是没有说。我的工作果然从此较为迅速地进行，不久就共译了五万言，只要润色一回，便可以和做好的两篇小品，一同寄给《自由之友》去。只是吃饭却依然给我苦恼。菜冷，是无妨的，然而竟不够；有时连饭也不够，虽然我因为终日坐在家里用脑，饭量已经比先前要减少得多。这是先去喂了阿随了，有时还并那近来连自己也轻易不吃的羊肉。她说，阿随实在瘦得太可怜，房东太太还因此嗤笑我们了，她受不住这样的奚落。

于是吃我残饭的便只有油鸡们。这是我积久才看出来的，但同时也如赫胥黎[8]的论定"人类在宇宙间的位置"一般，自觉了我在这里的位置：不过是叭儿狗和油鸡之间。

后来，经多次的抗争和催逼，油鸡们也逐渐成为肴馔，我们和阿随都享用了十多日的鲜肥；可是其实都很瘦，因为它们早已每日只能得到几粒高粱了。从此便清静得多。只有子君很颓唐，似乎常觉得凄苦和无聊，至于不大愿意开口。我想，人是多么容易改变呵！

但是阿随也将留不住了。我们已经不能再希望从什么地方会有来信，子君也早没有一点食物可以引它打拱或直立起来。冬季又逼近得这么快，火炉就要成为很大的问题；它的食量，在我们其实早是一个极易觉得的很重的负担。于是连它也留不住了。

倘使插了草标到庙市去出卖，也许能得几文钱罢，然而我们都不能，也不愿这样做。终于是用包袱蒙着头，由我带到西郊去放掉了，还要追上来，便推在一个并不很深的土坑里。

我一回寓，觉得又清静得多多了；但子君的凄惨的神色，却使我很吃惊。那是没有见过的神色，自然是为阿随。但又何至于此呢？我还没有说起推在土坑里的事。

到夜间，在她的凄惨的神色中，加上冰冷的分子了。

“奇怪。——子君，你怎么今天这样儿了？”我忍不住问。

“什么？”她连看也不看我。

“你的脸色……”

“没有怎么，——什么也没有。”

我终于从她言动上看出，她大概已经认定我是一个忍心的人。其实，我一个人，是容易生活的，虽然因为骄傲，向来不与世交来往，迁居以后，也疏远了所有旧识的人，然而只要能远走高飞，生路还宽广得很。现在忍受着这生活压迫的苦痛，大半倒是为她，便是放掉阿随，也何尝不如此。但子君的识见却似乎只是浅薄起来，竟至于连这一点也想不到了。

我拣了一个机会，将这些道理暗示她；她领会似的点头。然而看她后来的情形，她是没有懂，或者是并不相信的。

天气的冷和神情的冷，逼迫我不能在家庭中安身。但是往哪里去呢？大道上，公园里，虽然没有冰冷的神情，冷风究竟也刺得人皮肤欲裂。我终于在通俗图书馆里觅得了我的天堂。

那里无须买票；阅书室里又装着两个铁火炉。纵使不过是烧着不死不活的煤的火炉，但单是看见装着它，精神上也就总觉得有些温暖。书却无可看：旧的陈腐，新的是几乎没有的。

好在我到那里去也并非为看书。另外时常还有几个人，多则十余人，都是单薄衣裳，正如我，各人看各人的书，作为取暖的口实。这于我尤为合式。道路上容易遇见熟人，得到轻蔑的一瞥，但此地却决无那样的横祸，因为他们是永远围在别的铁炉旁，或者靠在自家的白炉边的。

那里虽然没有书给我看，却还有安闲容得我想。待到孤身枯坐，回忆从前，这才觉得大半年来，只为了爱，——盲目的爱，——而将别的人生的要义全盘疏忽了。第一，便是生活。人必生活着，爱才有所附丽[9]。世界上并非没有为了奋斗者而开的活路；我也还未忘却翅子的扇动，虽然比先前已经颓唐得多……

屋子和读者渐渐消失了，我看见怒涛中的渔夫，战壕中的兵士，摩托车中的贵人，洋场上的投机家，深山密林中的豪杰，讲台上的教授，昏夜的运动者和深夜的偷儿……子君，——不在近旁。她的勇气都失掉了，只为着阿随悲愤，为着做饭出神；然而奇怪的是倒也并不怎样瘦损……

冷了起来，火炉里的不死不活的几片硬煤，也终于烧尽了，已是闭馆的时候。又须回到吉兆胡同，领略冰冷的颜色去了。近来也间或遇到温暖的神情，但这却反而增加我的苦痛。记得有一夜,子君的眼里忽而又发出久已不见的稚气的光来,笑着和我谈到还在会馆时候的情形,时时又很带些恐怖的神色。我知道我近来的超过她的冷漠,已经引起她的忧疑来,只得也勉力谈笑,想给她一点慰藉。然而我的笑貌一上脸,我的话一出口,却即刻变为空虚,这空虚又即刻发生反响,回向我的耳目里,给我一个难堪的恶毒的冷嘲。

子君似乎也觉得的,从此便失掉了她往常的麻木似的镇静,虽然竭力掩饰,总还是时时露出忧疑的神色来,但对我却温和得多了。

我要明告她,但我还没有敢,当决心要说的时候,看见她孩子一般的眼色,就使我只得暂且改作勉强的欢容。但是这又即刻来冷嘲我,并使我失却那冷漠的镇静。

她从此又开始了往事的温习和新的考验,逼我做出许多虚伪的温存的答案来,将温存示给她,虚伪的草稿便写在自己的心上。我的心渐被这些草稿填满了,常觉得难于呼吸。我在苦恼中常常想,说真实自然须有极大的勇气的;假如没有这勇气,而苟安于虚伪,那也便是不能开辟新的生路的人。不独不是这个,连这人也未尝有!

子君有怨色,在早晨,极冷的早晨,这是从未见过的,但也许是从我看来的怨色。我那时冷冷地气愤和暗笑了;她所磨练的思想和豁达无畏的言论,到底也还是一个空虚,而对于这空虚却并未自觉。她早已什么书也不看,已不知道人的生活的第一着是求生,向着这求生的道路,是必须携手同行,或奋身孤往的了,倘使只知道捶着一个人的衣角,那便是虽战士也难于战斗,只得一同灭亡。

我觉得新的希望就只在我们的分离;她应该决然舍去,——我也突然想到她的死,然而立刻自责,忏悔了。幸而是早晨,时间正多,我可以说我的真实。我们的新的道路的开辟,便在这一遭。

我和她闲谈,故意地引起我们的往事,提到文艺,于是涉及外国的文人,文人的作品:《诺拉》,《海的女人》[10]。称扬诺拉的果决……也还是去年在会馆的破屋里讲过的那些话,但现在已经变成空虚,从我的嘴传入自己的耳中,时时疑心有一个隐形的坏孩子,在背后恶意地刻毒地学舌。

她还是点头答应着倾听,后来沉默了。我也就断续地说完了我的话,连余音都消失在虚空中了。

"是的。"她又沉默了一会,说,"但是……涓生,我觉得你近来很两样了。可是的?你,——你老实告诉我。"

我觉得这似乎给了我当头一击,但也立即定了神,说出我的意见和主张来:新的路的开辟,新的生活的再造,为的是免得一同灭亡。

临末,我用了十分的决心,加上这几句话——

"……况且你已经可以无须顾虑,勇往直前了。你要我老实说;是的,人是不该虚伪的。我老实说罢:因为,因为我已经不爱你了!但这于你倒好得多,因为你更可以毫无挂念地做事……"

我同时预期着大的变故的到来,然而只有沉默。她脸色陡然变成灰黄,死了似的;瞬间便又苏生,眼里也发了稚气的闪闪的光泽。这眼光射向四处,正如孩子在饥渴中寻求着慈爱的母亲,但只在空中寻求,恐怖地回避着我的眼。

我不能看下去了,幸而是早晨,我冒着寒风径奔通俗图书馆。

在那里看见《自由之友》,我的小品文都登出了。这使我一惊,仿佛得了一点生气。我想,生活的路还很多,——但是,现在这样也还是不行的。

我开始去访问久已不相闻问的熟人,但这也不过一两次;他们的屋子自然是暖和的,我在骨髓中却觉得寒冽。夜间,便蜷伏在比冰还冷的冷屋中。

冰的针刺着我的灵魂,使我永远苦于麻木的疼痛。生活的路还很多,我也还没有忘却翅子的扇动,我想。——我突然想到她的死,然而立刻自责,忏悔了。

在通俗图书馆里往往瞥见一闪的光明,新的生路横在前面。她勇猛地觉悟了,毅然走出这冰冷的家,而且,——毫无怨恨的神色。我便轻如行云,漂浮空际,上有蔚蓝的天,下是深山大海,广厦高楼,战场,摩托车,洋场,公馆,晴明的闹市,黑暗的夜……

而且,真的,我预感得这新生面便要来到了。

我们总算度过了极难忍受的冬天,这北京的冬天;就如蜻蜓落在恶作剧的坏孩子的手里一般,被系着细线,尽情玩弄,虐待,虽然幸而没有送掉性命,结果也还是躺在地上,只争着一个迟早之间。

写给《自由之友》的总编辑已经有三封信,这才得到回信,信封里只有两张书券:两角的和三角的。我却单是催,就用了九分的邮票,一天的饥饿,又都白挨给于己一无所得的空虚了。

然而觉得要来的事,却终于来到了。

这是冬春之交的事,风已没有这么冷,我也更久地在外面徘徊;待到回家,大概已经昏黑。就在这样一个昏黑的晚上,我照常没精打采地回来,一看见寓所的门,也照常更加丧气,使脚步放得更缓。但终于走进自己的屋子里了,没有灯火;摸火柴点起来时,是异样的寂寞和空虚!

正在错愕中,官太太便到窗外来叫我出去。

"今天子君的父亲来到这里,将她接回去了。"她很简单地说。

这似乎又不是意料中的事,我便如脑后受了一击,无言地站着。

"她去了么?"过了些时,我只问出这样一句话。

"她去了。"

"她,——她可说什么?"

"没说什么。单是托我见你回来时告诉你,说她去了。"

我不信;但是屋子里是异样的寂寞和空虚。我遍看各处,寻觅子君;只见几件破旧而黯澹的家具,都显得极其清疏,在证明着它们毫无隐匿一人一物的能力。我转念寻信或她留下的字迹,也没有;只是盐和干辣椒,面粉,半株白菜,却聚集在一处了,旁边还有几十枚铜元。这是我们两人生活材料的全副,现在她就郑重地将这留给我一个人,在不言中,教我借此去维持较久的生活。

我似乎被周围所排挤，奔到院子中间，有昏黑在我的周围；正屋的纸窗上映出明亮的灯光，他们正在逗着孩子玩笑。我的心也沉静下来，觉得在沉重的迫压中，渐渐隐约地现出脱走的路径：深山大泽，洋场，电灯下的盛筵，壕沟，最黑最黑的深夜，利刃的一击，毫无声响的脚步……

心地有些轻松,舒展了,想到旅费,并且嘘一口气。

躺着，在合着的眼前经过的预想的前途，不到半夜已经现尽；暗中忽然仿佛看见一堆食物，这之后，便浮出一个子君的灰黄的脸来，睁了孩子气的眼睛，恳托似的看着我。我一定神，什么也没有了。

但我的心却又觉得沉重。我为什么偏不忍耐几天，要这样急急地告诉她真话的呢？现在她知道，她以后所有的只是她父亲——儿女的债主——的烈日一般的严威和旁人的赛过冰霜的冷眼。此外便是虚空。负着虚空的重担，在严威和冷眼中走着所谓人生的路，这是怎么可怕的事呵！而况这路的尽头，又不过是——连墓碑也没有的坟墓。

我不应该将真实说给子君，我们相爱过，我应该永久奉献她我的说谎。如果真实可以宝贵，这在子君就不该是一个沉重的空虚。谎语当然也是一个空虚，然而临末，至多也不过这样地沉重。

我以为将真实说给子君，她便可以毫无顾虑，坚决地毅然前行，一如我们将要同居时那样。但这恐怕是我错误了。她当时的勇敢和无畏是因为爱。

我没有负着虚伪的重担的勇气，却将真实的重担卸给她了。她爱我之后，就要负了这重担，在严威和冷眼中走着所谓人生的路。

我想到她的死……我看见我是一个卑怯者，应该被摈于强有力的人们，无论是真实者，虚伪者。然而她却自始至终，还希望我维持较久的生活……

我要离开吉兆胡同，在这里是异样的空虚和寂寞。我想，只要离开这里，子君便如还在我的身边；至少，也如还在城中，有一天，将要出乎意表地访我，像住在会馆时候似的。

然而一切请托和书信,都是一无反响;我不得已,只好访问一个久不问候的世交去了。他是我伯父的幼年的同窗,以正经出名的拔贡[11],寓京很久,交游也广阔的。

大概因为衣服的破旧罢，一登门便很遭门房的白眼。好容易才相见，也还相识，但是很冷落。我们的往事，他全都知道了。

“自然，你也不能在这里了，”他听了我托他在别处觅事之后，冷冷地说，“但哪里去呢？很难。——你那，什么呢，你的朋友罢，子君，你可知道，她死了。”

我惊得没有话。

“真的？”我终于不自觉地问。

“哈哈。自然真的。我家的王升的家，就和她家同村。”

“但是，——不知道是怎么死的？”

“谁知道呢。总之是死了就是了。”

我已经忘却了怎样辞别他，回到自己的寓所。我知道他是不说谎话的；子君总不会再来的了，像去年那样。她虽是想在严威和冷眼中负着虚空的重担来走所谓人生的路，也已经不能。她的命运，已经决定她在我所给与的真实——无爱的人间死灭了。

自然，我不能在这里了；但是，“哪里去呢？”

四围是广大的空虚，还有死的寂静。死于无爱的人们的眼前的黑暗，我仿佛一一看见，还听得一切苦闷和绝望的挣扎的声音。

我还期待着新的东西到来，无名的，意外的。但一天一天，无非是死的寂静。

我比先前已经不大出门，只坐卧在广大的空虚里，一任这死的寂静侵蚀着我的灵魂。死的寂静有时也自己战栗，自己退藏，于是在这绝续之交，便闪出无名的，意外的，新的期待。

一天是阴沉的上午，太阳还不能从云里面挣扎出来，连空气都疲乏着。耳中听到细碎的步声和咻咻的鼻息，使我睁开眼。大致一看，屋子里还是空虚；但偶然看到地面，却盘旋着一匹小小的动物，瘦弱的，半死的，满身灰土的……

我一细看，我的心就一停，接着便直跳起来。

那是阿随。它回来了。

我的离开吉兆胡同，也不单是为了房主人们和他家女工的冷眼，大半就为着这阿随。但是，“哪里去呢？”新的生路自然还很多，我约略知道，也间或依稀看见，觉得就在我面前，然而我还没有知道跨进那里去的第一步的方法。

经过许多回的思量和比较，也还只有会馆是还能相容的地方。依然是这样的破屋，这样的板床，这样的半枯的槐树和紫藤，但那时使我希望，欢欣，爱，生活的，却全都逝去了，只有一个虚空，我用真实去换来的虚空存在。

新的生路还很多，我必须跨进去，因为我还活着。但我还不知道怎样跨出那第一步。有时，仿佛看见那生路就像一条灰白的长蛇，自己蜿蜒地向我奔来，我等着，等着，看看临近，但忽然便消失在黑暗里了。

初春的夜，还是那么长。长久的枯坐中记起上午在街头所见的葬式，前面是纸人纸马，后面是唱歌一般的哭声。我现在已经知道他们的聪明了，这是多么轻松简截的事。

然而子君的葬式却又在我的眼前，是独自负着虚空的重担，在灰白的长路上前行，而又即刻消失在周围的严威和冷眼里了。

我愿意真有所谓鬼魂，真有所谓地狱，那么，即使在孽风[12]怒吼之中，我也将寻觅子君，当面说出我的悔恨和悲哀，祈求她的饶恕；否则，地狱的毒焰将围绕我，猛烈地烧尽我的悔恨和悲哀。

我将在孽风和毒焰中拥抱子君，乞她宽容，或者使她快意……

但是，这却更虚空于新的生路；现在所有的只是初春的夜，竟还是那么长。我活着，我总得向着新的生路跨出去，那第一步，——却不过是写下我的悔恨和悲哀，为子君，为自己。

我仍然只有唱歌一般的哭声，给子君送葬，葬在遗忘中。

我要遗忘；我为自己，并且要不再想到这用了遗忘给子君送葬。

我要向着新的生路跨进第一步去，我要将真实深深地藏在心的创伤中，默默地前行，用遗忘和说谎做我的前导……

一九二五年十月二十一日毕

【注释】

[1] 本篇最初收入1926年8月北新书局出版的小说集《彷徨》，在此之前，没有在报刊上发表过。

[2] 长班：也叫“长随”。明清时官员随身使唤的仆人，旧时也指听差。

[3] 伊孛生：现译为易卜生，挪威戏剧家。

[4] 泰戈尔：印度诗人、哲学家，1924年曾来中国讲学。

[5] 雪莱：英国诗人。

[6] 鲇（nián）鱼须：鲇鱼，即“鲶”，身上无鳞，上下颔有长而稀少的触须。

[7] 愧恧（nǜ）：惭愧。

[8] 赫胥黎：英国生物学家，积极支持和宣传达尔文的进化论，是第一个提出人类起源问题的学者，著有《人在自然中的地位》、《进化论与伦理学》等书。

[9] 附丽：附和，依附。

[10]《诺拉》、《海的女人》：均为易卜生写的关于妇女问题的剧本。《诺拉》通译为《娜拉》，又名《玩偶之家》、《傀儡家庭》。

[11] 拔贡：科举制度，清代每六年一次，后改为每十二年（逢酉年）一次，由各省学政从生员中选拔“文行兼优”者，保送进京应考，称为“拔贡”。

[12] 孽风：妖风，恶风。

【提示】

《伤逝》是鲁迅唯一的一篇以爱情题材反映社会现实的短篇小说。作者通过一对被“五四”新文化运动唤醒的青年知识分子，一度勇敢地冲破封建礼教的束缚，以热恋同居开始，以生离死别告终的爱情悲剧，敏锐而深刻地揭示了内蕴丰富而又深刻的主题：青年们如果把自己奋斗的目标仅仅局限在追求个人自由、婚姻自主的狭小范围里，仅仅凭着个人奋斗的微弱力量，是难以冲出封建社会天罗地网的，更难以获得最终的自由和解放。

《伤逝》的艺术特点，首先，表现为采用手记形式抒写主人公心路的历程。这种形式便于内心世界的自我剖析和高度真实地表现人物复杂的精神状态。其次，表现为增强了全篇的抒情色彩。本篇故事情节叙述简洁，但爱与恨、悲与愤、血与泪错综交织的情感，时而悱恻委婉，时而宣泄奔突，产生了强烈的悲剧效果。再次，表现为以形写神，形神兼备。作者注意选取和突现那些最能表现人物精神、性格的外部特征，十分简练地勾画和展示出人物的灵魂。

【思考题】

一、子君的悲剧是哪些原因造成的？请试作分析。

二、作品怎样通过人物的外部特征来展示人物的灵魂？请举例说明。

故乡的野菜[1]

周作人

周作人（1885—1967年），原名櫆寿，又名遐寿，字启明，号知堂，浙江绍兴人。1901年考入江南水师学堂。1906年赴日本，先后入东京政法大学、立教大学文科学习。1911年回国后，在浙江省立第五中学任教。1917年任北京大学文科教授。1921年参与发起成立文学研究会并起草宣言，发表了《人的文学》、《平民文学》、《思想革命》等重要文章，成为"五四"新文化运动的代表人物之一。第一次国内革命战争失败后，思想渐离时代主流。1928年任北平大学国文系主任及日本文学系主任。20世纪30年代提倡闲适小品文。抗日战争爆发后，居留沦陷后的北平，出任伪职。1945年因汉奸罪被判刑入狱。1949年出狱后定居北京，在人民文学出版社从事翻译、著述工作。

周作人是以散文创作饮誉文坛的，其风格平和冲淡，产生很大影响。主要著作有散文集《自己的园地》、《雨天的书》、《谈龙集》、《谈虎集》、《泽泻集》等；诗集《过去的生命》；论文集《艺术与生活》、《中国新文学的源流》等；回忆录《知堂回想录》及论著译作多种。

我的故乡不只一个，凡我住过的地方都是故乡。故乡对于我并没有什么特别的情分，只因钓于斯游于斯的关系，朝夕会面，遂成相识，正如乡村里的邻舍一样，虽然不是亲属，别后有时也要想念到他。我在浙东住过十几年，南京东京都住过六年，这都是我的故乡；现在住在北京，于是北京就成了我的家乡了。

日前我的妻往西单市场买菜回来，说起有荠菜在那里卖着，我便想起浙东的事来。荠菜是浙东人春天常吃的野菜，乡间不必说，就是城里只要有后园的人家都可以随时采食，妇女小儿各拿一把剪刀一只"苗篮"[2]，蹲在地上搜寻，是一种有趣味的游戏的工作。那时小孩们唱道："荠菜马兰头，姊姊嫁在后门头。"后来马兰头有乡人拿来进城售卖了，但荠菜还是一种野菜，须得自家去采。关于荠菜向来颇有风雅的传说，不过这似乎以吴地为主。《西湖游览志》云："三月三日男女皆戴荠菜花。谚云，三春戴荠花，桃李羞繁华。"顾禄的《清嘉录》上亦说："荠菜花俗呼野菜花，因谚有三月三蚂蚁上灶山之语，三日人家皆以野菜花置灶陉[3]上，以厌虫蚁。侵晨村童叫卖不绝。或妇女簪髻上以祈清目，俗号眼亮花。"但浙东却不很理会这些事情，只是挑来做菜或炒年糕吃罢了。

黄花麦果称通鼠麹[4]草，系菊科植物，叶小，微圆互生，表面有白毛，花黄色，簇生梢头。春天采嫩叶，捣烂去汁，和粉作糕，称黄花麦果糕。小孩们有歌赞美之云：

“黄花麦果韧结结，

关得大门自要吃：

半块拿弗出，一块自要吃。”

清明前后扫墓时，有些人家——大约是保存古风的人家——用黄花麦果作供，但不作饼状，做成小颗如指顶大，或细条如小指，以五六个作一攒，名曰茧果，不知是什么意思，或因蚕上山时设祭，也用这种食品，故有是称，亦未可知。自从十二三岁时外出不参与外祖家扫墓以后，不复见过茧果，近来住在北京，也不再见黄花麦果的影子了。日本称作“御形”，与荠菜同为春天的七草之一，也采来做点心用，状如艾饺[5]，名曰“草饼”，春分前后多食之，在北京也有，但是吃去总是日本风味，不复是儿时的黄花麦果糕了。

扫墓时候所常吃的还有一种野菜，俗名草紫，通称紫云英。农人在收获后，播种田内，用作肥料，是一种很被贱视的植物，但采取嫩茎瀹[6]食，味颇鲜美，似豌豆苗。花紫红色，数十亩接连不断，一片锦绣，如铺着华美的地毯，非常好看，而且花朵状若蝴蝶，又如鸡雏，尤为小孩所喜，间有白色的花，相传可以治痢，很是珍重。但不易得。日本《俳句大辞典》云：“此草与蒲公英同是习见的东西，从幼年时代便已熟识，在女人里边，不曾采过紫云英的人，恐未必有罢。”中国古来没有花环，但紫云英的花球却是小孩常玩的东西，这一层我还替那些小人们欣幸的。浙东扫墓用鼓吹，所以少年们常随了乐音去看“上坟船里的姣姣”；没有钱的人家虽没有鼓吹，但是船头上篷窗下总露出些紫云英和杜鹃的花束，这也就是上坟船的确实的证据了。

一九二四年二月

【注释】

[1] 本篇选自周作人《雨天的书》，北新书局1925年12月版。

[2] 苗篮：一种用青色嫩竹编织的菜篮，形若鼓状。

[3] 陉（xíng）：灶边突出的部分。

[4] 麴：“曲”的异体字。

[5] 艾饺：江浙一带食物，形如纺锤，较北方饺子略大。

[6] 瀹（yuè）：煮。

【提示】

本文是周作人小品散文的名篇之一。它通过对家乡野菜的描述，勾勒了一幅幅浙东古朴清纯的民俗画卷，流露出品花赏草的闲适情趣。

重知识性与趣味性是本文的一大特色。采食野菜、清明扫墓，本是浙东乡间常见琐事，作者信笔写来却津津有味。文中不仅介绍了故乡三种野菜的形态、颜色和用途，还介绍了与之相关的风俗民情，将民谚童谣、中外典故不露痕迹地编缀在短小的篇幅之中。技巧圆熟，联想丰富，文字简洁，也是本文的重要特点。

【思考题】

一、作者在篇首写道："故乡对于我并没有什么特别的情分……"为什么要这样写，其真正的含义是什么？

二、本文从哪些方面体现出作者平和冲淡的风格？

炉中煤

——眷念祖国的情绪

郭沫若

郭沫若（1892—1978 年），原名郭开贞，号尚武。四川乐山人。1913 年赴日本留学。1918 年进九州帝国大学医科。1921 年与成仿吾、郁达夫等组织创造社。1923 年大学毕业后回国，编辑《创造周刊》、《创造日》。1926 年参加北伐，翌年参加南昌起义。1928 年至 1937 年流亡日本，从事甲骨文和中国古代历史的研究。抗战爆发后回国，投身抗日救亡运动。抗战胜利后，在上海、香港等地领导文化界进行民主革命斗争。新中国成立后，历任国家重要领导职务。主要作品有诗集《女神》、《星空》等，历史剧《屈原》、《虎符》、《蔡文姬》等；另有学术研究专著、译著多部。出版有《郭沫若全集》。

啊，我年青的女郎！
我不辜负你的殷勤，
你也不要辜负了我的思量。
我为我心爱的人儿
燃到了这般模样！

啊，我年青的女郎！
你该知道了我的前身？
你该不嫌我黑奴卤莽？
要我这黑奴底胸中，
才有火一样的心肠。

啊，我年青的女郎！
我想我的前身
原本是有用的栋梁，
我活埋在地底多年，
到今朝才得重见天光。

啊，我年青的女郎！
我自从重见天光，
我常常思念我的故乡，
我为我心爱的人儿
燃到了这般模样！

1920年1、2月间作

【提示】

《炉中煤》发表于1920年2月，收入郭沫若第一部诗集《女神》的第2辑，是其诗歌代表作之一。

《女神》充分地表现了“五四”时代精神，并成功地创造、运用新诗的主导形式自由体，开一代诗风，堪称中国现代新诗的奠基之作。

《炉中煤》是一首著名的爱国诗作。它以恋歌的形式写颂歌，以煤自喻，表示甘愿为祖国贡献全部的光和热。这首诗处处洋溢着真挚的爱国热情，表现了对祖国美好明天的憧憬和向往。诗中把祖国比作“年青的女郎”，十分巧妙、恰切、新颖，使感情的表达淋漓尽致。该诗节拍整齐、婉转回环，有一种割不断的绵延情意，正好适合表现眷念祖国之情。

【思考题】

一、本诗在比喻的用法上有什么特点？
二、分析本诗的浪漫主义特色。

再别康桥

徐志摩

徐志摩(1897—1931年),名章垿,字志摩。浙江海宁人。1915年考入上海浸信会学院,1917年转入北京大学。翌年赴美留学。1920年获哥伦比亚大学政治经济学硕士学位。同年秋去伦敦,入伦敦大学政治经济学院。1921年转入剑桥大学皇家学院,开始写诗。1922年秋回国。1923年与胡适等组织新月社。1925年主编《晨报》副刊。1928年主编《新月》月刊。1931年主编新月社《诗刊》。曾先后任光华大学、东吴大学、南京中央大学、北京大学、北京女子大学教授。1931年11月19日因飞机失事而身亡。

徐志摩是“新月诗派”的代表诗人之一。他与闻一多共同进行的新格律诗的理论探讨和创作实践，对于提高新诗的艺术水准，促进新诗的民族化作出了重要贡献。著有诗集《志摩的诗》、《翡冷翠的一夜》、《猛虎集》、《云游》，散文集《落叶》、《巴黎的鳞爪》、《自剖》等。

轻轻的我走了，
　　正如我轻轻的来；
我轻轻的招手，
　　作别西天的云彩。

那河畔的金柳，
　　是夕阳中的新娘；
波光里的艳影，
　　在我的心头荡漾。

软泥上的青荇，
　　油油的在水底招摇；
在康河的柔波里，
　　我甘心做一条水草！

那榆荫下的一潭，
　　不是清泉，是天上虹
揉碎在浮藻间，

沉淀着彩虹似的梦。

寻梦？撑一支长篙，
　向青草更青处漫溯，
满载一船星辉，
　在星辉斑斓里放歌。

但我不能放歌，
　悄悄是别离的笙箫；
夏虫也为我沉默，
　沉默是今晚的康桥！

悄悄的我走了，
　正如我悄悄的来；
我挥一挥衣袖，
　不带走一片云彩。

一九二八年十一月六日中国海上

【提示】

《再别康桥》原载1928年12月《新月》第1卷第10期，后收入《猛虎集》。康桥，现通译为剑桥。

徐志摩写过两首告别康桥的诗：1922年离英返国前夕，作了《康桥再会罢》；1928年秋，重游剑桥后于返国途中写下《再别康桥》。诗人通过对夕照下康桥美景的描绘，抒写了自己的留恋之情、惜别之情和理想幻灭后的感伤之情。此诗构思精巧，联想丰富，勾勒了一幅个性色彩鲜明、内蕴深厚且韵味浓郁的艺术画面，展示出柔美幽远的意境和清新飘逸的风格。全诗共7节，节与节之间大体匀称，每节二、四句低一格排列，一、三句则稍短，力求整齐而不呆板，参差而又均衡。同时，注重音节的匀整与流动，每节二、四句押韵，依据情绪的差异每节换韵，加之首尾两节反复和某些词语的重叠，形成了节奏舒缓和谐又有所变化的旋律。另外，诗中所描绘的形象如金柳、青荇、彩虹、星辉等，无不具有色彩美和动态美。

【思考题】

一、本诗的结构有何特点？

二、分析本诗的意境。

香　市[1]

茅　盾

茅盾（1896—1981年），原名沈德鸿，字雁冰。浙江桐乡人。中国现代杰出的革命作家，“五四”新文学运动的先驱之一。1913年他考入北京大学预科，1916年毕业后到上海商务印书馆，从此开始了编辑和写作生活。1921年1月，参与发起我国第一个新文学团体——文学研究会。大革命失败后从事小说创作。1928年6月，完成处女作《蚀》三部曲。1930年与鲁迅一起领导“左联”工作。此后相继创作了长篇巨著《子夜》，短篇小说《林家铺子》、《春蚕》、《秋收》、《残冬》等，分别从都市、城镇、乡村等不同侧面反映了20世纪30年代初中国的动荡社会，真实地再现了在帝国主义侵略、国民经济崩溃的状况下中国社会中下层人民的痛苦生活。另写有《风景谈》、《白杨礼赞》、《香市》等散文名篇。新中国成立后，曾任全国文联副主席、作协主席、文化部长、政协副主席等职。著有《茅盾文集》。

“清明”过后，我们镇上照例有所谓“香市”，首尾大约半个月。

赶“香市”的群众，主要是农民。“香市”的地点，在社庙[2]。从前农村还是“桃源”[3]的时候，这香市就是农村的“狂欢节”。因为从“清明”到“谷雨”这二十天内，风暖日丽，正是“行乐”的时令，并且又是“蚕忙”的前夜，所以到“香市”来的农民一半是祈神赐福（蚕花廿四分）[4]，一半也是预酬蚕节的辛苦劳作。所谓“借佛游春”是也。

于是“香市”中主要的节目无非是“吃”和“玩”。临时的茶棚，戏法场，弄缸弄甏、走绳索、三上吊的武技班，老虎，矮子，提线戏，髦儿戏[5]，西洋镜[6]，——将社庙前五六十亩地的大广场挤得满满的。庙里的主人公是百草梨膏糖，花纸，各式各样泥的纸的金属的玩具，灿如繁星的“烛山”，熏得眼睛流泪的檀香烟，木拜垫上成排的磕头者。庙里庙外，人声和锣鼓声，还有孩子们手里的小喇叭、哨子的声音，混合成一片骚音，三里路外也听得见。

我幼时所见的“香市”，就是这样热闹的。在这“香市”中，我不但鉴赏了所谓“国技”，我还认识了老虎、豹、猴子、穿山甲。所以“香市”也是儿童们的狂欢节。

“革命”[7]以后，据说为的要“破除迷信”，接连有两年不准举行“香市”。社庙的左屋被“公安分局”借去做了衙门，而庙前广场的一角也筑了篱笆，据说将造公园。社庙的左偏殿上又有什么“蚕种改良所”的招牌。

然而从去年起，这“迷信”的香市忽又准许举行了。于是我又得机会重温儿时的旧梦，我很高兴地同三位堂妹子（她们运气不好，出世以来没有见过像样的热闹的香市），赶那香市去。

天气虽然很好，“市面”却很不好。社庙前虽然比平日多了许多人，但那空气似乎很阴惨。虽然有锣鼓的声音，可是那声音单调。庙前的乌龙潭一泓清水依然如昔，可是潭后那座戏台却坍塌了，屋椽子像瘦人的肋骨似的暴露在“光天化日”之下。一切都不像我儿时所见的香市了！

那末姑且到唯一的锣鼓响的地方去看一看罢。我以为这锣鼓响的是什么变把戏的，一定也是瘪三式的玩意了。然而出乎意料，这是“南洋武术班”，上海的《良友画报》，六十二期揭载的“卧钉床”的大力士就是其中的一员。那不是无名的“江湖班”。然而他们只售票价十六枚铜元。

看客却也很少，不满二百（我进去的时候，大概只有五六十）。武术班的人们好像有点失望，但仍认真地表演了预告中的五六套：马戏，穿剑门，穿火门，走铅丝，大力士……他们说：“今天第一回，人少，可是把式不敢马虎，——”他们三条船上男女老小总共有三十个！

在我看来，这所谓南洋武术班的几套把式比起从前“香市”里的打拳头卖膏药的玩意来，委实是好看得多了。要是放在十多年前，怕不是挤得满场没有个空隙儿么？但是今天第一天也只得二百来看客。往常“香市”的主角——农民，今天差不多看不见。

后来我知道，镇上的小商人是重兴这“香市”的主动者；他们想借此吸引游客“振兴”市面，可是他们也失望了。

【注释】

［1］本篇选自《茅盾文集》第9卷。

［2］社庙：古代江南一带称土地神为社，社庙即土地庙。

［3］“桃源”：“桃花源”的简称。典出东晋陶渊明的《桃花源记》。这里指尚未遭到帝国主义大规模侵略和封建经济尚未完全崩溃的农村。

［4］蚕花廿四分：蚕花，指蚕茧的收成。廿四分，表示最好的收成。

［5］髦儿戏：清末江浙一带出现的全由青少年女子组成的戏班演出的戏。

［6］西洋镜：又称“拉洋片”。表演者把一些西洋景物画藏于暗箱内，让观众通过凸镜观看画片内容。

［7］“革命”：指1924—1927年的北伐战争。

【提示】

这篇充满浙江农村乡土气息的散文，从一个侧面反映了大革命失败后中国农村经济的日益崩溃，农民生活的日益贫困。作者在结构安排上采用了对比的方法，截取了昔盛今衰的两个“香市”的片断。前者描绘了五六十亩地的广场上人头攒动的热烈气氛，作者深情写来，使读者受到强烈感染。后者写香市的“恢复”，但情景却与从前迥异：社庙残破不堪，锣鼓声单调，连空气都似乎很阴惨；尽管来了“南洋武术班”，节目精彩，表演卖力，“委实好看得多”，但是看客寥寥，尤其是农民“差不多看不见”了。正是通过两相对比，鲜明地揭示作品的主题。另外，作者还运用了象征、暗示等手法，寓深意于简洁朴素的文字之中，有言近旨远的艺术效果。

【思考题】

一、分析本篇表现主题思想的艺术方法。

二、作品结尾一段有何含义？

文学的趣味[1]

朱光潜

朱光潜（1897—1986年），字孟实，安徽桐城人。1917年考入武昌高等师范学校中文系。1919年进入香港大学教育系。毕业后，曾在上海中国公学中学部、浙江上虞春晖中学等校任教。1925年春去上海，与叶圣陶、朱自清等人筹建立达学园。同年9月考入英国爱丁堡大学文学院。1929年毕业后转入伦敦大学文学院。1931年进入法国斯特拉斯堡大学文学研究所攻读博士学位。1933年回国，先后任北京大学教授、四川大学文学院院长、武汉大学教务长。中华人民共和国成立后，一直在北京大学执教，历任全国政协常委、中国美学学会会长、中国社会科学院学部委员等职。

朱光潜是现代著名美学家、文艺理论家。在中国现代文学史上，他是全面、系统介绍西方美学理论的第一人。其学术专著与译作，对于开阔我国文学研究的视野，建构有中国特点的美学理论、文艺理论体系，作出了重要贡献。主要著作有《变态心理学》、《悲剧心理学》、《文艺心理学》、《诗论》、《西方美学史》等，译作有《美学》、《歌德谈话录》、《拉奥孔》、《新科学》等。

文学作品在艺术价值上有高低的分别，鉴别出这高低而特有所好，特有所恶，这就是普通所谓趣味，辨别一种作品的趣味就是评判，玩索一种作品的趣味就是欣赏，把自己在人生自然或艺术中所领略得的趣味表现出来就是创造。趣味对于文学的重要于此可知。文学的修养可以说就是趣味的修养。趣味是一个比喻，由口舌感觉引申出来的。它是一件极寻常的事，却也是一件极难的事。虽说“天下之口有同嗜”，而实际上“人莫不饮食也，鲜能知味”。它的难处在没有固定的客观的标准，而同时又不能完全凭主观的抉择。说完全没有客观的标准，而同时又不能完全凭主观的抉择。说完全没有客观的标准吧？文章的美丑犹如食品的甜酸，究竟容许公是公非的存在；说完全可以凭客观的标准吧？一般人对于文艺作品的欣赏有许多个别的差异，正如有人嗜甜，有人嗜辣。在文学方面下过一番工夫的人都明白文学上趣味的分别是极微妙的，差之毫厘往往谬以千里。极深厚的修养常在毫厘之差上见出，极艰苦的磨炼也常在毫厘之差上做工夫。

举一两个实例来说。南唐中主[2]的《浣溪沙》是许多读者所熟读的：

菡萏香销翠叶残，西风愁起绿波间。还与韶光共憔悴，不堪看。
细雨梦回鸡塞远，小楼吹彻玉笙寒。多少泪珠何限恨，倚阑干。

冯正中[3]、王荆公诸人都极赏“细雨梦回”二句，王静安在《人间词话》里却说：“菡萏香销二句大有众芳芜秽美人迟暮之感，乃古今独赏其细雨梦回二句，故知解人正不易得。”《人间词话》又提到秦少游的《踏莎行》，这首词最后两句是“郴江幸自绕郴山，为谁流下潇湘去”，最为苏东坡所叹赏；王静安也不以为然：“少游词境最为凄惋，至‘可堪孤馆闭春寒，杜鹃声里斜阳暮’，则变而为凄厉矣。东坡赏其后二语，犹为皮相。”

这种优秀的评判正足见趣味的高低。我们玩味文学作品时，随时要评判优劣，表示好恶，就随时要显趣味的高低。冯正中、王荆公、苏东坡诸人对于文学不能说算不得“解人”，他们所指出的好句也确实是好，可是细玩王静安所指出的另外几句，他们的见解确不无可议之处，至少是“郴江绕郴山”二句实在不如“孤馆闭春寒”二句。几句中间的差别微妙到不易分辨的程度，所以容易被人忽略过去。可是它所关却极深广，赏识“郴江绕郴山”的是一种胸襟，赏识“孤馆闭春寒”的另是一种胸襟；同时，在这一两首词中所用的鉴别的眼光可以应用来鉴别一切文艺作品，显出同样的抉择，同样的好恶，所以对于一章一句的欣赏大可见出一个人的一般文学趣味。好比善饮酒者有敏感鉴别一杯酒，就有敏感鉴别一切的酒。趣味其实就是这样的敏感。离开这一点敏感，文艺就无由欣赏，好丑妍媸就变成平等无别。

不仅欣赏，在创作方面我们也需要纯正的趣味。每个作者必须是自己的严正的批评者，他在命意布局遣词造句上都须辨析锱铢，审慎抉择，不肯有一丝一毫含糊敷衍。他的风格就是他的人格，而造成他的特殊风格的就是他的特殊趣味。一个作家的趣味在他的修改锻炼的工夫上最容易见出。西方名家的稿本多存在博物馆，其中修改的痕迹最足发人深省。中国名家修改的痕迹多随稿本淹没，但在笔记杂著中也偶可见一斑。姑举一例。黄山谷[4]的《冲雪宿新寨》一首七律的五六两句原为“俗学近知回首晚，病身全觉折腰难”。这两句本甚好，所以王荆公在都中听到，就击节赞叹，说“黄某非风尘俗吏”。但是黄山谷自己仍不满意，最后改为“小吏有时须束带，故人颇问不休官”。这两句仍是用陶渊明见督邮的典故，却比原文来得委婉有含蓄。弃彼取此，亦全凭趣味。如果在趣味上不深究，黄山谷既写成原来两句，就大可苟且偷安。

以上谈欣赏和创作，摘句说明，只是为其轻而易举，其实一切文艺上的好恶都可作如是观。你可以特别爱好某一家，某一体，某一时代，某一派别，把其余都看成左道狐禅。文艺上的好恶往往和道德上的好恶同样地强烈深固，一个人可以在趣味异同上区别敌友，党其所同，伐其所异。文学史上许多派别，许多笔墨官司，都是这样起来的。

在这里我们会起疑问：文艺有好坏，爱憎起于好坏，好的就应得一致爱好，坏的就应得一致憎恶，何以文艺的趣味有那么大的纷歧呢？你拥护六朝，他崇拜唐宋；你赞赏苏辛，他推尊温李，纷纭扰攘，莫衷一是。作品的优越不尽可为凭，莎士比亚、勃来克[5]、华兹华司[6]一般开风气的诗人在当时都不很为人重视。读者的深厚造诣也不尽可为凭，托尔斯泰攻击莎士比亚和哥德，约翰生[7]看不起密尔敦[8]，佛朗司[9]讥诮荷马[10]和浮吉尔[11]。这种趣味的纷歧是极有趣的事实。粗略地分析，造成这事实的有下列几个因素。

第一是资禀性情。文艺趣味的偏向在大体上先天已被决定。最显著的是民族根性。拉丁民族最喜欢明晰，条顿民族最喜欢力量，希伯来民族最喜欢严肃，他们所产生的文艺就各具一种风格，恰好表现他们的国民性。就个人论，据近代心理学的研究，许多类型的差异都可以影响文艺的趣味。比如在想象方面，“造型类”人物要求一切像图画那样一目了然，“涣散类”人物喜欢一切像音乐那样迷离隐约；在性情方面，“硬心类”人物偏袒阳刚，“软心类”人物特好阴柔；在天然倾向方面，“外倾”者喜欢戏剧式的动作，“内倾”者喜欢独语体诗式的默想。这只是就几个荦荦大端来说，每个人在资禀性情方面还有他的特殊个性，这和他的文艺的趣味也密切相关。

其次是身世经历。谢安[12]有一次问子弟：“《毛诗》何句最佳?”谢玄[13]回答:“昔我往矣，杨柳依依；今我来思，雨雪霏霏。”谢安表示异议，说：“‘讦谟定命，远猷辰告’句有雅人深致。”（见《世说新语》）这两人的趣味不同，却恰合两人不同的身份。谢安自己是当朝一品，所以特别能欣赏那形容老成谋国的两句；谢玄是翩翩佳公子，所以那流连风景，感物兴怀的句子很合他的口胃。本来文学欣赏，贵能设身处地去体会。如果作品所写的与自己所经历的相近，我们自然更容易了解，更容易起同情。杜工部的诗在这抗战期中读起来，特别亲切有味，也就是这个道理。

第三是传统习尚。法国学者泰纳著《英国文学史》，指出“民族”，“时代”，“周围”为文学的三大决定因素，文艺的趣味也可以说大半受这三种势力形成。各民族，各时代都有它的传统，每个人的“周围”（法文 Milieu 略似英文 Circle，意谓“圈子”，即常接近的人物，比如说，属于一个派别就是站在那个圈子里）都有它的习尚。在西方，古典派与浪漫派，理想派与写实派；在中国，六朝文与唐宋古文，选体诗，唐诗和宋诗，五代词，北宋词和南宋词，桐城派古文和阳湖派古文，彼此中间都树有很森严的壁垒。投身到某一派旗帜之下的人，就觉得只有那一派是正统，阿其所好，以至目空其余一切。我个人与文艺界朋友的接触，深深地感觉到传统习尚所产生的一些不愉快的经验。我对新文学属望很殷，费尽千言万语也不能说服国学耆宿们，让他们相信新文学也自有一番道理。我也很爱读旧诗文，向新文学作家称道旧诗文的好处，也被他们嗤为顽腐。此外新旧文学家中又各派别之下有派别，京派海派，左派右派，彼此相持不下。我冷眼看得很清楚，每派人都站在一个“圈子”里，那圈子就是他们的“天下”。

一个人在创作和欣赏时所表现的趣味，大半由上述三个因素决定。资禀性情，身世经历和传统习尚，都是很自然地套在一个人身上的，不轻易能摆脱，而且它们的影响有好有坏，也不必完全摆脱。我们应该做的工夫是根据固有的资禀性情而加以磨砺陶冶，扩充身世经历而加以细心的体验，接收多方的传统习尚而求截长取短，融会贯通。这三层工夫就是普通所谓学问修养。纯恃天赋的趣味不足为凭，纯恃环境影响造成的趣味也不足为凭，纯正的可凭的趣味必定是学问修养的结果。

孔子有言：“知之者不如好之者，好之者不如乐之者”，仿佛以为知、好、乐是三层事，一层深一层；其实在文艺方面，第一难关是知，能知就能好，能好就能乐。知、好、乐三种心理活动融为一体，就是欣赏，而欣赏所凭的就是趣味。许多人在文艺趣味上有欠缺，大半由于在知上有欠缺。

有些人根本不知，当然不会盛感到趣味，看到任何好的作品都如蠢牛听琴，不起作用。这是精神上的残废。犯这种毛病的人失去大部分生命的意味。

有些人知得不正确，于是趣味低劣，缺乏鉴别力，只以需要刺激或麻醉，取恶劣作品疗饥过瘾，以为这就是欣赏文学。这是精神上的中毒，可以使整个的精神受腐化。

有些人知得不周全，趣味就难免窄狭，像上文所说的，被囿于某一派别的传统习尚，不能自拔。这是精神上的短视，“坐井观天，诬天藐小”。

要诊治这三种流行的毛病，唯一的方剂是扩大眼界，加深知解。一切价值都由比较得来，生长在平原，你说一个小山坡最高，你可以受原谅，但是你错误。“登东山而小鲁，登泰山而小天下”，那“天下”也只是孔子所能见到的天下。要把山估计得准确，你必须把世界名山都游历过，测量过。研究文学也是如此，你玩索的作品愈多，种类愈复杂，风格愈纷歧，你的比较资料愈丰富，透视愈正确，你的鉴别力（这就是趣味）也就愈可靠。

人类心理都有几分惰性，常以先入为主，想获得一种新趣味，往往须战胜一种很顽强的抵抗力。许多旧文学家不能欣赏新文学作品，就因为这个道理。就我个人的经验来说，起初习文言文，后来改习语体文，颇费过一番冲突与挣扎。在才置信语体文时，对文言文颇有些反感，后来多经摸索，感得文言文仍有它的不可磨灭的价值。专就学文言文说，我起初学桐城派古文，跟着古文家们骂六朝文的绮靡，后来稍致力于六朝人的著作，才觉得六朝文也有为唐宋文所不可及处。在诗方面我从唐诗入手，觉宋诗索然无味，后来读宋人作品较多，才发见宋诗也特有一种风味。我学外国文学的经验也大致相同，往往从笃嗜甲派不了解乙派，到了解乙派而对甲派重新估定价值。我因而想到培养文学趣味好比开疆辟土，须逐渐把本来非我所有的征服为我所有。英国诗人华兹华司说道：“一个诗人不仅要创造作品，还要创造能欣赏那种作品的趣味。”我想不仅作者如此，读者也须时常创造他的趣味。生生不息的趣味才是活的趣味，像死水一般静止的趣味必定陈腐。活的趣味时时刻刻在发见新境界，死的趣味老是囿在一个窄狭的圈子里。这道理可以适用于个人的文学修养，也可以适用于全民族的文学演进史。

【注释】

［1］本文选自《谈美谈文学》，人民文学出版社 1988 年版。

［2］南唐中主：李璟。五代南唐先主李昪（biàn）的长子，保大元年（943 年）嗣位，史称“南唐中主”。今存词仅 4 首。

［3］冯正中：冯延巳。五代南唐词人，字正中，广陵（今江苏扬州）人。

[4] 黄山谷：黄庭坚。北宋文学家、书法家。字鲁直，自号山谷道人。洪州分宁（今江西修水）人。是“苏门四学士”之一，“江西诗派”的开创者。著有《山谷集》。

[5] 勃来克：现译为布莱克。英国诗人、版画家。其诗作摆脱了18世纪古典主义教条的束缚，风格清新、热情、奔放，开浪漫主义诗歌的先河。著有《天真之歌》、《亚美利加》、《四天神》等诗集。

[6] 华兹华司：现译为华兹华斯。英国诗人。其诗作为英诗增添了新的内容、新的语言，开创了浪漫主义的新诗风。重要诗篇有《丁登寺》、《不朽的征兆》、《序曲》等。

[7] 约翰生：现译为约翰逊。英国文学评论家、诗人。是英国18世纪中叶以后文坛的领袖。主要著作有《莎士比亚集·序》、《诗人传》等。

[8] 密尔敦：现译为弥尔顿。英国诗人。其诗作对18世纪诗人产生过深刻影响。主要著有《利西达斯》等短诗和《失乐园》、《复乐园》、《力士参孙》等长诗。

[9] 佛朗司：现译为法朗士。法国作家、文艺评论家。1921年获得诺贝尔文学奖。著有长篇小说《希尔维斯特·波纳尔的罪行》、《现代史话》等，评论集《文艺生活》等。

[10] 荷马：相传为古代希腊两部著名史诗《伊利昂纪》（一译《伊利亚特》）和《奥德修纪》（一译《奥德赛》）的作者。

[11] 浮吉尔：现译为维吉尔。古罗马著名诗人。重要作品有4卷《农事诗》、12卷史诗《埃涅阿斯记》等。

[12] 谢安：东晋大臣。字安石，陈郡阳夏（今河南太康）人。

[13] 谢玄：东晋将领，谢安的侄子。

【提示】

这是一篇内容丰赡、有独立见解、论证周密而又深入浅出的文艺论文。

作者围绕“文学的修养可以说就是趣味的修养”这个中心论题，议及文学趣味的重要性、导致文学趣味分歧的原因、克服文学趣味欠缺的方法等问题。其结论是：要获得“纯正的趣味”，就必须加强学问修养，而唯一的方法就是“扩大眼界，加深知解”，即多读作品，而且要读不同种类、不同流派、不同风格的作品，从中加以比较，以提高鉴别力。

其实，作者自己就是在现身说法。他通晓文学、心理学、哲学、美学，知识渊博，因而才能旁征博引，见微知著，析理深刻，使本文具有很强的说服力与启发性。

【思考题】

一、提高文学鉴赏能力的途径是什么？

二、如何理解“活的趣味时时刻刻在发见新境界”这句话的含义？

桨声灯影里的秦淮河[1]

朱自清

朱自清（1898—1948年），原名自华，字佩弦，号秋实。祖籍浙江绍兴，生于江苏东海。1916年考入北京大学，1920年毕业后曾在江苏、浙江一带任中学教师，1925年起任清华大学教授。

抗日战争爆发后，任西南联大教授。1946年李公朴、闻一多先后被国民党特务杀害后，朱自清不畏白色恐怖，勇敢地站出来讲话，并主持整理闻一多遗著及作序。1946年返回北平后，继续参与爱国民主活动。1948年病逝前，还告诫家人千万不要购买国民党政府配售的美国面粉。

朱自清的主要作品有诗文合集《踪迹》，长诗《毁灭》，散文集《背影》、《你我》等，另有学术专著《诗言志辨》、《新诗杂话》等。著有《朱自清文集》。

一九二三年八月的一晚，我和平伯[2]同游秦淮河；平伯是初泛，我是重来了。我们雇了一只“七板子”，在夕阳已去，皎月方来的时候，便下了船。于是桨声汩——汩，我们开始领略那晃荡着蔷薇色的历史的秦淮河的滋味了。

秦淮河里的船，比北京万牲园、颐和园的船好，比西湖的船好，比扬州瘦西湖的船也好。这几处的船不是觉着笨，就是觉着简陋、局促；都不能引起乘客们的情韵，如秦淮河的船一样。秦淮河的船约略可分为两种：一是大船；一是小船，就是所谓“七板子”。大船舱口阔大，可容二三十人。里面陈设着字画和光洁的红木家具，桌上一律嵌着冰凉的大理石面。窗格雕镂颇细，使人起柔腻之感。窗格里映着红色蓝色的玻璃；玻璃上有精致的花纹，也颇悦人目。“七板子”规模虽不及大船，但那淡蓝色的栏杆，空敞的舱，也足系人情思。而最出色处却在它的舱前。舱前是甲板上的一部，上面有弧形的顶，两边用疏疏的栏杆支着。里面通常放着两张藤的躺椅。躺下，可以谈天，可以望远，可以顾盼两岸的河房。大船上也有这个，但在小船上更觉清隽罢了。舱前的顶下，一律悬着灯彩。灯的多少，明暗，彩苏的精粗，艳晦，是不一的，但好歹总还你一个灯彩。这灯彩实在是最能钩人的东西。夜幕垂垂地下来时，大小船上都点起灯火。从两重玻璃里映出那辐射着的黄黄的散光，反晕出一片朦胧的烟霭；透过这烟霭，在黯黯的水波里，又逗起缕缕的明漪。在这薄霭和微漪里，听着那悠悠的间歇的桨声，谁能不被引入他的美梦去呢？只愁梦太多了，这些大小船儿如何载得起呀？我们这时模模糊糊的谈着明末的秦淮河的艳迹，如《桃花扇》及《板桥杂记》[3]里所载的。我们真神往了。我们仿佛亲见那时华灯映水，画舫凌波的光景了。于是我们的船便成了历史的重载了。我们终于恍然秦淮河的船所以雅丽过于他处，而又有奇异的吸引力的，实在是许多历史的影像使然了。

秦淮河的水是碧阴阴的；看起来厚而不腻，或者是六朝金粉所凝么？我们初上船的时候，天色还未断黑，那漾漾的柔波是这样的恬静，委婉，使我们一面有水阔天空之想，一面又憧憬着纸醉金迷之境了。等到灯火明时，阴阴的变为沉沉了：黯淡的水光，像梦一般；那偶然闪烁着的光芒，就是梦的眼睛了。我们坐在舱前，因了那隆起的顶棚，仿佛总是昂着首向前走着似的；于是飘飘然如御风而行的我们，看着那些自在的湾泊着的船，船里走马灯般的人物，便像是下界一般，迢迢的远了，又像在雾里看花，尽朦朦胧胧的。这时我们已过了利涉桥，望见东关头了。沿路听见断续的歌声：有从沿河的妓楼飘来的，有从河上船里度来的。我们明知那些歌声，只是些因袭的言词，从生涩的歌喉里机械的发出来的；但它们经了夏夜的微风的吹漾和水波的摇拂，袅娜着到我们耳边的时候，已经不单是她们的歌声，而混着微风和河水的密语了。于是我们不得不被牵惹着，震撼着，相与浮沉于这歌声里了。从东关头转湾，不久就到大中桥。大中桥共有三个桥拱，都很阔大，俨然是三座门儿；使我们觉得我们的船和船里的我们，在桥下过去时，真是太无颜色了。桥砖是深褐色，表明它的历史的长久；但都完好无缺，令人太息于古者工程的坚美。桥上两旁都是木壁的房子，中间应该有街路？这些房子都破旧了，多年烟熏的迹，遮没了当年的美丽。我想象秦淮河的极盛时，在这样宏阔的桥上，特地盖了房子，必然是髹漆得富富丽丽的；晚间必然是灯火通明的。现在却只剩下一片黑沉沉！但是桥上造着房子，毕竟使我们多少可以想见往日的繁华；这也慰情聊胜无了。过了大中桥，便到了灯月交辉，笙歌彻夜的秦淮河；这才是秦淮河的真面目哩。

大中桥外，顿然空阔，和桥内两岸排着密密的人家的景象大异了。一眼望去，疏疏的林，淡淡的月，衬着蔚蓝的天，颇像荒江野渡光景；那边呢，郁丛丛的，阴森森的，又似乎藏着无边的黑暗：令人几乎不信那是繁华的秦淮河了。但是河中眩晕着的灯光，纵横着的画舫，悠扬着的笛韵，夹着那吱吱的胡琴声，终于使我们认识绿如茵陈酒的秦淮水了。此地天裸露着的多些，故觉夜来的独迟些；从清清的水影里，我们感到的只是薄薄的夜——这正是秦淮河的夜。大中桥外，本来还有一座复成桥，是船夫口中的我们的游踪尽处，或也是秦淮河繁华的尽处了。我的脚曾踏过复成桥的脊，在十三四岁的时候。但是两次游秦淮河，却都不曾见着复成桥的面；明知总在前途的，却常觉得有些虚无缥缈似的。我想，不见倒也好。这时正是盛夏。我们下船后，借着新生的晚凉和河上的微风，暑气已渐渐消散；到了此地，豁然开朗，身子顿然轻了——习习的清风荏苒在面上，手上，衣上，这便又感到了一缕新凉了。南京的日光，大概没有杭州猛烈；西湖的夏夜老是热蓬蓬的，水像沸着一般，秦淮河的水却尽是这样冷冷的绿着。任你人影的憧憬，歌声的扰扰，总像隔着一层薄薄的绿纱面幂[4]似的；它尽是这样静静的，冷冷的绿着。我们出了大中桥，走不上半里路，船夫便将船划到一旁，停了桨由它宕着。他以为那正是繁华的极点，再过去就是荒凉了；所以让我们多多赏鉴一会儿。他自己却静静的蹲着。

他是看惯这光景的了，大约只是一个无可无不可。这无可无不可，无论是升的沉的，总之，都比我们高了。

那时河里热闹极了；船大半泊着，小半在水上穿梭似的来往。停泊着的都在近市的那一边，我们的船自然也夹在其中。因为这边略略的挤，便觉得那边十分的疏了。在每一只船从那边过去时，我们能画出它的轻轻的影和曲曲的波，在我们的心上；这显着是空，且显着是静了。那时处处都是歌声和凄厉的胡琴声，圆润的喉咙，确乎是很少的。但那生涩的，尖脆的调子能使人有少年的，粗率不拘的感觉，也正可快我们的意。况且多少隔开些儿听着，因为想象与渴慕的做美，总觉更有滋味；而竞发的喧嚣，抑扬的不齐，远近的杂沓，和乐器的嘈嘈切切，合成另一意味的谐音，也使我们无所适从，如随着大风而走。这实在因为我们的心枯涩久了，变为脆弱；故偶然润泽一下，便疯狂似的不能自主了。但秦淮河却也腻人。即如船里的人面，无论是和我们一堆儿泊着的，无论是从我们眼前过去的，总是模模糊糊的，甚至渺渺茫茫的；任你张圆了眼睛，揩净了眦垢，也是枉然。这真够人想呢。在我们停泊的地方，灯光原是纷然的；不过这些灯光都是黄而有晕的。黄已经不能明了，再加上了晕，便更不成了。灯愈多，晕就愈甚；在繁星般的黄的交错里，秦淮河仿佛笼上了一团光雾。光芒与雾气腾腾的晕着，什么都只剩了轮廓了；所以人面的详细的曲线，便消失于我们的眼底了。但灯光究竟夺不了那边的月色；灯光是浑的，月色是清的。在浑沌的灯光里，渗入一派清辉，却真是奇迹！那晚月儿已瘦削了两三分。她晚妆才罢，盈盈的上了柳梢头。天是蓝得可爱，仿佛一汪水似的；月儿便更出落得精神了。岸上原有三株两株的垂杨树，淡淡的影子，在水里摇曳着。它们那柔细的枝条浴着月光，就像一支支美人的肩膀，交互的缠着，挽着；又像是月儿披着的发。而月儿偶然也从它们的交叉处偷偷窥看我们，大有小姑娘怕羞的样子。岸上另有几株不知名的老树，光光的立着；在月光里照起来，却又俨然是精神矍铄的老人。远处——快到天际线了，才有一两片白云，亮得现出异彩，像美丽的贝壳一般。白云下便是黑黑的一带轮廓；是一条随意画的不规则的曲线。这一段光景，和河中的风味大异了。但灯与月竟能并存着，交融着，使月成了缠绵的月，灯射着渺渺的灵辉；这正是天之所以厚秦淮河，也正是天之所以厚我们了。

这时却遇着了难解的纠纷。秦淮河上原有一种歌妓，是以歌为业的。从前都在茶舫上，唱些大曲之类。每日午后一时起，什么时候止，却忘记了。晚上照样也有一回，也在黄晕的灯光里。我从前过南京时，曾随着朋友去听过两次。因为茶舫里的人脸太多了，觉得不大适意，终于听不出所以然。前年听说歌妓被取缔了，不知怎的，颇涉想了几次——却想不出什么。这次到南京，先到茶舫上去看看，觉得颇是寂寥，令我无端的怅怅了。不料她们却仍在秦淮河里挣扎着，不料她们竟会纠缠到我们，我于是很张皇了。她们也乘着“七板子”，她们总是坐在舱前的。舱前点着石油汽灯，光亮眩人眼目：坐在下面的，自然是纤毫毕见了——引诱客人们的力量，也便在此了。舱里躲着乐工等人，映着汽灯的余辉蠕动着；他们是永远不被注意的。每船的歌妓大约都是二人；天色一黑，她们的船就在大中桥外往来不息的兜生意。无论行着的船，泊着的船，都要来兜揽的。这都是我后来推想出来的。那晚不知怎样，忽然轮着我们的船了。我们的船好好的停着，一只歌舫划向我们来了；渐渐和我们的船并着了。烁烁的灯光逼得我们皱起了眉头；我们的风尘色全给它托出来了，这使我踧踖不安了。那时一个伙计跨过船来，拿着摊开的歌折，就近塞向我的手里，说，“点几出吧!”他跨过来的时候，我们船上似乎有许多眼光跟着。同时相近的别的船上也似乎有许多眼睛炯炯的向我们船上看着。我真窘了！我也装出大方的样子，向歌妓们瞥了一眼，但究竟是不成的！我勉强将那歌折翻了一翻，却不曾看清了几个字；便赶紧递还那伙计，一面不好意思地说，“不要。我们……不要。”他便塞给平伯。平伯掉转头去，摇手说，“不要!”那人还腻着不走。平伯又回过脸来，摇着头道，“不要!”于是那人重到我处。我窘着再拒绝了他。他这才有所不屑似的走了。我的心立刻放下，如释了重负一般。我们就开始自白了。

我说我受了道德律的压迫，拒绝了她们；心里似乎很抱歉的。这所谓抱歉，一面对于她们，一面对于我自己。她们于我们虽然没有很奢的希望；但总有些希望的。我们拒绝了她们，无论理由如何充足，却使她们的希望受了伤；这总有几分不做美了。这是我觉得很怅怅的。至于我自己，更有一种不足之感。我这时被四面的歌声诱惑了，降服了；但是远远的，远远的歌声总仿佛隔着重衣搔痒似的，越搔越搔不着痒处。我于是憧憬着贴耳的妙音了。在歌舫划来时，我的憧憬，变为盼望；我固执的盼望着，有如饥渴。虽然从浅薄的经验里，也能够推知，那贴耳的歌声，将剥去一切的美妙；但一个平常的人像我的，谁愿凭了理性之力去丑化未来呢？我宁愿自己骗着了。不过我的社会感性是很敏锐的；我的思力能拆穿道德律的西洋镜，而我的感情却终于被它压服着。我于是有所顾忌了，尤其是在众目昭彰的时候。道德律的力，本来是民众赋予的；在民众的面前，自然更显出它的威严了。我这时一面盼望，一面却感到了两重的禁制：一、在通俗的意义上，接近妓者总算一种不正当的行为；二、妓是一种不健全的职业，我们对于她们，应有哀矜勿喜之心，不应赏玩的去听她们的歌。在众目睽睽之下，这两种思想在我心里最为旺盛。她们暂时压倒了我的听歌的盼望，这便成了我的灰色的拒绝。那时的心实在异常状态中，觉得颇是昏乱。歌舫去了，暂时宁静之后，我的思绪又如潮涌了。两个相反的意思在我的心头往复：卖歌和卖淫不同，听歌和狎妓不同，又干道德甚事？——但是，但是，她们既被逼的以歌为业，她们的歌必无艺术味的；况她们的身世，我们究竟该同情的。所以拒绝倒也是正办。但这些意思终于不曾撇开我的听歌的盼望。它的力量异常坚强；它总想将别的思绪踏在脚下。从这重重的争斗里，我感到了浓厚的不足之感。这不足之感使我的心盘旋不安，起坐都不安宁了。唉！我承认我是一个自私的人！平伯呢，却与我不同。他引周启明先生的诗，“因为我有妻子，所以我爱一切的女人，因为我有子女，所以我爱一切的孩子。”他的意思可以见了。他因为推及的同情，爱着那些歌妓，并且尊重着她们，所以拒绝了她们。在这种情形下，他自然以为听歌是对于她们的一种侮辱。但他也是想听歌的，虽然不和我一样。所以在他的心中，当然也有一番小小的争斗；争斗的结果，是同情胜了。至于道德律，在他是没有什么的；因为他很有蔑视一切的倾向，民众的力量在他是不大觉着的。这时他的心意的活动比较简单，又比较松弱，故事后还怡然自若；我却不能了。这里平伯又比我高了。

在我们谈话中间，又来了两艘歌舫。伙计照前一样的请我们点戏，我们照前一样的拒绝了。我受了三次窘，心里的不安更甚了。清艳的夜景也为之减色。船夫大约因为要赶第二趟生意，催着我们回去；我们无可无不可的答应了。我们渐渐和那些晕黄的灯光远了，只有些月色冷清清的随着我们的归舟。我们船竟没个伴儿，秦淮河的夜正长哩！到大中桥近处，才遇着一只来船。这是一只载妓的板船，黑漆漆的没有一点光。船头上坐着一个妓女；暗里看出，白地小花的衫子，黑的下衣。她手里拉着胡琴，口里唱着青衫的调子。她唱得响亮而圆转；当她的船箭一般驶过去时，余音还袅袅的在我们耳际，使我们倾听而向往。想不到在弩末的游踪里，还能领略到这样的清歌！这时船过大中桥了，森森的水影，如黑暗张着巨口，要将我们的船吞了下去。我们回顾那渺渺的黄光，不胜依恋之情；我们感到了寂寞了！这一段地方夜色甚浓，又有两头的灯火招邀着；桥外的灯火不用说了，过了桥另有东关头疏疏的灯火。我们忽然仰头看见依人的素月，不觉深悔归来之早了！走过东关头，有一两只大船湾泊着，又有几只船向我们来着。嚣嚣的一阵歌声人语，仿佛笑我们无伴的孤舟哩。东关头转湾，河上的夜色更浓了；临水的妓楼上，时时从帘缝里射出一线一线的灯光；仿佛黑暗酣睡里眨了一眨眼。我们默然的对着，静听那汩——汩的桨声，几乎要入睡了；朦胧里却温寻着适才的繁华的余味。我那不安的心在静里愈显活跃了！这时我们都有了不足之感，而我的更其浓厚。我们却又不愿回去，于是只能由懊悔而怅惘了。船里便满载着怅惘了。直到利涉桥下，微微嘈杂的人声，才使我豁然一惊；那光景却又不同。右岸的河房里，都大开了窗户，里面亮着晃晃的电灯，电灯的光射到水上，蜿蜒曲折，闪闪不息，正如跳舞着的仙女的臂膊。我们的船已在她的臂膊里了；如睡在摇篮里一样，倦了的我们便又入梦了。那电灯下的人物，只觉像蚂蚁一般，更不去萦念。这是最后的梦；可惜是最短的梦！黑暗重复落在我们面前，我们看见傍岸的空船上一星两星的，枯燥无力又摇摇不定的灯光。我们的梦醒了，我们知道就要上岸了；我们心里充满了幻灭的情思。

一九二三年十月十一日作完，于温州

【注释】

［1］本文原载1924年1月《东方杂志》第21卷第2号，后收入《踪迹》。

［2］平伯：俞平伯，中国现代著名散文家、诗人和《红楼梦》研究专家。

［3］《板桥杂记》：清初文学家余怀所写的笔记，分雅游、丽品、轶事3卷。

［4］幂（mì）：面罩。

【提示】

在朱自清的散文创作中，成就最高的是抒情性散文，《桨声灯影里的秦淮河》即是其中的名篇之一。

作品突出的一个特点是构思精巧缜密。它以时空的转移即游踪为行文的外在线索，写作者从利涉桥、东关头到大中桥，一路领略繁华绮丽的“秦淮河的滋味”。同时，又以作者情感的变化为行文的内在线索，其转折点是在大中桥外遇到歌妓的“纠缠”，于是超然物外的心态被“满载着的怅惘”所取代，而且这现实的苦闷与篇首“船儿如何载得起”的历史的“愁梦”暗相贯通，从而赋予作品以丰富的思想内涵。

作品的另一个特点是绵密细致的描摹。作者注意深入观察和体味灯光、月色、河水交相辉映中的情韵，从景物的色泽、光线、形态乃至音响的勾画中表达深切微妙的主观感受，并运用对比、拟人、比喻等多种手法，创造出情景交融、诗意浓郁的艺术境界。

另外，作品的语言清丽、典雅、优美，显示出作者卓越的艺术才华。

【思考题】

一、从这篇散文的结构艺术分析其所包含的主题意蕴。

二、这篇散文在创造情景交融的艺术境界时运用了哪些手法？请举例说明。

发现

闻一多

闻一多（1899—1946年），原名闻家骅，号友三。湖北浠水人。1913年考入北京清华学校，读书期间受到“五四”新思潮的影响。1922年大学毕业后赴美深造，学习绘画和文学。1925年回国后，积极参与《晨报》副刊《诗镌》的活动，成为新格律诗的主要倡导者。1928年参加新月社，并先后在武汉大学、青岛大学、清华大学等校任教。1938年清华大学并入西南联大，随校迁至昆明。20世纪40年代起，他积极投身民主运动，1944年加入中国民主同盟。1946年7月15日在悼念被国民党特务暗杀的李公朴先生的治丧大会上，发表了著名的《最后一次的演讲》后，当日下午即被国民党特务暗杀。著有《红烛》、《死水》等诗集和其他学术论著。

我来了，我喊一声，迸着血泪，
“这不是我的中华，不对，不对！”
我来了，因为我听见你叫我；
鞭着时间的罡风，擎一把火，
我来了，不知道是一场空喜。
我会见的是噩梦，哪里是你？
那是恐怖，是噩梦挂着悬崖，
那不是你，那不是我的心爱！
我追问青天，逼迫八面的风，
我问，拳头擂着大地的赤胸，
总问不出消息；我哭着叫你，
呕出一颗心来，——在我心里！

【提示】

《发现》一诗原载于1927年6月25日上海《时事新报·学灯》，后收入闻一多诗集《死水》中。它是闻一多爱国诗篇最重要的代表作之一。它表现的是诗人从美国回来之后，对当时军阀混战下的残破祖国的失望与愤懑，以及在这种深广的忧愤中升腾的对祖国执著和忠贞的爱。

这首诗仅有12行，虽短小却立意非凡，构思新颖灵巧，尤其是开头和结尾极不平常。诗的开头，诗人单刀直入，呼天抢地地呼喊：“我来了，我喊一声，迸着血泪……”这一声呼喊，给人以突兀峥嵘之感，吸引读者迫不及待地阅读下去。接着，诗人用了两组“我来了”的排比句和几个贴切的比喻来直接抒发自己深沉的爱和令人窒息的失望，从而使诗更扣人心弦，表现力更强。结尾四句是本诗最精彩绝妙之处，“在我心里”这一句，石破天惊，出乎意外而又合乎情理，它既指出了这才是真正的“发现”，又突出地表现了诗人对祖国的爱之深切。

闻一多是个勇于创新的诗人，在诗作的构思上力避平庸和一般化，《发现》一诗是杰出的代表作。

【思考题】

一、分析本诗的结尾四句。

二、试比较本诗与郭沫若《炉中煤》诗在爱国情绪上的体现。

边　城（节选）

沈从文

沈从文（1902—1988 年），原名沈岳焕，湖南凤凰人。1917 年小学毕业后参军，当过上士司书和屠宰税征收员。受“五四”新文学影响，1922 年去北京求学，在北京大学旁听之余，专心学习写作。1924 年底开始发表作品。1929 年至 1931 年，曾先后在吴淞中国公学、武汉大学、青岛大学任教。1938 年到昆明，在西南联大讲授习作。抗战胜利后，任北京大学教授，同时编辑《大公报》、《益世报》等报的文学副刊。新中国成立后，在中国历史博物馆和故宫博物院研究文物，曾任中国社会科学院历史研究所研究员。

沈从文创作宏富，题材多样，体式繁杂，风格清新淡远而又蕴藉隽永，是京派作家中的翘楚。主要作品有短篇小说集《蜜柑》、《神巫之爱》、《龙朱》、《虎雏》、《月下小景》、《八骏图》、《从文小说习作选》、《春灯集》、《黑凤集》等，中长篇小说《阿丽思中国游记》、《边城》、《长河》，散文集《湘行散记》、《湘西》等，评论集《废邮存底》、《烛虚》、《云南看云集》等，另有专著《中国古代服饰研究》。

一

由四川过湖南去，靠东有一条官路。这官路将近湘西边境到了一个地方名为“茶峒”的小山城时，有一小溪，溪边有座白色小塔，塔下住了一户单独的人家。这人家只一个老人，一个女孩子，一只黄狗。

小溪流下去，绕山岨流，约三里便汇入茶峒的大河。人若过溪越小山走去，则只一里路就到了茶峒城边。溪流如弓背，山路如弓弦，故远近有了小小差异。小溪宽约二十丈，河床为大片石头作成。静静的水即或深到一篙不能落底，却依然清澈透明，河中游鱼来去皆可以计数。小溪既为川湘来往孔道，水常有涨落，限于财力不能搭桥，就安排了一只方头渡船。这渡船一次连人带马，约可以载二十位搭客过河，人数多时则反复来去。渡船头竖了一枝小小竹竿，挂着一个可以活动的铁环，溪岸两端水槽牵了一段废缆，有人过渡时，把铁环挂在废缆上，船上人就引手攀缘那条缆索，慢慢的牵船过对岸去。船将拢岸了，管理这渡船的，一面口中嚷着“慢点慢点”，自己霍的跃上了岸，拉着铁环，于是人货牛马全上了岸，翻过小山不见了。渡头为公家所有，故过渡人不必出钱。有人心中不安，抓了一把钱掷到船板上时，管渡船的必为一一拾起，依然塞到那人手心里去，俨然吵嘴时的认真神气:“我有了口粮,三斗米,七百钱,够了。谁要这个!”

但不成,凡事求个心安理得,出气力不受酬谁好意思,不管如何还是有人把钱的。管船人却情不过,也为了心安起见,便把这些钱托人到茶峒去买茶叶和草烟,将茶峒出产的上等草烟,一扎一扎挂在自己腰带边,过渡的谁需要这东西必慷慨奉赠。有时从神气上估计那远路人对于身边草烟引起了相当的注意时,便把一小束草烟扎到那人包袱上去,一面说,“不吸这个吗,这好的,这妙的,味道蛮好,送人也合式!”茶叶则在六月里放进大缸里去,用开水泡好,给过路人解渴。

管理这渡船的,就是住在塔下的那个老人。活了七十年,从二十岁起便守在这小溪边,五十年来不知把船来去渡了若干人。年纪虽那么老了,本来应当休息了,但天不许他休息,他仿佛便不能够同这一分生活离开。他从不思索自己的职务对于本人的意义,只是静静的很忠实的在那里活下去。代替了天,使他在日头升起时,感到生活的力量,当日头落下时,又不至于思量与日头同时死去的,是那个伴在他身旁的女孩子。他唯一的朋友为一只渡船与一只黄狗,唯一的亲人便只那个女孩子。

女孩子的母亲,老船夫的独生女,十五年前同一个茶峒军人,很秘密的背着那忠厚爸爸发生了暧昧关系。有了小孩子后,这屯戍军士便想约了她一同向下游逃去。但从逃走的行为上看来,一个违悖了军人的责任,一个却必得离开孤独的父亲。经过一番考虑后,军人见她无远走勇气,自己也不便毁去作军人的名誉,就心想:一同去生既无法聚首,一同去死当无人可以阻拦,首先服了毒。女的却关心腹中的一块肉,不忍心,拿不出主张。事情业已为作渡船夫的父亲知道,父亲却不加上一个有分量的字眼儿,只作为并不听到过这事情一样,仍然把日子很平静的过下去。女儿一面怀了羞惭一面却怀了怜悯,仍守在父亲身边,待到腹中小孩生下后,却到溪边吃了许多冷水死去了。在一种近于奇迹中,这遗孤居然已长大成人,一转眼间便十三岁了。为了住处两山多篁竹,翠色逼人而来,老船夫随便为这可怜的孤雏拾取了一个近身的名字,叫作“翠翠”。

翠翠在风日里长养着,把皮肤变得黑黑的,触目为青山绿水,一对眸子清明如水晶。自然既长养她且教育她,为人天真活泼,处处俨然如一只小兽物。人又那么乖,如山头黄麂一样,从不想到残忍事情,从不发愁,从不动气。平时在渡船上遇陌生人对她有所注意时,便把光光的眼睛瞅着那陌生人,作成随时皆可举步逃入深山的神气,但明白了人无机心后,就又从从容容的在水边玩耍了。

老船夫不论晴雨,必守在船头。有人过渡时,便略弯着腰,两手缘引了竹缆,把船横渡过小溪。有时疲倦了,躲在临溪大石上睡着了,人在隔岸招手喊过渡,翠翠不让祖父起身,就跳下船去,很敏捷的替祖父把路人渡过溪,一切皆溜刷在行,从不误事。有时又和祖父黄狗一同在船上,过渡时和祖父一同动手,船将近岸边,祖父正向客人招呼“慢点,慢点”时,那只黄狗便口衔绳子,最先一跃而上,且俨然懂得如何方为尽职似的,把船绳紧衔着拖船拢岸。

风日清和的天气,无人过渡,镇日长闲,祖父同翠翠便坐在门前大岩石上晒太阳。或把一段木头从高处向水中抛去,嗾使身边黄狗自岩石高处跃下,把木头衔回来。或翠翠与黄狗皆张着耳朵，听祖父说些城中多年以前的战争故事。或祖父同翠翠两人，各把小竹作成的竖笛，逗在嘴边吹着迎亲送女的曲子。过渡人来了，老船夫放下了竹管，独自跟到船边去，横溪渡人，在岩上的一个，见船开动时，于是锐声喊着：

“爷爷，爷爷，你听我吹，你唱！”

爷爷到溪中央便很快乐的唱起来，哑哑的声音同竹管声振荡在寂静空气里，溪中仿佛也热闹了一些。(实则歌声的来复，反而使一切更寂静一些了。)

有时过渡的是从川东过茶峒的小牛，是羊群，是新娘子的花轿，翠翠必争着作渡船夫，站在船头，懒懒的攀引缆索，让船缓缓的过去。牛羊花轿上岸后，翠翠必跟着走，站到小山头，目送这些东西走去很远了，方回转船上，把船牵靠近家的岸边。且独自低低的学小羊叫着，学母牛叫着，或采一把野花缚在头上，独自装扮新娘子。

茶峒山城只隔渡头一里路，买油买盐时，逢年过节祖父得喝一杯酒时，祖父不上城，黄狗就伴同翠翠入城里去备办东西。到了卖杂货的铺子里，有大把的粉条，大缸的白糖，有炮仗，有红蜡烛，莫不给翠翠很深的印象，回到祖父身边，总把这些东西说个半天。那里河边还有许多上行船，百十船夫忙着起卸百货。这种船只比起渡船来全大得多，有趣味得多，翠翠也不容易忘记。

七

到了端午。祖父同翠翠在三天前业已预先约好，祖父守船，翠翠同黄狗过顺顺吊脚楼去看热闹。翠翠先不答应，后来答应了。但过了一天，翠翠又翻悔回来，以为要看两人去看，要守船两人守船。祖父明白那个意思，是翠翠玩心与爱心相战争的结果。为了祖父的牵绊，应当玩的也无法去玩，这不成！祖父含笑说：“翠翠，你这是为什么？说定了的又翻悔，同茶峒人平素品德不相称。我们应当说一是一，不许三心二意。我记性并不坏到这样子，把你答应了我的即刻忘掉！”祖父虽那么说，很显然的事，祖父对于翠翠的打算是同意的。但人太乖了，祖父有点愀然不乐了。见祖父不再说话，翠翠就说：“我走了，谁陪你？”

祖父说：“你走了，船陪我。”

翠翠把眉毛皱拢去苦笑着，“船陪你，嗨，嗨，船陪你。爷爷，你真是……”

祖父心想：“你总有一天会要走的。”但不敢提这件事。祖父一时无话可说，于是走过屋后塔下小圃里去看葱，翠翠跟过去。

“爷爷，我决定不去，要去让船去，我替船陪你！”

“好，翠翠，你不去我去，我还得戴了朵红花，装刘姥姥进城去见世面！”

两人都为这句话笑了许久。

祖父理葱，翠翠却摘了一根大葱呜呜吹着。有人在东岸喊过渡，翠翠不让祖父占先，便忙着跑下去，跳上了渡船，援着横溪缆子拉船过溪去接人。一面拉船一面喊祖父：

“爷爷，你唱，你唱！”

祖父不唱，却只站在高岩上望翠翠，把手摇着，一句话不说。

祖父有点心事。心事重重的，翠翠长大了。

翠翠一天比一天大了，无意中提到什么时会红脸了。时间在成长她，似乎正催促她，使她在另外一件事情上负点儿责。她欢喜看扑粉满脸的新嫁娘，欢喜说到关于新嫁娘的故事，欢喜把野花戴到头上去，还欢喜听人唱歌。茶峒人的歌声，缠绵处她已领略得出。她有时仿佛孤独了一点，爱坐在岩石上去，向天空一片云一颗星凝眸。祖父若问："翠翠，想什么？"她便带着点儿害羞情绪，轻轻的说："在看水鸭子打架！"照当地习惯意思就是"翠翠不想什么"。但在心里却同时又自问："翠翠，你真在想什么？"同时自己也在心里答着："我想的很远，很多。可是我不知想些什么。"她的确在想，又的确连自己也不知在想些什么。这女孩子身体既发育得很完全，在本身上因年龄自然而来的一件"奇事"，到月就来，也使她多了些思索，多了些梦。

祖父明白这类事情对于一个女子的影响，祖父心情也变了些。祖父是一个在自然里活了七十年的人，但在人事上的自然现象，就有了些不能安排处。因为翠翠的长成，使祖父记起了些旧事，从掩埋在一大堆时间里的故事中，重新找回了些东西。

翠翠的母亲，某一时节原同翠翠一个样子。眉毛长，眼睛大，皮肤红红的。也乖得使人怜爱——也懂在一些小处，起眼动眉毛，使家中长辈快乐。也仿佛永远不会同家中这一个分开。但一点不幸来了，她认识了那个兵。到末了丢开老的和小的，却陪那个兵死了。这些事从老船夫说来谁也无罪过，只应"天"去负责。翠翠的祖父口中不怨天，心却不能完全同意这种不幸的安排。摊派到本身的一份，说来实在不公平！说是放下了，也正是不能放下的莫可奈何容忍到的一件事！

那时还有个翠翠。如今假若翠翠又同妈妈一样，老船夫的年龄，还能把小雏儿再抚育下去吗？人愿意神却不同意！人太老了，应当休息了，凡是一个良善的乡下人，所应得到的劳苦与不幸，全得到了。假若另外高处有一个上帝，这上帝且有一双手支配一切，很明显的事，十分公道的办法，是应把祖父先收回去，再来让那个年青的在新的生活上得到应分接受那幸或不幸，才合道理。

可是祖父并不那么想。他为翠翠担心。他有时便躺到门外岩石上，对着星子想他的心事。他以为死是应当快到了的，正因为翠翠人已长大了，证明自己也真正老了。无论如何，得让翠翠有个着落。翠翠既是她那可怜母亲交把他的，翠翠大了，他也得把翠翠交给一个人，他的事才算完结！交给谁？必须什么样的人方不委屈她？

前几天顺顺家天保大老过溪时，同祖父谈话，这心直口快的青年人，第一句话就说：

"老伯伯，你翠翠长得真标致，像个观音样子。再过两年，若我有闲空能留在茶峒照料事情，不必象老鸦到处飞，我一定每夜到这溪边来为翠翠唱歌。"

祖父用微笑奖励这种自白。一面把船拉动，一面把那双小眼睛瞅着大老。

于是大老又说：

"翠翠太娇了，我担心她只宜于听点茶峒人的歌声，不能作茶峒女子做媳妇的一切正经事。我要个能听我唱歌的情人，却更不能缺少个照料家务的媳妇。'又要马儿不吃草，又要马儿走得好。'唉，这两句话恰是古人为我说的！"

祖父慢条斯理把船掉了头，让船尾傍岸，就说：

"大老，也有这种事儿！你瞧着吧。"究竟是什么事，祖父可并不明白说下去。

那青年走去后，祖父温习着那些出于一个男子口中的真话，实在又愁又喜。翠翠若应当交把一个人，这个人是不是适宜于照料翠翠？当真交把了他，翠翠是不是愿意？

十一

有人带了礼物到碧溪岨，掌水码头的顺顺，当真请了媒人为儿子向渡船的攀亲戚来了。老船夫慌慌张张把这个人渡过溪口，一同到家里去。翠翠正在屋门前剥豌豆，来了客并不如何注意。但一听到客人进门说"贺喜贺喜"，心中有事，不敢再呆在屋门边，就装作追赶菜园地的鸡，拿了竹响篙唰唰的摇着，一面口中轻轻喝着，向屋后白塔跑去了。

来人说了些闲话，言归正传转述到顺顺的意见时，老船夫不知如何回答，只是很惊惶的搓着两只茧结的大手，好像这不会真有其事，而且神气中只像在说："那好，那好，"其实这老头子却不曾说过一句话。

马兵把话说完后，就问作祖父的意见怎么样。老船夫笑着把头点着说："大老想走车路，这个很好。可是我得问问翠翠，看她自己主意怎么样。"来人走后，祖父在船头叫翠翠下河边来说话。

翠翠拿了一簸箕豌豆下到溪边，上了船，娇娇的问他的祖父："爷爷，你有什么事？"祖父笑着不说什么，只偏着个白发盈颠的头看着翠翠，看了许久。翠翠坐到船头，低下头去剥豌豆，耳中听着远处竹篁里的黄鸟叫。翠翠想："日子长咧，爷爷话也长了。"翠翠心轻轻的跳着。

过了一会祖父说："翠翠，翠翠，先前来的那个伯伯来作什么，你知道不知道？"

翠翠说："我不知道。"说后脸同颈脖全红了。

祖父看看那种情景，明白翠翠的心事了，便把眼睛向远处望去，在空雾里望见了十五年前翠翠的母亲，老船夫心中异常柔和了。轻轻的自言自语说："每一只船总要有个码头，每一只雀儿得有个巢。"他同时想起那个可怜的母亲过去的事情，心中有了一点隐痛，却勉强笑着。

翠翠呢，正从山中黄鸟杜鹃叫声里，以及山谷中伐竹人嚓嚓一下一下的砍伐竹子声音里，想到许多事情。老虎咬人的故事，与人对骂时四句头的山歌，造纸作坊中的方坑，铁工厂熔铁炉里泄出的铁汁……耳朵听来的，眼睛看到的，她似乎都要去温习温习。她其所以这样作，又似乎全只为了希望忘掉眼前的一桩事而起。但她实在有点误会了。

祖父说："翠翠，船总顺顺家里请人来作媒，想讨你作媳妇，问我愿不愿。我呢，人老了，再过三年两载会过去的，我没有不愿的事情。这是你自己的事，你自己想想，自己来说。愿意，就成了；不愿意，也好。”

翠翠不知如何处理这个问题，装作从容，怯怯的望着老祖父。又不便问什么，当然也不好回答。

祖父又说：“大老是个有出息的人，为人又正直，又慷慨，你嫁了他，算是命好!”

翠翠明白了，人来做媒的是大老！不曾把头抬起，心忡忡的跳着，脸烧得厉害，仍然剥她的豌豆，且随手把空豆荚抛到水中去，望着它们在流水中从从容容的流去，自己也俨然从容了许多。

见翠翠总不作声，祖父于是笑了，且说：“翠翠，想几天不碍事。洛阳桥并不是一个晚上造得好的，要日子咧。前次那人来的就向我说到这件事，我已经就告过他：车是车路，马是马路，各有规矩。想爸爸作主，请媒人正正经经来说是车路；要自己作主，站到对溪高崖竹林里为你唱三年六个月的歌是马路，——你若欢喜走马路，我相信人家会为你在日头下唱热情的歌，在月光下唱温柔的歌，一直唱到吐血喉咙烂!”

翠翠不作声，心中只想哭，可是也无理由可哭。祖父再说下去，便引到死去了的母亲来了。老人说了一阵，沉默了。翠翠悄悄把头撂过一些，祖父眼中业已酿了一汪眼泪。翠翠又惊又怕怯生生的说：“爷爷，你怎么的?”祖父不作声，用大手掌擦着眼睛，小孩子似的咕咕笑着，跳上岸跑回家中去了。

翠翠心中乱乱的，想赶去却不赶去。

雨后放晴的天气，日头炙到人肩上背上已有了点儿力量。溪边芦苇水杨柳，菜园中菜蔬，莫不繁荣滋茂，带着一分有野性的生气。草丛里绿色蚱蜢各处飞着，翅膀搏动空气时窸窸作声。枝头新蝉声音已渐渐宏大。两山深翠逼人竹篁中，有黄鸟与竹雀杜鹃鸣叫。翠翠感觉着，望着，听着，同时也思索着：

“爷爷今年七十岁……三年六个月的歌——谁送那只白鸭子呢？……得碾子的好运气，碾子得谁更是好运气？……”

痴着，忽地站起，半簸箕豌豆便倾倒到水中去了。伸手把那簸箕从水中捞起时，隔溪有人喊过渡。

十三

黄昏来时翠翠坐在家中屋后白塔下，看天空为夕阳烘成桃花色的薄云。十四中寨逢场，城中生意人过中寨收买山货的很多，过渡人也特别多，祖父在渡船上忙个不息。天快夜了，别的雀子似乎都在休息了，只杜鹃叫个不息。石头泥土为白日晒了一整天，草木为白日晒了一整天，到这时节皆放散一种热气。空气中有泥土气味，有草木气味，且有甲虫类气味。翠翠看着天上的红云，听着渡口飘乡生意人的杂乱声音，心中有些儿薄薄的凄凉。

黄昏照样的温柔，美丽，平静。但一个人若体念到这个当前一切时，也就照样的在这黄昏中会有点儿薄薄的凄凉。于是，这日子成为痛苦的东西了。翠翠觉得好像缺少了什么。好像眼见到这个日子过去了，想在一件新的人事上攀住它，但不成。好像生活太平凡了，忍受不住。

“我要坐船下桃源县过洞庭湖，让爷爷满城打锣去叫我，点了灯笼火把去找我。”

她便同祖父故意生气似的，很放肆的去想到这样一件事，她且想象她出走后，祖父用各种方法寻觅全无结果，到后如何无可奈何躺在渡船上。

人家喊，“过渡，过渡，老伯伯，你怎么的，不管事！”“怎么的！翠翠走了，下桃源县了！”“那你怎么办？”“怎么办吗？拿把刀，放在包袱里，搭下水船去杀了她！”……

翠翠仿佛当真听着这种对话，吓怕起来了，一面锐声喊着她的祖父，一面从坎上跑向溪边渡口去。见到了祖父正把船拉在溪中心，船上人喁喁说着话，小小心子还依然跳跃不已。

“爷爷，爷爷，你把船拉回来呀！”

那老船夫不明白她的意思，还以为是翠翠要为他代劳了，就说：

“翠翠，等一等，我就回来！”

“你不拉回来了吗？”

“我就回来！”

翠翠坐在溪边，望着溪面为暮色所笼罩的一切，且望到那只渡船上一群过渡人，其中有个吸旱烟的打着火镰吸烟，且把烟杆在船边剥剥的敲着烟灰，就忽然哭起来了。

祖父把船拉回来时，见翠翠痴痴的坐在岸边，问她是什么事，翠翠不作声。祖父要她去烧火煮饭，想了一会儿，觉得自己哭得可笑，一个人便回到屋中去，坐在黑黝黝的灶边把火烧燃后，她又走到门外高崖上去，喊叫她的祖父，要他回家里来，在职务上毫不儿戏的老船夫，因为明白过渡人皆是赶回城中吃晚饭的人，来一个就渡一个，不便要人站在那岸边呆等，故不上岸来。只站在船头告翠翠，且让他做点事，把人渡完事后，就回家里来吃饭。

翠翠第二次请求祖父，祖父不理会，她坐在悬崖上，很觉得悲伤。

天夜了，有一匹大萤火虫尾上闪着蓝光，很迅速的从翠翠身旁飞过去，翠翠想，“看你飞得多远！”便把眼睛随着那萤火虫的明光追去。杜鹃又叫了。

“爷爷，为什么不上来？我要你！”

在船上的祖父听到这种带着娇有点儿埋怨的声音，一面粗声粗气的答道：“翠翠，我就来，我就来！”一面心中却自言自语：“翠翠，爷爷不在了，你将怎么样？”

老船夫回到家中时，见家中还黑黝黝的，只灶间有火光，见翠翠坐在灶边矮条凳上，用手蒙着眼睛。

走过去才晓得翠翠已哭了许久。祖父一个下半天来，皆弯着个腰在船上拉来拉去，歇歇时手也酸了，腰也酸了，照规矩，一到家里就会嗅到锅中所焖瓜菜的味道，且可见到翠翠安排晚饭在灯光下跑来跑去的影子。今天情形竟不同了一点。

祖父说："翠翠，我来慢了，你就哭，这还成吗？我死了呢？"

翠翠不作声。

祖父又说："不许哭，做一个大人，不管有什么事都不许哭。要硬扎一点，结实一点，才配活到这块土地上！"

翠翠把手从眼睛边移开，靠近了祖父身边去，"我不哭了。"

两人吃饭时，祖父为翠翠说到一些有趣味的故事。因此提到了死去了的翠翠的母亲。两人在豆油灯下把饭吃过后，老船夫因为工作疲倦，喝了半碗白酒，因此饭后兴致极好，又同翠翠到门外高崖上月光下去说故事。说了些那个可怜母亲的乖巧处，同时且说到那可怜母亲性格强硬处，使翠翠听来神往倾心。

翠翠抱膝坐在月光下，傍着祖父身边，问了许多关于那个可怜母亲的故事。间或吁一口气，似乎心中压上了些分量沉重的东西，想挪移得远一点，才吁着这种气，可是却无从把那东西挪开。

月光如银子，无处不可照及，山上篁竹在月光下皆成为黑色。身边草丛中虫声繁密如落雨。间或不知道从什么地方，忽然会有一只草莺"落落落落嘘！"啭着它的喉咙，不久之间，这小鸟儿又好像明白这是半夜，不应当那么吵闹，便仍然闭着那小小眼儿安睡了。

祖父夜来兴致很好，为翠翠把故事说下去，就提到了本城人二十年前唱歌的风气，如何驰名于川黔边地。翠翠的父亲，便是唱歌的第一手，能用各种比喻解释爱与憎的结子，这些事也说到了。翠翠母亲如何爱唱歌，且如何同父亲在未认识以前在白日里对歌，一个在半山上竹篁里砍竹子，一个在溪面渡船上拉船，这些事也说到了。

翠翠问："后来怎么样？"

祖父说："后来的事长得很，最重要的事情，就是这种歌唱出了你。"

十七

祖父似乎生谁的气，脸上笑容减少了，对于翠翠方面也不大注意了。翠翠象知道祖父已不很疼她，但又像不明白它的原因。但这并不是很久的事，日子一过去，也就好了。两人仍然划船过日子，一切依旧，惟对于生活，却仿佛什么地方有了个看不见的缺口，始终无法填补起来。祖父过河街去仍然可以得到船总顺顺的款待，但很明显的事，那船总却并不忘掉死去者死亡的原因。二老出北河下辰州走了六百里，沿河找寻那个可怜哥哥的尸骸，毫无结果，在各处税关上贴下招字，返回茶峒来了。过不久，他又过川东去办货，过渡时见到老船夫。老船夫看看那小伙子，好像已完全忘掉了从前的事情，就同他说话。

"二老，大六月日头毒人，你又上川东去，不怕辛苦？"

"要饭吃，头上是火也得上路！"

"要吃饭！二老家还少饭吃！"

"有饭吃，爹爹说年青人也不应该在家中白吃不作事！"

"你爹爹好吗？"

“吃得做得，有什么不好。”

“你哥哥坏了，我看你爹爹为这件事情也好像萎悴多了!”

二老听到这句话，不作声了，眼睛望着老船夫屋后那个白塔。他似乎想起了过去那个晚上那件旧事，心中十分惆怅。

老船夫怯怯的望了年青人一眼，一个微笑在脸上漾开。

“二老，我家翠翠说，五月里有天晚上，做了个梦……”说时他又望望二老，见二老并不惊讶，也不厌烦，于是又接着说，“她梦得古怪，说在梦中被一个人的歌声浮起来，上悬岩摘了一把虎耳草!”

二老把头偏过一旁去作了一个苦笑，心中想到“老头子倒会做作”。这点意思在那个苦笑上，仿佛同样泄露出来，仍然被老船夫看到了，老船夫就说：“二老，你不信吗?”

那年青人说：“我怎么不相信?因为我做傻子在那边岩上唱过一晚的歌!”

老船夫被一句料想不到的老实话窘住了，口中结结巴巴的说：“这是真的……这是假的……”

“怎么不是真的?天保大老的死，难道不是真的!”

“可是，可是……”

老船夫的做作处，原意只是想把事情弄明白一点，但一起始自己叙述这段事情时，方法上就有了错处，因此反被二老误会了。他这时正想把那夜的情形好好说出来，船已到了岸边。二老一跃上了岸，就想走去。老船夫在船上显得更加忙乱的样子说：

“二老，二老，你等等，我有话同你说，你先前不是说到那个——你做傻子的事情吗?你并不傻，别人才当真叫你那歌弄成傻相!”

那年青人虽站定了，口中却轻轻的说：“得了够了，不要说了。”

老船夫说：“二老，我听人说你不要碾子要渡船，这是杨马兵说的，不是真的吧?”

那年青人说：“要渡船又怎样?”

老船夫看看二老的神气，心中忽然高兴起来了，就情不自禁的高声叫着翠翠，要她下溪边来。可是，不知翠翠是故意不从屋里出来，还是到别处去了，许久还不见到翠翠的影子，也不闻这个女孩子的声音。二老等了一会，看看老船夫那副神气，一句话不说，便微笑着，大踏步同一个挑担粉条白糖货物的脚夫走去了。

过了碧溪岨小山，两人应沿着一条曲曲折折的竹林走去，那个脚夫这时节开了口：

“傩送二老，看那弄渡船的神气，很欢喜你!”

二老不作声，那人就又说道：

“二老，他问你要碾坊还是要渡船，你当真预备做他的孙女婿，接替他那只渡船吗?”

二老笑了，那人又说：

“二老，若这件事派给我，我要那座碾坊。一座碾坊的出息，每天可收七升米，三斗糠。”

二老说：“我回来时向我爹爹去说，为你向中寨人做媒，让你得到那座碾坊吧。至于我呢，我想弄渡船是很好的。只是老家伙为人弯弯曲曲，不利索，大老是他弄死的。”

老船夫见二老那么走去了，翠翠还不出来，心中很不快乐。走回家去看看，原来翠翠并不在家。过一会，翠翠提了个篮子从小山后回来了，方知道大清早翠翠已出门掘竹鞭笋去了。

“翠翠，我喊了你好久，你不听到！”

“喊我做什么？”

“一个过渡……一个熟人，我们谈起你……我喊你你可不答应！”

“是谁？”

“你猜，翠翠。不是陌生人……你认识他！”

翠翠想起适间从竹林里无意中听来的话，脸红了，半天不说话。

老船夫问：“翠翠，你得了多少鞭笋？”

翠翠把竹篮向地下一倒，除了十来根小小鞭笋外，只是一大把虎耳草。

老船夫望了翠翠一眼，翠翠两颊绯红跑了。

【提示】

《边城》原载于1934年《国闻周报》第1卷1~4、10~16期，后收入花城出版社1983年出版的《沈从文文集》第6卷。本篇节选了《边城》的第一、七、十一、十三、十七节。

中篇小说《边城》是沈从文最重要的代表作。它以交通闭塞、地处川湘交界处的小小山城茶峒为背景，围绕老船夫外孙女翠翠与天保、傩送之间的爱情纠葛，展现了边城儿女纯朴、自然、健康的人情美与人性美。其题旨是为要重塑民族性格，构建“人性神庙”，摒弃“惟实惟利的人生观”，维系作者所心仪的“精神家园”免受现代文明的侵染。

作品首先如实描绘出一幅幅明媚如画的山川景物，从宁静而优美的生态环境中揭示“人与自然的契合”：自然是“人格化”的自然，人更是“自然化”的人，两者融洽无间，皆充满生命活力与纯朴之美。其次以较多笔墨展现传统文化色彩浓郁的乡风民俗，无论是龙舟竞赛，还是月夜对歌，处处可见从和谐与自由中孕育而成的雄强、坚忍、质朴、善良的民族性格。再次是通过大量有关“人事”的描写，并运用潜意识、梦境、幻觉、象征等艺术手法，深入而细腻地刻画人物丰富的内心世界和鲜明独特的个性，将祖孙之间、兄弟之间、邻里之间与男女之间种种淳厚、朴素的人性与人情表现得格外动人。

然而，小说不仅仅是一首温情脉脉的田园牧歌，一个作者心造的理想的彩色光环，而且还分明显露出作者心灵深处的忧郁情怀，形成作品的深层次结构。翠翠母亲的殉情而亡，老船夫雷雨之夜的悄然离世，傩送的驾舟远行……正是这些交织着偶然因素和必然因素的变故，造成了人物的悲剧命运。作品结尾处，写到白塔的重建，翠翠终日守候渡口等待心上人的归来，则意味深长地传达出作者对民族美好未来的无限憧憬。

【思考题】

一、碾坊与渡船分别象征什么？它们对刻画人物有何作用？

二、分析小说的主题意蕴及其现实意义。

雨　　巷

戴望舒

戴望舒（1905—1950 年），原名戴朝采，浙江杭州人。1923 年夏，考入上海大学中文系，后转入震旦大学法文班。1926 年秋，加入共产主义青年团。1930 年加入“左联”。1932 年冬赴法国留学，1935 年春回国。抗战爆发后南下香港，先后主编《大公报》、《星岛日报》、《大众日报》等报的副刊。1941 年被日军逮捕入狱，不久保释出狱。1945 年回上海，在暨南大学等校任教。1948 年离沪赴香港。1949 年离港回北平，次年病逝于北京。著有诗集《我的记忆》、《望舒草》、《望舒诗稿》、《灾难的岁月》等。

撑着油纸伞，独自
彷徨在悠长，悠长
又寂寥的雨巷，
我希望逢着
一个丁香一样地
结着愁怨的姑娘。

她是有
丁香一样的颜色，
丁香一样的芬芳，
丁香一样的忧愁，
在雨中哀怨，
哀怨又彷徨。

她彷徨在这寂寥的雨巷，
撑着油纸伞
像我一样，
像我一样地
默默彳亍着，
冷漠、凄清，又惆怅。

她静默地走近
走近，又投出
太息一般的眼光，
她飘过
像梦一般地，
像梦一般地凄婉迷茫。

像梦中飘过
一枝丁香地，
我身旁飘过这女郎；
她静默地远了，远了，
到了颓圮的篱墙，
走尽这雨巷。

在雨的哀曲里，
消了她的颜色，
散了她的芬芳，
消散了，甚至她的
太息般的眼光，
丁香般的惆怅。

撑着油纸伞，独自
彷徨在悠长，悠长
又寂寥的雨巷，
我希望飘过
一个丁香一样地
结着愁怨的姑娘。

【提示】

《雨巷》最初发表于1928年8月《小说月报》第19卷第8号，后收入诗集《我的记忆》，是其成名作和代表作。戴望舒也因本诗的发表而获“雨巷诗人”的美称。

戴望舒是中国“现代派”的代表诗人之一。其诗着意追求意象的朦胧，借鉴古典又超越古典，具有亲切、柔美和感伤的风格。

《雨巷》从表面层次来看，往往容易看成是一首没有得到爱情的伤感的情诗。但从深度层次来读，就会看到一个具有典型性和个性统一的艺术世界。诗人的心态，诗人的情绪，诗人的惆怅与追求就在这个世界中得到了暗示性的呈现。诗里撑着油纸伞的诗人自己，那寂寥而悠长的雨巷，那像梦一般飘过有着丁香一样美丽和忧愁的姑娘，这些似真如梦的意象共同构成了一个繁富的世界；诗人那寻梦者的心态，那种渴望追求而不可得的美，显得既朦胧又明白，既确定又飘忽。

《雨巷》在当时最令人称道的是音节的优美。它因为回荡的旋律与流畅的节奏，被誉为开辟了新诗音节的新纪元。

【思考题】

一、如何理解本诗较浓重的感伤气息？

二、本诗在意象和音乐效果方面有何特点？

十四行（原野的小路）

冯　至

冯至（1905—1993 年），原名冯承植，字君培，河北涿县人。1921 年考入北京大学预科，开始创作新诗。1927 年夏毕业于北京大学德语系。1930 年冬至 1935 年夏在德国海岱山大学主修德国文学，1935 年获文学博士学位。回国后，在上海等地中学任教。1939 年抵昆明，任西南联大外文系教授。1946 年至 1964 年，任北京大学西语系教授。1964 年后，任中国社会科学院外国文学研究所所长。著有诗集《昨日之歌》、《北游及其他》、《十四行集》、《西郊集》，散文集《山水》等；另有小说、传记文学、学术论著、译著等。

你说，你最爱看这原野里
一条条充满生命的小路，
是多少无名行人的步履
踏出来这些活泼的道路。

在我们心灵的原野里
也有一条条宛转的小路，
但曾经在路上走过的
行人多半已不知去处：

寂寞的儿童、白发的夫妇，
还有些年纪青青的男女，
还有死去的朋友，他们都

给我们踏出来这些道路；
我们纪念着他们的步履
不要荒芜了这几条小路。

【提示】

这首诗是冯至的《十四行集》中的第 17 首，原无标题。新中国成立后出版的《冯至诗选》、《冯至选集》等取诗的第一行为题。

《十四行集》最初由桂林明日社于1942年出版，由27首诗组成。它是中国新诗史上最集中、最充分地表现生命主题的一部诗集，使中国现代诗歌第一次具有了形而上的品格。《十四行集》标志着诗与哲学的结合、现实与艺术的结合、中西文化观的结合、中西诗艺的结合，标志着中国现代主义诗歌的成熟。

十四行体，又称商籁（Sonnet），是一种有固定韵律格式且诗行总数一般为十四行的抒情诗。它有两种基本类型：意大利十四行体或称彼特拉克体，英国十四行体或称莎士比亚体。中国的十四行体是由英国传入的，冯至是改造十四行体创作新诗较为成功的一位诗人。

《原野的小路》写于1941年，当时冯至作为西南联大外文系的教授，住在云南昆明。为了躲避日军的空袭，他在昆明西郊的一所林场借住了两间茅屋。除了每星期进城两三次上课外，他基本幽居在这古朴的山林中的茅屋里。

山林中只有小路，冯至进城上课来回就走这些小路；有时，也和夫人一起沿着林中小路散步。他边走边看边想，沉迷于自然万物的古朴之中，观察人与物之间的对立和呼应。他把原野的小路、林中的树木、住过的房屋都纳入了人的生命意识，表述了人与人、人与自然、自然与自然的互相关联和融合。《原野的小路》一诗明净而又富于思辨，在质朴中展现了思想的深邃。

【思考题】

一、谈谈你所知道的十四行诗。

二、分析本诗的哲理意蕴。

北京人（第二幕）

曹　禺

曹禺（1910—1996年），原名万家宝，生于天津市。祖籍湖北潜江。1922年进入南开中学，参加南开新剧团。1925年开始演戏活动。1928年考入南开大学，两年后转入清华大学西洋文学系。1933年创作了处女作《雷雨》。大学毕业后，曾任教于河北女子师范学院、南京戏剧专科学校。1935年又写出《日出》。自此奠定了他在中国话剧史上的地位。1946年应美国国务院邀请，赴美讲学一年。回国后，任上海文华影业公司编导。新中国成立后，曾任北京人民艺术剧院院长、全国作协书记处书记、北京市文联副主席等职。

曹禺的剧作，标志着中国现代话剧艺术的成熟。他运用西方戏剧技巧创作出多部具有中国民族特点的话剧，题材涉及家庭与社会、城市与农村、历史与现实，艺术上更是进行了多向度的开拓，在结构方法、表现手段、人物刻画、语言运用、气氛渲染等方面都有所创新，显示了话剧艺术发展的广阔前景。主要作品除上面提到的两部外，还有《原野》、《北京人》、《家》、《王昭君》等。

〔当天夜晚，约有十一点钟的光景，依然在曾宅小客厅里。

〔曾宅的近周，沉寂若死。远远在冷落的胡同里有算命的瞎子隔半天敲两下寂寞的铜钲，仿佛正缓步踱回家去。间或也有女人或者小孩的声音，这是在远远寥落的长街上凄凉地喊着的漫长的叫卖声。

〔屋内纱灯罩里的电灯暗暗地投下一个不大的光圈，四壁的字画古玩都隐隐地随着翳入黑暗里，墙上的墨竹也更显得模糊，有窗帷的地方都密密地拉严。从旧纱灯的一个宽缝，露出一道灯光正射在那通大客厅的门上。那些白纸糊的隔子门每扇都已关好，从头至地，除了每个隔扇下半截有段极短的木质雕饰外，现在是整个成了一片雪白而巨大的纸幕，隔扇与隔扇的隙间泄进来一线微光，纸幕上似乎有淡漠的人影隐约浮动。偶尔听见里面（大客厅）有人轻咳和谈话的声音。

〔靠左墙长条案上放着几只蜡台，有一只插着半截残烬的洋蜡烛。屋正中添了一个矮几子，几上搁了一个小小的红泥火炉，非常洁净，炉上坐着一把小洋铁水壶。炉火融融，在小炉口里闪烁着。水在壶里呻吟，像里面羁困着一个小人儿在哀哭。旁边有一张纤巧的红木桌，上面放着小而精致的茶具。围炉坐着苍白的文清，他坐在一张矮凳上出神。对面移过来一张小沙发，陈奶奶坐在那里，正拿着一把剪刀为坐在小凳上的小柱儿铰指甲。小柱儿打着盹。

〔书斋内有一盏孤零零的暗灯，灯下望见曾霆恹恹地独自低声诵读《秋声赋》。远远在深巷的尽头有木梆打更的声音。

陈奶妈　（一面铰着一面念叨）真的清少爷，你明天还是要走吗？

曾文清　（颔首）

陈奶妈　我看算了吧，既然误了一趟车，就索性在家里等两三天，看袁先生跟愫小姐这段事有个眉目再走。

曾文清　（摇首）

陈奶妈　你说袁先生今天看出来不？

曾文清　（低着头，勉强回答）我没留神。

陈奶妈　（笑着）我瞧袁先生看出来了，吃饭的时候他老望着愫小姐这边看。

曾文清　（望着奶妈，仿佛不明白她的话）

陈奶妈　清少爷你说这件事——

曾文清　（不觉长叹一声）

陈奶妈　（望了清一下，又说不出）

〔小柱儿一磕头突由微盹中醒来，打一个呵欠，嘴里不知说了句什么话，又昏昏忽忽地打起盹。

陈奶妈　（铰着小柱儿的指甲）唉，我也该回家的。（指小柱儿）他妈还在盼着我们今天晚上回去呢。（小柱儿头又往前一磕，她扶住他说）别动，我的肉，小心奶奶铰着你！（怜爱地）唉，这孩子也是真累乏了，走了一早晨又跟着这位袁小姐玩了一天，乡下的孩子不比城里的孩子，饿了就吃，累了就睡，真不像——（望着书斋内的霆儿，怜惜地，低声）孙少爷，孙少爷！

曾　霆　（一直在低诵）“……嗟夫，草木无情，有时飘零，人为动物，惟物之灵，百忧感其心，万事劳其形，有动乎中，必摇其精。而况思其力之所不及，忧其智之所不能。……”

曾文清　让他读书吧，一会儿他爷爷要问他的。

〔深巷的更锣声。

陈奶妈　这么晚了还念书！大八月节的，哎，打三更了吧。

曾文清　嗯，可不是打三更了。

陈奶妈　乡下孩子到了这个时候都睡了大半觉了。（铰完了最后一个手指）好啦，起来睡去吧，别在这儿受罪了。

小柱儿　（擦擦眼睛）不，我不想睡。

曾文清　（微笑）不早啦，快十一点钟啦！

小柱儿　（抖擞精神）我不困。

陈奶妈　（又是生气又是爱）好，你就一晚上别睡。（对清）真是乡下孩子进城，什么都新鲜。你看他就舍不得睡觉。

〔小柱儿由口袋里取出一块花生糖放在嘴里，不觉又把身旁那个“括打嘴”抱起来看。

陈奶妈 唉，这个八月节晚上，又没有月亮。——怎么回子事？大奶奶又不肯出来。（叫）大奶奶！（对清）她这阵子在屋里干什么？（立起）大奶奶，大奶奶！

曾文清 别，别叫她。

陈奶妈 清少爷，那，那你就进去吧。

曾文清 （摇头，哀伤地独自吟起陆游的《钗头凤》）“……东风恶，欢情薄，一怀愁绪，几年离索。错，错，错！……”

陈奶妈 （叹一口气）哎，这也是冤孽，清少爷，你是前生欠了大奶奶的债，今生该她来磨你。可，可到底怎么啦，她这一晚上一句话也没说，——她要干什么？

曾文清 谁知道？她说胃里不舒服，想吐。

陈奶妈 （回头瞥见小柱儿又闲不住手，开始摸那红木矮几的茶壶，叱责地）小柱儿，你放下，你屁股又痒痒啦！（小柱儿又规规矩矩地放好，陈转对文清）也怪，姑老爷不是嚷嚷今天晚上就要搬出去么？怎么现在——

曾文清 哎，他也不过是说说罢了。（忽然口气里带着忧怨）他也是跟我一样：我不说话，一辈子没有做什么；他吵得凶，一辈子也没有做什么。

〔文彩由书斋小门走进，手里拿着一支没点的蜡烛和一副筷子，一碟从稻香村买来的清酱肉，酱黄豆，杂香之类的小菜。

曾文彩 （倦怠地）奶妈，你还没有睡？

陈奶妈 没有，怎么姑老爷又要喝酒了？

曾文彩 （掩饰）不，他不，是我。

曾文清 你？哎，别再让他喝了吧。

曾文彩 （叹了一口气，放下那菜碟子和筷子）哥哥，他今天晚上又对我哭起来了。

陈奶妈 姑老爷？

曾文彩 （忍不住掏出手帕，一眼眶的泪）他说他对不起我，他心里难过，他说他这一辈子都完了。我看他那个可怜的样子，我就觉得是我累的他。哎，是我的命不好，才叫他亏了款，丢了事。（眼泪流下来）奶妈，洋火呢？

陈奶妈 让我找，——

曾文清 （由红木几上拿起一盒火柴）这儿！

〔陈接下，走起替文彩点上洋烛。

曾文彩 （由桌上拿起一个铜蜡台）他说闷得很，他想夜里喝一点酒。你想，哥哥，他心里又这么不快活，我——

曾文清 （长嘘一声）喝吧，一个人能喝酒也是好的。

陈奶妈 （把点好的蜡烛递给彩）老爷子还是到十一点就关电灯么？

曾文彩 （把烛按在烛台里）嗯。（体贴）给他先点上蜡好，别待会儿喝了一半，灯“抽冷子”灭了，他又不高兴。

陈奶妈 我帮你拿吧。

曾文彩 不用了。

〔彩拿着点燃的蜡烛和筷子菜碟走进自己的房里。

陈奶妈 （摇头）唉，做女人的心肠总是苦的。

〔彩放下东西又忙忙自卧室走出。

曾文彩　江泰呢？

陈奶妈　刚进大客厅。

曾文清　大概正跟袁先生闲谈呢。

曾文彩　（已走到火炉旁边）哥哥，这开水你要不？

曾文清　（摇头，倦怠地）文彩，小心你的身体，不要太辛苦了。

曾文彩　（悲哀地微笑）不。

〔彩提着开水壶由卧室下。文清又把一个宜兴泥的水罐放在炉上，慢吞吞地拨着火。

曾　霆　（早已拿起书本立起）爹，我到爷爷屋里去了。

曾文清　（低头放着他的陶罐）去吧。

陈奶妈　（走上前）孙少爷！（低声）你爷爷要问你爹，你可别说你爹没有走成。

小柱儿　（正好好坐着，忽然回头，机灵地）就说老早赶上火车走了。

陈奶妈　（好笑）谁告诉你的？

小柱儿　（小眼一挤）你自个儿告诉我的。

陈奶妈　这孩子！（对霆）走吧，孙少爷你背完书就回屋睡觉去。老爷子再要上书，就说陈奶妈催你歇着呢！

曾　霆　嗯。（向书斋走）

曾文清　霆儿？

曾　霆　干嘛？爹？

曾文清　（关心地）你这两天怎么啦？

曾　霆　（闪避）没有怎么，爹。

〔霆由书斋小门怏怏下。

陈奶妈　（看霆走出去，赞叹的样子，不觉回首指着小柱儿）你也学学人家，人家比你也就大两岁，念的书比你吃的饭米粒还要多。你呢，一顿就四大碗干饭，肚子里尽装的是——

小柱儿　（突然）奶奶，你听，谁在叫我呢？

陈奶妈　放屁！你别当我耳朵聋，听不见。

小柱儿　真的，你听呀，这不是袁小姐——

陈奶妈　哪儿？

小柱儿　你听。

陈奶妈　（谛听）人家袁小姐帮他父亲画画呢。

小柱儿　（故意作弄他的祖母）真的,你听:“小柱儿，小柱儿！”这不是袁小姐？你听：“小柱儿，你给我喂鸽子来！”（突然满脸顽皮的笑容）真的，奶奶，她叫我喂鸽子！（立刻撒“鸭子”就向大客厅跑）

陈奶妈　（追在后面笑着）这皮猴又想骗你奶奶。

〔小柱儿连笑带跑，正跑到那巨幕似的隔扇门前。按着曾宅到十一点就得灭灯的习惯，突然全屋暗黑！在那雪白而宽大的纸幕上由后面蓦地现出一个体巨如山的猿人的黑影，蹲伏在人的眼前，把屋里的人显得渺小而萎缩。只有那微弱的小炉里的火照着人们的脸。

小柱儿 （望见，吓得大叫）奶奶！（跑到奶奶怀里）

陈奶妈 哎哟，这，这是什么？

曾文清 （依然偎坐在小炉旁）不用怕，这是北京人的影子。

〔里面袁任敢的沉重的声音："这是人类的祖先，这也是人类的希望。那时候的人要爱就爱，要恨就恨，要哭就哭，要喊就喊，不怕死，也不怕生。他们整年尽着自己的性情，自由地活着，没有礼教来拘束，没有文明来捆绑，没有虚伪，没有欺诈，没有阴险，没有陷害，没有矛盾，也没有苦恼；吃生肉，喝鲜血，太阳晒着，风吹着，雨淋着，没有现在这么多人吃人的文明，而他们是非常快活的！"

〔猛地隔扇打开了一扇，大客厅里的煤油灯洒进一片光。江泰拿着一根点好的小半截残蜡，和袁任敢走进来。江泰穿一件洋服坎肩，袁任敢还是那件棕色衬衣，袖口又掠起，口里叼着一个烟斗，冒出一缕缕的浓烟。

江　泰 （有些微醺，应着方才最后一句话，非常赞同地）而他们是非常快活的。

曾文清 （立起，对奶妈）点上蜡吧。

陈奶妈 嗯。（走去点蜡）

〔在大客厅里的袁圆：（同时）"小柱儿，你来看。"

小柱儿 哝。（抽个空儿跑进大客厅，他顺手关了隔扇门，那一片巨大的白幕上又踞伏着那小山一样的北京人的巨影）

江　泰 （兴奋地放下蜡烛，咀嚼方才那一段话的意味，不觉连连地）而他们是非常快活的。对！对！袁先生，你的话真对，简直是不可更对。你看看我们过的是什么日子？成天垂头丧气，要不就成天胡发牢骚。整天是愁死，愁生，愁自己的事业没有发展，愁精神上没有出路，愁活着没有饭吃，愁死了没有棺材睡。整天地希望，希望，而永远没有希望！譬如（指文清）他，——

曾文清 别再发牢骚，叫袁先生笑话了。

江　泰 （肯定）不，不，袁先生是个研究人类的学者，他不会笑话我们人的弱点的。坐，坐，袁先生！坐坐，坐着谈。（他与袁围炉坐下，由红木几上拿起一支香烟，忽然）咦，刚才我说到哪里了？

袁任敢 （微笑）你说，（指着）"譬如他吧，"——

江　泰 哦，譬如他吧，哦，（对文，苦恼地）我真不喜欢发牢骚，可你再不让我说几句，可我，我还有什么？我活着还有什么？（对袁）好，譬如他，我这位内兄，好人，一百二十分的好人，我知道他就有情感上的苦闷。

曾文清 你别胡说啦。

江　泰 （黠笑）啊，你瞒不过我，我又不是傻子。（指文对袁爽快地）他有情感上的苦闷，他希望有一个满意的家庭，有一个真了解他的女人同他共处一生。（兴奋地）这点希望当然是自然的，对的，合理的，值得同情的，可是在二十年前他就发现了一个了解他的女人。但是他就因为胆小，而不敢找她；找到了她，又不敢要她。他就让这个女人由小孩而少女，由少女而老女，像一朵花似的把她枯死，闷死，他忍心让自己苦，人家苦，一直到今天，现在这个女人还在——

曾文清　（忍不住）你真喝多了！

江　泰　（笑着摇手）放心，没喝多，我只讲到这点为止，决不多讲。（对袁）你想，让这么个人，成天在这样一个家庭里朽掉，像老坟里的棺材，慢慢地朽，慢慢地烂，成天就知道叹气做梦，忍耐，苦恼，懒，懒，懒得动也不动，爱不敢爱，恨不敢恨，哭不敢哭，喊不敢喊，这不是堕落，人类的堕落？那么，（指着自己）就譬如我，——（划地一声点着了烟，边吸边讲）读了二十多年的书——

袁任敢　（叼着烟斗，微笑）我就猜着你一定还有一个“譬如我”的。

江　泰　（滔滔不绝）自然我决不尽批评人家，不说自己。譬如我吧，我爱钱，我想钱，我一直想发一笔大财，我要把我的钱，送给朋友用，散给穷人花。我要像杜甫的诗说的，盖起无数的高楼大厦，叫天下的穷朋友白吃白喝白住，研究科学，研究美术，研究文学，研究他们每个人喜欢的东西，为中国，为人类谋幸福。可是袁先生，我的运气不好，处处倒霉，碰钉子，事业一到我手里，就莫明其妙地弄得一塌糊涂。我们整天在天上计划，而整天在地下妥协。我们只会叹气，做梦，苦恼，活着只是给有用的人糟蹋粮食，我们是活死人，死活人，活人死！一句话，你说的（指着自己的头）像我们这样的人才真是（指那北京人的巨影）他的不肖的子孙！

袁任敢　（一直十分幽默地点着头，此时举起茶杯微笑）请喝茶！

江　泰　（接下茶杯）对了，譬如喝茶吧，我的这位内兄最讲究喝茶。他喝起茶来要洗手，漱口，焚香，静坐。他的舌头不但尝得出这茶叶的性情，年龄，出身，做法，他还分得出这杯茶用的是山水，江水，井水，雪水还是自来水，烧的是炭火，煤火，或者柴火。茶对我们只是解渴生津，利小便，可一到他口里，就有一万八千个雅啦，俗啦的道理。然而这有什么用？他不会种茶，他不会开茶叶公司，不会做出口生意，就会一样，“喝茶！”喝茶喝得再怎么精，怎么好，还不是喝茶，有什么用？请问，有什么用？

〔文彩由卧室出。

曾文彩　泰！

江　泰　我就来。

陈奶妈　（走去推他）快去吧，姑老爷。

江　泰　（立起，仍舍不得就走）譬如我吧——

陈奶妈　别老“譬如我”“譬如我”地说个没完了。袁先生都快嫌你唠叨了。

江　泰　喂，袁博士，你不介意我再发挥几句吧。

袁任敢　（微笑）哦，当然不，请“发挥”！

江　泰　所以譬如——（彩又走来拉他回屋，他对彩几乎是恳求地）文彩，你让我说，你让我说说吧！（对袁）譬如我吧，我好吃，我懂得吃，我可以引你到各种顶好的地方去吃。（颇为自负，一串珠子似的讲下去）正阳楼的涮羊肉，便宜坊的挂炉鸭，同和居的烤馒头，东兴楼的乌鱼蛋，致美斋的烩鸭条。小地方哪，像灶温的烂肉面，穆柯寨的炒疙瘩，金家楼的汤爆肚，都一处的炸三角，以至于——

曾文彩　走吧！

江　泰　以至于月盛斋的酱羊肉，六必居的酱菜，王致和的臭豆腐，信远斋的酸梅汤，二妙堂的合碗酪，恩德元的包子，沙锅居的白肉，杏花春的花雕，这些个地方没有一个掌柜的我不熟，没有一个掌灶的、跑堂的、站柜台的我不知道，然而有什么用？我不会做菜，我不会开馆子，我不会在人家外国开一个顶大的李鸿章杂碎，赚外国人的钱。我就会吃，就会吃！（不觉谈到自己的痛处，捶胸）我做什么，就失败什么。做官亏款，做生意赔钱，读书对我毫无用处。（痛苦地）我成天住在丈人家里鬼混，好说话，好牢骚，好批评，又好骂人，简直管不住自己，专说人家不爱听的话。

曾文彩　（插嘴）泰！

江　泰　（有些抽噎）成天叫大家看着我不快活，不成材，背后骂我是个废物，啊，文彩，我真是你的大累赘，我从心里觉得对不起你呀！（突然不自禁地哭出）

曾文彩　（连叫）泰，泰，别难过，是我不好，我累了你。

陈奶妈　进去吧，又喝多了。

江　泰　（摇头）我没有，我没有，我心里难过，我心里难过，啊——

〔陈与彩扶江泰由卧室下。

曾文清　（叹口气）您喝杯茶吧。

袁任敢　我已经灌了好几大碗凉开水了，我今天午饭吃多了，大先生，我有一件事拜托你——

曾文清　是——

袁任敢　我——

〔愫方一手持床毛毯，一手持蜡烛，由书斋小门上。

袁任敢　愫小姐。

愫　方　（点头）

曾文清　爹睡着了？

愫　方　（摇头）

曾文清　袁先生您的事？

〔江又由卧室走出，手里握着半瓶白兰地。

江　泰　（笑着）袁先生进来喝两杯不？

袁任敢　不，（指巨影）他还在等着我呢！

江　泰　（举瓶）好白兰地，文清，你？

曾文清　（不语，望了望愫方）

江　泰　（莫名其妙）哦，怎么，你们三位——

〔陈奶妈在内：姑老爷！

江　泰　（摇头，叹了口气）唉，没有人理我，没有人理我的哟。（由卧室下）

曾文清　袁先生，你方才说——

〔圆在屋内的声音：爹，爹！你快来看，北京人的影子我铰好了。

袁任敢　（望望愫与文）回头说吧。（幽默而又懂事地）没有什么事，我的小猴子叫我呢。

〔袁打开那巨幕一般的门扇走进去，跟着泄出一道光又关上，白纸幕上依然映现着那个巨大无比的北京人的黑影。

〔寂静，远处木梆更锣声。

曾文清　（期待地）奶妈把纸条给你了？

愫　方　（默默点头）

曾文清　（低声）我，我就想再见你一面，我好走。

愫　方　（无意中望着文的卧室的门）

曾文清　（指门）她关上门睡觉呢。（低头）

愫　方　（坐下）

曾文清　（突然）愫方！

愫　方　（又立起）

曾文清　怎么？

愫　方　姨父叫我拿医书来的。

〔陈奶妈由文彩卧室走出。

陈奶妈　愫小姐，您来了。（立刻向书斋小门走）

曾文清　奶妈上哪儿去？

陈奶妈　（掩饰）我去看看孙少爷书背完了不？

〔陈由书斋小门下，远远又是两下凄凉的更锣。

曾文清　愫方，明天我一定走了，这个家（顿）我不想再回来了。

愫　方　（肯定地）不回来是对的。

曾文清　嗯，我决不回来了。今天我想了一晚上，我真觉得是我，是我误了你这十几年。害了人，害了己，都因为我总在想，总在想着有一天，我们——（望见愫蹙起眉头，轻轻抚摸前额）愫方，你怎么了？

愫　方　（疲倦地）我累得很。

曾文清　（恻然）可怜，愫方，我不敢想，我简直不敢再想你以后的日子怎么过。你就像那只鸽子似的，孤孤单单地困在笼子里，等，等，等到有一天——

愫　方　（摇头）不，不要说了！

曾文清　（伤心）为什么，为什么我们要东一个，西一个苦苦地这么活着？为什么我们不能长两个翅膀，一块儿飞出去呢？（摇着头）啊，我真是不甘心哪？

愫　方　（忧郁）这还不够么，要怎么样才甘心呢！

曾文清　（突然）愫方，你跟我一道到南方去吧！（立刻眉梢又有些踌躇）去吧！

愫　方　（摇头，哀伤地）还提这些事吗？

曾文清　（悔痛，低头缓缓地）要不你就，你就答应今天早上那件事吧。

愫　方　（愣住）为——为什么？

曾文清　（望着愫，嘴角痛苦地拖下来）这次我出去，我一辈子也不想回来的。愫方，我就求你这一件事，你就答应我吧。你千万不要再在这个家里住下去。（恳切地）想想这所屋子除了耗子，吃人的耗子，啃我们字画的耗子还有什么？（愫的眼睛悲哀地凝视着他）你心里是怎么打算？等着什么？你别再不说话，你对我说呀。（蓦地鼓起勇气，贸然）愫方，你，你还是嫁，嫁了吧，你赶快也离开这个牢吧。我看袁先生人是可托的，你——

愫　方　（缓缓立起）

曾文清　（也立起，哀求）你究竟怎么打算，你说呀。

愫　方　（向书斋小门走）

曾文清　（沉痛地）你不能不说就走，“是”，“不是”，你要对我说一句啊。

愫　方　（转身）文清！（手里递给他一封信，缓缓地走开。文清昏惑地把信接在手里）

〔陈奶妈由书斋小门急上。

陈奶妈　（迫促地）老爷子来了，就在后面。（推着文清）进去进去，省得麻烦。进去……

曾文清　奶奶，我——

〔陈奶妈嘴里唠唠叨叨地把文清推着进到他的卧室里，愫方呆立在那里。

〔曾皓由书斋小门上，他穿一件棉袍，围着一条绒围巾，拖着睡鞋，扶拐杖，提着一个小油灯走进。

曾　皓　（看见愫方，急切地）我等你好半天了——（对陈）刚才谁进去了？

陈奶妈　大奶奶。

曾　皓　（望见那红泥火炉）怎么，谁又在这里烧茶了？

陈奶妈　姑老爷，他刚才陪着袁先生在这里品茶呢。

曾　皓　（藐笑）嗤，这两个人懂得什么品茶！（突然望见门上的巨影）这是什么？

陈奶妈　袁先生画那个“北京人”呢。

曾　皓　（鄙夷地）什么“北京人”，简直是闹鬼。

陈奶妈　老爷子，回屋去睡吧。

曾　皓　不，我要在这儿看看，你睡去吧。

愫　方　奶妈，我给你把被铺好了。

陈奶妈　嗯，嗯。（感动）哎，愫小姐，你——（欣喜）好，我看看去。

〔陈由书斋小门下。皓开始每晚照例的巡视。

愫　方　（随着皓的后面）姨父，不早了，睡去吧，还看什么？

曾　皓　（一面在角落里探找，一面说）祖上辛辛苦苦留下来的房子，晚上火烛第一要小心，小心。（忽然）你看那地上冒着烟，红红的是什么？

愫　方　是烟头。

曾　皓　（警惕）你看这多危险！这一定又是江泰干的。总是这样，烟头总不肯灭掉。

愫　方　（拾起烟头，扔在火炉里）

曾　皓　这么长一节就不抽了，真是糟蹋东西。（四面嗅闻）愫方，你闻闻仿佛有什么香味没有？

愫　方　没有。

曾　皓　（嗅闻）怪得很，仿佛有鸦，鸦片烟的味道。

愫　方　别是您今天水烟抽多了。

曾　皓　唉，老了，连鼻子都不中用了。（突然）究竟文清走了没有？

愫　方　走了。

曾　皓　你可不要骗我。

愫　方　是走了。

曾　皓　唉，走了就好。这一个大儿子也够把我气坏了，烟就戒了许多次，现在他好不容易把烟戒了，离开了家——

愫　方　不早了，睡去吧。

曾　皓　（坐在沙发里怨诉）他们整天地骗我，上了年纪的人活着真没意思，儿孙不肖，没有一个孩子替我想。（凄惨地）家里没有一个体恤我，可怜我，心疼我。我牛马也做了几十年了，现在弄到个个人都盼我早死。

愫　方　姨父，您别这么想。

曾　皓　我晓得，我晓得。（怨恨地）我的大儿媳妇第一个不是东西，她就知道想法弄我的钱。今天正午我知道是她故意引这帮流氓进门，存心给我难堪。（切齿）你知道她连那寿木都不肯放在家里。父亲的寿木！这种不孝的人，这种没有一点心肝的女人！她还是书香门第的闺秀，她还是——

〔外面风雨袭来，树叶飒飒地响着。

曾　皓　她自己还想做人的父母，她——

愫　方　（由书斋小窗谛听）雨都下来了。姨父睡吧，别再说了。

曾　皓　（摇头）不，我睡不着。老了，儿孙不肖，一个人真可怜，半夜连一个伺候我的人都没有。（痛苦地摸着腿）啊！

愫　方　怎么了？

曾　皓　（微呻）痛啊，腿痛得很！

〔外面更锣木梆声。

愫　方　（拿来一个矮凳放好他的腿，把毛毯盖上，又拉过一个矮凳坐在旁边，为他轻轻捶腿）好点吧？

曾　皓　（呻吟）好，好。脚冷得像冰似的，愫方，你把我的汤婆子灌好了没有？

愫　方　灌好了。

曾　皓　你姨妈生前顶好了，晚上有点凉，立刻就给我生起炭盆，热好了黄酒，总是老早把我的被先温好——（似乎突然记起来）我的汤婆子，你放在哪里了？

愫　方　（捶着腿）已经放在您的被里了。（呵欠）

曾　皓　（快慰）啊，老年人心里没有什么。第一就是温饱，其次就是顺心。你看，（又不觉牢骚起来）他们哪一个是想顺我的心？哪一个不是阴阳怪气？哪一个肯听我的话，肯为着老人家想一想？（望见愫方沉沉低下头去）愫方，你想睡了么？

愫 方 （由微盹中惊醒）没有。

曾 皓 （同情地）你真是累很了，昨天一夜没有睡，今天白天又伺候我一天，也难怪你现在累了。你睡去吧。（语声中带着怨望）我知道你现在听不下去了。

愫 方 （擦擦眼睛，微微打了一个呵欠），不，姨父，我不要睡，我是在听呢。

曾 皓 （又忍不住埋怨）难怪你，他们都睡了，老运不好，连自己的亲骨肉都不肯陪着我，嫌我讨厌。

愫 方 （低头）不，姨父，我没有觉得，我没有——

曾 皓 （唠叨）愫方，你也不要骗我，我也晓得，他们就是不在你的面前说些话，我也知道你早就耐不下去了。（呻吟）哎哟，我的头好昏哪。

愫 方 并，并没有人在我面前说什么。我，我刚才只是有点累了。

曾 皓 （絮絮叨叨）你年纪轻轻的，陪着我这么一个上了年纪的人，你心里委屈，我是知道的。（长叹）唉，跟着我有什么好处？一个钱没有，眼前固然没有快乐可言，以后也说不上有什么希望。（嗟怨）我的前途就，就是棺材，棺材，我——（捶着自己的腿）啊！

愫 方 （捶重些，只好再解释）真的，姨父，我刚才就是有点累了。

曾 皓 （一眶眼泪，望着愫）你瞒不了我，愫方，（一半责怨，一半诉苦）我知道你心里在怨我，你不是小孩子……

愫 方 姨父，我是愿意伺候您的。

曾 皓 （摇手）愫方，你别捶了。

愫 方 我不累。

曾 皓 （把她的手按住）不，别。你让我对你说几句话。（唠叨）我不是想苦你一辈子。我是在替你打算，你真地嫁了可靠的好人，我就是再没有人管，（愫不觉把手抽出来）我也觉得心安，觉得对得起你，对得起你的母亲，我——

愫 方 不，姨父。（缓缓立起）

曾 皓 可是——（突然阴沉地）你的年纪说年轻也不算很——

愫 方 （低首痛心）姨父，你别说了，我并没有想离开您。

曾 皓 （狠心地）你让我说，你的年纪也不小了，一个老姑娘嫁人，嫁得再好也不过给人做个填房，可是做填房如果遇见前妻的子女好倒也罢了，万一碰见尽是些不好的，你自己手上再没有钱，那种日子——

愫 方 （实在听不下去）姨父，我，我真是没有想过——

曾 皓 （苦笑）不过给人做填房总比在家里待一辈子要好得多，我明白。

愫 方 （哀痛）我，我——

曾 皓 （絮烦）我明白，一个女人岁数一天一天地大了，高不成低不就，人到了三十岁了。（一句比一句狠重）父母不在，也没有人做主，孤孤单单，没有一个体己的人，真是有一天，老了，没有人管了，没有孩子，没有亲戚，老，老，老得像我——

愫 方 （悲哀而恐惧的目光，一直低声念着）不，不，（到此她突然大声哭起来）姨父，您为什么也这么说话，我没有想离开您老人家呀！

曾　皓　（苦痛地）我是替你想啊，替你想啊！

愫　方　（抽咽）姨父，不要替我想吧，我说过我是一辈子也不嫁人的呀！

曾　皓　（长叹一声）愫方，你不要哭，姨父也活不长了。

〔幽长的胡同内有算命的瞎子寂寞地敲着铜钲踱过去。

曾　皓　这是什么？

愫　方　算命的瞎子回家了。（默默擦着泪水）

曾　皓　不要哭啦，我也活不了几年了，我就是再麻烦你，也拖不了你几年了。我知道思懿，江泰他们心里都盼我死，死了好分我的钱，愫方，只有你是一个忠厚孩子！

愫　方　您，您不会的。（低泣起来）为什么您老是这么想，我今天并没有冒犯您老人家啊！

曾　皓　（抚着愫的手）不，你好，你是好孩子。可他们都以为姨父是有钱的，（愫又缓缓把手抽回去）他们看着我脸上都贴的是钞票，我的肚子里装的不是做父母的心肠，都装的是洋钱元宝啊。（咳）他们都等着我死。哎，上了年纪的人活着真没有意思啊！（抚摩自己的头）我的头好痛啊！（想立起）

愫　方　（扶起他）睡去吧。

曾　皓　（坐起，在袋里四下摸索）可我早就没有钱。我的钱早为你的姨母出殡，修坟，修补房子，为着每年漆我的寿木早用完了。（从袋里取出一本红色的银行存折）这是思懿天天想偷看的银行存折。（递在她的眼前）你看这里还有什么？愫方，可怜我死后连你都没留多少钱。（立起）——

愫　方　（哀痛地）姨父，我从来没有想过要您的钱哪！

〔瑞由书斋小门上。

曾瑞贞　爷爷，药煎好了，在您屋里。

曾　皓　哦。

〔更声，深巷犬吠声。

曾　皓　走吧。（瑞贞和愫方扶着他向书斋小门走）

〔霆拿一本线装书由书斋小门走进。

曾　霆　爷爷，抄完了，您还讲吧？

曾　皓　（摇头）不早了，（转头对瑞）瑞贞也不要来了，你们两个都回屋睡去吧。

〔愫方扶皓由书斋小门下，瑞呆望着那炉火。霆走到那巨影的下面，望了一望，又复巡逡退回。

曾　霆　（找话说）妈妈没有睡么？

曾瑞贞　大概睡了吧。

曾　霆　（犹疑）你怎么还不睡？

曾瑞贞　我刚给爷爷煮好药。（忽想呕吐，不觉坐下）

曾　霆　（有点焦急）你坐在这里干什么？

曾瑞贞　（手摸着胸口）没有什么，（失望地）要我走么？

曾　霆　（耐下）不，不。

〔淅沥的雨声，凄凉的“硬面饽饽”的叫卖声。
曾　霆　（望着窗外）雨下大了。
曾瑞贞　嗯，大了。
〔深巷中凄寂而沉重的声音喊着：“硬面饽饽！”
曾　霆　（寂寞地）卖硬面饽饽的老头儿又来了。
曾瑞贞　（抬头）饿了么？
曾　霆　不。
曾瑞贞　（立起）你，你不要回屋去睡么？
曾　霆　我，我不。你累，你回去吧。
曾瑞贞　（低头）好。（缓缓向书斋小门走）
曾　霆　你哭，哭什么？
曾瑞贞　我没有。
曾　霆　（忽然同情地，一句一顿）你要钱——妈今天给我二十块钱——在屋里枕头上——你拿去吧。
曾瑞贞　（绝望地叹息）嗯。
曾　霆　（怜矜的神色微微带着勉强）你，你要不愿一个人回屋，你就在这里坐会儿。
曾瑞贞　不，我是要回屋的。（霆打了半个喷嚏，又忍住，瑞回头）你衣服穿少了吧？
曾　霆　我不冷。（瑞又向书斋小门走，霆忽然记起）哦，妈刚才说——
曾瑞贞　妈说什么？
曾　霆　妈说要你给她捶腿。
曾瑞贞　嗯。（转身向文清卧室走）
曾　霆　（突然止住她）不，你不要去。
曾瑞贞　（无神地）怎么？
曾　霆　（希望得着同感）你恨，恨这个家吧？
曾瑞贞　我？
曾　霆　（追问）你？
曾瑞贞　（抑郁地低下头来）
曾　霆　（失望，低声）你去吧。
〔瑞走了一半，忽然回头。
曾瑞贞　（一半希冀，一半担心）我想告诉你一件事。
曾　霆　什么事？
曾瑞贞　（有些赧然）我，我最近身上不大舒服。
曾　霆　（连忙）你为什么不早说？
曾瑞贞　我，我有点怕——
曾　霆　（爽快地）怕什么，你怎么不舒服？
曾瑞贞　（嗫嚅）我常常想吐，我觉得——
曾　霆　（懵懂）啊，就是吐啊。（立刻叫）妈！
曾瑞贞　（立刻止住他）你干什么？

曾　霆　（善意地）妈屋里有八卦丹，吃点就好。

曾瑞贞　（埋怨地）你！

曾　霆　（莫名其妙）怎么，说吧，还有什么不舒服？

曾瑞贞　（失望）没有什么，我，我——（向卧室走）

曾　霆　你又哭什么？

曾瑞贞　（止步）我，我没有哭。（突然抬头望霆，哀伤地）霆，你一点不知道你是个大人么？霆，我们是——

曾　霆　（急促地解释）我们是朋友。你跟我也说过我们是朋友，我们结婚不是自由的。你的女朋友说的对，我不是你的奴隶，你也不是我的奴隶。我们顶多是朋友，各人有各人的自由，各走各的路。你，你自己也相信这句话，是吧？

曾瑞贞　（忽然坚决地）嗯，我相信！

〔由右面大奶奶卧室内——

〔思懿的喊声：瑞贞！瑞贞！

曾　霆　妈叫你。

曾瑞贞　（愣一愣，转对霆）那么，我去了。

曾　霆　嗯。

〔瑞贞入右面卧室。

曾　霆　（抬头望望那巨大的猿人的影子，鼓起勇气，走到那巨影的前面，对着那隔扇门的隙缝，低声）袁圆，袁圆！

〔瑞又从大奶奶卧室走出。

曾　霆　（有些狼狈）怎么你——

曾瑞贞　妈叫我找愫姨。

〔瑞由书斋小门下，霆有些犹疑，叹一口气，又——

曾　霆　袁圆！袁圆！

〔隔扇门打开，泄出一道灯光，袁圆走出来，圆头插着花朵，身披着铺在地上的兽皮，短裤赤腿，上身几乎一半是裸露着，一手拿着一把大剪刀，一手拿着铰成猿人模样的马粪纸，笑嘻嘻地招呼着霆。

袁　圆　咦，你又来了？

曾　霆　你，你这是——

袁　圆　（不觉得）我在铰"北京人"的影子呢，（举着那"猿人"的纸模）你看！

曾　霆　（望着圆，目不转睛）不不，我说你的衣服穿得太少，你，你会冻着的。

袁　圆　（忽然放下那纸模和剪刀，叉着腰）你看我好看不？

曾　霆　（昏惑）好看。

袁　圆　（背着手）能够吃你的肉不？

曾　霆　（为她的神采所夺，不知所云地）能。

袁　圆　（近前）能够喝你的血不？

曾　霆　（嗫嚅）能。

袁　圆　（大叫一声由身后边取出一把可怕的玩具斧头，扬起来，跳在霆儿的前面长

啸）“啊！喝！啊！”（俨然是个可怕的母猿）

曾　霆　（吓糊涂）你要干什么？

袁　圆　（笑起来）我要杀人，你怕不怕？我像不像（指影）他？

曾　霆　（惊异）你要像他——这个野东西？

袁　圆　（一把拉着霆）走，进去看看。

曾　霆　（妒嫉地）不，我不，我不去。

袁　圆　（赞美地）进去看看，他真是一身都是毛，毛——（拉霆到门前）

曾　霆　不，不。

袁　圆　走，进去！

〔隔扇门忽然开了一扇，小柱儿也被袁家父女几乎剥成精光，装扮成一个小“原始人”模样走出来。他一手拿着一封信，臂上搭着自己的衣服，一手抱着袁圆叫他去喂的鸽子，露出一种不知是哭是笑的那份尴尬样子。门立刻关上，纸幕上映出那个巨影。

曾　霆　啊，这是什么？

袁　圆　（嬉笑）这是他（指影）的弟弟小“北京人”。

小柱儿　（憨气）袁小姐，（举着信）你的信，你掉在地上的信。

袁　圆　信？

曾　霆　（猛然由他手里把信抢过来，低头）

小柱儿　（圆眼一睁，大叫）你抢什么？

袁　圆　（对小柱儿解释）这是他写的信，（轻轻把小柱儿的手按下）小柱儿，别生气，我喜欢你。

小柱儿　（天真地）我也喜欢你。

曾　霆　（申斥）小柱儿！

小柱儿　（睁圆了眼）怎么喳？

袁　圆　（回头对霆，委婉地）曾霆，我也喜欢你，（走到两个中间）赶明儿个我们三个人老在一块玩，好不好？

小柱儿　（粗率）好。

袁　圆　（反身问）曾霆，你呢？

曾　霆　（婉转对小柱儿）你，你睡去吧！

小柱儿　（莽撞）你去睡！我不睡！

〔陈奶妈已由书斋小门上。

陈奶妈　（听见）哪个说不睡？

小柱儿　（惊怯回头）奶奶。

陈奶妈　（才看清楚小柱儿现在的模样，吃惊）你这是干什么？小柱儿，你怎么把衣裳都脱了？——

小柱儿　（指圆）她叫我脱的。

陈奶妈　袁小姐怎么叫他脱衣裳？

袁　圆　（很自然地）一个人为什么要穿那么多衣服呢？

陈奶妈 （冲到她面前，明明要发一顿脾气，但想不到圆依然在傻笑，只好毫无办法地）我的袁小姐！（又气又恼地）我看你怎么得了哦！（转身拉着小柱儿）走，睡觉去。

小柱儿 （一边走一边回头乞援）袁小姐，袁小姐！

袁　圆 （万分同情）去吧，（摇头叹气）玩不成了。

小柱儿 奶奶！（眼泪几乎流出来）

陈奶妈 走，还玩呢！

小柱儿 不，奶奶等等，还有（举着那鸽子）袁小姐的“孤独”。

陈奶妈 什么“鼓肚”？

小柱儿 （举起鸽子指点）

袁　圆 （跑过来）我的鸽子，我的小“孤独”！（一手由小柱儿手里取过来那鸽子）可怜的小柱儿，明天我带你玩，带你去爬山，浮水，你带我去放牛，耕地，打野鸟。这会儿你就，你就跟奶奶睡觉去吧！（望着小柱儿眼泪汪汪，随着奶奶倒退一步）哦，我的可怜的小“北京人”！（突然拉转小柱儿，摇着他，在他脸上清脆而响亮地吻了一下）

陈奶妈 （大气）袁小姐！（对小柱儿）快走！

〔陈奶妈立刻拉起小柱儿像逃避魔鬼似的，忙忙由书斋小门下。

曾　霆 （愤愤）你，你怎么这样子？亲——

袁　圆 （莫明其妙）我不能亲小柱儿么？

曾　霆 （难忍）袁圆，你明天不带他？

袁　圆 为什么不带他？

曾　霆 （说不出理由，只好重复）不带他。

袁　圆 （眼一眨）那么我们带他，（指影）带这个“北京人”。

曾　霆 （摇头）不，也不带他。

袁　圆 （头一歪）为什么连他也不带？（突然想起一件事）啊，曾霆，我告诉你一个秘密，大秘密。（抱着鸽子跑到巨影下面的台阶前）你过来。

曾　霆 （拿着蜡烛跑过来）什么？（圆拉着他，并坐在台阶上。这两个小孩就在那巨大无比的“北京人”的影下低低交谈起来）

袁　圆 （低声）我爸爸刚才问我是“北京人”好玩，你好玩？

曾　霆 （心跳）他怎么问这个？他知道我——

袁　圆 你别管，爸爸就是这样，（轻轻点着他的头，笑着）我就说你好玩。

曾　霆 （喜不自禁）真的？

袁　圆 （肯定）当然。

曾　霆 （连忙）我，我写的（略举信）这信，你看见了？

袁　圆 （兴奋地）你别插嘴，后来爸又问我：“你爱哪一个？”

曾　霆 （紧张）你，你怎么说？

袁　圆 （扬头问）你猜我怎么说？

曾　霆 （羞赧）我猜，猜不出。

袁 圆 （伶俐地）我说我不知道。

曾 霆 （松了一口气，然而欣愉地）你答得真好。

袁 圆 后来他就问我："你大了愿意嫁给哪一个？"（昂首指着这巨影）是这个样子的"北京人"，还是曾家的孙少爷？

曾 霆 （惶惑，也仰起头来，那"北京人"的影子也转了转身，仿佛低头望着这两个小孩。霆不觉吓了一跳，低声，恐怖地）嫁给这个"北京人"，还是——

袁 圆 （点头）就是他，还是（一手指点着他的心口）你？

曾 霆 你——说——呢？

袁 圆 我说，（吻了一下那"孤独"）——你不要生气，我说（直截了当）我要嫁给他，嫁给这个大猩猩！

曾 霆 为，为什么？

袁 圆 （崇拜地）他大，他是条老虎，他一拳能打死一百个人。

曾 霆 （想不到）可，可我——

袁 圆 你呀，（带着轻蔑）你是呀——（猛然跳起来，站在台阶上，大叫起来）耗子啊！

曾 霆 （也跳在一旁，颤抖地）什么？什么？

袁 圆 （向墙边指）那儿，那儿！

曾 霆 哪儿？哪儿？

袁 圆 啊，进去了！（紧张地）刚才一个（比画着）那么点的小耗子从我脚背上"出溜"一下穿过去。

曾 霆 （放下心，笑着）哦，耗子啊！你这么怕，我们家里多的是！

袁 圆 （忽有所得）啊，我想起来了，（高兴地拍手）你呀，就是这么一个小耗子！（拍他的肩）小耗子！

曾 霆 （不快）我，我想——

袁 圆 你想什么？

曾 霆 （贸然）你不，你不喜欢我么？

袁 圆 嗯，我喜欢你，当然喜欢你！（不觉又吻一下那"孤独"）你就是他！（指着那鸽子）你听话，你是这鸽子，你是我的"小可怜"。（她坐在阶上又吻起那"孤独"）

曾 霆 （十分感动，随着坐在阶上）那么你看了我这封长信——

袁 圆 （又闪来一个念头，忽然立起）曾霆，你想，那个小耗子再下小耗子，那个小小耗子有多小啊！

曾 霆 （痛苦地）袁家妹妹，你怎么只谈这个？我，我的信你看完了，（低头，又立刻抬起）你，你的心（低头）——

袁 圆 （懵懂地摸着自己）我的心？——

曾 霆 （突然）你读了我给你的诗，我信里面的诗了么？

袁 圆 （点头，天真地）念了！

曾 霆 （欣喜）念了？

袁　圆　（点头）嗯，我爸爸说你的字比我写得好。

曾　霆　（惊吓）你给你父亲看了？

袁　圆　（忽然聪明起来）你别红脸，我的小可怜，爸爸说你就写了两个白（别）字，比我好。

曾　霆　那么我给你的诗，你也——

袁　圆　（点头）嗯，我看不懂，我给爸爸看了，叫他讲给我听。

曾　霆　（更惊）他讲给你听！

袁　圆　（不懂）怎么？

曾　霆　没什么。你父亲，他，他讲给你听没有？

袁　圆　（摇头）没有，他就说不像活人作的，古，古的很。（抱歉地）他说，他也看不懂。

曾　霆　那么他还说什么？

〔瑞贞和愫方由书斋小门上，刚要走出书斋，瑞贞突然瞥见霆和圆，不由地停住脚，哀伤地呆立在书斋里。愫方手里握着一件婴儿的绒线衣服，也默然伫立。

袁　圆　（嗫嚅）他说（贸然）他叫我以后别跟你一块玩了。

曾　霆　（昏惑）以后不跟你再——

袁　圆　（安慰）不理他，明天我们俩还是一块儿放风筝去。

曾　霆　（低语）可，可是为什么？

袁　圆　（随口）愫姨刚才找我爸爸来了。

曾　霆　（吃惊）干什么？

袁　圆　她说你的太太已经有了小毛毛了。

曾　霆　（晴天里的霹雳）什么？

袁　圆　她说你就快成父亲了，（好奇地）真的么？

曾　霆　（落在雾里）我？

袁　圆　我爸爸等愫姨走了就跟我说，叫我以后别跟你玩了。

曾　霆　（依然晕眩）当父亲？

袁　圆　（忽然）我十五，你十几？

曾　霆　（发痴）十七。

袁　圆　（想引起他的笑颜）啊，十七岁你就要当父亲了。（拍手）十七岁的小父亲，——你想，（忽然拉着他的手）小耗子再生下小小耗子多好玩啊。你说多——

曾　霆　（突然呜呜地哭起来）

袁　圆　别哭，曾霆，我们还是一块玩，不听我那个老猴儿的话。（低声）你别哭，明天我给你买可可糖，我们一块放风筝，不带小柱儿，也不带“北京人”。

曾　霆　（哭）不，不，我不想去。

袁　圆　别哭了，你再哭，我生气了。

曾　霆　（依然痛苦着）

袁 圆 曾霆，别哭了，你看，我把我的鸽子都送给你。（把“孤独”在他的面前举起）

曾 霆 （推开）不。（又抽噎）

袁 圆 那我就答应你，我一定不嫁给“北京人”，行不行？

曾 霆 （摇头）不，不，我想哭啊。

袁 圆 （劝慰地）真的，我不骗你，等我长大一点，就大一点点，我一定嫁给你，一定！

曾 霆 （摇头）不，你不懂！（低声呜咽，慢慢把信撕碎）

袁 圆 （天真地）你信上不是说要我吗？要我嫁给——

〔巨影后袁任敢的声音：圆儿！圆儿！

袁 圆 （低声）我爸爸叫我了，明天见，我明天等你一块放风筝，钓鱼，好吧？

〔巨影后袁任敢的声音：圆儿，圆儿！

袁 圆 来了，爸。（忙回头在霆的脸上轻轻吻了一下）曾霆！我的可怜的小耗子！（霆抬头望着她跑走）

〔圆儿打开隔扇门跑进，门又倏的关上。

〔斜风细雨，深巷里传来苍凉的“硬面饽饽”的叫卖声。

曾 霆 （又扑倒哀泣起来）

〔瑞贞缓缓由小书斋走出来，愫方依然在书斋里发痴。

曾瑞贞 （走到霆的身后，略弯身，轻轻拍着他的肩膀，哀怜地）不要哭了，袁小姐走了。

曾 霆 （抬头）愫，愫姨的话是真的？

曾瑞贞 （望着他，深深地一声叹气）

曾 霆 （大恸，怨愤地）哦，是哪个人硬要把我们两个拖在一起？（立起）我真是想（顿足）死啊！

〔霆向书斋小门跑出。

愫 方 霆儿！

〔霆头也不回，夺门而出。

曾瑞贞 （呆呆跌坐在凳子上）

愫 方 （走过来）瑞贞。

曾瑞贞 愫姨。

愫 方 （抚着她的头发）你，你别——

曾瑞贞 （猛然抱着愫方）我也真是想死啊！

愫 方 （温和地）瑞贞。

曾瑞贞 （忍不住一面流泪，一面怨诉着）愫姨，你为什么要告诉袁家伯伯呢？为什么要叫袁家小姐不跟他来往呢？

愫 方 （悲哀地）瑞贞，我太爱你，我看你苦，我实在忍不下去了。（昏惑地）我不知道我怎么跑去说的，我像个傻子似的跑去见了袁先生，我几乎不知道我说了些什么，我又昏昏糊糊跑出来了。瑞贞，如果霆儿从这以后能够——

曾瑞贞　（沉痛）你真傻呀，愫姨，他是不喜欢我的。你看不出来？他是一点也不喜欢我的！

愫　方　（哀伤地）不，他是个孩子，他有一天就会对你好的。唉！瑞贞，等吧，慢慢地等吧，日子总是有尽的。活着不是为着自己受苦，留给旁人一点快乐，还有什么更大的道理呢？等吧，他总会——

曾瑞贞　（立起摇头，沉缓地）不，愫姨，我等不下去了。我要走了，我已经等了两年了。

〔外面曾皓声：愫方，愫方！

愫　方　你上哪里去？

曾瑞贞　（痴望）我那女朋友告诉我，有这么一个地方，那里——

愫　方　（哀缓地）可是你的孩子，（把那小衣服递在瑞的眼前）

曾瑞贞　（接下看看）那孩子，（长叹一声不觉把衣服掷落地上）——

〔由书斋小门露出曾皓的上半身。

曾　皓　（举着蜡烛）愫方，快来，汤婆子漏了，一床都是水！

〔愫方与曾皓由书斋小门下。

〔思拿着账本由自己的卧室走出，瑞连忙从地上拾起小衣服藏起。

曾思懿　（瞥见愫方的背影）愫小姐！愫小姐！（对瑞）那不是你的愫姨么？

曾瑞贞　嗯。

曾思懿　怎么看见我又走了？

曾瑞贞　爷叫她有事。

曾思懿　（厉声）去找她来，说你爹找她有事。

〔瑞低头由书斋小门下，远处更锣声。文清由卧房走进，思走到八仙桌前数钱。

曾文清　（焦急地）你究竟要怎么样？

曾思懿　（翻眼）我不要怎么样。

曾文清　你要怎样？你说呀，说呀！

曾思懿　（故意作出一种忍顺的神色）我什么都看开了，人活着没有一点意思。早晚棺材一盖，两眼一瞪，什么都是假的。（走向自己的卧室）

曾文清　你要干什么？

曾思懿　（回头）干什么？我拿账本交账！

〔思走进屋内。

曾文清　（对门）你这是何苦，你这是何苦！你究竟想怎么样？你说呀！

〔思拿着账本又由卧室走进。

曾思懿　（翻眼）我不想怎么样。我只要你日后想着我这个老实人待你的好处。明天一见亮我就进尼姑庵，我已经托人送信了。

曾文清　哦，天哪，请你老实说了吧。你的真意是怎么回事，我不是外人，我跟你相处了二十年，你何苦这样？

曾思懿　（拿出方才愫给文的信，带着嘲蔑）哼，她当我这么好欺负。在我眼前就敢信啊诗啊地给你递起来。（突然狠恶地）还是那句话，我要你自己当着我的面把她的信原样退给她。

曾文清 （闪避地）我，我明天就会走了。

曾思懿 （严厉）那么就现在退给她。我已经替你请她来了。

曾文清 （惊恐）她，她来干什么？

曾思懿 （讽刺地）拿你写给她的情书啊！

曾文清 （苦闷地叫了一声）哦！（就想回转身跑到卧室）

曾思懿 （厉声）敢走！（文停住脚，思切齿）不会偷油的耗子，就少在猫面前做馋相。这一点点颜色我要她——

〔蓦地大客厅里的灯熄灭，那巨影也突然消失，袁圆换了睡衣，抱着那“孤独”举着灯打开一扇门走进来，手里拿着一张纸条。

袁　圆 （活泼地）哟，（递信给文）曾伯伯，我爸爸给你的信！（转对思指着）你们俩儿还没有睡，我们都要睡了。

〔圆转身就跳着进了屋，门倏地关上。

曾文清 （读完信长叹一声）唉。

曾思懿 怎么？

曾文清 （递信给她）袁先生说他的未婚妻就要到。

曾思懿 他有未婚妻？

曾文清 嗯，他请你替他找所好房子。

曾思懿 （读完，嘲讽地）哼，这么说，我们的愫小姐这次又——

〔愫方拿着蜡烛由书斋小门上。

愫　方 （低声）表哥找我？

曾文清 我——

曾思懿 是，愫妹。（把信递给文）怎么样？

曾文清 哦。（想走）

曾思懿 （厉声）站住！你真地要逼我撒野？

曾文清 （哀恳地）愫方，你走吧，别听她。

愫　方 （回头望思，想转身）

曾思懿 （对愫）别动！（对文，阴沉地）拿着还给她！（文屈服地伸手接下）

愫　方 （望着文清，僵立不动。文痛苦地举起那信）

曾思懿 （狞笑）这是愫妹妹给文清的信吧？文清说当不起，请你收回。

愫　方 （颤抖地伸出手，把文清手中的信接下）

曾文清 （低头）

〔静寂。

〔愫默默地由书斋小门走出。

曾文清 （回头望愫方走出门，忍不住倒坐在沙发上哽咽）

曾思懿 （低声，狠恶地）哭什么？你爹死了！

曾文清 （摇头）你不要这么逼我，我是活不久的。

曾思懿　（长叹一声）隔壁杜家的账房晚上又来逼账了，老头拿住银行折子，一个钱也不拿出来。文清，我们看谁先死吧，我也快叫人逼疯了。

〔思忙忙由书斋小门下。

〔文清失神地站起来，缓缓地向自己的卧室走。那边门内砰然一声，像是木杖掷在门上的声音。文彩喊着由她的卧室跑出。

曾文彩　（低声，恐惧地）哥哥！

曾文清　怎么？

曾文彩　他，他又发酒疯了！

曾文清　（无力地）那我，我怎么办？

曾文彩　（急促）哥哥怎么办，你看怎么办？

〔突然屋内又有摔东西的声音和狺狺然骂人的声音。

曾文彩　（拉着文的臂）你听他又摔东西了。

曾文清　（捧着自己的头）唉，让他摔去得了。

曾文彩　（心痛地）他，他疯了，他要打我，他要离婚——

曾文清　（惨笑）离婚？

〔江泰在屋内的声音：（拍桌）文彩！文彩！

曾文彩　哥哥！

〔江泰在屋内的声音：（拍桌大喊）文彩！文彩！文彩！

曾文彩　（拉着他）哥哥！你听！

曾文清　你别拉着我吧！

曾文彩　（焦急）他这样会出事的，会出事的，哥哥！

曾文清　放开我吧，我心里的事都闹不清啊！

〔文摔开手，踉跄步入自己的卧室内。

〔彩向自己的卧室走了两步，突然门开，跌进来醉醺醺的江泰，一只脚穿着拖鞋，那一只是光着。

江　泰　（不再是方才那样苦恼可怜的样子，倚着门口瞪红了眼睛）你滚到哪里去了？你认识不认识我是江泰，我叫江泰，我叫你叫你，你怎么不来？

曾文彩　（苦痛）我，我，你——

江　泰　我住在你们家里，不是不花钱的。我在外面受了一辈子人家的气，在家里还要受你们曾家人的气么？我要喝就得买，要吃就得做！——谁欺负我，我就找谁！走，（拉着彩的手）找他去！

曾文彩　（拦住他）你要找谁呀？

江　泰　曾皓，你的爹，他对不起我，我要找他算账。

曾文彩　明天，明天。父亲睡了。

江　泰　那么现在叫他滚起来。（走）

曾文彩　（拖住）你别去！

江　泰　你别管！

曾文彩　（忽然灵机一动，回头）啊呀，你看，爹来了！

江　泰　哪儿？

曾文彩　这儿！

〔彩顺手把江泰又推进自己的卧室内，立刻把门反锁上。

〔江泰在屋内的声音：（击门）“开门！开门！”

曾文彩　哥哥！（连忙向卧室的门跑）哥哥！

〔江泰在屋内的声音：（捶门）“开门，开门！”

〔文彩走到文清卧室门口掀开门帘。

曾文彩　（似乎看见一件最可怕的事情）啊，天，你怎么还抽这个东西呀！

〔文清在屋内的声音：（长叹）“别管我吧，你苦我也苦啊！”

〔江泰在屋内的声音：（大吼叫）“文彩！”（乱捶门）“开门，我要烧房子啦！我要烧房子，我要点火啦，我”——（扑通一声仿佛全身跌倒地上）

曾文彩　（同时一面跑向自己的卧室，一面喊着）天啊，江泰，你醒醒吧，你还没有闹够，你别再吓死我了！（开了门）

〔文彩立刻进了自己的卧室，把门推严，里面只听得江泰低微呻吟的声音。

〔立刻由书斋小门上来的曾皓，披着一件薄薄的夹袍，提着灯笼，由愫方扶掖着，颤巍巍地打着寒战。

曾　皓　（慌张地）出了什么事？什么事？（低声对愫）你，你让我看看是谁，是谁在吵。你快去给我拿棉袍来。

〔愫方由书斋小门下。江泰还在屋内低微地呻吟。突然门内文清一声长叹，皓瞥见他卧室的灯光，悄悄走到他的门前，掀开帘子望去。

〔文清在屋内的声音：（喑哑）“谁？”

曾　皓　谁！（不可想象的打击）你！没走？

〔文清吓晕了头，昏沉沉地竟然拿着烟枪走出来。

曾　皓　（退后）你怎么又，又——

曾文清　（低头）爸，我——

曾　皓　（惊愕得说不出一句话，摇摇晃晃，向文身边走来，文清吓得后退。逼到八仙桌旁，皓突然对文清跪下，痛心地）我给你跪下，你是父亲，我是儿子。我请你再不要抽，我给你磕响头，求你不——（一壁要叩下去）

曾文清　（突然意识到自己的罪恶，扔下烟枪）妈呀！

〔文清推开大客厅的门扇跑出，同时曾皓突然中了痰厥，瘫在沙发近旁。

〔同时愫方由书斋小门拿着棉袍忙上。

愫　方　（惊吓）姨父！姨父！（扶他靠在沙发上）姨父，你怎么了？姨父！你醒醒！姨父！

曾　皓　（睁开一半眼，细弱地）他，他走了么？

愫　方　（颤抖）走了。

曾　皓　（咬紧了牙）这种儿子怎么不（顿足）死啊！不（顿足）死啊！（想立起，舌头忽然有些弹）我舌头——麻——你——

愫　方　（颤声）姨父，你坐下，我拿参汤去，姨父！

〔皓口张目瞪，不能应声，愫慌忙由书斋小门跑下。

〔文彩在屋内的声音：（哭泣）“江泰！江泰！”

〔江泰在屋内的声音：（大吼）“滚开呀，你！”

〔文彩在屋内的声音：“江泰！”

〔江泰猛然打开门，回身就把门反锁上。

〔文彩在屋内的声音：“你开门，开门！”

江　泰　（在烛光摇曳中看见了曾皓坐在那里像入了定，江泰愤愤地）啊，你在这儿打坐呢！

曾　皓　（目瞪口张）

江　泰　你用不着这么斜眼看我，我明天一定走了，一定走了，我再不走运，养自己一个老婆总还养得起！（怨愤）可走以前，你得算账，算账。

〔文彩在屋内的声音：（急喊）“开门！开门！你在跟谁说话？江泰！”（捶门）“开门，江泰，开门！”（一直在江泰说话的间隔中喊着）

江　泰　你欠了我的，你得还！我一直没说过你，不能再装聋卖傻，我为了你才丢了我的官，为了你才亏了款。人家现在通缉我。我背了坏名声，我一辈子出不了头，这是你欠我这一笔债。你得还，你不能不理！你得还，你得给，你得再给我一个出头日子。你不能再这样不言语，那我可——喂（大声）你看清楚没有，我叫江泰！叫江泰！认清楚！你的女婿！你欠了我的债，曾皓，曾皓，你听见没有？

〔文彩在屋内的声音：（吓住）“开门，开门！（一直大叫）爹！爹！别理他，他说胡话，他疯了。爹！爹！爹呀！开门，江泰，（夹在江泰的长话当中）开门，爹！爹！”

江　泰　曾皓，你给不给，你究竟还不还？我知道你有的是存款，金子，银子，股票，地契。（忽然恳切地）哦，借给我三千块钱，就三千，我做了生意，我一定要还你，还给你利息，还给你本，你听见了没有？我要加倍还给你，江泰在跟你说话，曾老太爷，你留着那么多死钱干什么？你老了，你岁数不小了。你的棺材都预备好了，漆都漆了几百遍了，你——

〔文彩在屋内的声音：（同时捶门）“开门！开门！”

〔思懿拿着曾皓方才拿出过的红面存折，气愤愤地由书斋小门急上，望了望曾皓，就走到文彩的卧室前开门。

江　泰　（并未察觉有人进来，冷静地望着曾皓，低声厌恶地）你笑什么？你对我笑什么？（突然凶猛地）你怎么还不死啊？还不死啊？（疯了似地走到曾皓前面，推摇那已经昏厥过去的老人的肩膀）

〔彩满面泪痕，蓦地由卧室跑出来。

曾文彩　（拖着江泰力竭声嘶地）你这个鬼！你这个鬼！

江　泰　（一面被文彩向自己的卧室拉，一面依然激动地嚷着）你放开我，放开我，我要杀人，我杀了他，再杀我自己呀。

〔文彩终于把江泰拖入房内，门霍地关上。愫方捧着一碗参汤由书斋小门急上。思仍然阴沉沉地立在那里。

愫　方　（喂皓参汤）姨父，姨父，喝一点！姨父！

〔霆由书斋小门跑上。

曾　霆　怎么了？

愫　方　（喂不进去）爷爷不好了，赶快打电话找罗太医。

曾　霆　怎么？

愫　方　中了风，姨父！姨父！

〔霆由大客厅门跑下，同时陈奶妈仓皇由书斋小门上，一边还穿着衣服。

陈奶妈　（颤抖地）怎么啦老爷子？老爷子怎么啦？

愫　方　（急促地）你扶着他的头，我来灌。

〔老人喉里的痰涌上来。

陈奶妈　（扶着他）不成了，痰涌上来了。——牙关咬得紧，灌不下。

愫　方　姨父！姨父！

〔文清由大客厅门上。

曾文清　（步到老人的面前，愧痛地连叫着）爹！爹！我错了，我错了。

〔文彩由自己的卧室跑出来。

曾文彩　（抱着老人的腿）爹！爹！我的爹！

愫　方　姨父！姨父！

陈奶妈　老爷子！老爷子！

曾思懿　（突然）别再吵了，别等医生来，送医院去吧。

愫　方　（昂首）姨父不愿意送医院的。

曾思懿　（对陈奶妈）叫人来！

〔陈由大客厅门下。

曾文彩：（立刻匆促地）我到隔壁杜家借汽车去。

〔彩由大客厅跑下。

愫　方　姨父！姨父！

曾文清　（哽咽）怎么了？（“怎么办？”的意思）怎么了？

曾思懿　哼，怎么了？（气愤地）你看，（把手里曾皓的红面存折摔在他的眼前）这怎么了？

〔陈奶妈带着张顺由大客厅门上。大客厅的尽头燃起灯光，雪白的隔扇的纸幕突然又现出一个正在行动的巨大猿人的影子，沉重地由远而近，对观众方向走来。

曾思懿　（指张顺）只有他？

陈奶妈　还有！

〔门倏地打开，浑身生长凶猛的黑毛的“北京人”像一座小山压在人的面前，赤着脚沉甸甸地走进来，后面跟着曾霆。

曾思懿　（对张顺）立刻抬到汽车上。

〔张顺对“北京人”做做手势，“北京人”对他看了一眼就要抱起曾皓。

愫　方　(忽然一把拉着曾皓) 不能进医院，姨父眼看着就不成了。(老人说不出话，眼睛苦痛地望着)

〔"北京人"望着愫方停住手。

曾思懿　(拉开愫方，对张顺) 抬! (张顺就要动手——)

〔"北京人"轻轻推开张顺，一个人像抱起一只老羊似地把曾皓举起，向大客厅走。

曾　霆　(哭起) 爷! 爷!

曾思懿　别哭了。

曾文清　(跟在后面) 爹，我，我错了。

〔"北京人"走到门槛上。老人的苍白的手忽然紧紧抓着那门扇，坚不肯放。

曾　霆　(回头) 走不了，爷爷的手抓着门不放。

曾思懿　用劲抬! (张顺连忙走上前去)

愫　方　(心痛地) 他不肯离开家呀。(大家又在犹疑)

曾思懿　救人要紧，快抬! 听我的话是听她的话，抬!

〔张顺推着"北京人"硬向前走。

愫　方　他的手! 他的手!

曾思懿　(对霆) 把手掰开。

曾　霆　我怕。

曾思懿　笨，我来!

曾文清　爹。

曾　霆　(恐惧) 妈，爷爷的手，手!

〔思强自掰开他的手。

曾文清　(愤极对思) 你这个鬼! 你把父亲的手都弄出血来了。

曾思懿　抬! (低声，狠恶地) 房子要卖，你愿意人死在家里?

〔大家随着"北京人"由大客厅门走出，只有文清留在后面。

〔木梆声。

〔隔壁醉人一声苦闷的呻吟。

〔凉苍的"硬面饽饽"声。

〔文清进屋立刻走出。他拿着一件旧外衣和一个破帽子，臂里夹一轴画，长叹一声，缓缓地由通大客厅的门走出，顺手把门掩上。

〔暗风挟着秋雨吹入，门又悄悄自启，四壁烛影幢幢，墙上的画轴也被刮起来飒飒地响着。

〔远远一两声凄凉的更锣。

——幕徐落

【提示】

《北京人》写于1940年，1941年12月重庆文化生活出版社出版，后收入《曹禺文集》第2卷。该剧是一部意蕴深厚、艺术圆熟的佳作，最能体现曹禺戏剧创作的审美追求。

《北京人》具有生活化戏剧的鲜明特征。它从展现封建大家庭曾家三代人的日常生活情景中，揭示没落的封建制度及其精神文化解体的历史必然性。其侧重点是刻画人物的复杂性格，透视人物的灵魂与细微的情感。剧中人物皆有独特的个性：曾皓卑鄙自私，曾思懿虚伪阴狠，曾文清怯懦颓废，江泰牢骚满腹，愫方悒郁坚忍。在古都北平文化染缸里蠕动着的这些生命个体，其人性或被扭曲，或已异化，或完全丧失，仅存“生命的空壳”。共有的生存时空，彼此孤独的心灵，经过作者情感的浸润，使全剧洋溢着特定时代社会生活的浓郁诗意。

剧本另一个特点是，通过某些象征性形象的描绘，强化了抒情气氛，深化了题旨。远古“北京人”、现代“北京人”和未来“北京人”，是三种不同文化的象征。现代“北京人”是远古“北京人”的变异，代表的是空虚、堕落、腐朽的封建传统文化。未来“北京人”则寄托着作者的理想，代表的是“新的血液和生命”的文化。如愫方，终于从梦幻般爱情的苦恋与破灭中觉醒，冲出黑暗，寻找新的生活。另外，如棺材、鸽子等象征性形象的一再出现，也增强了对旧文化批判的力度。

戏剧情节的淡化，生命意识的发掘，文化批判色彩的浓厚，诗情与哲理的交织，形成全剧平淡而深刻、淳厚而隽永的艺术风格。

【思考题】

一、分析愫方的个性特征及其思想意义。

二、比较《雷雨》与《北京人》不同的审美价值取向。

论 快 乐[1]

钱锺书

钱锺书（1910—1998年），字默存，号槐聚，江苏无锡人。1929年考入清华大学外文系。1935年赴英国牛津大学留学，1937年获副博士学位。后到法国，入巴黎大学进修。1938年应清华大学聘请，回国任昆明西南联合大学教授。次年秋到湖南蓝田任国立师范学院英文系主任。抗战胜利后，任暨南大学教授。新中国成立后，曾任清华大学外文系教授、中国科学院文学研究所研究员。1982年任中国社会科学院副院长。著有短篇小说集《人·兽·鬼》,长篇小说《围城》，散文集《写在人生边上》，学术专著《谈艺录》、《宋诗选注》、《管锥编》等。

在旧书铺里买回来维尼（Vigny）[2]的《诗人日记》（Journal d'un poète），信手翻开，就看见有趣的一条。他说，在法语里，喜乐（bonheur）一个名词是“好”和“钟点”两字拼成，可见好事多磨，只是个把钟头的玩意儿（Si le bonheur n'était qu'une bonne denie!）。我们联想到我们本国话的说法，也同样的意味深永，譬如快活或快乐的快字，就把人生一切乐事的飘瞥难留，极清楚地指示出来。所以我们又慨叹说：“欢娱嫌夜短！”因为人在高兴的时候，活得太快，一到困苦无聊，愈觉得日脚像跛了似的，走得特别慢。德语的沉闷（Langeweile）一词，据字面上直译，就是“长时间”的意思。《西游记》里小猴子对孙行者说：“天上一日，下界一年。”这种神话，确反映着人类的心理。天上比人间舒服欢乐，所以神仙活得快，人间一年在天上只当一日过。从此类推，地狱里比人间更痛苦，日子一定愈加难度；段成式《酉阳杂俎》[3]就说：“鬼言三年，人间三日。”嫌人生短促的人，真是最“快活”的人。反过来说，真快活的人，不管活到多少岁死，只能算是短命夭折。所以，做神仙也并不值得，在凡间已经三十年做了一世的人，在天上还是个初满月的小孩。但是这种“天算”，也有占便宜的地方：譬如戴君孚《广异记》载崔参军捉狐妖，“以桃枝决五下”，长孙无忌说罚得太轻，崔答：“五下是人间五百下，殊非小刑。”可见卖老祝寿等等，在地上最为相宜，而刑罚呢，应该到天上去受。

“永远快乐”这句话，不但渺茫得不能实现，并且荒谬得不能成立。快过的决不会永久；我们说永远快乐，正好像说四方的圆形，静止的动作同样地自相矛盾。在高兴的时候，我们空对瞬息即逝的时间喊着说：“逗留一会儿罢！你太美了！”那有什么用？你要永久，你该向痛苦里去找。不讲别的，只要一个失眠的晚上，或者有约不来的下午，或者一课沉闷的听讲——这许多，比一切宗教信仰更有效力，能使你尝到什么叫做“永生”的滋味，人生的刺，就在这里，留恋着不肯快走的，偏是你所不留恋的东西。

快乐在人生里，好比引诱小孩子吃药的方糖，更像跑狗场里引诱狗赛跑的电兔子。几分钟或者几天的快乐赚我们活了一世，忍受着许多痛苦。我们希望它来，希望它留，希望它再来——这三句话概括了整个人类努力的历史。在我们追求和等候的时候，生命又不知不觉地偷度过去。也许我们只是时间消费的筹码，活了一世不过是为那一世的岁月充当殉葬品，根本不会享到快乐，但是我们到死也不明白是上了当，我们还理想死后有个天堂，在那里——谢上帝，也有这一天！我们终于享受到永远的快乐。你看，快乐的引诱，不仅像电兔子和方糖，使我们忍受了人生，而且仿佛钓钩上的鱼饵，竟使我们甘心去死。这样说来，人生虽痛苦，却不悲观，因为它终抱着快乐的希望；现在的账，我们预支了将来支付。为了快活，我们甚至于愿意慢死。

穆勒[4]曾把“痛苦的苏格拉底”和“快乐的猪”比较。假如猪真知道快乐，那末猪和苏格拉底也相去无几了。猪是否能快乐得像人，我们不知道；但是人会容易满足得像猪，我们是常看见的。把快乐分肉体的和精神的两种，这是最糊涂的分析。一切快乐的享受都属于精神的，尽管快乐的原因是肉体上的物质刺激。小孩子初生下来，吃饱了奶就乖乖地睡，并不知道什么是快活，虽然它身体感觉舒服。缘故是小孩子时的精神和肉体还没有分化，只是混沌的星云状态。洗一个澡，看一朵花，吃一顿饭，假使你觉得快活，并非全因为澡洗得干净，花开得好，或者菜合你口味，主要因为你心上没有挂碍，轻松的灵魂可以专注肉体的感觉，来欣赏，来审定。要是你精神不痛快，像将离别时的筵席，随它怎样烹调得好，吃来只是土气息、泥滋味。那时刻的灵魂，仿佛害病的眼怕见阳光，撕去皮的伤口怕接触空气，虽然空气和阳光都是好东西。快乐时的你，一定心无愧怍。假如你犯罪而真觉快乐，你那时候一定和有道德、有修养的人同样心安理得。有最洁白的良心，跟全没有良心或有最漆黑的良心，效果是相等的。

发现了快乐由精神来决定，人类文化又进一步。发现这个道理，和发现是非善恶取决于公理而不取决于暴力，一样重要。公理发现以后，从此世界上没有可被武力完全屈服的人。发现了精神是一切快乐的根据，从此痛苦失掉它们的可怕，肉体减少了专制。精神的炼金术能使肉体痛苦都变成快乐的资料。于是，烧了房子，有庆贺的人；一箪食，一瓢饮，有不改其乐的人；千灾百毒，有谈笑自若的人。所以我们前面说，人生虽不快乐，而仍能乐观。譬如从写《先知书》的所罗门直到做《海风》诗的马拉梅（Mallarmé）[5]，都觉得文明人的痛苦，是身体困倦。但是偏有人能苦中作乐，从病痛里滤出快活来；使健康的消失有种赔偿。苏东坡诗就说：“因病得闲殊不恶，安心是药更无方。”王丹麓《今世说》[6]也记毛稚黄善病，人以为忧，毛曰：“病味亦佳，第不堪为躁热人道耳！”在着重体育的西洋，我们也可以找着同样达观的人。工愁善病的诺凡利斯（Novalis）[7]在《碎金集》里建立一种病的哲学，说病是“教人学会休息的女教师”。罗登巴赫（Rodenbach）[8]的诗集《禁锢的生活》(Les Vies Encloses)里有专咏病味的一卷,说病是“灵魂的洗涤(épuration)”。身体结实、喜欢活动的人采用了这个观点,就对病痛也感到另有风味。顽健粗壮的十八世纪德国诗人白洛柯斯(B. H. Brockes)第一次害病,觉得是一个“可惊异的大发现(Eine bewunderungswürdige Erfindung)”。对于这种人,人生还有什么威胁?这种快乐,把忍受变为享受,是精神对于物质的最大胜利。灵魂可以自主——同时也许是自欺。能一贯抱这种态度的人,当然是大哲学家,但是谁知道他不也是个大傻子?

是的,这有点矛盾。矛盾是智慧的代价。这是人生对于人生观开的玩笑。

【注释】

[1] 本篇选自散文集《写在人生边上》。

[2] 维尼:法国浪漫主义诗人、作家。主要作品有《摩西》、《爱洛亚》等,所写诗歌充满悲观情绪。

[3] 段成式:中国唐代文学家。字柯古,临淄(今属山东)人。诗多华艳。《酉阳杂俎》是段成式所撰笔记,分前集20卷,续集10卷,所记奇人异事、道佛人鬼、灾祥灵验,无不毕具。

[4] 穆勒:全名为约翰·斯图尔特·穆勒,英国哲学家、经济学家、逻辑学家。主要著作有《逻辑体系》、《论自由》等。

[5] 马拉梅:法国诗人。法国象征派的代表,提倡“纯诗”论,作品充满神秘主义色彩。代表诗作《牧神的午后》,诗剧《爱罗狄亚德》。

[6] 王丹麓:清代文学家。本名王晫,字丹麓,浙江杭州人。《今世说》为其所撰笔记,8卷。仿《世说新语》体例,记录顺治、康熙两朝士大夫的言行逸事。

[7] 诺凡利斯:今译作诺瓦利斯,德国作家。原名弗里德里希·冯·哈登贝格。代表作《夜的颂歌》为悼念死去的未婚妻而作,具有消极浪漫主义诗歌的特点。

[8] 罗登巴赫:比利时作家。著有小说《死城布鲁日》,属象征主义文学。他的作品具有颓废、忧郁的风格。

【提示】

钱锺书的散文才气泉涌,想象无拘无束。特别善于编制新奇、犀利、多样的比喻句和警句,顺手拈来,即成妙语。

《论快乐》一文从快乐的短暂性、快乐的虚无性、快乐的思辨性三个方面阐述了作者的快乐观。作者大量引征中外哲人、文学家的妙语,在说天道地中掺入讽喻的机趣,在富有知识容量的叙述中饱含人生哲理。作者凭借着自由的心态和充溢的才气,出入于人生和创作之间,展示了一个宽阔的智慧世界。

【思考题】

一、作者是如何阐述快乐观的?

二、分析本文的语言特色。

断　章

卞之琳

卞之琳（1910—2000年），江苏海门人。1929年考入北京大学英文系。1933年毕业后，曾与靳以一道编辑《文学季刊》、《水星》，同时从事文学翻译。1937年去成都，任四川大学外文系讲师。1938年8月到延安，在鲁迅艺术学院任教。1940年赴昆明，在西南联合大学外文系任教。1946年到天津，任南开大学教授。1947年9月赴英国，任教于牛津大学拜理奥学院。1949年回国，任北京大学西语系教授、文学研究所研究员。1956年加入中国共产党。1964年调往外国文学研究所。著有诗集《三秋草》、《鱼目集》、《慰劳信集》、《十年诗草》、《雕虫纪历》以及与何其芳、李广田的诗合集《汉园集》。另译有《西窗集》、《阿左林小集》等。

你站在桥上看风景，
看风景人在楼上看你。

明月装饰了你的窗子，
你装饰了别人的梦。

【提示】

《断章》写于1935年10月，收入卞之琳诗集《鱼目集》，是其诗歌代表作之一。

卞之琳是"汉园三诗人"之一。其诗作具有现代主义诗歌的现代感应性和明显的主智倾向。他在新诗口语化、戏剧化、格律化和现代化等方面都作出了卓越贡献。他是20世纪30年代至40年代中国现代派诗歌之间的一座桥梁。

《断章》这首诗通过对常见的"风景"的刹那感悟，揭示了主客体关系的相对性。诗人在清雅的图画中表达了他的人生哲理：在宇宙万物中，没有绝对孤立的存在，一切都是相对的，又都是互相关联的。这首仅有四行的小诗，所创造的画面的自然美和哲理的深邃美达到了和谐统一。诗人通过巧妙的语言调度把不相关的事物各自联在一起，在内容与时序上，两节诗之间若即若离，可并可分，各自独立又相互映衬，组成了一个完整的艺术世界。

卞之琳诗歌虽有晦涩之名，但事实上，他的创作呈现为少有的精致和严谨，《断章》即为一例，值得细读。

【思考题】

一、谈谈本诗的主旨。

二、解读《断章》。

诗 八 首

穆 旦

穆旦（1918—1977 年），原名查良铮，祖籍浙江海宁，生于天津。1935 年考入清华大学外文系，毕业后留校任助教。1941 年应征，去中国赴缅远征军军部任中校翻译。1948 年赴美入芝加哥大学英文系学习，1951 年获文学硕士学位。1953 年回国，任南开大学外文系副教授。1958 年被错划为“历史反革命”，此后长期遭受不公平待遇。1977 年因病逝世，1979 年被平反。著有诗集《探险队》、《穆旦诗集（1939—1945）》、《旗》等。译有普希金诗集《青铜骑士》、《欧根·奥涅金》等，还译有英国诗人拜伦、雪莱、济慈等的诗作。

（一）

你底眼睛看见这一场火灾，
你看不见我，虽然我为你点燃；
唉，那燃烧着的不过是成熟的年代，
你底，我底。我们相隔如重山！

从这自然底蜕变底程序里，
我却爱了一个暂时的你。
即使我哭泣，变灰，变灰又新生，
姑娘，那只是上帝玩弄他自己。

（二）

水流山石间沉淀下你我，
而我们成长，在死底子宫里。
在无数的可能里一个变形的生命
永远不能完成他自己。

我和你谈话，相信你，爱你，
这时候就听见我底主暗笑，
不断地他添来另外的你我

使我们丰富而且危险。

(三)

你底年龄里的小小野兽，
它和春草一样地呼吸，
它带来你底颜色，芳香，丰满，
它要你疯狂在温暖的黑暗里。

我越过你大理石的理智殿堂，
而为它埋藏的生命珍惜；
你我底手底接触是一片草场，
那里有它底固执，我底惊喜。

(四)

静静地，我们拥抱在
用言语所能照明的世界里，
而那未成形的黑暗是可怕的，
那可能和不可能的使我们沉迷。

那窒息着我们的
是甜蜜的未生即死的言语，
它底幽灵笼罩，使我们游离，
游进混乱的爱底自由和美丽。

(五)

夕阳西下，一阵微风吹拂着田野，
是多么久的原因在这里积累。
那移动了景物的移动我底心
从最古老的开端流向你，安睡。

那形成了树林和屹立的岩石的，
将使我此时的渴望永存，
一切在它底过程中流露的美
教我爱你的方法，教我变更。

(六)

相同和相同溶为怠倦，
在差别间又凝固着陌生；

是一条多么危险的窄路里，
我制造自己在那上面旅行。

他存在，听从我底指使，
他保护，而把我留在孤独里，
他底痛苦是不断的寻求
你底秩序，求得了又必须背离。

（七）

风暴，远路，寂寞的夜晚，
丢失，记忆，永续的时间，
所有科学不能祛除的恐惧
让我在你底怀里得到安憩——

呵，在你底不能自主的心上，
你底随有随无的美丽的形象，
那里，我看见你孤独的爱情
笔立着，和我底平行着生长！

（八）

再没有更近的接近，
所有的偶然在我们间定型；
只有阳光透过缤纷的枝叶
分在两片情愿的心上，相同。

等季候一到就要各自飘落，
而赐生我们的巨树永青，
它对我们的不仁的嘲弄
（和哭泣）在合一的老根里化为平静。

【提示】

《诗八首》写于 1942 年 2 月，收入《穆旦诗集（1939—1945）》，题为《诗八章》；后收入诗集《旗》时易名为《诗八首》。

穆旦是“九叶诗派”的代表诗人之一，他在诗的思维、诗的艺术、诗的语言的现代化方面，都跨出了在现代新诗史上具有决定意义的一步，从而成为“中国诗歌现代化”历程中的一个带有标志性的诗人。

《诗八首》是一组爱情诗，但它并非仅指人生历程中爱情的一个截面、一种经历。它是一个整体，一个随自然生命的起止而萌生、发展、延续和升华的情感过程。它体现一个思想者关于爱情的灵肉、苦乐和生死的辩证关系。《诗八首》是穆旦经典性的作品，它在诗思和形式上体现了中国现代诗的探险和突破。

《诗八首》以相遇、相知、结合、新生、相守、永恒六个阶段的感情发展依序递进。组诗的第一首，也即相遇阶段，呈现了爱的甜蜜和痛苦、爱的暂时和久远的辩证关系。相知阶段由组诗的第二首和第三首共同显现，突出地表现了理智和情感、现实和理想之间的冲突。第四首也即结合阶段，着重描写爱情甜蜜的极致，却也蕴含有失落的痛苦。第五首是新生阶段，它阐释了灵与肉的结合是一种成熟的爱情，同时也是一种凡俗的爱情；它因此注入了更多必须共同承担的现实责任，这就是爱情的新生。第六首和第七首共同组成了相守阶段，这一阶段是矛盾冲突最为集中的阶段，也是最能体现诗人真诚的痛苦的焦点所在。如何在时间的延续、空间的变移中真诚相爱，如何在丰富的痛苦中亦不至于放弃追求永恒，诗人用爱的辩证法给出答案。第八首是永恒阶段，它既是组诗的结束，又是爱情历程的一个新起点，它与第一首遥相呼应，凸显了《诗八首》的整体性和辩证性。

【思考题】

一、分析本诗的结构特征。

二、谈谈本诗的现代性。

金锁记（节选）

张爱玲

张爱玲（1920—1995年），原名张瑛。祖籍河北丰润，生于上海。1931年就读于圣玛利亚女校。1939年入读香港大学文科。1942年返回上海。1943年在《紫罗兰》上发表短篇小说《沉香屑：第一炉香》，自此一举成名。在不到一年的时间里，连续发表了《倾城之恋》、《金锁记》等重要作品。1952年赴香港。1955年移居美国，直至病逝。

张爱玲的小说创作，以短篇成就为世人瞩目。其特色是，以中西文化交汇的大都市上海、香港等地为背景，侧重描写人物的两性心理，善于“运用娴熟的民族形式去表现现代派的思想内容”，“使心理分析小说达到了一个小小的高峰”（严家炎《中国现代小说流派史》）。1994年，台北皇冠出版公司出版了《张爱玲全集》15册。

七巧带着儿子长白，女儿长安另租了一幢屋子住下了，和姜家各房很少来往。隔了几个月，姜季泽忽然上门来了。老妈子通报上来，七巧怀着鬼胎，想着分家的那一天得罪了他，不知他有什么手段对付。可是兵来将挡，她凭什么要怕他？她家常穿着佛青实地纱袄子，特地系上一条玄色铁线纱裙，走下楼来。季泽却是满面春风的站起来问二嫂好，又问白哥儿可是在书房里，安姐儿的湿气可大好了，七巧心里便疑惑他是来借钱的，加意防备着，坐下笑道：“三弟你近来又发福了。”季泽笑道：“看我像一点儿心事都没有的人。”七巧笑道：“有福之人不在忙吗！你一向就是无牵无挂的。”季泽笑道：“等我把房子卖了，我还要无牵无挂呢！”七巧道：“就是你做了押款的那房子，你还要卖？”季泽道：“当初造它的时候，很费了点心思，有许多装置都是自己心爱的，当然不愿意脱手。后来你是知道的，那边地皮值钱了，前年把它翻造成了衖堂房子，一家一家收租，跟那些住小家的打交道，我实在嫌麻烦，索性打算卖了它，图个清静。”七巧暗地里说道：“口气好大！我是知道你的底细的，你在我跟前充什么阔大爷！”

虽然他不向她哭穷，但凡谈到银钱交易，她总觉得有点危险，便岔了开去道：“三妹妹好么？腰子病近来发过没有？”季泽笑道：“我也有许久没见过她的面了。”七巧道：“这是什么话？你们吵了嘴么？”季泽笑道：“这些时我们倒也没吵过嘴。不得已在一起说两句话，也是难得的，也没那闲情逸致吵嘴。”七巧道：“何至于这样？我就不相信！”季泽两肘撑在藤椅的扶手上，交叉着十指，手搭凉棚，影子落在眼睛上，深深地唉了一声。七巧笑道：“没有别的，要不就是你在外头玩得太厉害了。自己做错了事，还唉声叹气的仿佛谁害了你似的。你们姜家就没有一个好人!”说着，举起白团扇，作势要打。季泽把那交叉着的十指往下移了一移，两只大拇指按在嘴唇上，两只食指缓缓抚摸着鼻梁，露出一双水汪汪的眼睛来。那眼珠却是水仙花缸底的黑石子，上面汪着水，下面冷冷的没有表情。看不出他在想什么。七巧道:“我非打你不可!”季泽的眼睛里突然冒出一点笑泡儿，道:“你打，你打!”七巧待要打，又掣回手去，重新一鼓作气道:“我真打!”抬高了手，一扇子劈下来，又在半空中停住了，吃吃笑将起来。季泽带笑将肩膀耸了一耸，凑了上去道:“你倒是打我一下罢!害得我浑身骨头痒痒着，不得劲儿!”七巧把扇子向背后一藏，越发笑得格格的。

季泽把椅子换了个方向，面朝墙坐着，人向椅背上一靠，双手蒙住了眼睛，又是长长地叹了口气。七巧啃着扇子柄，斜瞟着他道:“你今儿是怎么了?受了暑吗?”季泽道:“你哪里知道?”半晌，他低低的一个字一个字说道:“你知道我为什么跟家里的那个不好，为什么我拼命的在外头玩，把产业都败光了?你知道这都是为了谁?”七巧不知不觉有些胆寒，走得远远的，倚在炉台上，脸色慢慢地变了。季泽跟了过来。七巧垂着头，肘弯撑在炉台上，手里擎着团扇，扇子上的杏黄穗子顺着她的额角拖下来。季泽在她对面站住了，小声道:“二嫂!……七巧!”

七巧背过脸去淡淡笑道:“我要相信你才怪呢!”季泽便也走开了，道:“不错。你怎么能够相信我?自从你到我家来，我在家一刻也待不住，只想出去。你没来的时候我并没有那么荒唐过，后来那都是为了躲你。娶了兰仙来，我更玩得凶了，为了躲你之外又要躲她，见了你，说不了两句话我就要发脾气——你哪儿知道我心里的苦楚?你对我好，我心里更难受——我得管着我自己——我不得平白的坑坏了你!家里人多眼杂，让人知道了，我是个男子汉，还不打紧，你可了不得!”七巧的手直打颤，扇柄上的杏黄须子在她额上苏苏磨擦着。季泽道:“你信也罢，不信也罢!信了又怎样?横竖我们半辈子已经过去了，说也是白说。我只求你原谅我这一片心。我为你吃了这些苦，也就不算冤枉了。”

七巧低着头，沐浴在光辉里，细细的音乐，细细的喜悦……这些年了，她跟他捉迷藏似的，只是近不得身，原来还有今天!可不是，这半辈子已经完了——花一般的年纪已经过去了。人生就是这样的错综复杂，不讲理。当初她为什么嫁到姜家来?为了钱么?不是的，为了要遇见季泽，为了命中注定她要和季泽相爱。她微微抬起脸来，季泽立在她跟前，两手合在她扇子上，面颊贴在她扇子上。他也老了十年了，然而人究竟还是那个人呵!他难道是哄她么?他想她的钱——她卖掉她的一生换来的几个钱?仅仅这一转念便使她暴怒起来。就算她错怪了他，他为她吃的苦抵得过她为他吃的苦么?好容易她死了心了，他又来撩拨她。她恨他。他还在看着她。他的眼睛——虽然隔了十年，人还是那个人呵!就算他是骗她的，迟一点儿发现不好么?即使明知是骗人的，他太会演戏了，也跟真的差不多罢?

不行!她不能有把柄落在这厮手里。姜家的人是厉害的，她的钱只怕保不住。她得先证明他是真心不是。七巧定了一定神，向门外瞧了一瞧，轻轻惊叫道:“有人!”便三脚两步赶出门去，到下房里吩咐潘妈替三爷弄点心去，快些端了来，顺便带把芭蕉扇进来替三爷打扇。七巧回到屋里来，故意皱着眉道："真可恶，老妈子在门口探头探脑的，见了我抹过头去就跑，被我赶上去喝住了。若是关上了门说两句话，指不定造出什么谣言来呢！饶是独门独户住了，还没个清净。"潘妈送了点心与酸梅汤进来，七巧亲自拿筷子替季泽拣掉了蜜层糕上的玫瑰与青梅，道："我记得你是不爱吃红绿丝的。"有人在跟前，季泽不便说什么，只是微笑。七巧似乎没话找话说似的，问道："你卖房子，接洽得怎样了？"季泽一面吃，一面答道："有人出八万五，我还没打定主意呢。"七巧沉吟道："地段倒是好的。"季泽道："谁都不赞成我脱手，说还要涨呢。"七巧又问了些详细情形，便道："可惜我手头没有这一笔现款，不然我倒想买。"季泽道："其实呢，我这房子倒不急，倒是咱们乡下你那些田，早早脱手的好。自从改了民国，接二连三的打仗，何尝有一年闲过？把地面上糟踏得不成样子，中间还被收租的，师爷，地头蛇一层一层勒掯着，莫说这两年不是水就是旱，就遇着了丰年，也没有多少进账轮到我们头上。"七巧寻思着，道："我也盘算过来，一直挨着没有办。先晓得把它卖了，这会子想买房子，也不至于钱不凑手了。"季泽道："你那田要卖趁现在就得卖了，听说直鲁又要开仗了。"七巧道："急切间你叫我卖给谁去？"季泽顿了一顿道："我去替你打听打听，也成。"七巧耸了耸眉毛笑道："得了，你那些狐群狗党里头，又有谁是靠得住的？"季泽把咬开的饺子在小碟子里蘸了点醋，闲闲说出两个靠得住的人名，七巧便认真仔细盘问他起来，他果然回答得有条不紊，显然他是筹之已熟的。

七巧虽是笑吟吟的，嘴里发干，上嘴唇黏在牙仁上，放不下来。她端起盖碗来吸了一口茶，舐了舐嘴唇，突然把脸一沉，跳起身来，将手里的扇子向季泽头上滴溜溜掷过去，季泽向左偏了一偏，那团扇敲在他肩膀上，打翻了玻璃杯，酸梅汤淋淋漓漓溅了他一身，七巧骂道："你要我卖了田去买你的房子？你要我卖田？钱一经你的手，还有得说么？你哄我——你拿那样的话来哄我——你拿我当傻子——"她隔着一张桌子探身过去打他，然而她被潘妈下死劲抱住了。潘妈叫唤起来，祥云等人都奔了来，七手八脚按住了她，七嘴八舌求告着。七巧一头挣扎，一头叱喝着，然而她的一颗心直往下坠——她很明白她这举动太蠢——太蠢——她在这儿丢人出丑。

季泽脱下了他那湿濡的白香云纱长衫，潘妈绞了手巾来代他揩擦，他理也不理，把衣服夹在手臂上，竟自扬长出门去了，临行的时候向祥云道："等白哥儿下了学，叫他替他母亲请个医生来看看。"祥云吓糊涂了，连声答应着，被七巧兜脸给了她一个耳刮子。

季泽走了。丫头老妈子也都给七巧骂跑了。酸梅汤沿着桌子一滴一滴朝下滴，像迟迟的夜漏——一滴，一滴……一更，二更……一年，一百年。真长，这寂寂的一刹那。七巧扶着头站着，倏地掉转身来上楼去，提着裙子，性急慌忙，跌跌绊绊，不住地撞到那阴暗的绿粉墙上，佛青袄子上沾了大块的淡色的灰。她要在楼上的窗户里再看他一眼。无论如何，她从前爱过他。她的爱给了她无穷的痛苦。单只这一点，就使他值得留恋。多少回了，为了要按捺她自己，她迸得全身的筋骨与牙根都酸楚了。今天完全是她的错。他不是个好人，她又不是不知道。她要他，就得装糊涂，就得容忍他的坏。她为什么要戳穿他？人生在世，还不就是那么一回事？归根究底，什么是真的，什么是假的？

她到了窗前，揭开了那边上缀有小绒球的墨绿洋式窗帘，季泽正在弄堂里往外走，长衫搭在臂上，晴天的风像一群白鸽子钻进他的纺绸裤褂里去，哪儿都钻到了，飘飘拍着翅子。

七巧眼前仿佛挂了冰冷的珍珠帘，一阵热风来了，把那帘子紧紧贴在她脸上，风去了，又把帘子吸了回去，气还没透过来，风又来了，没头没脸包住她——一阵凉，一阵热，她只是淌着眼泪。

玻璃窗的上角隐隐约约反映出弄堂里一个巡警的缩小的影子，晃着膀子踱过去，一辆黄包车静静在巡警身上碾过。小孩把袍子掖在裤腰里，一路踢着球，奔出玻璃的边缘。绿色的邮差骑着自行车，复印在巡警身上，一溜烟掠过。都是些鬼，多年前的鬼，多年后的没投胎的鬼……什么是真的，什么是假的？

过了秋天又是冬天，七巧与现实失去了接触。虽然一样的使性子，打丫头，换厨子，总有些失魂落魄的。她哥哥嫂子到上海来探望了她两次，住不上十来天，末了永远是给她絮叨得站不住脚，然而临走的时候她也没有少给他们东西。她侄子曹春熹上城来找事，耽搁在她家里。那春熹虽是个浑头浑脑的年轻人，却也本本分分的。七巧的儿子长白，女儿长安，年纪到了十三四岁，只因身材瘦小，看上去才只七八岁的光景。在年下，一个穿着品蓝摹本缎棉袍，一个穿着葱绿遍地锦棉袍，衣服太厚了，直挺挺撑开了两臂，一般都是薄薄的两张白脸，并排站着，纸糊的人儿似的。这一天午饭后，七巧还没起身，那曹春熹陪着他兄妹俩掷骰子，长安把压岁钱输光了，还不肯歇手。长白把桌上的铜板一掳，笑道："不跟你来了。"长安道："我们用糖莲子来赌。"春熹道："糖莲子揣在口袋里，看脏了衣服。"长安道："用瓜子也好，柜顶上就有一罐。"便搬过一张茶几来，踩了椅子爬上去拿。慌得春熹叫道："安姐儿你可别摔跤，回头我担不了这干系！"正说着，只见长安猛可里向后一仰，若不是春熹扶住了，早是一个倒栽葱。长白在旁拍手大笑，春熹嘟嘟哝哝骂着，也撑不住要笑，三人笑成一片。春熹将她抱下地来，忽然从那红木大橱的穿衣镜里瞥见七巧蓬着头叉着腰站在门口，不觉一怔，连忙放下了长安，回身道："姑妈起来了。"七巧汹汹奔了过来，将长安向自己身后一推，长安立脚不稳，跌了一跤。七巧只顾将身子挡住了她，向春熹厉声道："我把你这狼心狗肺的东西！我三茶六饭款待你这狼心狗肺的东西，什么地方亏待了你，你欺负我女儿？你那狼心狗肺，你道我揣摩不出么？你别以为你教坏了我女儿，我就不能不捏着鼻子把她许配给你，你好霸占我们的家产！我看你这混蛋，也还想不出这等主意来，敢情是你爹娘把着手儿教的！我把那两个狼心狗肺忘恩负义的老浑蛋！齐了心想我的钱，一计不成，又生一计！"春熹气得白瞪眼，欲待分辩，七巧道："你还有脸顶撞我！你还不给我快滚，别等我乱棒打出去！"说着，把儿女们推推搡搡送了出去，自己也喘吁吁扶着个丫头走了。春熹究竟年纪轻火性大，赌气卷了铺盖，顿时离了姜家的门。

七巧回到起坐间里，在烟榻上躺下了。屋里暗昏昏的，拉上了丝绒窗帘。时而窗户缝里漏了风进来，帘子动了，方才在那墨绿小绒球底下毛茸茸地看见一点天色。只有烟灯和烧红的火炉的微光。长安吃了吓，呆呆坐在火炉边一张小凳上。七巧道："你过来。"长安只道是要打，只是延挨着，搭讪把火炉边的洋铁围屏上晾着的小红格子法布衬衫翻了一翻，道："快烤糊了。"衬衫发出热烘烘的毛气。

七巧却不像要责打她的光景，只数落了一番，道："你今年过了年也有十三岁了，也该放明白些。表哥虽不是外人，天下的男子都是一样混账。你自己要晓得当心，谁不想你的钱？"一阵风过，窗帘上的绒球与绒球之间露出白色的寒天，屋子里暖热的黑暗给打上了一排小洞。烟灯的火焰往下一挫，七巧脸上的影子仿佛更深了一层。她突然坐起身来，低声道："男人……碰都碰不得！谁不想你的钱？你娘这几个钱不是容易得来的，也不是容易守得住。轮到你们手里，我可不能眼睁睁看着你们上人的当——叫你以后提防着些，你听见了没有？"长安垂着头道："听见了。"

七巧的一只脚有点麻，她探身去捏一捏她的脚。仅仅是一刹那，她眼睛里蠢动着一点温柔的回忆。她记起了想她的钱的一个男人。

她的脚是缠过的，尖尖的缎鞋里塞了棉花，装成半大的文明脚。她瞧着那双脚，心里一动，冷笑一声道："你嘴里尽管答应着，我怎么知道你心里是明白还是糊涂？你人也有这么大了，又是一双大脚，哪里去不得？我就是管得住你，也没那个精神成天看着你。按说你今年十三了，裹脚已经嫌晚了，原怪我耽误了你。马上这就替你裹起来，也还来得及。"长安一时答不出话来，倒是旁边的老妈子们笑道："如今小脚不时兴了，只怕将来给姐儿定亲的时候麻烦。"七巧道："没的扯淡！我不愁我的女儿没人要，不劳你们替我担心！真没人要，养活她一辈子，我也还养得起！"当真替长安裹起脚来，痛得长安鬼哭神号的。这时连姜家这样守旧的人家，缠过脚的也都已经放了脚了，别说是没缠过的，因此都拿长安的脚传作笑话奇谈。裹了一年多，七巧一时的兴致过去了，又经亲戚们劝着，也就渐渐放松了，然而长安的脚可不能完全恢复原状了。

姜家大房三房里的儿女都进了洋学堂读书，七巧处处存心跟他们比赛着，便也要送长白去投考。长白除了打小牌之外，只喜欢跑跑票房，正在那里朝夕用功吊嗓子，只怕进学校要耽搁了他的功课，便不肯去。七巧无奈，只得把长安送到沪范女中，托人说了情，插班进去。长安换上了蓝爱国布的校服，不上半年，脸色也红润了，胳膊腿腕也粗了一圈。住读的学生洗换衣服，照例是送学校里包着的洗衣房里去的。长安记不清自己的号码，往往失落了枕套手帕种种零件。七巧便闹着说要去找校长说话。这一天放假回家，检点了一下，又发现有一条褥单是丢了。七巧暴跳如雷，准备明天亲自上学校去大兴问罪之师。长安着了急，拦阻了一声，七巧便骂道："天生的败家精，拿你娘的钱不当钱。你娘的钱是容易得来的？——将来你出嫁，你看我有什么陪送给你！——给也是白给！"长安不敢做声，却哭了一晚上。她不能在她的同学跟前丢这个脸。对于十四岁的人，那似乎有天大的重要。她母亲去闹这一场，她以后拿什么脸去见人？她宁死也不到学校里去了。她的朋友们，她所喜欢的音乐教员，不久就会忘记了有这么一个女孩子，来了半年，又无缘无故悄悄地走了。走得干净，她觉得她这牺牲是一个美丽的，苍凉的手势。

半夜里她爬下床来，伸手到窗外去试试，漆黑的，是下了雨么？没有雨点。她从枕头边摸出一只口琴，半蹲半坐在地上，偷偷吹了起来。犹疑地，“Long，Long Ago”的细小的调子在庞大的夜里袅袅漾开。不能让人听见了。为了竭力按捺着，那呜呜的口琴忽断忽续，如同婴儿的哭泣。她接不上气来，歇了半晌，窗格子里，月亮从云里出来了。墨灰的天，几点疏星，模糊的缺月，像石印的图画，下面白云蒸腾，树顶上透出街灯淡淡的圆光。长安又吹起口琴来。“告诉我那故事，往日我最心爱的那故事，许久以前，许久以前……”

第二天她大着胆子告诉她母亲；“娘，我不想念下去了。”七巧睁着眼道：“为什么？”长安道：“功课跟不上，吃的也太苦了，我过不惯。”七巧脱下一只鞋来，顺手将鞋底抽了她一下，恨道：“你爹不如人，你也不如人？养下你来又不是个十不全，就不肯替我争口气！”长安反剪着一双手，垂着眼睛，只是不言语。旁边老妈子们便劝道：“姐儿也大了，学堂里人杂，的确有些不方便。其实不去也罢了。”七巧沉吟道：“学费总得想法子拿回来。白便宜了他们不成？”便要领了长安一同去索讨，长安抵死不肯去，七巧带着两个老妈子去了一趟回来了，据她自己铺叙，钱虽然没收回来，却也着实羞辱了那校长一场。长安以后在街上遇着了同学，脸上红一阵白一阵，无地自容，只得装做不看见，急急走了过去。朋友寄了信来，她拆也不敢拆，原封退了回去。她的学校生活就此告一结束。

有时她也觉得牺牲得有点不值得，暗自懊悔着，然而也来不及挽回了。她渐渐放弃了一切上进的思想，安分守己起来。她学会了挑是非，使小坏，干涉家里的行政。她不时地跟母亲怄气，可是她的言谈举止越来越像她母亲了。每逢她单叉着裤子，揸开了两腿坐着，两只手按在胯间露出的凳子上，歪着头，下巴搁在心口上凄凄惨惨瞅住了对面的人说道：“一家有一家的苦处呀，表嫂——一家有一家的苦处！”——谁都说她是活脱的一个七巧。她打了一根辫子，眉眼的紧俏有似当年的七巧，可是她的小小的嘴过于瘪进去，仿佛显老一点。她再年青些也不过是一棵较嫩的雪里红——盐腌过的。

也有人来替她做媒。若是家境推板一点的，七巧总疑心人家是贪她们的钱。若是那有财有势的，对方却又不十分热心，长安不过是中等姿色，她母亲出身既低，又有个不贤惠的名声，想必没有什么家教。因此高不成，低不就，一年一年耽搁了下去。那长白的婚事却不容耽搁。长白在外面赌钱，捧女戏子，七巧还没甚话说，后来渐渐跟着他三叔姜季泽逛起窑子来，七巧方才着了慌，手忙脚乱替他定亲，娶了一个袁家的小姐，小名芝寿。

行的是半新式的婚礼，红色盖头是蠲免了，新娘戴着蓝眼镜，粉红喜纱，穿着粉红彩绣裙袄。进了洞房，除去了眼镜，低着头坐在湖色帐幔里。闹新房的人围着打趣，七巧只看了一看便出来了。长安在门口赶上了她，悄悄笑道：“皮色倒白净，就是嘴唇太厚了些。”七巧把手撑着门，拔下一只金挖耳来搔搔头，冷笑道：“还说呢！你新嫂子这两片嘴唇，切切倒有一大碟子！”旁边一个太太便道：“说是嘴唇厚的人天性厚哇!”七巧哼了一声，将金挖耳指住了那太太，倒剔起一只眉毛，歪着嘴微微一笑道：“天性厚，并不是什么好话。当着姑娘们，我也不便多说——但愿咱们白哥儿这条命别送在她手里!”七巧天生着一副高爽的喉咙，现在因为苍老了些，不那么尖了，可是扁扁的依旧四面刮得人疼痛，像剃刀片。这两句话，说响不响，说轻也不轻。人丛里的新娘子的平板的脸与胸震了一震——多半是龙凤烛的火光的跳动。

三朝过后，七巧嫌新娘子笨，诸事不如意，每每向亲戚们诉说着。便有人劝道：“少奶奶年纪轻，二嫂少不得要费点心教导教导她。谁叫这孩子没心眼儿呢!”七巧啐道：“你别瞧咱们新少奶奶老实呀——一见了白哥儿，她就得去上马桶！真的！你信不信?”这话传到芝寿耳朵里，急得芝寿只待寻死。然而这还是没满月的时候，七巧还顾些脸面，后来索性这一类的话当着芝寿的面也说了起来，芝寿哭也不是，笑也不是，若是木着脸装不听见，七巧便一拍桌子嗟叹起来道：“在儿子媳妇手里吃口饭，可真不容易！动不动就给人脸子看!”

这天晚上，七巧躺着抽烟，长白盘踞在烟铺跟前的一张沙发椅上嗑瓜子，无线电里正唱着一出冷戏，他捧着戏考，一个字一个字跟着哼，哼上了劲，甩过一条腿去骑在椅背上，来回摇着打拍子。七巧伸过脚去踢了他一下道：“白哥儿你来替我装两筒。”长白道：“现放着烧烟的，偏要支使我！我手上有蜜是怎么着?”说着，伸了个懒腰，慢腾腾移身坐到烟灯前的小凳上，卷起了袖子。七巧笑道：“我把你这不孝的奴才！支使你，是抬举你!”她眯缝着眼望着他，这些年来她的生命里只有这一个男人，只有他，她不怕他想她的钱——横竖钱都是他的。可是，因为他是她的儿子，他这一个人还抵不了半个……现在，就连这半个人她也保留不住——他娶了亲。他是个瘦小白皙的年轻人，背有点驼，戴着金丝眼镜，有着工细的五官，时常茫然地微笑着，张着嘴，嘴里闪闪发着光的不知道是太多的唾沫水还是他的金牙。他敞着衣领，露出里面的珠羔里子和白小褂。七巧把一只脚搁在他肩膀上，不住的轻轻踢着他的脖子，低声道：“我把你这不孝的奴才！打几时起变得这么不孝了?”长安在旁笑道：“娶了媳妇忘了娘吗!”七巧道：“少胡说！我们白哥儿倒不是那们样的人！我也养不出那们样的儿子!”长白只是笑。七巧斜着眼看定了他，笑道：“你若还是我从前的白哥儿，你今儿替我烧一夜的烟!”长白笑道：“那可难不倒我!”七巧道：“盹着了，看我捶你!”

起坐间的帘子撤下送去洗濯了。隔着玻璃窗望出去，影影绰绰乌云里有个月亮，一搭黑，一搭白，像个戏剧化的狰狞的脸谱。一点，一点，月亮缓缓的从云里出来了，黑云底下透出一线炯炯的光，是面具底下的眼睛。天是无底洞的深青色。久已过了午夜了。长安早去睡了，长白打着烟泡，也前仰后合起来。七巧斟了杯浓茶给他，两人吃着蜜饯糖果，讨论着东邻西舍的隐私。七巧忽然含笑问道：“白哥儿你说，你媳妇儿好不好?”长白笑道：“这有什么可说的?”七巧道：“没有可批评的，想必是好的了?”长白笑着不做声。七巧道：“好，也有个怎么个好呀!”长白道“谁说她好来着?”七巧道：“她不好？哪一点不好？说给娘听。”长白起初只是含糊对答，禁不起七巧再三盘问，只得吐露一二。旁边递茶递水的老妈子们都背过脸去笑得格格的，丫头们都掩着嘴忍着笑回避出去了。七巧又是咬牙，又是笑，又是喃喃咒骂，卸下烟斗来狠命磕里面的灰，敲得托托一片响。长白说溜了嘴，止不住要说下去，足足说了一夜。

次日清晨，七巧吩咐老妈子取过两床毯子来打发哥儿在烟榻上睡觉。这时芝寿也已经起了身，过来请安。七巧一夜没合眼，却是精神百倍，邀了几家女眷来打牌，亲家母也在内。在麻将桌上一五一十将她儿子亲口招供的她媳妇的秘密宣布了出来，略加渲染，越发有声有色。众人竭力地打岔，然而说不上两句闲话，七巧笑嘻嘻地转了个弯，又回到她媳妇身上来了。逼得芝寿的母亲脸皮紫涨，也无颜再见女儿，放下牌，乘了包车回去了。

七巧接连着教长白为她烧了两晚上的烟。芝寿直挺挺躺在床上，搁在肋骨上的两只手蜷曲着像死去的鸡的脚爪。她知道她婆婆又在那里盘问她丈夫，她知道她丈夫又在那里叙说一些什么事，可是天知道他还有什么新鲜的可说！明天他又该涎着脸到她跟前来了。也许他早料到她会把满腔的怨毒都结在他身上，就算她没本领跟他拼命，至不济也得质问他几句，闹上一场。多半他准备先声夺人，借酒盖住了脸，找点碴子，摔上两件东西。她知道他的脾气。末后他会坐到床沿上来，耸起肩膀，伸手到白绸小褂里面去抓痒，出人意料之外地一笑。他的金丝眼镜上抖动着一点光，他嘴里抖动着一点光，不知道是唾沫还是金牙。他摘去了他的眼镜。……芝寿猛然坐起身来，哗啦揭开了帐子，这是个疯狂的世界。丈夫不像个丈夫，婆婆也不像个婆婆。不是他们疯了，就是她疯了。今天晚上的月亮比哪一天都好；高高的一轮满月，万里无云，像是漆黑的天上一个白太阳。遍地的蓝影子，帐顶上也是蓝影子，她的一双脚也在那死寂的蓝影子里。

芝寿待要挂起帐子来，伸手去摸索帐钩，一只手臂吊在那铜钩上，脸偎住了肩膀，不由得就抽噎起来。帐子自动地放了下来。昏暗的帐子里除了她之外没有别人，然而她还是吃了一惊，仓皇地再度挂起了帐子。窗外还是那使人汗毛凛凛的反常的明月——漆黑的天上一个灼灼的小而白的太阳。屋里看得分明那玫瑰紫绣花椅披桌布，大红平金五凤齐飞的围屏，水红软缎对联，绣着盘花篆字。梳妆台上红绿丝网络着银粉缸，银漱盂，银花瓶，里面满满盛着喜果。帐檐上垂下五彩攒金绕绒花球，花盆，如意粽子，下面滴溜溜坠着指头大的琉璃珠和尺来长的桃红穗子。偌大一间房里充塞着箱笼，被褥，铺陈，不见得她就找不出一条汗巾子来上吊。她又倒到床上去。月光里，她的脚没有一点血色——青，绿，紫，冷去的尸身的颜色。她想死，她想死。她怕这月亮光，又不敢开灯。明天她婆婆说："白哥儿给我多烧了两口烟，害得我们少奶奶一宿没睡觉，半夜三更点着灯等他回来——少不了他吗！"芝寿的眼泪顺着枕头不停地流，她不用手帕去擦眼睛，擦肿了，她婆婆又该说了："白哥儿一晚上没回房去睡，少奶奶就把眼睛哭得桃儿似的！"

七巧虽然把儿子媳妇描摹成这样热情的一对，长白对于芝寿却不甚中意，芝寿也把长白恨得牙痒痒的。夫妻不和，长白渐渐又往花街柳巷里走动。七巧把一个丫头绢儿给了他做小，还是牢笼不住他。七巧又变着方儿哄他吃烟。长白一向就喜欢玩两口，只是没上瘾，现在吸得多了，也就收了心不大往外跑了，只在家守着母亲与新姨太太。

他妹子长安二十四岁那年生了痢疾，七巧不替她延医服药，只劝她抽两筒鸦片，果然减轻了不少痛苦，病愈之后，也就上了瘾。那长安更与长白不同，未出阁的小姐，没有其它的消遣，一心一意的抽烟，抽的倒比长白还要多。也有人劝阻，七巧道："怕什么！莫说我们姜家还吃得起，就是我今天卖了两顷地给他们姐儿俩抽烟，又有谁敢放半个屁？姑娘赶明儿聘了人家，少不得有她这一份嫁妆。她吃自己的，喝自己的，姑爷就是舍不得，也只好干望着她罢了！"

话虽如此说，长安的婚事毕竟受了点影响。来做媒的本就不十分踊跃，如今竟绝迹了。长安到了近三十的时候，七巧见女儿注定了是要做老姑娘的了，便又换了一种论调，道："自己长得不好，嫁不掉，还怨我做娘的耽搁了她！成天挂搭着个脸，倒像我该她二百钱似的。我留她在家里吃一碗闲茶闲饭，可没打算留她在家里给我气受！"

姜季泽的女儿长馨过二十岁生日，长安去给她堂房妹子拜寿。那姜季泽虽然穷了，幸喜他交游广阔，手里还算兜得转。长馨背地里向她母亲道："妈想法子给安姐姐介绍个朋友罢，瞧她怪可怜的。还没提起家里的情形，眼圈儿就红了。"兰仙慌忙摇手道："罢！罢！这个媒我不敢做！你二妈那脾气是好惹的？"长馨年少好事，哪里理会得？歇了些时，偶然与同学们说起这件事，恰巧那同学有个表叔新从德国留学回来，也是北方人，仔细攀认起来，与姜家还沾着点老亲。那人名唤童世舫，叙起来比长安略大几岁。长馨竟自作主张，安排了一切，由那同学的母亲出面请客。长安这边瞒得家里铁桶相似。

七巧身子一向硬朗，只因她媳妇芝寿得了肺痨，七巧嫌她乔张做致，吃这个，吃那个，累又累不得，比寻常似乎多享了一些福，自己一赌气便也病了。起初不过是气虚血亏，却也将合家支使得团团转，哪儿还能够兼顾到芝寿？后来七巧认真得了病，卧床不起，越发鸡犬不宁。长安乘乱里便走开了，把裁缝唤到她三叔家里，由长馨出主意替她制了新装。赴宴的那天晚上，长馨先陪她到理发店去用钳子烫了头发，从天庭到鬓角一路密密贴着细小的发圈。耳朵上戴了二寸来长的玻璃翠宝塔坠子，又换上了苹果绿乔琪纱旗袍，高领圈，荷叶边袖子，腰以下是半西式的百褶裙。一个小大姐蹲在地上为她扣撳钮，长安在穿衣镜里端详着自己，忍不住将两臂虚虚地一伸，裙子一踢，摆了个葡萄仙子的姿势，一扭头笑了起来道："把我打扮得天女散花似的！"长馨在镜子里向那小大姐做了个媚眼，两人不约而同也都笑了起来。长安妆罢，便向高椅上端端正正坐下了。长馨道："我去打电话叫车。"长安道："还早呢！"长馨看了看表道："约的是八点，已经八点过五分了。"长安道："晚个半个钟头，想必也不碍事。"长馨猜她是存心要搭点架子，心中又好气又好笑，打开银丝手提包来检点了一下，借口说忘了带粉镜子，径自走到她母亲屋里来，如此这般告诉了一遍，又道："今儿又不是姓童的请客，她这架子是冲着谁搭的？我也懒得去劝她，由她挨到明儿早上去，也不干我事。"兰仙道："瞧你这糊涂！人是你约的，媒是你做的，你怎么卸得了这干系？我埋怨过你多少回了——你早该知道了，安姐儿就跟她娘一样的小家子气，不上台盘。待会儿出乖露丑的，说起来是你姐姐，你丢人也是活该，谁叫你把这些是是非非，揽上身来，敢是闲疯了？”长馨咕嘟着嘴在她母亲屋里坐了半晌，兰仙笑道：“看这情形，你姐姐是等着人催请呢。”长馨道：“我才不去催她呢！”兰仙道：“傻丫头，要你催，中什么用？她等着那边来电话哪！”长馨失声笑道：“又不是新娘子，要三请四催的，逼着上轿！”兰仙道：“好歹你打个电话到饭店里去，叫他们打个电话来，不就结了？快九点了，再挨下去，事情可真要崩了！”长馨只得依言做去，这边方才动了身。

长安在汽车里还是兴兴头头，谈笑风生的，到菜馆子里，突然矜持起来，跟在长馨后面，悄悄掩进了房间，怯怯地褪去了苹果绿鸵鸟毛斗篷，低头端坐，拈了一只杏仁，每隔两分钟轻轻啃去了十分之一，缓缓咀嚼着。她是为了被看而来的。她觉得她浑身的装束，无懈可击，任凭人家多看两眼也不妨事，可是她的身体完全是多余的，缩也没处缩。她始终缄默着，吃完了一顿饭。等着上甜菜的时候，长馨把她拉到窗子跟前去观看街景，又托故走开了，那童世舫便踱到窗前，问道：“姜小姐这儿来过么？”长安细声道：“没有。”童世舫道：“我也是第一次。菜倒是不坏，可是我还是吃不大惯。”长安道：“吃不惯？”世舫道：“可不是！外国菜比较清淡些，中国菜要油腻得多。刚回来，连着几天亲戚朋友们接风，很容易的就吃坏了肚子。”长安反复地看她的手指，仿佛一心一意要数数一共有几个指纹是螺形的，几个是畚箕……

玻璃窗上面，没来由开了小小的一朵霓虹灯的花——对过一家店面里反映过来的，绿心红瓣，是尼罗河祀神的莲花，又是法国王室的百合徽章……

世舫多年没见过故国的姑娘，觉得长安很有点楚楚可怜的韵致，倒有几分喜欢。他留学以前早就定了亲，只因他爱上了一个女同学，抵死反对家里的亲事，路远迢迢，打了无数的笔墨官司，几乎闹翻了脸，他父母曾经一度断绝了他的接济，使他吃了不少的苦，方才依了他，解了约。不幸他的女同学别有所恋，抛下了他，他失意之余，倒埋头读了七八年的书。他深信妻子还是旧式的好，也是由于反应作用。

和长安见了这一面之后，两下里都有了意。长馨想着送佛送到西天，自己再热心些，也没有资格出来向长安的母亲说话，只得央及兰仙。兰仙执意不肯道：“你又不是不知道，你爹跟你二妈仇人似的，向来是不见面的。我虽然没跟她红过脸，再好些也有限。何苦去自讨没趣？”长安见了兰仙，只是垂泪，兰仙却不过情面，只得答应去走一遭。妯娌相见，问候了一番，兰仙便说明了来意。七巧初听见了，倒也欣然，因道：“那就拜托了三妹妹罢！我病病哼哼的，也管不得了，偏劳了三妹妹。这丫头就是我的一块心病。我做娘的也不能说是对不起她了，行的是老法规矩，我替她裹脚，行的是新派规矩，我送她上学堂——还要怎么着？照我这样扒心扒肝调理出来的人，只要她不疤不麻不瞎，还会没人要吗？怎奈这丫头天生的是扶不起的阿斗，恨得我只嚷嚷：多咱我一闭眼去了，男婚女嫁，听天由命罢！”

当下议妥了，由兰仙请客，两方面相亲。长安与童世舫只做没见过面模样，又会晤了一次。七巧病在床上，没有出场，因此长安便风平浪静的订了婚。在筵席上，兰仙与长馨强行拉着长安的手，递到童世舫手里，世舫当众替她套上了戒指。

女家也回了礼，文房四宝虽然免了，却用新式的丝绒文具盒来代替，又添上了一只手表。

订婚之后，长安遮遮掩掩竟和世舫单独出去了几次。晒着秋天的太阳，两人并排在公园里走着，很少说话，眼角里带着一点对方的衣服与移动着的脚，女子的粉香，男子的淡巴菰气，这单纯而可爱的印象便是他们身边的栏杆，栏杆把他们与众人隔开了。空旷的绿草地上，许多人跑着，笑着，谈着，可是他们走的是寂寂的绮丽的回廊——走不完的寂寂的回廊。不说话，长安并不感到任何缺陷。她以为新式的男女间的交际也就“尽于此矣”。童世舫呢，因为过去的痛苦的经验，对于思想的交换根本抱着怀疑的态度。有个人在身边，他也就满足了。从前，他顶讨厌小说上的男人，向女人要求同居的时候，只说：“请给我一点安慰。”安慰是纯粹精神上的，这里却做了肉欲的代名词。但是他现在知道精神与物质的界限不能分得这么清。言语究竟没有用。久久的握着手，就是较妥帖的安慰，因为会说话的人很少，真正有话说的人还要少。

有时在公园里遇着了雨，长安撑起了伞，世舫为她擎着。隔着半透明的蓝绸伞，千万粒雨珠闪着光，像一天的星。一天的星到处跟着他们，在水珠银烂的车窗上，汽车驰过了红灯，绿灯，窗子外营营飞着一窠红的星，又是一窠绿的星。

长安带了点星光下的乱梦回家来，人变得异常沉默了，时时微笑着。七巧见了，不由得有气，便冷言冷语道：“这些年来，多多怠慢了姑娘，不怪姑娘难得开个笑脸。这下子跳出了姜家的门，趁了心愿了，再快活些，可也别这么摆在脸上呀——叫人寒心！”依着长安素日的性子，就要回嘴，无如长安近来像换了个人似的，听了也不计较，自顾自努力去戒烟。七巧也奈何她不得。

长安订婚那天，大奶奶玳珍没去，隔了些天来补道喜。七巧悄悄唤了声大嫂，道：“我看咱们还得在外头打听打听哩，这事可冒失不得！前天我耳朵里仿佛刮着一点，说是乡下有太太，外洋还有一个。”玳珍道：“乡下的那个没过门就退了亲。外洋那个也是这样，说是做了几年的朋友了，不知怎么又没成功。”七巧道：“那还有个为什么？男人的心，说声变，就变了。他连三媒六聘的还不认账，何况那不三不四的歪辣货？知道他在外洋还有旁人没有？我就只这一个女儿，可不能糊里糊涂断送了她的终身，我自己是吃过媒人的苦的！”

长安坐在一旁用指甲去掐手掌心，手掌心掐红了，指甲却挣得雪白。七巧一抬眼望见了她，便骂道：“死不要脸的丫头，竖着耳朵听呢！这话是你听得的么？我们做姑娘的时候，一声提起婆婆家，来不迭地躲开了。你姜家枉为世代书香，只怕你还要到你开麻油店的外婆家去学点规矩哩！”长安一头哭一头奔了出去。七巧拍着枕头嗐了一声道：“姑娘急着要嫁，叫我也没法子。腥的臭的往家里拉。名为是她三婶给找的人，其实不过是拿她三婶做个幌子。多半是生米煮成了熟饭了，这才挽了三婶出来做媒。大家齐打伙儿糊弄我一个人……糊弄着也好！说穿了，叫做娘的做哥哥的脸往哪儿去放？”

又一天，长安托辞溜了出去，回来的时候，不等七巧查问，待要报告自己的行踪，七巧叱道：“得了，得了，少说两句罢！在我面前糊什么鬼？有朝一日你让我抓着了真凭实据——哼！别以为你大了，订了亲了，我打不得你了！”长安急了道：“我给馨妹妹送鞋样子去，犯了什么法了，娘不信，娘问三婶去！”七巧道：“你三婶替你寻了汉子来，就是你的重生父母，再养爹娘！也没见你这样的轻骨头！……一转眼就不见你的人了。你家里供养了你这些年，就只差买个小厮来伺候你，哪一处对你不住了，你在家里一刻也坐不稳？”长安红了脸，眼泪直掉下来。七巧缓过一口气来，又道：“当初多少好的都不要，这会子去嫁个不成器的，人家拣剩下来的，岂不是自己打嘴？他若是个人，怎么活到三十来岁，飘洋过海的，跑上十万里地，一房老婆还没弄到手？”

然而长安一味的执迷不悟。因为双方的年纪都不小了，订了婚不上几个月，男方便托了兰仙来议定婚期。七巧指着长安道：“早不嫁，迟不嫁，偏赶着这两年钱不凑手！明年若是田上收成好些，嫁妆也还整齐些。”兰仙道：“如今新式结婚，倒也不讲究这些了。就照新派办法，省着点也好。”七巧道：“什么新派旧派？旧派无非排场大些，新派实惠些，一样还是娘家的晦气！”兰仙道：“二嫂看着办就是了，难道安姐儿还会争多论少不成？”一屋子的人全笑了，长安也不觉微微一笑。七巧破口骂道：“不害臊！你是肚子里有了搁不住的东西是怎么着？火烧眉毛，等不及的要过门！嫁妆也不要了——你情愿，人家倒许不情愿呢？你就拿准了他是图你的人？你好不自量，你有哪一点叫人看得上眼？趁早别自骗自了！姓童的还不是看上了姜家的门第！别瞧你们家轰轰烈烈，公侯将相的，其实全不是那么回事！早就是外强中干，这两年连空架子也撑不起了。人呢，一代坏似一代，眼里哪儿还有天地君亲？少爷们是什么都不懂，小姐们就知道霸钱要男人——猪狗都不如！我娘家当初千不该万不该跟姜家结了亲，坑了我一世，我待要告诉那姓童的趁早别像我似的上了当！”

自从吵闹过这一番，兰仙对于这头亲事便洗手不管了。七巧的病渐渐痊愈，略略下床走动，便逐日骑着门坐着，遥遥的向长安屋里叫喊道：“你要野男人你尽管去找，只别把他带上门来认我做丈母娘，活活的气死了我！我只图个眼不见，心不烦。能够容我多活两年，便是姑娘的恩典了！”颠来倒去几句话，嚷得一条街上都听得见。亲戚丛中自然更将这事沸沸扬扬传了开去。

七巧又把长安唤到跟前，忽然滴下泪来道：“我的儿，你知道外头人把你怎么长怎么短糟蹋得一个钱也不值！你娘自从嫁到姜家来，上上下下谁不是势利的，狗眼看人低，明里暗里我不知受了他们多少气。就连你爹，他有什么好处到我身上，我要替他守寡？我千辛万苦守了这二十年，无非是指望你姐儿俩长大成人，替我争回一点面子来，不承望今日之下，只落得这等的收场！”说着，呜咽起来。

长安听了这话，如同轰雷掣顶一般。她娘尽管把她说得不成人，外头人尽管把她说得不成人。她管不了这许多。唯有童世舫——他——他该怎么想？他还要她么？上次见面的时候，他的态度有点改变么？很难说……她太快乐了，小小的不同的地方她不会注意到……被戒烟期间身体上的痛苦与这种种刺激两面夹攻着，长安早就有点受不了，可是硬撑着也就撑了过去，现在她突然觉得浑身的骨骼都脱了节。向他解释么？他不比她的哥哥，他不是她母亲的儿女，他决不能彻底明白她母亲的为人。他果真一辈子见不到她母亲，倒也罢了，可是他迟早要认识七巧。这是天长地久的事，只有千年做贼的，没有千年防贼的——她知道她母亲会放出什么手段来？迟早要出乱子，迟早要决裂。这是她的生命里顶完美的一段，与其让别人给它加上一个不堪的尾巴，不如她自己早早结束了它。一个美丽而苍凉的手势……她知道她会懊悔的，她知道她会懊悔的，然而她抬了抬眉毛，做出不介意的样子，说道："既然娘不愿意结这头亲，我去回掉他们就是了。"七巧正哭着，忽然住了声，停了一停，又抽搭抽搭哭了起来。

长安定了一定神，就去打了个电话给童世舫，世舫当天没有空，约了明天下午。长安所最怕的就是中间隔的这一晚，一分钟，一刻，一刻，啃进她心里去。次日，在公园里的老地方，世舫微笑着迎上前来，没跟她打招呼——这在他是一种亲昵的表示。他今天仿佛是特别的注意她，并肩走着的时候，屡屡地望着她的脸。太阳煌煌的照着，长安越发觉得眼皮肿得抬不起来了，趁他不在看她的时候把话说了罢。她用哭哑的喉咙轻轻唤了一声"童先生"。世舫没听见。那么，趁他看她的时候把话说了罢。她诧异她脸上还带着点笑，小声道："童先生，我想——我们的事也许还是——还是再说罢。对不起得很。"她褪下戒指来塞在他手里，冷涩的戒指，冷湿的手。她放快了步子走去，他愣了一会，便追上来，问道："为什么呢？对于我有不满意的地方么？"长安笔直向前望着，摇了摇头。世舫道："那么，为什么呢？"长安道："我母亲……"世舫道："你母亲并没有看见过我。"长安道："我告诉过你了，不是因为你。与你完全没有关系。我母亲……"世舫站定了脚。这在中国是很充分的理由了罢？他这么略一踌躇，她已经走远了。

园子在深秋的日头里晒了一上午又一下午，像烂熟的水果一般，往下坠着，坠着，发出香味来。长安悠悠忽忽听见了口琴的声音，迟钝地吹出了"Long，Long Ago"——"告诉我那故事，往日我最心爱的那故事。许久以前，许久以前……"这是现在，一转眼也就变了许久以前了，什么都完了。长安着了魔似的，去找那吹口琴的人——去找她自己。迎着阳光走着，走到树底下，一个穿着黄短裤的男孩骑在树桠枝上颠颠着，吹着口琴，可是他吹的是另一个调子，她从来没听见过的。不大的一棵树，稀稀朗朗的梧桐叶在太阳里摇着像金的铃铛。长安仰面看着，眼前一阵黑，像骤雨似的，泪珠一串串的披了一脸。世舫找到了她，在她身边悄悄站了半晌，方道："我尊重你的意见。"长安举起了她的皮包来遮住了脸上的阳光。

他们继续来往了一些时。世舫要表示新人物交女朋友的目的不仅限于择偶，因此虽然与长安解除了婚约，依旧常常的邀她出去。至于长安呢，她是抱着什么样的矛盾的希望跟着他出去，她自己也不知道——知道了也不肯承认。订着婚的时候，光明正大的一同出去，尚且要瞒了家里，如今更成了幽期密约了。世舫的态度始终是坦然的。固然，她略略伤害了他的自尊心，同时他对于她多少也有点惋惜，然而"大丈夫何患无妻？"男子对于女子最隆重的赞美是求婚。他割舍了他的自由，送了她这一份厚礼，虽然她是"心领璧还"了，他可是尽了他的心。这是惠而不费的事。

无论两人之间的关系是怎样的微妙而尴尬，他们认真的做起朋友来了。他们甚至谈起话来。长安的没见过世面的话每每使世舫笑起来，说："你这人真有意思!"长安渐渐的也发现了她自己原来是个"很有意思"的人。这样下去，事情会发展到什么地步，连世舫自己也会惊奇。

然而风声吹到了七巧耳朵里。七巧背着长安吩咐长白下帖子请童世舫吃便饭。世舫猜着姜家是要警告他一声，不准他和他们小姐藕断丝连，可是他同长白在那阴森高敞的餐室里吃了两盅酒，说了一回话，天气，时局，风土人情，并没有一个字沾到长安身上，冷盘撤了下去，长白突然手按着桌子站了起来。世舫回过头去，只见门口背着光立着一个小身材的老太太，脸看不清楚，穿一件青灰团龙宫织缎袍，双手捧着大红热水袋，身旁夹峙着两个高大的女仆。门外日色昏黄，楼梯上铺着湖绿花格子漆布地衣，一级一级上去，通入没有光的所在。世舫直觉地感到那是个疯人——无缘无故的，他只是毛骨悚然。长白介绍道："这就是家母。"

世舫挪开椅子站起来，鞠了一躬。七巧将手搭在一个佣妇的胳膊上，款款走了进来，客套了几句，坐下来便敬酒让菜。长白道："妹妹呢？来了客，也不帮着张罗张罗。"七巧道："她再抽两筒就下来了。"世舫吃了一惊，睁眼望着她。七巧忙解释道："这孩子就苦在先天不足，下地就得给她喷烟。后来也是为了病，抽上了这东西。小姐家，够多不方便哪！也不是没戒过，身子又娇，又是由着性儿惯了的，说丢，哪儿就丢得掉呀？戒戒抽抽，这也有十年了。"世舫不由得变了色。七巧有一个疯子的审慎与机智。她知道，一不留心，人们就会用嘲笑的，不信任的眼光截断了她的话锋，她已经习惯了那种痛苦。她怕话说多了要被人看穿了。因此及早止住了自己，忙着添酒布菜。隔了些时，再提起长安的时候，她还是轻描淡写的把那几句话重复了一遍。她那平扁而尖利的喉咙四面割着人像剃刀片。

长安悄悄地走下楼来，玄色花绣鞋与白丝袜停留在日色昏黄的楼梯上。停了一会，又上去了。一级一级，走进没有光的所在。

七巧道："长白你陪童先生多喝两杯，我先上去了。"佣人端上一品锅来，又换上了新烫的竹叶青。一个丫头慌里慌张站在门口将席上伺候的小厮唤了出去，嘀咕了一会，那小厮又进来向长白附耳说了几句，长白仓皇起身，向世舫连连道歉，说："暂且失陪，我去去就来。"三脚两步也上楼去了，只剩下世舫一人独酌。那小厮也觉过意不去，低低地告诉了他："我们绢姑娘要生了。"世舫道："绢姑娘是谁?"小厮道："是少爷的姨奶奶。"

世舫拿上饭来胡乱吃了两口，不便放下碗来就走，只得坐在花梨炕上等着，酒酣耳热。忽然觉得异常的委顿，便躺了下来。卷着云头的花梨炕，冰凉的黄藤心子，柚子的寒香……姨奶奶添了孩子了。这就是他所怀念着的古中国……他的幽娴贞静的中国闺秀是抽鸦片的！他坐了起来，双手托着头，感到了难堪的落寞。

他取了帽子出门，向那小厮道："待会儿请你对上头说一声，改天我再面谢罢!"他穿过砖砌的天井，院子正中生着树，一树的枯枝高高印在淡青的天上，像瓷上的冰纹。长安静静的跟在他后面送了出来。她的藏青长袖旗袍上有着浅黄的雏菊。她两手交握着，脸上现出稀有的柔和。世舫回过身来道："姜小姐……"她隔得远远的站定了，只是垂着头。世舫微微鞠了一躬，转身就走了。长安觉得她是隔了相当的距离看这太阳里的庭院，从高楼上望下来，明晰，亲切，然而没有能力干涉，天井，树，曳着萧条的影子的两个人，没有话——不多的一点回忆，将来是要装在水晶瓶里双手捧着看的——她的最初也是最后的爱。

芝寿直挺挺躺在床上，搁在肋骨上的两只手蜷曲着像宰了的鸡的脚爪。帐子吊起了一半。不分昼夜她不让他们给她放下帐子来。她怕。

外面传进来说绢姑娘生了个小少爷。丫头丢下了热气腾腾的药罐子跑出去凑热闹了，敞着房门，一阵风吹了进来，帐钩豁朗朗乱摇，帐子自动地放了下来，然而芝寿不再抗议了。她的头向右一歪，滚到枕头外面去。她并没有死——又挨了半个月光景才死的。

绢姑娘扶了正，做了芝寿的替身。扶了正不上一年就吞了生鸦片自杀了。长白不敢再娶了，只在妓院里走走。长安更是早就断了结婚的念头。

七巧似睡非睡横在烟铺上。三十年来她戴着黄金的枷。她用那沉重的枷角劈杀了几个人，没死的也送了半条命。她知道她儿子女儿恨透了她，她婆家的人恨她，她娘家的人恨她。她摸索着腕上的翠玉镯子，徐徐将那镯子顺着骨瘦如柴的手臂往上推，一直推到腋下。她自己也不能相信她年轻的时候有过滚圆的胳膊。就连出了嫁之后几年，镯子里也只塞得进一条洋绉手帕。十八九岁做姑娘的时候，高高挽起了大镶大滚的蓝夏布衫袖，露出一双雪白的手腕，上街买菜去。喜欢她的有肉店里的朝禄，她哥哥的结拜弟兄丁玉根，张少泉，还有沈裁缝的儿子。喜欢她，也许只是喜欢跟她开开玩笑，然而如果她挑中了他们之中的一个，往后日子久了，生了孩子，男人多少对她有点真心。七巧挪了挪头底下的荷叶边小洋枕，凑上脸去揉擦了一下，那一面的一滴眼泪她就懒怠去揩拭，由它挂在腮上，渐渐自己干了。

七巧过世以后，长安和长白分了家搬出来住。七巧的女儿是不难解决她自己的问题的。谣言说她和一个男子在街上一同走，停在摊子跟前，他为她买了一双吊袜带。也许她用的是她自己的钱，可是无论如何是由男子的袋里掏出来的。……当然这不过是谣言。

三十年前的月亮早已沉了下去，三十年前的人也死了，然而三十年前的故事还没完——完不了。

一九四三年十月

【提示】

《金锁记》初载于1943年11月10日出版的《杂志》月刊第12卷第2期，后收入上海杂志出版社1944年出版的短篇小说集《传奇》。

小说主人公曹七巧原是麻油铺老板的女儿，因父兄图谋钱财，将她嫁给簪缨望族姜家公馆的二少爷——一个得了软骨症的“没有生命的肉体”。她低贱的出身，被姜家的主子、下人所耻笑。在充满铜臭味的封建大家庭的桎梏与刺激下，七巧的金钱欲望迅速膨胀，“可是连金子的边都啃不到”。同时，缺少性爱的畸形婚姻生活，使她本能地设法亲近三少爷季泽，却又遭到对方拒绝。10年来，七巧在财欲和情欲两相交织形成的张力中备受压抑和煎熬。姜家分家七巧自立门户之后，她实现了金钱的梦想，也戴上了金钱的枷锁。当她赶走登门重叙旧情的季泽后，其内心残留的一点点情感便荡然无存。那瘦小枯干的躯壳里，人性已异化为妖魔性，仅有的只是疯狂的报复：逼死儿子的妻妾，破坏女儿的婚姻。七巧的悲剧，是封建礼教和家长专制造成的悲剧。涉及这一题材的名作，前有鲁迅的《狂人日记》、巴金的《家》，但深入、细致展示“被吃者”变成“吃人者”复杂心理过程的，当首推《金锁记》。它“是张女士截至目前的最完满之作……至少也该列为我们文坛最美的收获之一”（迅雨《论张爱玲的小说》）。

《金锁记》融入了作者对人生，尤其是对女性命运的关注、体悟与感受，格调哀婉，风格苍凉，显示出作者独具个性的艺术才华。其一，叙述故事、描绘人物，主要采用类似《红楼梦》等传统小说的笔调，细腻而又逼真。其二，情节安排上善于运用蒙太奇手法，将跳跃性与连贯性统一起来。其三，巧用月亮、镜子等多种意象，描写生活场景与人物心理，既有哲理意味，又颇具诗的情韵。

【思考题】

一、作者在描写七巧的心理时运用了哪些艺术手法？

二、分析《金锁记》中不同意象的含义与作用。

水调歌头（游泳）[1]

一九五六年六月

毛泽东

毛泽东（1893—1976年），字润之，湖南湘潭人。现代中国伟大的革命家、政治家、军事家，中国共产党的主要领袖，中华人民共和国的缔造者，也是一位才华横溢的诗人。

在半个多世纪的革命生涯中，毛泽东创作的诗词，真切反映了中国人民进行新民主主义革命和社会主义建设的光辉历程，抒发了无产阶级领袖深沉、豪放、雄浑的感情。毛泽东善于推陈出新，古为今用，灵活巧妙地运用古体诗词形式表现丰富新颖的题材，对于促进社会主义文学的发展产生了重大影响。他的诗词形象生动，意境深广，气势磅礴，具有极高的思想价值和审美价值。作品有《毛泽东诗词》等。

才饮长沙水，又食武昌鱼[2]。万里长江横渡，极目楚天舒[3]。不管风吹浪打，胜似闲庭信步，今日得宽余。子在川上曰：逝者如斯夫[4]！　风樯动，龟蛇静，起宏图[5]。一桥飞架南北，天堑变通途[6]。更立西江石壁，截断巫山云雨，高峡出平湖[7]。神女应无恙，当惊世界殊。

【注释】

[1] 这首词最早发表于《诗刊》1957年1月号，后收入《毛泽东诗词》。

[2] 长沙水：指长沙城东南白沙井的水。该井水清澈甘美，远近驰名。当地民谣："常德德山山有德，长沙沙水水无沙。"武昌鱼：指湖北鄂州（古称武昌）樊口出产的鳊鱼，又称鲂鱼，其中的团头鲂肉嫩味美。据《三国志·吴志·陆凯传》载：吴国一些官僚绅士，因反对孙皓从建业（今南京）迁都武昌，就编造歌谣道："宁饮建业水，不食武昌鱼。"

[3] 极目：放眼远望。极：尽头，极点。

[4] 逝者如斯夫：语出《论语·子罕》篇："子在川上曰：逝者如斯夫！不舍昼夜。"此句意谓时光的流逝就像这河水啊！

[5] 风樯：指扬帆乘风而行的船只。樯：船上挂帆的桅杆。龟蛇：指汉阳的龟山和武昌的蛇山。

[6] 天堑：自然生成的险阻。古代称长江为"天堑"。堑：壕沟。

[7] 西江：指湖北宜昌以西长江上游四川境内的一段，古代称西江。石壁：指拦江大坝。巫山云雨：巫山，位于四川巫山东南。传说赤帝的女儿瑶姬死后葬于巫山之阳，成为神女。楚宋玉《高唐赋》据此描绘神女"旦为朝云，暮为行雨"。高峡：指长江三峡，即瞿塘峡、巫峡、西陵峡。

【提示】

这是一首满怀激情歌颂社会主义建设事业伟大成就，描绘祖国宏伟远景的壮丽诗篇。它以开阔的思想境界，飞动的艺术形象，丰富的哲理意蕴，显示出人民领袖独具风采的人格魅力：与天奋斗，其乐无穷！

词的开篇两句点化民谣，借颇具特色的事物交代行踪，既贴切又形象。继而切入正题，以江天辽阔的景象，抒写“横渡”、“极目”时的豪情与胸怀。接着三句，由具体的渡江举动上升到哲理层面，即革命者应具有“不管风吹浪打，胜似闲庭信步”的人生观、价值观。最后两句则赋予典故以新意：要用惜时如金、只争朝夕的精神，投入社会主义建设的洪流之中。下阕以这种奋斗精神为内核，展开对建设宏图的构想与描绘：不仅要征服自然，使“天堑变通途”，而且还要改造自然，令“高峡出平湖”。结束全词的两句，借神女的惊叹深化题旨：岂止长江奇迹迭见，整个中国不正发生着世人瞩目的巨变吗？

【思考题】

一、分析这首词的主题及其现实意义。

二、这首词多处用典，它对于思想感情的抒发起到了哪些作用？

茶馆（第一幕）[1]

老　舍

老舍（1899—1966年），原名舒庆春，字舍予，满族，北京人。1918年毕业于北京师范学校，曾任小学校长、中学教师等职。1923年发表第一篇小说《小铃儿》。1924年赴英国伦敦大学东方学院任华语讲师。此间创作了《老张的哲学》、《赵子曰》、《二马》等长篇小说。1930年回国，先后在齐鲁大学、山东大学任教，并写出长篇小说《猫城记》、《离婚》、《骆驼祥子》和短篇小说《月牙儿》等。抗战期间，曾主持全国文艺界抗敌协会工作。1946年赴美讲学，完成了长篇巨著《四世同堂》等。新中国成立后应召回国，创作了《龙须沟》、《茶馆》等23部话剧和长篇小说《正红旗下》。1951年，被北京市人民政府授予"人民艺术家"称号。"文革"中不堪凌辱，投湖自尽。

老舍的创作，在新中国成立前以小说为主，新中国成立后则转向话剧。其作品多以北京市民的生活为题材，具有浓厚的地方色彩、强烈的生活气息和通俗而又诙谐幽默的艺术风格。著有《老舍文集》。

人　物　王利发　刘麻子　庞太监　唐铁嘴　康六　小牛儿　松二爷　黄胖子　宋恩子　常四爷　秦仲义　吴祥子　李三　老人　康顺子　二德子　乡妇　茶客甲、乙、丙、丁　马五爷　小妞　茶房一、二人

时　间　1898年（戊戌）初秋，康梁等的维新运动[2]失败了。早半天。

地　点　北京，裕泰大茶馆

〔幕启：这种大茶馆现在已经不见了。在几十年前，每城起码有一处。这里卖茶，也卖简单的点心与菜饭。玩鸟的人们，每天在蹓够了画眉、黄鸟等之后，要到这里歇歇腿，喝喝茶，并使鸟儿表演歌唱。商议事情的，说媒拉纤的，也到这里来。那年月，时常有打群架的，但是总会有朋友出头给双方调解；三五十口子打手，经调人东说西说，便都喝碗茶，吃碗烂肉面（大茶馆特殊的食品，价钱便宜，做起来快当），就可以化干戈为玉帛了。总之，这是当日非常重要的地方，有事无事都可以来坐半天。

〔在这里，可以听到最荒唐的新闻，如某处的大蜘蛛怎么成了精，受到雷击。奇怪的意见也在这里可以听到，像把海边上都修上大墙，就足以挡住洋兵上岸。这里还可以听到某京戏演员新近创造了什么腔儿和煎熬鸦片烟的最好的方法。这里也可以看到某人新得到的奇珍——一个出土的玉扇坠儿，或三彩的鼻烟壶。这真是个重要的地方，简直可以

算作文化交流的所在。

〔我们现在就要看见这样的一座茶馆。

〔一进门是柜台与炉灶——为省点事，我们的舞台上可以不要炉灶；后面有些锅勺的响声也就够了。屋子非常高大，摆着长桌与方桌，长凳与小凳，都是茶座儿。隔窗可见后院，高搭着凉棚，棚下也有茶座儿。屋里和凉棚下都有挂鸟笼的地方。各处都贴着“莫谈国事”的纸条。

〔有两位茶客，不知姓名，正眯着眼，摇着头，拍板低唱。有两三位茶客，也不知姓名，正入神地欣赏瓦罐里的蟋蟀。两位穿灰色大衫的，宋恩子与吴祥子，正低声地谈话，看样子他们是北衙门的办案的（侦缉）。

〔今天又有一起打群架的，据说是为了争一只家鸽，惹起非用武力解决不可的纠纷。假若真打起来，非出人命不可，因为被约的打手中包括着善扑营的哥儿们和库兵，身手都十分厉害。好在，不能真打起来，因为在双方还没把打手约齐，已有人出面调停了——现在双方在这里会面。三三两两的打手，都横眉立目，短打扮，随时进来，往后院去。

〔马五爷在不惹人注意的角落，独自坐着喝茶。

〔王利发高高地坐在柜台里。

〔唐铁嘴趿拉着鞋，身穿一件极长极脏的大布衫，耳上夹着几张小纸片，进来。

王利发　唐先生，你外边蹓蹓吧！

唐铁嘴　（惨笑）王掌柜，捧捧唐铁嘴吧！送给我碗茶喝，我就先给您相相面吧！手相奉送，不取分文！（不容分说，拉过王利发的手来）今年是光绪二十四年，戊戌。您贵庚是……

王利发　（夺回手去）算了吧，我送给你一碗茶喝，你就甭卖那套生意口啦！用不着相面，咱们既在江湖内，都是苦命人！（由柜台内走出，让唐铁嘴坐下）坐下！我告诉你，你要是不戒了大烟，就永久交不了好运！这是我的相法，比你的更灵验！

〔松二爷和常四爷都提着鸟笼进来，王利发向他们打招呼。他们先把鸟笼挂好，找地方坐下。松二爷文绉绉的，提着小黄鸟笼；常四爷雄赳赳的，提着大而高的画眉笼。茶房李三赶紧过来，沏上盖碗茶。他们自带茶叶。茶沏好，松二爷、常四爷向邻近的茶座让了让。

松二爷
常四爷　您喝这个！（然后，往后院看了看）

松二爷　好像又有事儿？

常四爷　反正打不起来！要真打的话，早到城外头去啦；到茶馆来干吗？

〔二德子，一位打手，恰好进来，听见了常四爷的话。

二德子　（凑过去）你这是对谁甩闲话呢？

常四爷　（不肯示弱）你问我哪？花钱喝茶，难道还教谁管着吗？

松二爷　（打量了二德子一番）我说这位爷，您是营里当差的吧？来，坐下喝一碗，我们也都是外场人。

二德子　你管我当差不当差呢！

常四爷　要抖威风，跟洋人干去，洋人厉害！英法联军烧了圆明园，尊家吃着官饷，可没见您去冲锋打仗！

二德子　甭说洋人打不打，我先管教管教你！（要动手）

〔别的茶客依旧进行他们自己的事。王利发急忙跑过来。

王利发　哥儿们，都是街面上的朋友，有话好说。德爷，您后边坐！

〔二德子不听王利发的话，一下子把一个盖碗搂下桌去，摔碎。翻手要抓常四爷的脖领。

常四爷　（闪过）你要怎么着？

二德子　怎么着？我碰不了洋人，还碰不了你吗？

马五爷　（并未立起）二德子，你威风啊！

二德子　（四下扫视，看到马五爷）喝，马五爷，您在这儿哪？我可眼拙，没看见您！（过去请安）

马五爷　有什么事好好地说，干吗动不动地就讲打？

二德子　嗻！您说的对！我到后头坐坐去。李三，这儿的茶钱我候啦！（往后面走去）

常四爷　（凑过来，要对马五爷发牢骚）这位爷，您圣明，您给评评理！

马五爷　（立起来）我还有事，再见！（走出去）

常四爷　（对王利发）邪！这倒是个怪人！

王利发　您不知道这是马五爷呀？怪不得您也得罪了他！

常四爷　我也得罪了他？我今天出门没挑好日子！

王利发　（低声地）刚才您说洋人怎样，他就是吃洋饭的。信洋教，说洋话，有事情可以一直地找宛平县的县太爷，要不怎么连官面上都不惹他呢！

常四爷　（往原处走）哼，我就不佩服吃洋饭的！

王利发　（向宋恩子、吴祥子那边稍一歪头，低声地）说话请留点神！（大声地）李三，再给这儿沏一碗来！（拾起地上的碎磁片）

松二爷　盖碗多少钱？我赔！外场人不作老娘们事！

王利发　不忙，待会儿再算吧！（走开）

〔纤手[3]刘麻子领着康六进来。刘麻子先向松二爷、常四爷打招呼。

刘麻子　您二位真早班儿！（掏出鼻烟壶，倒烟）您试试这个！刚装来的，地道英国造，又细又纯！

常四爷　唉！连鼻烟也得从外洋来！这得往外流多少银子啊！

刘麻子　咱们大清国有的是金山银山，永远花不完，您坐着，我办点小事！（领康六找了个座儿）

〔李三拿过一碗茶来。

刘麻子　说说吧，十两银子行不行？你说干脆的！我忙，没工夫专伺候你！

康　六　刘爷！15岁的大姑娘，就值十两银子吗？

刘麻子　卖到窑子去，也许多拿两儿八钱的，可是你又不肯！

康　六　那是我的亲女儿！我能够……

刘麻子　有女儿，你可养活不起，这怪谁呢？

康　六　那不是因为乡下种地的都没法子混了吗？一家大小要是一天能吃上一顿粥，我要还想卖女儿，我就不是人！

刘麻子　那是你们乡下的事，我管不着。我受你之托，教你不吃亏，又教你女儿有个吃饱饭的地方，这还不好吗？

康　六　到底给谁呢？

刘麻子　我一说，你必定从心眼里乐意！一位在宫里当差的！

康　六　宫里当差的谁要个乡下丫头呢？

刘麻子　那不是你女儿的命好吗？

康　六　谁呢？

刘麻子　庞总管！你也听说过庞总管吧？伺候着太后，红的不得了，连家里打醋的瓶子都是玛瑙做的！

康　六　刘大爷，把女儿给太监作老婆，我怎么对得起人呢？

刘麻子　卖女儿，无论怎么卖，也对不起女儿！你糊涂！你看，姑娘一过门，吃的是珍馐美味，穿的是绫罗绸缎，这不是造化吗？怎样，摇头不算点头算，来个干脆的！

康　六　自古以来，哪有……他就给十两银子？

刘麻子　找遍了你们全村儿，找得出十两银子找不出？在乡下，五斤白面就换个孩子，你不是不知道！

康　六　我，唉！我得跟姑娘商量一下！

刘麻子　告诉你，过了这个村可没有这个店，耽误了事别怨我！快去快来！

康　六　唉！我一会儿就回来！

刘麻子　我在这儿等着你！

康　六　（慢慢地走出去）

刘麻子　（凑到松二爷、常四爷这边来）乡下人真难办事，永远没有个痛痛快快！

松二爷　这号生意又不小吧？

刘麻子　也甜不到哪儿去，弄好了，赚个元宝！

常四爷　乡下是怎么了？会弄得这么卖儿卖女的！

刘麻子　谁知道！要不怎么说，就是一条狗也得托生在北京城里嘛！

常四爷　刘爷，您可真有个狠劲儿，给拉拢这路事！

刘麻子　我要不分心，他们还许找不到买主呢！（忙岔话）松二爷，（掏出个小时表来）您看这个！

松二爷　（接表）好体面的小表！

刘麻子　您听听，嘎登嘎登地响！

松二爷　（听）这得多少钱？

刘麻子　您爱吗？就让给您！一句话，五两银子！您玩够了，不爱再要了，我还照数退钱！东西真地道，传家的玩艺！

常四爷　我这儿正咂摸这个味儿：咱们一个人身上有多少洋玩艺儿啊！老刘，就看你身上吧：洋鼻烟，洋表，洋缎大衫，洋布裤褂……

刘麻子　洋东西可是真漂亮呢！我要是穿一身土布，像个乡下脑颏，谁还理我呀！

常四爷　我老觉乎着咱们的大缎子，川绸，更体面！

刘麻子　松二爷，留下这个表吧，这年月，戴着这么好的洋表，会教人另眼看待！是不是这么说，您哪？

松二爷　（真爱表，但又嫌贵）我……

刘麻子　您先戴两天，改日再给钱！

〔黄胖子进来。

黄胖子　（严重的沙眼，看不清楚，进门就请安）哥儿们，都瞧我啦！我请安了！都是自己弟兄，别伤了和气呀！

王利发　这不是他们，他们在后院哪！

黄胖子　我看不大清楚啊！掌柜的，预备烂肉面，有我黄胖子，谁也打不起来！（往里走）

二德子　（出来迎接）两边已经见了面，您快来吧！

〔二德子同黄胖子入内。

〔茶房们一趟又一趟地往后面送茶水。老人进来，拿着些牙签、胡梳、耳挖勺之类的小东西，低着头慢慢地挨着茶座儿走；没人买他的东西。他要往后院去，被李三截住。

李　三　老大爷，您外边蹓蹓吧！后院里，人家正说和事呢，没人买您的东西！（顺手儿把剩茶递给老人一碗）

松二爷　（低声地）李三！（指后院）他们到底为了什么事，要这么拿刀动杖的？

李　三　（低声地）听说是为一只鸽子。张宅的鸽子飞到了李宅去，李宅不肯交还……唉，咱们还是少说话好，（问老人）老大爷，您高寿啦？

老　人　（喝了茶）多谢！八十二了，没人管！这年月呀，人还不如一只鸽子呢！唉！（慢慢地走出去）

〔秦仲义，穿得很讲究，满面春风，走进来。

王利发　哎哟！秦二爷，您怎么这样闲在，会想起下茶馆来了？也没带个底下人？

秦仲义　来看看，看看你这年轻小伙子会作生意不会！

王利发　唉，一边作一边学吧，指着这个吃饭嘛。谁叫我爸爸死的早，我不干不行啊！好在照顾主儿都是我父亲的老朋友，我有不周到的地方，都肯包涵，闭闭眼就过去了。在街面上混饭吃，人缘儿顶要紧。我按着我父亲遗留下的老办法，多说好话，多请安，讨人人的喜欢，就不会出大岔子，您坐下，我给您沏碗小叶茶去！

秦仲义　我不喝！也不坐着！

王利发　坐一坐！有您在我这儿坐坐，我脸上有光！

秦仲义　也好吧！（坐）可是，用不着奉承我！

王利发　李三，沏一碗高的来！二爷，府上都好？您的事情都顺心吧？

秦仲义　不怎么太好！

王利发　您怕什么呢？那么多的买卖，您的小手指头都比我的腰还粗！

唐铁嘴　（凑过来）这位爷好相貌，真是天庭饱满，地阁方圆，虽无宰相之权，而有陶朱[4]之富！

秦仲义　躲开我！去！

王利发　先生，你喝够了茶，该外边活动活动去。（把唐铁嘴轻轻推开）

唐铁嘴　唉！（垂头走出去）

秦仲义　小王，这儿的房租是不是得往上提那么一提呢？当年你爸爸给我的那点租钱，还不够我喝茶用的呢！

王利发　二爷，您说得对，太对了！可是，这点小事用不着您分心，您派管事的来一趟，我跟他商量，该长多少租钱，我一定照办！是！嗻！

秦仲义　你这小子，比你爸爸还滑！哼，等着吧，早晚把房子收回去！

王利发　您甭吓唬着我玩，我知道您多么照应我，心疼我，决不会叫我挑着大茶壶，到街上卖热茶去！

秦仲义　你等着瞧吧！

〔乡妇拉着个十来岁的小妞进来。小妞的头上插着一根草标。李三本想不许她们往前走，可是心中一难过，没管。她们俩慢慢地往里走。茶客们忽然都停止说笑，看着她们。

小　妞　（走到屋子中间，立住）妈，我饿！我饿！

〔乡妇呆视着小妞，忽然腿一软，坐在地上，掩面低泣。

秦仲义　（对王利发）轰出去！

王利发　是！出去吧，这里坐不住！

乡　妇　哪位行行好？要这个孩子，二两银子！

常四爷　李三，要两个烂肉面，带她们到门外吃去！

李　三　是啦！（过去对乡妇）起来，门口等着去，我给你们端面来！

乡　妇　（立起，抹泪往外走，好像忘了孩子；走了两步，又转回身来，搂住小妞，吻她）宝贝！宝贝！

王利发　快着点吧！

〔乡妇、小妞走出去。李三随后端出两碗面去。

王利发　（过来）常四爷，您是积德行好，赏给她们面吃！可是，我告诉您：这路事儿太多了，太多了！谁也管不了！

（对秦仲义）二爷，您看我说的对不对？

常四爷　（对松二爷）二爷，我看哪，大清国要完！

秦仲义　（老气横秋地）完不完，并不在乎有人给穷人们一碗面吃没有。小王，说真的，我真想收回这里的房子！

王利发　您别那么办哪，二爷！

秦仲义　我不但收回房子，而且把乡下的地、城里的买卖也都卖了！

王利发　那为什么呢？

秦仲义　把本钱拢在一块儿，开工厂！

王利发　开工厂？

秦仲义　嗯，顶大顶大的工厂！那才救得了穷人，那才能抵制外货，那才能救国！（对王利发说而眼看着常四爷）唉，我跟你说这些干什么，你不懂！

王利发　您就专为别人，把财产都出手，不顾自己了吗？

秦仲义　你不懂！只有那么办，国家才能富强！好啦，我该走啦。我亲眼看见了，你的生意不错，你甭再耍无赖，不长房钱！

王利发　您等等，我给您叫车去！

秦仲义　用不着，我愿意蹓跶蹓跶！

〔秦仲义往外走，王利发送。

〔小牛儿搀着庞太监进来。小牛儿提着水烟袋。

庞太监　哟！秦二爷！

秦仲义　庞老爷！这两天您心里安顿了吧？

庞太监　那还用说吗？天下太平了，圣旨下来，谭嗣同问斩！告诉您，谁敢改祖宗的章程，谁就掉脑袋！

秦仲义　我早就知道！

〔茶客们忽然全静寂起来，几乎闭住呼吸地听着。

庞太监　您聪明，二爷，要不然您怎么发财呢？

秦仲义　我那点财产，不值一提！

庞太监　太客气了吧？您看，全北京城谁不知道秦二爷！您比作官的还厉害呢！听说呀，好些财主都讲维新！

秦仲义　不能这么说，我那点威风在您的面前可就施展不出来了！哈哈哈！

庞太监　说得好，咱们就八仙过海，各显其能吧！哈哈哈！

秦仲义　改天过去给您请安，再见！（下）

庞太监　（自言自语）哼，凭这么个小财主也敢跟我逗嘴皮子，年头真是改了！（问王利发）刘麻子在这儿哪？

王利发　总管，您里边歇着吧！

〔刘麻子早已看见庞太监，但不敢靠近，怕打搅了庞太监、秦仲义的谈话。

刘麻子　喝，我的老爷子！您吉祥！我等了您好大半天了！（搀着庞太监往里面走）

〔宋恩子、吴祥子过来请安，庞太监对他们耳语。

〔众茶客静默了一阵之后，开始议论纷纷。

茶客甲　谭嗣同是谁？

茶客乙　好像听说过！反正犯了大罪，要不，怎么会问斩呀！

茶客丙　这两三个月了，有些作官的，念书的，乱折腾乱闹，咱们怎能知道他们捣的什么鬼呀！

茶客丁　得！不管怎么说，我的铁杆庄稼又保住了！姓谭的，还有那个康有为，不是说叫旗兵不关钱粮，去自谋生计吗？心眼多毒！

茶客丙　一份钱粮倒叫上头克扣去一大半，咱们也不好过！

茶客丁　那总比没有强啊！好死不如赖活着，叫我去自己谋生，非死不可！

王利发　诸位主顾，咱们还是莫谈国事吧！

〔大家安静下来，都又各谈各的事。

庞太监　（已坐下）怎么说？一个乡下丫头，要二百银子？

刘麻子　（侍立）乡下人，可长得俊呀！带进城来，好好地一打扮、调教，准保是又好看，又有规矩，我给您办事，比给我亲爸爸作事更尽心，一丝一毫不能马虎！

〔唐铁嘴又回来了。

王利发　铁嘴，你怎么又回来了？

唐铁嘴　街上兵慌马乱的，不知道是怎么回事！

庞太监　还能不搜查搜查谭嗣同的余党吗？唐铁嘴，你放心，没人抓你。

唐铁嘴　嗻，总管，您要能赏给我几个烟泡儿。我可就更有出息了！

〔有几个茶客好像预感到什么灾祸。一个个往外蹓。

松二爷　咱们也该走啦吧！天不早啦！

常四爷　嗻！走吧！

〔二灰衣人——宋恩子和吴祥子走过来。

宋恩子　等等！

常四爷　怎么啦？

宋恩子　刚才你说"大清国要完"？

常四爷　我，我爱大清国。怕它完了！

吴祥子　（对松二爷）你听见了？他是这么说的吗？

松二爷　哥儿们，我们天天在这儿喝茶。王掌柜知道：我们都是地道老好人！

吴祥子　问你听见了没有？

松二爷　那，有话好说，二位请坐！

宋恩子　你不说，连你也锁了走！他说"大清国要完"，就是跟谭嗣同一党！

松二爷　我，我听见了，他是说……

宋恩子　（对常四爷）走！

常四爷　上哪儿？事情要交代明白了啊！

宋恩子　你还想拒捕吗？我这儿可带着"王法"呢！（掏出腰中带着的铁链子）

常四爷　告诉你们，我可是旗人！

吴祥子　旗人当汉奸，罪加一等！锁上他！

常四爷　甭锁，我跑不了！

宋恩子　量你也跑不了！（对松二爷）你也走一趟，到堂上实话实说，没你的事！

〔黄胖子同三五个人由后院过来。

黄胖子　得啦，一天云雾散，算我没白跑腿！

松二爷　黄爷！黄爷！

黄胖子　（揉揉眼）谁呀？

松二爷　我！松二！您过来，给说句好话！

黄胖子　（看清）哟，宋爷，吴爷，二位爷办案哪？请吧！

松二爷　黄爷，帮帮忙，给美言两句！

黄胖子　官厅儿管不了的事，我管！官厅儿能管的事呀，我不便多嘴！（问大家）是不是？

众　　嘛！对！

〔宋恩子、吴祥子带着常四爷、松二爷往外走。

松二爷　（对王利发）看着点我们的鸟笼子！

王利发　您放心，我给您送到家里去！

〔常四爷、松二爷、宋恩子、吴祥子同下。

黄胖子　（唐铁嘴告以庞太监在此）哟，老爷在这儿哪？听说要安份儿家，我先给您道喜！

庞太监　等吃喜酒吧！

黄胖子　您赏脸！您赏脸！（下）

〔乡妇端着空碗进来，往柜上放。小妞跟进来。

小　妞　妈！我还饿！

王利发　唉！出去吧！

乡　妇　走吧，乖！

小　妞　不卖妞妞啦？妈！不卖啦？妈！

乡　妇　乖！（哭着携小妞下）

〔康六带着康顺子进来，立在柜台前。

康　六　姑娘！顺子！爸爸不是人，是畜生！可你叫我怎么办呢？你不找个吃饭的地方，你饿死！我不弄到手儿两银子，就得叫东家活活地打死！你呀，顺子，认命吧，积德吧！

康顺子　我，我……（说不出话来）

刘麻子　（跑过来）你们回来啦？点头啦？好！来见见总管！给总管磕头！

康顺子　我……（要晕倒）

康　六　（扶住女儿）顺子！顺子！

刘麻子　怎么啦？

康　六　又饿又气，昏过去了！顺子！顺子！

庞太监　我要活的，可不要死的！

〔静场。

茶客甲　（正与乙下象棋）将！你完啦！

——幕落

【注释】

［1］《茶馆》最初发表于1957年7月《收获》创刊号，共三幕，本篇所选的是第一幕。

［2］康梁等的维新运动：以康有为、梁启超为代表的资产阶级改良运动。1898年（光绪二十四年，戊戌年），光绪采纳康、梁等维新派的主张，颁发了维新法令。但103天后，慈禧太后发动政变，光绪帝被禁，谭嗣同等六名维新派人士被杀，康有为、梁启超逃亡日本，维新运动失败。又称“戊戌变法”、“戊戌维新”、“百日维新”。

［3］纤（qiàn）手：又叫拉纤的，指旧时给人介绍买卖从中取利的人。纤，拉船用的绳子。

［4］陶朱：陶朱公，春秋时越国大夫范蠡的别号。范蠡帮助越王勾践灭吴后，到陶（今山东省定陶西北）改名陶朱公，以经商致富。

【提示】

《茶馆》写于1957年，是老舍根据他1956年创作的《秦氏三兄弟》第二幕第二场的茶馆戏改成的。剧作通过一个茶馆，表现了一个严肃而重大的主题，即“葬送三个时代”（戊戌变法失败后的晚清、军阀混战的民国初年和解放战争爆发前的国民党统治时期）。

《茶馆》既没有悲欢离合的故事，又没有离奇曲折的情节，更没有激动人心的冲突，但却产生了撼动人心的艺术力量。这种撼动人心的力量主要来源于以下几个方面：

首先，这部剧作以“茶馆”作为人物活动的场景，极见作者的匠心。老舍曾在《答复有关〈茶馆〉的几个问题》中说过：“茶馆是三教九流会面之处，可以多容纳各色人物。一个大茶馆就是一个小社会。”北京裕泰大茶馆，可以说是当时中国社会的一个缩影。作者以高度的艺术概括，通过一所普通的茶馆，折射出了五光十色的历史与人生。

其次，全剧有七十多个人物，其中有名有姓的就有四十多人。为了写好、安排好如此众多的人物，作者主要运用了四种方法：主要人物自壮到老，贯穿全剧；次要人物父子相承；每个角色都说他自己的事；无关紧要的人物一律招之即来，挥之即去。这样写，不仅使每个人物性格鲜明，眉目清楚，而且重点突出，多而有序。

再次，《茶馆》在结构上，不同于老舍的其他剧作，也突破了传统话剧套路的束缚，而是采取横断面连缀式结构。这种结构貌似平淡散乱，实则紧针密线，形散神凝。三个时代，就是三个横断面。作者把它们连缀在一起，反映了中国由封建社会逐步沦为半殖民地半封建社会的历史过程。

此外，浓厚纯正的“京味儿”，也是《茶馆》的艺术魅力之所在。

【思考题】

一、《茶馆》在结构上有什么特点？

二、以《茶馆》为例，谈谈老舍话剧语言的艺术风格。

雅　舍[1]

梁实秋

梁实秋（1903—1987 年），原名梁治华，北京人。原籍浙江杭县（今余杭县）。1923 年毕业于清华学校高等科，当年即赴美留学。1925 年获哈佛大学文学硕士学位后，又去哥伦比亚大学进修一年。1926 年回国，历任东南大学、青岛大学、北京大学、北京师范大学等校教授。1928 年主编《新月》月刊。1949 年去台湾，任省立师范大学文学院院长、教授。

梁实秋在重庆北碚时创作的散文集《雅舍小品》，奠定了他在中国现代散文史上的地位。他的散文多取材于日常生活琐事，广涉人生世态，内容丰富多彩，艺术上具有雅洁凝练、风趣幽默、韵味浓郁的特色。主要有散文集《雅舍小品》、《雅舍怀旧》、《文学因缘》，文艺论著《浪漫的与古典的》、《文学的纪律》，杂文集《骂人的艺术》、《秋室杂文》。另译有《莎士比亚全集》等多种。

到四川来，觉得此地人建造房屋最是经济。火烧过的砖，常常用来做柱子，孤零零的砌起四根砖柱，上面盖上一个木头架子，看上去瘦骨嶙嶙，单薄得可怜；但是顶上铺了瓦，四面编了竹篦墙，墙上敷了泥灰，远远的看过去，没有人能说不像是座房子。我现在住的“雅舍”正是这样一座典型的房子。不消说，这房子有砖柱，有竹篦墙，一切特点都应有尽有。讲到住房，我的经验不算少，什么“上支下摘”，“前廊后厦”，“一楼一底”，“三上三下”，“亭子间”，“茆草棚”，“琼楼玉宇”和“摩天大厦”，各式各样，我都尝试过。我不论住在哪里，只要住得稍久，对那房子便发生感情，非不得已我还舍不得搬。这“雅舍”，我初来时仅求其能蔽风雨，并不敢存奢望，现在住了两个多月，我的好感油然而生。虽然我已渐渐感觉它是并不能蔽风雨，因为有窗而无玻璃，风来则洞若凉亭，有瓦而空隙不少，雨来则渗如滴漏。纵然不能蔽风雨，“雅舍”还是自有它的个性。有个性就可爱。

“雅舍”的位置在半山腰，下距马路约有七八十层的土阶。前面是阡陌螺旋的稻田。再远望过去是几抹葱翠的远山，旁边有高粱地，有竹林，有水池，有粪坑，后面是荒僻的榛莽未除的土山坡。若说地点荒凉，则月明之夕，或风雨之日，亦常有客到，大抵好友不嫌路远，路远乃见情谊。客来则先爬几十级的土阶，进得屋来仍须上坡，因为屋内地板乃依山势而铺，一面高，一面低，坡度甚大，客来无不惊叹，我则久而安之，每日由书房走到饭厅是上坡，饭后鼓腹而出是下坡，亦不觉有大不便处。

"雅舍"共是六间，我居其二。篦墙不固，门窗不严，故我与邻人彼此均可互通声息。邻人轰饮而乐，咿唔诗章，喁喁细语，以及鼾声，喷嚏声，吮汤声，撕纸声，脱皮鞋声，均随时由门窗户壁的隙处荡漾而来，破我岑寂。入夜则鼠子瞰灯，才一合眼，鼠子便自由行动，或搬核桃在地板上顺坡而下，或吸灯油而推翻烛台，或攀援而上帐顶，或在门框棹脚上磨牙，使得人不得安枕。但是对于鼠子，我很惭愧的承认，我"没有法子"。"没有法子"一语是被外国人常常引用着的，以为这话最足代表中国人的懒惰隐忍的态度。其实我的对付鼠子并不懒惰。窗上糊纸，纸一戳就破；门户关紧，而相鼠有牙，一阵咬便是一个洞洞。试问还有什么法子？洋鬼子住在"雅舍"里，不也是"没有法子"？比鼠子更骚扰的是蚊子。"雅舍"的蚊风之盛，是我前所未见的。"聚蚊成雷"真有其事！每当黄昏时候，满屋里磕头碰脑的全是蚊子，又黑又大，骨骼都像是硬的。在别处蚊子早已肃清的时候，在"雅舍"则格外猖獗，来客偶不留心，则两腿伤处累累隆起如玉蜀黍，但是我仍安之。冬天一到，蚊子自然绝迹，明年夏天——谁知道我还是住在"雅舍"！

"雅舍"最宜月夜——地势较高，得月较先。看山头吐月，红盘乍涌，一霎间，清光四射，天空皎洁，四野无声，微闻犬吠，坐客无不悄然！舍前有两株梨树，等到月升中天，清光从树间筛洒而下，地上阴影斑斓，此时尤为幽绝。直到兴阑人散，归房就寝，月光仍然逼进窗来，助我凄凉。细雨濛濛之际，"雅舍"亦复有趣。推窗展望，俨然米氏章法[2]，若云若雾，一片弥漫。但若大雨滂沱，我就又惶悚不安了，屋顶湿印到处都有，起初如碗大，俄而扩大如盆，继则滴水乃不绝，终乃屋顶灰泥突然崩裂，如奇葩初绽，砉然一声而泥水下注，此刻满室狼藉，抢救无及。此种经验，已数见不鲜。

"雅舍"之陈设，只当得简朴二字，但洒扫拂拭，不使有纤尘。我非显要，故名公巨卿之照片不得入我室；我非牙医，故无博士文凭张挂壁间；我不业理发，故丝织西湖十景以及电影明星之照片亦均不能张我四壁。我有一几一椅一榻，酣睡写读，均已有着，我亦不复他求。但是陈设虽简，我却喜欢翻新布置。西人常常讥笑妇人喜欢变更桌椅位置，以为这是妇人天性喜变之一征。诬否且不论，我是喜欢改变的。中国旧式家庭，陈设千篇一律，正厅上是一条案，前面一张八仙桌，一边一把靠椅，两旁是两把靠椅夹一只茶几。我以为陈设宜求疏落参差之致，最忌排偶。"雅舍"所有，毫无新奇，但一物一事之安排布置俱不从俗。人入我室，即知此是我室。笠翁《闲情偶寄》[3]之所论，正合我意。

"雅舍"非我所有，我仅是房客之一。但思"天地者万物之逆旅[4]"，人生本来如寄，我住"雅舍"一日，"雅舍"即一日为我所有。即使此一日亦不能算是我有，至少此一日"雅舍"所能给予之苦辣酸甜，我实躬受亲尝。刘克庄词："客里似家家似寄[5]。"我此时此刻卜居"雅舍"，"雅舍"即似我家。其实似家似寄，我亦分辨不清。

长日无俚[6]，写作自遣，随想随写，不拘篇章，冠以"雅舍小品"四字，以示写作所在，且志因缘。

【注释】

［1］本篇发表于1940年，后收入1949年台北正中书局出版的《雅舍小品》。

［2］米氏章法：北宋著名画家米芾、米友仁父子的山水画，纯以水墨烘染，且信笔缀点，追求天趣。这种独创风格被称为“米氏章法”。

［3］笠翁：清代著名戏曲评论家李渔，号笠翁。所著《闲情偶寄》注重结构，强调要“立主脑”，“减头绪”。

［4］逆旅：旅馆。

［5］刘克庄：南宋著名词人，字潜夫，号后村居士。其《玉楼春·戏林推》词有：“年年跃马长安市，客舍似家家似寄。”

［6］无俚：无聊。

【提示】

抗战期间，因敌机频繁空袭，梁实秋与友人便在重庆北碚合资购买了一栋建在山坡上的平房。它就是所谓的“雅舍”。

这篇散文最突出的特点是，作者以简陋为美、以清贫为乐的独特的审美心态，抒写了既亲切又闲适的生活情趣。“雅舍”外观不美，结构不牢，位置偏僻，既不能遮风蔽雨，又不能隔绝邻里干扰，黄昏时“聚蚊成雷”，入夜后老鼠横行。这般苦不堪言的居室，作者却能超然物外，细品生活的“苦辣酸甜”，于烦中求安，苦中寻乐，表现出一种豁达、开朗、诙谐的个性特征。因而客观的境遇及作者主观的体验，都成为审美观照的对象，处处为雅兴、雅趣、雅味所笼罩。

本篇另一个特点，即表明了作者的处世态度。一是对物质需求不存奢望，也不追求十全十美；二是坚守独立的人格，不攀附权贵，不随意从俗。

文笔轻松洒脱，或自嘲自解，或正话反说，或文白相间，或巧用典故，形成言简意丰、谐趣横生的独特风格。

【思考题】

一、试分析、评价这篇散文的现实意义。

二、比较梁实秋与钱锺书同类散文风格的不同特点。

怀念萧珊[1]

巴　金

巴金（1904—2005年），原名李尧棠，字芾甘，四川成都人。五四运动时期，初步形成了激进的民主主义思想。1923年，冲破封建家庭樊笼，到上海、南京学习。1927年赴法国，翌年在巴黎完成第一部中篇小说《灭亡》。1928年冬回国，居上海，数年之间，著作颇丰。抗日战争期间，辗转于广州、桂林、重庆等地，积极参加抗日宣传活动。抗战胜利后，主要从事翻译、编辑和出版工作。新中国成立后，先后担任全国文联副主席、中国作家协会主席、作协上海分会主席等职。

巴金是一位优秀的革命作家。主要作品有长篇小说《激流三部曲》（《家》、《春》、《秋》）、《爱情三部曲》（《雾》、《雨》、《电》）、《寒夜》等，中篇小说《憩园》、《第四病室》等，短篇小说集《将军集》、《还魂草》等，散文集《旅途随笔》、《随想录》等。人民文学出版社曾出版《巴金文集》14卷。

一

今天是萧珊逝世的六周年纪念日。六年前的光景还非常鲜明地出现在我的眼前。那一天我从火葬场回到家中，一切都是乱糟糟的，过了两三天我渐渐地安静下来了，一个人坐在书桌前，想写一篇纪念她的文章。在五十年前我就有了这样一种习惯：有感情无处倾吐时我经常求助于纸笔。可是一九七二年八月里那几天，我每天坐三四个小时望着面前摊开的稿纸，却写不出一句话。我痛苦地想，难道给关了几年的“牛棚”，真的就变成“牛”了？头上仿佛压了一块大石头，思想好像冻结了一样。我索性放下笔，什么也不写了。

六年过去了。林彪、“四人帮”及其爪牙们的确把我搞得很“狼狈”，但我还是活下来了，而且偏偏活得比较健康，脑子也并不糊涂，有时还可以写一两篇文章。最近我经常去火葬场，参加老朋友们的骨灰安放仪式。在大厅里，我想起许多事情。同样地奏着哀乐，我的思想却从挤满了人的大厅转到只有二三十个人的中厅里去了，我们正在用哭声向萧珊的遗体告别。我记起了《家》里面觉新说过的一句话：“好像珏死了，也是一个不祥的鬼！”四十七年前我写这句话的时候，怎么想得到我是在写自己！我没有流眼泪，可是我觉得有无数锋利的指甲在搔我的心。我站在死者遗体旁边，望着那张惨白色的脸，那两片咽下千言万语的嘴唇，我咬紧牙齿，在心里唤着死者的名字。我想，我比她大十三岁，为什么不让我先死？我想，这是多么不公平！她究竟犯了什么罪？她也给关进“牛棚”，挂上“牛鬼蛇神”的小纸牌，还扫过马路。究竟为什么？理由很简单，她是我的妻子。她患了病，得不到治疗，也因为她是我的妻子。想尽办法一直到逝世前三个星期，靠开后门她才住进医院。但是癌细胞已经扩散，肠癌变成了肝癌。

她不想死，她要活，她愿意改造思想，她愿意看到社会主义建成。这个愿望总不能说是痴心妄想吧。她本来可以活下去，倘使她不是“黑老K”的“臭婆娘”。一句话，是我连累了她，是我害了她。

在我靠边的几年中间，我所受到的精神折磨她也同样受到。但是我并未挨过打，她却挨了“北京来的红卫兵”的铜头皮带，留在她左眼上的黑圈好几天以后才褪尽。她挨打只是为了保护我，她看见那些年轻人深夜闯进来，害怕他们把我揪走，便溜出大门，到对面派出所去，请民警同志出来干预。那里只有一个人值班，不敢管。当着民警的面，她被他们用铜头皮带狠狠抽了一下，给押了回来，同我一起关在马桶间里。

她不仅分担了我的痛苦，还给了我不少的安慰和鼓励。在“四害”横行的时候，我在原单位（中国作家协会上海分会）给人当作“罪人”和“贱民”看待，日子十分难过，有时到晚上九十点钟才能回家。我进了门看到她的面容，满脑子的乌云都消散了。我有什么委屈、牢骚，都可以向她尽情倾吐。有一个时期我和她每晚临睡前要服两粒眠尔通才能够闭眼，可是天刚刚发白就都醒了。我唤她，她也唤我。我诉苦般地说：“日子难过啊！”她也用同样的声音回答：“日子难过啊！”但是她马上加一句：“要坚持下去。”或者再加一句：“坚持就是胜利。”我说“日子难过”，因为在那一段时间里，我每天在“牛棚”里面劳动、学习、写交代、写检查、写思想汇报。任何人都可以责骂我、教训我、指挥我。从外地到“作协分会”来串联的人可以随意点名叫我出去“示众”，还要自报罪行。上下班不限时间，由管理“牛棚”的“监督组”随意决定。任何人都可以闯进我家里来，高兴拿什么就拿走什么。这个时候大规模的群众性批斗和电视批斗大会还没有开始，但已经越来越逼近了。

她说“日子难过”，因为她给两次揪到机关，靠边劳动，后来也常常参加陪斗。在淮海中路“大批判专栏”上张贴着批判我的罪行的大字报，我一家人的名字都给写出来“示众”，不用说，“臭婆娘”的大名占着显著的地位。这些文字像虫子一样咬痛她的心。她让上海戏剧学院“狂妄派”学生突然袭击、揪到“作协分会”去的时候，在我家大门上还贴了一张揭露她的所谓罪行的大字报。幸好当天夜里我儿子把它撕毁。否则这一张大字报就会要了她的命！

人们的白眼，人们的冷嘲热骂蚕蚀着她的身心。我看出来她的健康逐渐遭到损害。表面上的平静是虚假的。内心的痛苦像一锅煮沸的水，她怎么能遮盖住！怎么能使它平静！她不断地给我安慰，对我表示信任，替我感到不平。然而她看到我的问题一天天地变得严重，上面对我的压力一天天地增加，她又非常担心。有时同我一起上班或者下班，走近巨鹿路口，快到“作协分会”，或者走近湖南路口，快到我们家，她总是抬不起头。我理解她，同情她，也非常担心她经受不起沉重的打击。我记得有一天到了平常下班的时间，我们没有受到留难，回到家里她比较高兴，到厨房去烧菜。我翻看当天的报纸，在第三版上看到当时做了“作协分会”的“头头”的两个工人作家写的文章《彻底揭露巴金的反革命真面目》。真是当头一棒！我看了两三行，连忙把报纸藏起来，我害怕让她看见。她端着烧好的菜出来，脸上还带笑容，吃饭时她有说有笑。饭后她要看报，我企图把她的注意力引到别处。但是没有用，她找到了报纸。她的笑容一下子完全消失。这一夜她再没有讲话，早早地进了房间。我后来发现她躺在床上小声哭着。一个安静的夜晚给破坏了。今天回想当时的情景，她那张满是泪痕的脸还在我的眼前。我多么愿意让她的泪痕消失，笑容在她那憔悴的脸上重现，即使减少我几年的生命来换取我们家庭生活中一个宁静的夜晚，我也心甘情愿！

二

我听周信芳同志的媳妇说，周的夫人在逝世前经常被打手们拉出去当作皮球推来推去，打得遍体鳞伤。有人劝她躲开，她说：“我躲开，他们就要这样对付周先生了。”萧珊并未受到这种新式体罚。可是她在精神上给别人当皮球打来打去。她也有这样的想法：她多受一点精神折磨，可以减轻对我的压力。其实这是她的一片痴心，结果只苦了她自己。我看见她一天天地憔悴下去，我看见她的生命之火逐渐熄灭，我多么痛心。我劝她，安慰她，我想拉住她，但一点也没有用。

她常常问我：“你的问题什么时候才解决呢？”我苦笑地说：“总有一天会解决的。”她叹口气说：“我恐怕等不到那个时候了。”后来她病倒了，有人劝她打电话找我回家，她不知从哪里得来的消息，她说：“他在写检查，不要打岔他。他的问题大概可以解决了。”等到我从“五七干校”回家休假，她已经不能起床。她还问我检查写得怎样，问题是否可以解决。我当时的确在写检查，而且已经写了好几次了。他们要我写，只是为了消耗我的生命。但她怎么能理解呢？

这时离她逝世不过两个多月，癌细胞已经扩散，可是我们不知道，想找医生给她认真检查一次，也毫无办法。平日去医院挂号看门诊，等了许久才见到医生或者实习医生，随便给开个药方就算解决问题。只有在发烧到摄氏三十九度才有资格挂急诊号，或者还可以在病人拥挤的观察室里待上一天半天。当时去医院看病找交通工具也很困难，常常是我女婿借了自行车来，让她坐在车上，他慢慢地推着走。有一次她雇到小三轮车去看病，看好门诊回家雇不到车了，只好同陪她看病的朋友一起慢慢地走回来，走走停停，走到街口，她快要倒下了，只得请求行人到我们家通知。她一个表侄正好来探病，就由他去把她背了回家。她希望拍一张X光片子查一查肠子有什么病，但是办不到。后来靠了她一位亲戚帮忙开后门两次拍片，才查出她患肠癌。以后又靠朋友设法开后门住进了医院。她自己还很高兴，以为得救了。只有她一个人不知真实的病情，她在医院里只活了三个星期。

我休假回家假期满了，我又请过两次假，留在家里照料病人。最多也不到一个月。我看见她病情日趋严重，实在不愿意把她丢开不管，我要求延长假期的时候，我们那个单位的一个“工宣队”头头逼着我第二天就回“干校”去。我回到家里，她问起来，我无法隐瞒。她叹了一口气，说："你放心去吧。"她把脸掉过去，不让我看她。我女儿、女婿看到这种情景，自告奋勇跑到巨鹿路向那位"工宣队"头头解释，希望同意我在市区多留些日子照料病人。可是那个头头"执法如山"，还说：他不是医生，留在家里，有什么用！"留在家里对他改造不利！"他们气愤地回到家中，只说机关不同意，后来才对我传达了这句"名言"。我还能讲什么呢？明天回干校去！

整个晚上她睡不好，我更睡不好。出乎意外，第二天一早我那个插队落户的儿子在我们房间里出现了，他是昨天半夜里到的。他得到了家信，请假回家看母亲，却没有想到母亲病成这样。我见他一面，把他母亲交给他，就回"干校"去了。

在车上我的情绪很不好。我实在想不通为什么会有这样的事情。我在"干校"待了五天，无法同家里通消息。我已经猜到她的病不轻了。可是人们不让我过问她的事情。这五天是多么难熬的日子！到第五天晚上在"干校"的造反派头头通知我们全体第二天一早回市区开会。这样我才又回到了家，见到我的爱人。靠了朋友帮忙，她可以住进中山医院肝癌病房，一切都准备好，她第二天就要住院了。她多么希望住院前见我一面，我终于回来了。连我也没有想到她的病情发展得这么快。我们见了面，我一句话也讲不出来。她说了一句："我到底住院了。"我答说："你安心治疗吧。"她父亲也来看她，老人家双目失明，去医院探病有困难，可能是来同他的女儿告别了。

我吃过中饭，就去参加给别人戴上反革命帽子的大会，受批判、戴帽子的人不止一个，其中有一个我的熟人王若望同志，他过去也是作家，不过比我年轻。我们一起在"牛棚"里关过一个时期，他的罪名是"摘帽右派"。他不服，不听话，他贴出大字报，声明"自己解放自己"，因此罪名越搞越大，给捉去关了一个时期不算，还戴上了反革命的帽子监督劳动。在会场里我一直像在作怪梦。开完会回家，见到萧珊我感到格外亲切，仿佛重回人间。可是她不舒服，不想讲话，偶尔讲一句半句。我还记得她讲了两次："我看不到了。"我连声问她看不到什么，她后来才说："看不到你解放了。"我还能再讲什么呢？

我儿子在旁边，垂头丧气，精神不好，晚饭只吃了半碗，像是患感冒。她忽然指着他小声说："他怎么办呢？"他当时在安徽山区农村已经待了三年半，政治上没有人管，生活上不能养活自己，而且因为是我的儿子，给剥夺了好些公民权利。他先学会沉默，后来又学会抽烟。我怀着内疚的心情看着他。我后悔当初不该写小说，更不该生儿育女。我还记得前两年在痛苦难熬的时候她对我说："孩子们说爸爸做了坏事，害了我们大家。"这好像用刀子在割我身上的肉。我没有出声，我把泪水全吞在肚里。她睡了一觉醒过来忽然问我："你明天不去了？"我说："不去了。"就是那个"工宣队"头头今天通知我不用再去干校就留在市区。他还问我："你知道萧珊是什么病？"我答说："知道。"其实家里瞒住我，不给我知道真相，我还是从他这句问话里猜到的。

三

第二天早晨她动身去医院，一个朋友和我女儿、女婿陪她去。她穿好衣服等候车来。她显得急躁，又有些留恋，东张张西望望，她也许在想是不是能再看到这里的一切。我送走她，心上反而加了一块大石头。

将近二十天里，我每天去医院陪伴她大半天。我照料她，我坐在病床前守着她，同她短短地谈几句话。她的病情恶化，一天天衰弱下去，肚子却一天天大起来，行动越来越不方便。当时病房里没有人照料，生活方面除饮食外一切都必须自理。后来听同病房的人称赞她"坚强"，说她每天早晚都默默地挣扎着下了床，走到厕所。医生对我们谈起，病人的身体经不住手术，最怕的是她的肠子堵塞，要是不堵塞，还可以拖延一个时期。她住院后的半个月是一九六六年八月以来我既感痛苦又感到幸福的一段时间，是我和她在一起度过的最后的平静的时刻，我今天还不能将它忘记。但是半个月以后，她的病情又有了发展，一天吃中饭的时候，医生通知我儿子找我去谈话。他告诉我：病人的肠子给堵住了，必须开刀。开刀不一定有把握，也许中途出毛病。但是不开刀，后果更不堪设想。他要我决定，并且要我劝她同意。我做了决定，就去病房对她解释。我讲完话，她只说了一句："看来，我们要分别了。"她望着我，眼睛里全是泪水。我说："不会的……"我的声音哑了。接着护士长来安慰她，对她说："我陪你，不要紧的。"她回答："你陪我就好。"时间很紧迫，医生、护士们很快作好了准备，她给送进手术室去了，是她的表侄把她推到手术室门口的。我们就在外面走廊上等了好几个小时，等到她平安地给送出来，由儿子把她推回到病房去。儿子还在她的身边守过一个夜晚。过两天他也病倒了，查出来他患肝炎，是从安徽农村带回来的。本来我们想瞒住他的母亲，可是无意间让他母亲知道了。她不断地问："儿子怎么样？"我自己也不知道儿子怎么样，我怎么能使她放心呢？晚上回到家，走进空空的、静静的房间，我几乎要叫出声来："一切都朝我的头打下来吧，让所有的灾祸都来吧。我受得住！"

我应当感谢那位热心而又善良的护士长，她同情我的处境，要我把儿子的事情完全交给她办。她作好安排，陪他看病、检查，让他很快住进别处的隔离病房，得到及时的治疗和护理。他在隔离病房里苦苦地等候母亲病情的好转。母亲躺在病床上，只能有气无力地说几句短短的话，她经常问："棠棠怎么样？"从她那双含泪的眼睛里我明白她多么想看见她最爱的儿子。但是她已经没有精力多想了。

她每天给输血，打盐水针。她看见我去就断断续续地问我："输多少西西的血？该怎么办？"我安慰她："你只管放心。没有问题，治病要紧。"她不止一次地说："你辛苦了。"我有什么苦呢？我能够为我最亲爱的人做事情，哪怕做一件小事，我也高兴！后来她的身体更不行了。医生给她输氧气，鼻子里整天插着管子。她几次要求拿开，这说明她感到难受，但是听了我们的劝告，她终于忍受下去了。开刀以后她只活了五天。谁也想不到她会去得这么快！五天中间我整天守在病床前，默默地望着她在受苦（我是设身处地感觉到这样的），可是她除了两三次要求搬开床前巨大的氧气筒，三四次表示担心输血较多付不出医药费之外，并没有抱怨过什么。见到熟人她常有这样一种表情：请原谅我麻烦了你们。她非常安静，但并未昏睡，始终睁大两只眼睛。眼睛很大，很美，很亮。我望着，望着，好像在望快要燃尽的烛火。我多么想让这对眼睛永远亮下去！我多么害怕她离开我！我甚至愿意为我那十四卷“邪书”受到千刀万剐，只求她能安静地活下去。

不久前我重读梅林写的《马克思传》，书中引用了马克思给女儿的信里的一段话，讲到马克思夫人的死。信上说：“她很快就咽了气。……这个病具有一种逐渐虚脱的性质，就像由于衰老所致一样。甚至在最后几小时也没有临终的挣扎，而是慢慢地沉入睡乡。她的眼睛比任何时候都更大、更美、更亮！”这段话我记得很清楚。马克思夫人也死于癌症。我默默地望着萧珊那对很大、很美、很亮的眼睛，我想起这段话，稍微得到一点安慰。听说她的确也“没有临终的挣扎”，也是“慢慢地沉入睡乡”。我这样说，因为她离开这个世界的时候，我不在她的身边。那天是星期天，卫生防疫站因为我们家发现了肝炎病人，派人上午来做消毒工作。她的表妹有空愿意到医院去照料她，讲好我们吃过中饭就去接替。没有想到我们刚刚端起饭碗，就得到传呼电话，通知我女儿去医院。说是她妈妈“不行”了。真是晴天霹雳！我和我女儿、女婿赶到医院。她那张病床上连床垫也给拿走了。别人告诉我她在太平间。我们又下了楼赶到那里，在门口遇见表妹。还是她找人帮忙把“咽了气”的病人抬进来的。死者还不曾给放进铁匣子里送进冷库，她躺在担架上，但已经给白布床单包得紧紧的，看不到面容了。我只看到她的名字。我弯下身子，把地上那个还有点人形的白布包拍了好几下，一面哭着唤她的名字。不过几分钟的时间。这算是什么告别呢？

据表妹说，她逝世的时刻，表妹也不知道。她曾经对表妹说：“找医生来。”医生来过，并没有什么。后来她就渐渐地“沉入睡乡”。表妹还以为她在睡眠。一个护士来打针，才发觉她的心脏已经停止跳动了。我没有能同她诀别，我有许多话没有能向她倾吐，她不能没有留下一句遗言就离开我！我后来常常想，她对表妹说：“找医生来。”很可能不是“找医生”，是“找李先生”（她平日这样称呼我）。为什么那天上午偏偏我不在病房呢？家里人都不在她身边，她死得这样凄凉！

我女婿马上打电话给我们仅有的几个亲戚。她的弟媳赶到医院，马上晕了过去。三天以后在龙华火葬场举行告别仪式。她的朋友一个也没有来，因为一则我们没有通知，二则我是一个审查了将近七年的对象。没有悼词，没有吊客，只有一片伤心的哭声。我衷心感谢前来参加仪式的少数亲友和特地来帮忙的我女儿的两三个同学，最后，我跟她的遗体告别，女儿望着遗容哀哭，儿子在隔离病房还不知道把他当作命根子的妈妈已经死亡。值得提说的是她当作自己儿子照顾了好些年的一位亡友的男孩从北京赶来，只为了见她的最后一面。这个整天同钢铁打交道的技术员，他的心倒不像钢铁那样。他得到电报以后，他爱人对他说：“你去吧，你不去一趟，你的心永远安定不了。”我在变了形的她的遗体旁边站了一会儿。别人给我和她照了相。我痛苦地想：这是最后一次了，即使给我们留下来很难看的形象，我也要珍视这个镜头。

一切都结束了。过了几天我和女儿、女婿到火葬场，领到了她的骨灰盒。在存放室寄存了三年之后，我按期把骨灰盒接回家里。有人劝我把她的骨灰安葬，我宁愿让骨灰盒放在我的寝室里，我感到她仍然和我在一起。

四

梦魇一般的日子终于过去了。六年仿佛一瞬间似的远远地落在后面了。其实哪里是一瞬间！这段时间里有多少流着血和泪的日子啊。不仅是六年，从我开始写这篇短文到现在又过去了半年，半年中我经常在火葬场的大厅里默哀，行礼，为了纪念给“四人帮”迫害致死的朋友。想到他们不能把个人的智慧和才华献给社会主义祖国，我万分惋惜。每次戴上黑纱、插上纸花的同时，我也想起我自己最亲爱的朋友，一个普通的文艺爱好者，一个成绩不大的翻译工作者，一个心地善良的人。她是我的生命的一部分，她的骨灰里有我的泪和血。

她是我的一个读者。一九三六年我在上海第一次同她见面。一九三八年和一九四一年我们两次在桂林像朋友似地住在一起。一九四四年我们在贵阳结婚。我认识她的时候，她还不到二十，对她的成长我应当负很大的责任。她读了我的小说，给我写信，后来见到了我，对我发生了感情。她在中学念书，看见我以前，因为参加学生运动被学校开除，回到家乡住了一个短时期，又出来进另一所学校。倘使不是为了我，她三七、三八年一定去了延安。她同我谈了八年的恋爱，后来到贵阳旅行结婚，只印发了一个通知，没有摆过一桌酒席。从贵阳我和她先后到了重庆，住在民国路文化生活出版社门市部楼梯下七、八个平方米的小屋里。她托人买了四只玻璃杯开始组织我们的小家庭。她陪着我经历了各种艰苦生活。在抗日战争紧张的时期，我们一起在日军进城以前十多个小时逃离广州，我们从广东到广西，从昆明到桂林，从金华到温州，我们分散了又重见，相见后又别离。在我那两册《旅途通讯》中就有一部分这种生活的记录。四十年前有一位朋友批评我：“这算什么文章！”我的《文集》出版后，另一位朋友认为我不应当把它们也收进去。他们都有道理。两年来我对朋友、对读者讲过不止一次，我决定不让《文集》重版。但是为我自己，我要经常翻看那两小册《通讯》。在那些年代，每当我落在困苦的境地里、朋友们各奔前程的时候，她总是亲切地在我的耳边说：“不要难过，我不会离开你，我在你的身边。”的确，只有在她最后一次进手术室之前她才说过这样一句：“我们要分别了。”

我同她一起生活了三十多年。但是我并没有好好地帮助过她。她比我有才华，却缺乏刻苦钻研的精神。我很喜欢她翻译的普希金和屠格涅夫的小说。虽然译文并不恰当，也不是普希金和屠格涅夫的风格，它们却是有创造性的文学作品，阅读它们对我是一种享受。她想改变自己的生活，不愿作家庭妇女，却又缺少吃苦耐劳的勇气。她听一个朋友的劝告，得到后来也是给“四人帮”迫害致死的叶以群同志的同意，到《上海文学》“义务劳动”，也做了一点点工作，然而在运动中却受到批判，说她专门向老作家组稿，又说她是我派去的“坐探”。她为了改造思想，想走捷径，要求参加“四清”运动，找人推荐到某铜厂的工作组工作，工作相当忙碌、紧张，她却精神愉快。但是到我快要靠边的时候，她也被叫回“作协分会”参加运动。她第一次参加这种急风暴雨般的斗争，而且是以“反动权威”家属的身份参加，她不知道该怎么办才好。她张皇失措，坐立不安，替我担心，又为儿女的前途忧虑。她盼望什么人向她伸出援助的手，可是朋友们离开了她，“同事们”拿她当作箭靶，还有人想通过整她来整我。她不是“作协分会”或者刊物的正式工作人员，可是仍然被“勒令”靠边劳动、站队挂牌，放回家以后，又给揪到机关。过一个时期，她写了认罪的检查，第二次给放回家的时候，我们机关的造反派头头却通知里弄委员会罚她扫街。她怕人看见，每天大清早起来，拿着扫帚出门，扫得精疲力尽，才回到家里，关上大门，吐了一口气。但有时她还碰到上学去的小孩，对她叫骂“巴金的臭婆娘”。我偶尔看见她拿着扫帚回来，不敢正眼看她，我感到负罪的心情，这是对她的一个致命的打击。不到两个月，她病倒了，以后就没有再出去扫街（我妹妹继续扫了一个时期），但是也没有完全恢复健康。尽管她还继续拖了四年，但一直到死她并不曾看到我恢复自由。这就是她的最后，然而绝不是她的结局。她的结局将和我的结局连在一起。

我绝不悲观。我要争取多活。我要为我们社会主义祖国工作到生命的最后一息。在我丧失工作能力的时候，我希望病榻上有萧珊翻译的那几本小说。等到我永远闭上眼睛，就让我的骨灰同她的搀和在一起。

1979 年 1 月 16 日写完

【注释】

［1］本文选自《随想录》。

【提示】

这是一篇痛定思痛、长歌当哭的悼亡散文。

在这篇散文中，作者通过记述妻子萧珊在“文革”中因受自己的牵连而屡遭磨难，身患绝症，死不瞑目的身心历程，描述了夫妻俩在那段日子里患难与共、相濡以沫的真挚感情，颂扬了萧珊与人为善、纯真无私、柔韧坚强和真诚奉献的品格，抒发了作者无比痛惜和无限眷念之情，从而表达了对“文革”迫害无辜的愤怒控诉。

巴金散文最精彩的篇章往往是那些怀念故人和歌颂普通人高尚精神的作品，《怀念萧珊》则是这类优秀作品中的代表作之一。该文的最大特点是，于朴实无华的叙述中蕴含着巨大的情感内容，充分体现了巴金作品惯有的叙事风格。“浩劫”中社会角色和家庭的变故，萧珊的病变及其无言的诀别，这些娓娓道来的往事，在平实、朴素的叙述中，传达了事件内在的情感和特定的艺术氛围。特别是文中关于夫妻二人在困境中的互相勉励和萧珊去世后的情景叙述，蕴含着无尽的辛酸和无限的深情，极富感染力。而散文结尾处最后两句朴实无华的叙述，则将作者对妻子的不渝至爱以及散文特有的如泣如诉的情调表达得淋漓尽致。

【思考题】

一、作者与妻子共同生活了三十多年，为什么作者将缅怀的重点放在最后六年？这样的安排对表现主题有哪些帮助？

二、本文结尾的最后两句叙述，表达了作者一种什么样的情感？作者采用了一种什么样的表达方式？这种表达方式有什么特殊的效果？

光的赞歌

艾　青

艾青（1910—1996年），原名蒋海澄，浙江金华人。1928年夏考入杭州国立西湖艺术院（后改名西湖艺专）绘画系。1929年春赴巴黎勤工俭学，主要学习美术与法文，同时阅读了不少哲学与文学著作。1932年开始发表诗作。同年回国后，在上海加入左翼美术家联盟。不久被捕，在狱中写下《大堰河——我的保姆》等诗篇。1938年3月赴武汉，参与发起成立中华全国文艺界抗敌协会。1941年前往延安，主编《诗刊》。1945年任华北联合大学文艺学院副院长。新中国成立后，曾任全国文联委员、作协副主席、国际笔会中国中心副会长。

在中国新诗发展史上，艾青是以其成就卓著、风格独特的现实主义诗歌创作产生过重要影响的诗人。他一直追踪着时代的足迹，关注民族的命运，抒写人民的心声，讴歌光明与理想。艺术上重视继承中国古代诗歌的优良传统，又注意借鉴西方绘画与诗歌的多种表现手法，创造出具有散文美的自由体新诗，形成了朴素雄浑、深沉明朗的风格。著有诗集《大堰河》、《北方》、《向太阳》、《火把》、《黎明的通知》、《归来的歌》、《彩色的诗》、《雪莲》等二十余部。另有论文集《诗论》、《新文艺论集》等多种。

一

每个人的一生
不论聪明还是愚蠢
不论幸福还是不幸
只要他一离开母体
就睁着眼睛追求光明

世界要是没有光
等于人没有眼睛
航海的没有罗盘
打枪的没有准星
不知道路边有毒蛇
不知道前面有陷阱

世界要是没有光

也就没有扬花飞絮的春天
也就没有百花争艳的夏天
也就没有金果满园的秋天
也就没有大雪纷飞的冬天

世界要是没有光
看不见奔腾不息的江河
看不见连绵千里的森林
看不见容易激动的大海
看不见像老人似的雪山

要是我们什么也看不见
我们对世界还有什么留恋

二

只是因为有了光
我们的大千世界
才显得绚丽多彩
人间也显得可爱

光给我们以智慧
光给我们以想象
光给我们以热情
光帮助我们创造出不朽的形象

那些殿堂多么雄伟
里面更是金碧辉煌
那些感人肺腑的诗篇
谁读了能不热泪盈眶

那些最高明的雕刻家
使冰冷的大理石有了体温
那些最出色的画家
描出了色授神与的眼睛

比风更轻的舞蹈
珍珠般圆润的歌声
火的热情、水晶的坚贞

艺术离开光就没有生命

山野的篝火是美的
港湾的灯塔是美的
夏夜的繁星是美的
庆祝胜利的焰火是美的
一切的美都和光在一起

三

这是多么奇妙的物质
没有重量而色如黄金
它可望而不可及
漫游世界而无体形
具有睿智而谦卑
它与美相依为命

诞生于撞击和磨擦
来源于燃烧和消亡的过程
来源于火、来源于电
来源于永远燃烧的太阳

太阳啊，我们最大的光源
它从亿万万里以外的高空
向我们居住的地方输送热量
使我们这里滋长了万物
万物都对它表示景仰
因为它是永不消失的光

真是不可捉摸的物质——
不是固体、不是液体、不是气体
来无踪、去无影、浩淼无边
从不喧嚣、随遇而安
有力量而不剑拔弩张
它是无声的威严
它是伟大的存在
它因富足而能慷慨
胸怀坦荡、性格开朗
只知放射、不求报偿

大公无私、照耀四方

四

但是有人害怕光
有人对光满怀仇恨
因为光所发出的针芒
刺痛了他们自私的眼睛
历史上的所有暴君
各个朝代的奸臣
一切贪婪无厌的人
为了偷窃财富、垄断财富
千方百计想把光监禁
因为光能使人觉醒

凡是压迫人的人
都希望别人无能
无能到了不敢吭声
而把自己当做神明
凡是剥削人的人
都希望别人愚蠢
愚蠢到了不会计算
一加一等于几也闹不清

他们要的是奴隶
是会说话的工具
他们只要驯服的牲口
他们害怕有意志的人

他们想把火扑灭
在无边的黑暗里
在岩石所砌的城堡里
维持血腥的统治

他们占有权力的宝座
一手是勋章、一手是皮鞭
一边是金钱、一边是锁链
进行着可耻的政治交易
完了就举行妖魔的舞会

和血淋淋的人肉的欢宴

回顾人类的历史
曾经有多少年代
沉浸在苦难的深渊
黑暗凝固得像花岗岩
然而人间也有多少勇士
用头颅去撞开地狱的铁门

光荣属于奋不顾身的人
光荣属于前赴后继的人

暴风雨中的雷声特别响
乌云深处的闪电特别亮
只有通过漫长的黑夜
才能喷涌出火红的太阳

五

愚昧就是黑暗
智慧就是光明
人类是从愚昧中过来
那最先去盗取火的人
是最早出现的英雄
他不怕守火的鹫鹰
要啄掉他的眼睛
他也不怕天帝的愤怒
和轰击他的雷霆
把火盗出了天庭

于是光不再被垄断
从此光流传到人间

我们告别了刀耕火种
蒸汽机带来了工业革命
从核物理诞生了原子弹
如今像放鸽子似的放出了地球卫星……

光把我们带进了一个

　　光怪陆离的世界：
X光，照见了动物的内脏
激光，刺穿优质钢板
光学望远镜，追踪星际物质
电子计算机
　　把我们推到了21世纪

然而，比一切都更宝贵的
是我们自己的锐利的目光
是我们先哲的智慧的光
这种光洞察一切、预见一切
可以透过肉体的躯壳
看见人的灵魂
看见一切事物的底蕴
一切事物内在的规律
一切运动中的变化
一切变化中的运动
一切的成长和消亡
就连静静的喜马拉雅山
也在缓慢地继续上升

认识没有地平线
地平线只能存在于停止前进的地方
而认识却永无止境
人类在追踪客观世界中
留下了自己的脚印

实践是认识的阶梯
科学沿着实践前进
在前进的道路上
要砸开一层层的封锁
要挣断一条条的铁链
真理只能从实践中得以永生

六

光从不可估量的高空
俯视着人类历史的长河
我们从周口店到天安门

像滚滚的波涛在翻腾
不知穿过了多少的险滩和暗礁
我们乘坐的是永不沉没的船
从天际投下的光始终照引着我们……

我们从千万次的蒙蔽中觉醒
我们从千万种的愚弄中学得了聪明
统一中有矛盾、前进中有逆转
运动中有阻力、革命中有背叛

甚至光中也有暗
甚至暗中也有光
不少丑恶与无耻
隐藏在光的下面
毒蛇、老鼠、臭虫、蝎子、蜘蛛
和许多种类的粉蝶
她们都是孵化害虫的母亲
我们生活着随时都要警惕
看不见的敌人在窥伺着我们

然而我们的信念
像光一样坚强——
经过了多少浩劫之后
穿过了漫长的黑夜
人类的前途无限光明、永远光明

七

每一个人都是一个生命
人世银河星云中的一粒微尘
每一粒微尘都有自己的能量
无数的微尘汇集成一片光明
每一个人既是独立的
而又互相照耀
在互相照耀中不停地运转
和地球一同在太空中运转

我们在运转中燃烧
我们的生命就是燃烧

我们在自己的时代
应该像节日的焰火
带着欢呼射向高空
然后迸发出璀璨的光

即使我们是一支蜡烛
也应该“蜡炬成灰泪始干”
即使我们只是一根火柴
也要在关键时刻有一次闪耀
即使我们死后尸骨都腐烂了
也要变成磷火在荒野中燃烧

八

作为一个微不足道的人
天文学数字中的一粒微尘
即使生命像露水一样短暂
即使是恒河岸边的细沙
也能反映出比本身更大的光
我也曾经用嘶哑的喉咙歌唱
在不自由的岁月里我歌唱自由
我是被压迫的民族我歌唱解放

在这个茫茫的世界上
我曾经为被凌辱的人们歌唱
我曾经为受欺压的人们歌唱
我歌唱抗争，我歌唱革命
在黑夜把希望寄托给黎明
在胜利的欢欣中歌唱太阳

我是大火中的一点火星
趁生命之火没有熄灭
我投入火的队伍、光的队伍
把“一”和“无数”溶合在一起
进行为真理而斗争
和在斗争中前进的人民一同前进

我永远歌颂光明
光明是属于人民的

未来是属于人民的
任何财富都是人民的

和光在一起前进
和光在一起胜利
胜利是属于人民的
和人民在一起所向无敌

九

我们的祖先是光荣的
他们为我们开辟了道路
沿途留下了深深的足迹
每个足迹里都有血迹

现在我们正开始新的长征
这个长征不只是二万五千里的路程
我们要逾越的也不只是十万大山
我们要攀登的也不只是千里岷山
我们要夺取的也不只是金沙江、大渡河
我们要抢渡的是更多更险的渡口
我们在攀登中将要遇到更大的风雪、
更多的冰川……

但是光在召唤我们前进
光在鼓舞我们、激励我们
光给我们送来了新时代的黎明
我们的人民从四面八方高歌猛进

让信心和勇敢伴随着我们
武装我们的是最美好的理想
我们是和最先进的阶级在一起
我们的心胸燃烧着希望
我们前进的道路铺满阳光

让我们的每个日子
都像飞轮似的旋转起来
让我们的生命发出最大的能量
让我们像从地核里释放出来的能

极大地撑开光的翅膀
在无限广阔的宇宙中飞翔

让我们以最高的速度飞翔吧
让我们以大无畏的精神飞翔吧
让我们从今天出发飞向明天
让我们把每个日子都当做新的起点

或许有一天，总有一天
我们这个古老的民族
我们最勇敢的阶级
将接受光的邀请
去叩开那些紧闭的大门
访问我们所有的芳邻

让我们从地球出发
飞向太阳

1978年8—12月

【提示】

《光的赞歌》最初发表于1979年《人民文学》第1期，后收入诗集《归来的歌》。

这首近三百行的抒情长诗，以“光”为中心意象，力图艺术地概括时代的特征和人类历史发展的规律，宏大的诗体结构显示出诗人丰富的联想、深沉的思索与开阔的胸襟。诗的开头就采用正反对举的手法，热情讴歌创造生命，带来温暖，给人类以智慧、想象、热情的“光”的美好形象，赞颂“太阳”这个“最大的光源”。继而长诗由对“光”的爱或憎的不同态度，揭示人类社会种种复杂现象，坚信在漫长曲折的历史发展进程中，“智慧的光”可以使人“洞察一切、预见一切”，开创出“无限光明、永远光明”的前景。最后，诗歌以昂扬的格调，呼唤每一个生命个体投入“光的队伍”，“发出最大的能量”，在新时代的长征中，“飞向明天”，“飞向太阳”。

运用象征手法，在意象描绘中融入诗人深切丰富的生命体验，使意象形态多样化、意蕴多层次化，并具有警示作用的哲理意味，是这首长诗又一显著特色。

《光的赞歌》在意与象、理与情的融合上虽未达到诗美之至境，但仍可称得上是艾青诗歌创作道路上的“又一座里程碑”，是“他的宇宙观，真理观，甚至是他的美学观的一篇诗的表述”（吕剑：《〈归来的歌〉书后》）。

【思考题】

一、分析本诗的结构艺术。

二、《光的赞歌》与艾青在新中国成立前歌颂光明的诗作相比有何异同之处？

春之声[1]

王　蒙

王蒙（1934—　），生于北京，原籍河北南皮。1948年加入中国共产党。新中国成立初，任北京东四区团委副书记。1953年开始文学创作。1957年被错划成“右派”。1961年摘帽后，任教于北京师范学院中文系。1963年调往新疆，先后在自治区文联、文化局、文艺创作研究室工作。1978年调回北京任中国作家协会北京分会专业作家，后被选为中国作家协会副主席。1985年被选为中央委员，曾任文化部部长、《人民文学》主编等职。

王蒙是当代文坛勤于探索、锐意求新，且创作多产的作家。他始终怀着追求真理的热情，关注时代风云和社会发展的动向，深入观察、感受、思考纷纭复杂的生活现象。新时期以来的作品，大胆借鉴西方现代派表现技巧，促进了现实主义小说创作反映生活的深度与广度。重要作品有《最宝贵的》、《蝴蝶》、《春之声》、《海的梦》、《风筝飘带》、《相见时难》、《青春万岁》、《活动变人形》等小说，另出版有多种小说集、散文集、评论集和10卷本的《王蒙文集》。

咣地一声，黑夜就到来了。一个昏黄的、方方的大月亮出现在对面墙上。岳之峰的心紧缩了一下，又舒张开了。车身在轻轻地颤抖。人们在轻轻地摇摆。多么甜蜜的童年的摇篮啊！夏天的时候，把衣服放在大柳树下，脱光了屁股的小伙伴们一跃跳进故乡的清凉的小河里，一个猛子扎出十几米，谁知道谁在哪里露出头来呢？谁知道被他慌乱中吞下的一口水里，包含着多少条蛤蟆蝌蚪呢？闭上眼睛，熟睡在闪耀着阳光和树影的涟漪之上，不也是这样轻轻地、轻轻地摇晃着的吗？失却了的和没有失去的童年和故乡，责备我么？欢迎我么？母亲的坟墓和正在走向坟墓的父亲！

方方的月亮在移动，消失，又重新诞生。唯一的小方窗里透进了光束，是落日的余辉还是站台的灯？为什么连另外三个方窗也遮严了呢？黑咕隆咚，好像紧接着下午便是深夜。门咣地一关，就和外界隔开了。那愈来愈响的声音是下起了冰雹吗？是铁锤砸在铁砧上？在黄土高原的乡下，到处还靠人打铁，我们祖国的胳膊有多么发达的肌肉！呵，当然，那只是车轮撞击铁轨的噪音，来自这一节铁轨与那一节铁轨之间的缝隙。目前不是正在流行一支轻柔的歌曲吗，叫作什么来着——《泉水叮咚响》。如果火车也叮咚叮咚地响起来呢？广州人可真会生活，不像这西北高原上，人的脸上和房屋的窗玻璃上到处都蒙着一层厚厚的黄土。广州人的凉棚下面，垂挂着许许多多三角形的瓷板，它们伴随着清风，发出叮叮咚咚的清音，愉悦着心灵。美国的抽象派音乐却叫人发狂。真不知道基辛格听我们的杨子荣咏叹调时有什么样的感受。京剧锣鼓里有噪音，所有的噪音都是令人不快的吗？反正火车开动以后的铁轮声给人以鼓舞和希望。下一站，或者下一站的下一站，或者许多许多的下一站以后的下一站，你所寻找的生活就在那里，母亲或者孩子，友人或者妻子，温热的澡盆或者丰盛的饮食正在那里等待着你。都是回家过年的。过春节，我们的古老的民族的最美好的节日。谢天谢地，现在全国人民都可以快快乐乐地过年了。再不会用“革命化”的名义取消春节了。

这真有趣。在出国考察三个月回来之后，在北京的高级宾馆里住了一阵——总结啦，汇报啦，接见啦，报告啦……之后，岳之峰接到了八十多岁的刚刚摘掉地主帽子的父亲的信。他决定回一趟阔别二十多年的家乡。这是不是个错误呢？他怎么也没想到要坐两个小时零四十七分钟的闷罐子车呀。三个小时以前，他还坐在从北京开往X城的三叉戟客机的宽敞、舒适的座位上。两个月以前，他还坐在驶向汉堡的易北河客轮上。现在呢，他和那些风尘仆仆的，在黑暗中看不清面容的旅客们挤在一起，就像沙丁鱼挤在罐头盒子里。甚至于他辨别不出火车到底是在向哪个方向行走。眼前只有那月亮似的光斑在飞速移动，火车的行驶究竟是和光斑方向相同抑或相反呢？他这个工程物理学家竟为这个连小学生都答得上来的、根本算不上是几何光学的问题伤了半天脑筋。

他已经有二十多年没有回过家乡了。谁让他错投了胎？地主，地主！一九五六年他回过一次家，一次就够用了——回家呆了四天，却检讨了二十二年！而伟人的一句话，也够人们学习贯彻一百年。使他惶惑的是，难道人生一世就是为了作检讨？难道他生在中华，就是为了作一辈子检讨的么？好在这一切都过去了。期图加特的奔驰汽车工厂的装配线在不停地转动，车间洁净敞亮，没有多少噪音。西门子公司规模巨大，具有一百三十年的历史。我们才刚刚起步。赶上，赶上！不管有多么艰难。哞，哞，哞，快点开，快点开，快开，快开，快，快，快，车轮的声音从低沉的三拍一小节变成两拍一小节，最后变成高亢的呼号了。闷罐子车也罢，正在快开。何况天上还有三叉戟？

尘土和纸烟的雾气中出现了旱烟叶发出的辣味，像是在给气管和肺作针炙。梅花针大概扎在肺叶上了。汗味就柔和得多了。方言的浓度在旱烟与汗味之间，既刺激，又亲切。还有南瓜的香味哩！谁在吃南瓜？X城火车站前的广场上，没有见卖熟南瓜的呀。别的小吃和土特产倒是都有。花生、核桃、葵花籽、柿饼、酸枣、绿豆糕、山药、蕨麻……全有卖的。就像变戏法，举起一块红布，向左指上两指，这些东西就全没了，连火柴、电池、肥皂都跟着短缺。现在呢，一下子又都变了出来，也许伸手再抓两抓，还能抓出更多的财富。柿饼和枣朴质无华，却叫人甜到心里。岳之峰咬了一口上火车前买的柿饼，细细地咀嚼着儿时的甜香。辣味总是一下子就能尝到，甜味却埋得很深很深。要有耐心，要有善意，要有经验，要知觉灵敏。透过辛辣的烟草和热烘烘的汗味儿，岳之峰闻到了乡亲们携带的绿豆香。绿豆苗是可爱的，灰兔子也是可爱的，但是灰色的野兔常常要毁坏绿豆。为了追赶野兔，他和小柱子一口气跑了三里，跑得连树木带田垅都摇来摆去。在中秋的月夜，他亲眼见过一只银灰色的狐狸，走路悄无声息，像仙人，像梦。

车声小了，车声息了。人声大了，人声沸了。咣——哧，铁门打开了，女列车员——一个高个子，大骨架的姑娘正在洒利地用家乡方言指挥下车和上车的乘客。“没有地方了，没有地方了，到别的车厢去吧。”已经在车上获得了自己的位置的人发出了这种无效的，也是自私的呼吁。上车的乘客正在拥上来，熙熙攘攘。到哪里都是熙熙攘攘。与我们的王府井相比，汉堡的街道上简直可以说是看不见人，而且市区的人口还在减少。岳之峰从飞机场来到 X 城火车站的时候吓了一跳——黑压压的人头，压迫得白雪不白，冬青也不绿了。难道是出了什么事情？一九四六年学生运动，人们集合在车站广场，准备拦车去南京请愿，也没有这么多人！岳之峰上大学的时候在北平，有一次他去逛故宫博物院，刚刚下午四点就看不见人影了，阴森森的大殿使他的后脊背冒凉气。他小跑着离开了故宫，上了拥挤的有轨电车才放心了一点。如果跑慢了，说不定珍妃会从井里钻出来把他拉下去哩！

但是现在，故宫南门和北门前买入场券的人排着长队。而且不是星期天。X 城火车站前的人群令人晕眩。好像全中国有一半人要在春节前夕坐火车。到处都是团聚，相会，团圆饺子，团圆元宵，对于旧谊，对于别情，对于天伦之乐，对于故乡和童年的追寻。卖刚出屉的肉馅包子的，盖包子的白色棉褥子上尽是油污。卖烧饼、锅盔、油条、大饼的。卖整盒整盒的点心的。卖面包和饼干的。X 车站和 X 城饮食服务公司倾全力到车站前露天售货。为了买两个烧饼也要挤出一身汗。岳之峰出了多少汗啊！他混饱了（环境和物质条件的急骤改变已使他分辨不出饥和饱了）肚子，又买到了去家乡的短途客车的票。找给钱的时候使他一怔，写的是一块二，怎么只收了六角呢？莫非是自己没有报清站名？他想再问一问，但是排在他后面的人已经占据了售票窗口前的有利阵地，他挤不回去了。

他怏怏地看着手中的火车票。火车票上黑体铅字印的是 1.20 元，但是又用双虚线勾上了两个占满票面的大字：陆角。这使他百思不得其解，简直像是一种生物学上的密码。“这是怎么回事？为什么我买一块二角的票她却给了我六角钱的？”他自言自语。他问别人。没有人回答他。等待上车的人大多是一些忙碌得可以原谅的利己主义者。

各种信息在他的头脑里撞击。黑压压的人群。遮盖热气腾腾的肉包子的油污的棉被。候车室里张贴着的大字通告：关于春节期间增添新车次的情况。临时增添的新车次的时刻表。男女厕所门前排着等待小便的人的长队。陆角的双勾虚线。大包袱和小包袱，大篮筐和小篮筐，大提兜和小提兜……他得出了这最后一段行程会是艰难的结论，他有了思想准备。终于他从旅客们的闲谈中听到了“闷罐子车”这个词儿，他恍然了。人脑毕竟比电脑聪明得多。

上到列车上的时候，他有点垂头丧气。在二十世纪八十年代的第一个春节即将来临之时，正在梦寐以求地渴望实现四个现代化的人们，却还要坐瓦特和史蒂文森时代的闷罐子车！事实如此。事实就像宇宙，就像地球，华山和黄河，水和土，氢和氧，钛和铀。既不像想象那样温柔，也不像想象那么冷酷，不是么，闷罐子车里坐满了人，而且还在一个两个，十个二十个地往人与人的缝隙，分子与分子，原子与原子的空隙之中嵌进。奇迹般地难以思议，已经坐满了人的车厢里又增加了那么多人。没有人叫苦。

有人叫苦了："这个箱子不能压。"一个包着头巾的抱着孩子的妇女试探着能不能坐到一只箱子上。"您到这边来，您到这边来。"岳之峰连忙站起身，把自己的靠边的位置让了出来。坐在靠边的地方，身子就能倚在车壁上，这就是最优越的"雅座"了。那女人有点不好意思。但终于抱着小孩子挪动了过来，她要费好大的力气才能不踩着别人。"谢谢您!"妇女用流利的北京话说。她抬起头。岳之峰好像看到一幅炭笔的素描。题目应该叫《微笑》。

叮铃叮铃的铃声响了，铁门又咣地一声关上了，是更深沉的黑夜，车外的暮色也正在浓重起来嘛。大骨架的女列车员点起了一支白蜡，把蜡烛放到了一个方形的玻璃罩子里。为什么不点油灯呢？大概是怕煤油摇洒出来。偌大车厢，就靠这一支蜡烛照亮。些微的亮光，照得乘客变成了一个又一个的影子。车身又摇晃了，对面车壁上的方形的光斑又在迅速移动了。离家乡又近一些了。摘了帽子，又见到了儿子，父亲该可以瞑目了吧？不论是他的罪恶或者忏悔，不论是他的眼泪还是感激，也不论是他的狰狞丑恶还是老实善良，这一切都快要随着他的消失而云消雾散了。老一辈人正在一个又一个地走向河的那边。咚咚咚，噔噔噔，嘭嘭嘭，是在过桥了吗？联结着过去和未来，中国和外国，城市和乡村，此岸和彼岸的桥啊!

靠得很近的蜡灯把黑白分明的光辉和阴影印制在女列车员的脸上。女列车员像是一尊全身的神像。"旅客同志们，春节期间，客运拥挤，我们的票车[2]去支援长途……提高警惕……"她说得挺带劲，每吐出一个字就像拧紧了一个螺母。她有一种信心十足，指挥若定的气概，以小小的年纪，靠一支蜡烛的光亮，领导着一车的乌合之众。但是她的声音也淹没在轰轰轰，嗡嗡嗡，隆隆隆，不仅是七嘴八舌，而且是七十嘴八十舌的喧嚣里了。

自由市场。百货公司。香港电子石英表。豫剧片《卷席筒》。羊肉泡馍。醪糟蛋花。三接头皮鞋。三片瓦帽子。包产到组。收购大葱。中医治癌。差额选举。结婚筵席……在这些温暖的闲言碎语之中，岳之峰轮流把体重从左腿转移到右腿，再从右腿转移到左腿。幸好人有两条腿，要不然，无依无靠地站立在人和物的密集之中，可真不好受。立锥之地，岳之峰现在对于这句成语才有了形象的理解。莫非古代也有这种拥挤的、没有座位和灯光的旅行车辆吗？但他给一个女同志让了"座位"。不，没有座，只有位，想不到她讲一口北京话。这使岳之峰兴致似乎高了一些。"谢谢"，"对不起"，在国外到处是这种礼貌的用语，虽然有一个装着坚硬的铁器的麻袋正在挤压他右腿的小腿肚子。而另一个席地而坐的人的脊背干脆靠到了他的酸麻难忍的左腿上。

简直是神奇。不仅在慕尼黑的剧院里观看演出的时候；而且在北京，在研究所、部里和宾馆里，在二十三平方米的住房和一〇三和三三二路公共汽车上；他也想不到人们还要坐闷罐子车。这不是运货和运牲畜的车吗？倒霉！可又有什么倒霉的呢？咒骂是最容易不过的。咒骂闷罐子车比起制造新的美丽舒适的客运列车来，既省力又出风头。无所事事而又怨气冲天的人的口水，正在淹没着忍辱负重、埋头苦干的人的劳动。人们时而用高调，时而又用低调冲击着、替代着那些一件又一件，一天又一天，一年又一年地坚忍不拔的工作。

“给这种车坐，可真缺德！”

“你凑合着吧，过去，还没有铁路哩！”

“运兵都是用闷罐子车，要不，就暴露了。”

“要赶上拉肚子的就麻烦了，这种车上没有厕所。”

“并没有一个人拉到裤子里么。”

“有什么办法呢？每逢春节，有一亿多人要坐火车……”

黑暗中听到了这样一些交谈。岳之峰的心平静下来了。是的，这里曾经没有铁路，没有公路，连自行车走的路也没有。阔人骑毛驴，穷人靠两只脚。农民挑着一千五百个鸡蛋，从早晨天不亮出发，越过无数的丘陵和河谷，黄昏时候才能赶到X城。我亲爱的美丽而又贫瘠的土地！你也该富饶起来了吧？过往的记忆，已经像烟一样，雾一样地淡薄了，但总不会被彻底地忘却吧？历史，历史；现实，现实；理想，理想；哞——哞——咣气咣气……喀郎喀郎……沿着莱茵河的高速公路。山坡上的葡萄。暗绿色的河流。飞速旋转。

这不就是法兰克福的孩子们吗？男孩子和女孩子，黄眼睛和蓝眼睛，追逐着的，奔跑着的，跳跃着的，欢呼着的。喂食小鸟的，捧举鲜花的，吹响铜号的，扬起旗帜的。那欢乐的生命的声音。那友爱的动人的呐喊。那红的、粉的和白的玫瑰。那紫罗兰和蓝蓝的毋忘我。

不。那不是法兰克福。那是西北高原的故乡。一株巨大的白丁香把花开在了屋顶的灰色的瓦瓴上。如雪，如玉，如飞溅的浪花。摘下一条碧绿的柳叶，卷成一个小筒，仰望着蓝天白云，吹一声尖厉的哨子，惊得两个小小的黄鹂飞起，挎上小篮，跟着大姐姐，去采撷灰灰菜。去掷石块，去追逐野兔，去捡鹌鹑的斑斓的彩蛋。连每一条小狗，每一只小猫，每一头牛犊和驴驹都在嬉戏。连每一根小草都在跳舞。

不，那不是西北高原。那是解放前的北平。华北局城工部（它的部长是刘仁同志）所属的学委组织了平津学生大联欢。营火晚会。“太阳下山明朝依旧爬上来……我的青春小鸟一去不回来”，“山上的荒地是什么人来开？地上的鲜花是什么人来栽？”一支又一支的歌曲激荡着年轻人的心。最后，大家发出了使国民党特务胆寒的强音：“团结就是力量……让一切不民主的制度死亡！”信念和幸福永远不能分离。

不，那不是逝去了的，遥远的北平。那是解放了的，飘扬着五星红旗的首都。那是他青年时代的初恋，是第一次吹动他心扉的和煦的风。春节刚过，忽然，他觉察到了，风已经不那么冰冷，不那么严厉了。二月的风就带来了和暖的希望，带来了早春的消息。他跑到北海，冰还没有化哩。还没有什么游人哩。他摘下帽子，他解开上衣领下的第一个扣子。还是冬天吗？当然，还是冬天。然而是已经联结着春天的冬天，是冬与春的桥。有风为证，风已经不冷！风会愈来愈和煦，如醉，如酥……他欢迎着承受着别人仍然觉得凛冽，但是他已经为之雀跃的“春”风，小声叫着他悄悄地爱着的女孩子的名字。

那，那……那究竟是什么呢？是金鱼和田螺吗？是荸荠和草莓吗？是孵蛋的芦花鸡吗？是山泉，榆钱，返了青的麦苗和成双的燕子吗？他定了定神。那是春天，是生命，是青年时代。在我们的生活里，在我们每个人的心房里，在猎户星座和仙后星座里，在每一颗原子核，每一个质子、中子、介子里，不都包含着春天的力量，春天的声音吗？

他定了定神，揉了揉眼睛。分明是法兰克福的儿童在歌唱，当然，是德语。在欢快的童声合唱旁边，有一个顽强的、低哑的女声伴随着。

他再定了定神，再揉了揉眼睛，分明是在从X城到N地的闷罐子车上。在昏暗和喧嚣当中，他听到了德语的童声合唱，和低哑的，不熟练的，相当吃力的女声伴唱。

什么？一台录音机。在这个地方听起了录音。一支歌以后又是一支歌，然后是一个成人的歌。三支歌放完了，是叭啦叭啦的揿动键钮的声音，然后三支歌重新开始。顽强的，低哑的，不熟练的女声也重新开始。这声音盖过了一切喧嚣。

火车悠长的鸣笛。对面车壁上的移动着的方形光斑减慢了速度，加大了亮度。在昏暗中变成了一个个的影子的乘客们逐渐显出了立体化的形状和轮廓。车身一个大晃，又一个大晃，大概是通过了岔道。又到站了。咣——哧，铁门打开了，站台的聚光灯的强光照进了车厢。岳之峰看清楚了，录音机就放在那个抱小孩子的妇女的膝头。开始下人和上人，录音机接受了女主人的指令，“叭”地一声，不唱了。

“这是……什么牌子的？”岳之峰问。

“三洋牌。这里人们开玩笑地叫它作‘小山羊’。”妇女抬起头来，大大方方地回答。岳之峰仿佛看到了她的经历过风霜的，却仍然是年轻而又清秀的脸。

“从北京买的么？”岳之峰又问，不知为什么这么有兴趣。本来，他并不是一个饶舌的人。

“不，就从这里。”

这里？不知是指X城还是火车正在驶向的某一个更小的县镇。他盯着“三洋”商标。

“你在学外国歌吗？”岳之峰又问。

妇女不好意思地笑了：“不，我在学外国语。”她的笑容既谦逊，又高贵。

“德语吗？”

“噢，是的。我还没学好。”

“这都是些什么歌儿呀？”一个坐在岳之峰脚下的青年问。岳之峰的连续提问吸引了更多的人。

“它们是……《小鸟，你回来了》，《五月的轮转舞》和《第一株烟草花》，”女同志说，“欣梅尔——天空，福格尔——鸟儿，布鲁米——花朵……”她低声自语。

他们的话没有再继续下去。车厢里充满了的照旧是“别挤！”“这个箱子不能坐！”“别踩着孩子！”“这边没有地方了！”……之类的喊叫。

“大家注意啦！”一个穿着民警服装的人上了车，手里拿着半导体扬声喇叭，一边喘着气一边宣布道：“刚才，前一节车厢里上去了两个坏蛋，混水摸鱼，流氓扒窃。有少数坏痞，专门到闷罐子车上偷东西。那两个坏蛋我们已经抓住了。希望各位旅客提高警惕，密切配合，向刑事犯罪分子作坚决的斗争。大家听清楚了没有？”

“听清楚了！”车上的乘客像小学生一样地齐声回答。

乘务警察满意地，匆匆地跳了下去，手提扩音喇叭，大概又到别的车厢作宣传去了。

岳之峰不由得也摸了摸自己携带的两个旅行包，摸了摸上衣的四个和裤子的三个口袋。一切都健在无恙。

车开了。经过了短暂的混乱之后，人们又已经各得其所，各就其位。各人说着各人的闲话，各人打着各人的瞌睡，各人嗑着各人的瓜子，各人抽着各人的烟。“小山羊”又响起来了，仍然是《小鸟，你回来了》，《五月的轮转舞》和《第一株烟草花》。她仍然在学着德语。仍然低声地歌唱着欣梅尔——天空，福格尔——鸟儿和布鲁米——花朵。

她是谁？她年轻吗？抱着的是她的孩子吗？她在哪里工作？她是搞科学技术的吗？是夜大学的新学员吗？是“老三届”的毕业生吗？她为什么学德语学得这样起劲？她在追赶那失去了的时间吗？她作到了一分钟也不耽搁了吗？她有机会见到德国朋友或者到德国去或者已经到德国去过了吗？她是北京人还是本地人呢？她常常坐火车吗？有许多个问题想问啊。

“您听音乐吧。”她说。好像是在对他说。是的，三支歌曲以后，她没有揿键钮。在《第一株烟草花》后面，是约翰·斯特劳斯的《春之声圆舞曲》。闷罐子车正随着这春天的旋律而轻轻地摇摆着，熏熏地陶醉着，袅袅地前行着。

车到了岳之峰的家乡。小站，停车一分钟。响过了到站的铃，又立刻响起了发车的铃。岳之峰提着两个旅行包下了车，小站没有站台，闷罐子车又没有阶梯。每节车厢放着一个普通木梯，临时支上。岳之峰从这个简陋的木梯上终于下得地来，他长出了一口气。他向那位女同志道了再见。那位女同志也回答了他的再见。他有点依依不舍。他刚下车，还没等着验票出站，列车就开动了。他看到了闷罐子车的破烂寒伧的外表：有的地方已经掉了漆，灯光下显得白一块、花一块的。但是，下车以后他才注意到，火车头是蛮好的，火车头是崭新的、清洁的、轻便的内燃机车。内燃机车绿而显蓝，瓦特时代毕竟没有内燃机车。内燃机车拖着一长列闷罐子车向前奔驶。天上升起了月亮。车站四周是薄薄的一层白雪。天与雪都泛着连成一片的青光。可以看到远处墓地上的黑黑的，永远长不大的松树。有一点风。他走在了坑坑洼洼的故乡土地上。他转过头，想再多看一眼那一节装有小鸟、五月、烟草花和约翰·斯特劳斯的神妙的春之声的临时代用的闷罐子车。他好像从来还没有听过这么动人的歌。他觉得如今每个角落的生活都在出现转机，都是有趣的，有希望的和永远不应该忘怀的。春天的旋律，生活的密码，这是非常珍贵的。

1980 年

【注释】

［1］本篇最初发表于《人民文学》1980年第5期，后收入《王蒙文集》。

［2］票车：铁路人员一般称客车为票车。

【提示】

这是一篇有别于传统的情节结构模式，采用心理结构方法创作的小说。作者凭借"故国八千里，风云三十年"的深厚丰富的生活积累和饱经沧桑的人生经历，通过工程物理学家岳之峰出国访问归来，乘坐闷罐子车回乡探亲时的心灵感受，反映了改革开放初期大地春回、生机盎然的景象。

为突出时代特征，反映生活本身的复杂性、丰富性和多样性，作品运用了"意识流"的艺术方法，调动自由联想、幻觉、内心独白、错觉等表现手段，突破时空限制，将光怪陆离的现实生活事件、场景与人物活动片断，交错组合，互相切入，巧妙地把"过去和未来，中国和外国，城市和乡村"联结起来。

小说结尾处，还运用了象征手法，暗示人们车厢虽然破烂寒伧，但"火车头是崭新的"，这正是"春天的旋律"、"春天的力量"之所在。

【思考题】

一、试比较情节结构小说与心理结构小说的不同特点。

二、小说是如何具体运用自由联想、幻觉、错觉等艺术表现手法的？

受　戒[1]

汪曾祺

汪曾祺（1920—1997年），江苏高邮人。1926年就读于县立第五小学，喜欢语文、写字和绘画。1932年至1937年，先后在高邮初级中学、江阴县南菁中学等校学习。1939年考入西南联大中文系，两年后开始发表作品，创作上深受其老师沈从文的影响。大学肄业后，当过中学教师、历史博物馆职员。新中国成立后，曾任《北京文艺》、《说说唱唱》、《民间文学》等刊物的编辑和北京京剧院编剧。1979年开始，创作日趋活跃，不断有佳作问世。

汪曾祺擅长于短篇小说创作，其中描写家乡村镇平民生活的作品艺术价值最高。这类小说注重地方风俗民情的描绘，以朴实、简洁的文笔挖掘日常生活中蕴含的人情美和人性美，风格淡雅隽永。主要作品有小说集《邂逅集》、《羊舍的夜晚》、《汪曾祺短篇小说选》、《晚饭花集》、《受戒》、《矮纸集》等。另有文论集《晚翠文谈》，散文集《蒲桥集》、《旅食集》、《草花集》、《塔上随笔》等。

明海出家已经四年了。

他是十三岁来的。

这个地方的地名有点怪，叫庵赵庄。赵，是因为庄上大都姓赵。叫做庄，可是人家住得很分散，这里两三家，那里两三家。一出门，远远可以看到，走起来得走一会，因为没有大路，都是弯弯曲曲的田埂。庵，是因为有一个庵。庵叫菩提庵，可是大家叫讹了，叫成荸荠庵。连庵里的和尚也这样叫。"宝刹何处?"——"荸荠庵。"庵本来是住尼姑的。"和尚庙"、"尼姑庵"嘛。可是荸荠庵住的是和尚。也许因为荸荠庵不大，大者为庙，小者为庵。

明海在家叫小明子。他是从小就确定要出家的。他的家乡不叫"出家"，叫"当和尚"。他的家乡出和尚，就像有的地方出劁猪的，有的地方出织席子的，有的地方出箍桶的，有的地方出弹棉花的，有的地方出画匠，有的地方出婊子，他的家乡出和尚。人家弟兄多，就派一个出去当和尚。当和尚也要通过关系，也有帮。这地方的和尚有的走得很远。有到杭州灵隐寺的、上海静安寺的、镇江金山寺的、扬州天宁寺的。一般的就在本县的寺庙。明海家田少，老大、老二、老三，就足够种的了。他是老四。他七岁那年，他当和尚的舅舅回家，他爹、他娘就和舅舅商议，决定叫他当和尚。他当时在旁边，觉得这实在是在情在理，没有理由反对。当和尚有很多好处。一是可以吃现成饭。哪个庙里都是管饭的。二是可以攒钱。只要学会了放瑜伽焰口[2]，拜梁皇忏[3]，可以按例分到辛苦钱。积攒起来，将来还俗娶亲也可以；不想还俗，买几亩田也可以。当和尚也不容易，一要面如朗月，二要声如钟磬，三要聪明记性好。他舅舅给他相了相面，叫他前走几步，后走几步，又叫他喊了一声赶牛打场的号子："格当嘚——"，说是"明子准能当个好和尚，我包了！"要当和尚，得下点本——念几年书。哪有不认字的和尚呢！于是明子就开蒙入学，读了《三字经》、《百家姓》、《四言杂字》、《幼学琼林》、《上论、下论》、《上孟、下孟》，每天还写一张仿。村里都夸他字写得好，很黑。

舅舅按照约定的日期又回了家，带了一件他自己穿的和尚领的短衫，叫明子娘改小一点，给明子穿上。明子穿了这件和尚短衫，下身还是在家穿的紫花裤子，赤脚穿了一双新布鞋，跟他爹、他娘磕了一个头，就随舅舅走了。

他上学时起了个学名，叫明海。舅舅说，不用改了。于是"明海"就从学名变成了法名。

过了一个湖。好大一个湖！穿过一个县城。县城真热闹：官盐店，税务局，肉铺里挂着成边的猪，一个驴子在磨芝麻，满街都是小磨香油的香味，布店，卖茉莉粉、梳头油的什么斋，卖绒花的，卖丝线的，打把式卖膏药的，吹糖人的，耍蛇的……他什么都想看看。舅舅一劲地推他："快走！快走！"

到了一个河边，有一只船在等着他们。船上有一个五十来岁的瘦长瘦长的大伯，船头蹲着一个跟明子差不多大的女孩子，在剥一个莲蓬吃。明子和舅舅坐到舱里，船就开了。

明子听见有人跟他说话，是那个女孩子。

"是你要到荸荠庵当和尚吗？"

明子点点头。

"当和尚要烧戒疤呕！你不怕？"

明子不知道怎么回答，就含含糊糊地摇了摇头。

"你叫什么？"

"明海。"

"在家的时候？"

"叫明子。"

"明子！我叫小英子！我们是邻居。我家挨着荸荠庵。——给你！"

小英子把吃剩的半个莲蓬扔给明海，小明子就剥开莲蓬壳，一颗一颗吃起来。

大伯一桨一桨地划着，只听见船桨拨水的声音：

"哗——许！哗——许！"

…………

荸荠庵的地势很好，在一片高地上。这一带就数这片地势高，当初建庵的人很会选地方。门前是一条河。门外是一片很大的打谷场。三面都是高大的柳树。山门里是一个穿堂。迎门供着弥勒佛。不知是哪一位名士撰写了一副对联：

大肚能容容天下难容之事
开颜一笑笑世间可笑之人

弥勒佛背后，是韦驮[4]。过穿堂，是一个不小的天井，种着两棵白果树。天井两边各有三间厢房。走过天井，便是大殿，供着三世佛[5]。佛像连龛才四尺来高。大殿东边是方丈，西边是库房。大殿东侧，有一个小小的六角门，白门绿字，刻着一副对联：

一花一世界
三藐三菩提

进门有一个狭长的天井，几块假山石，几盆花，有三间小房。

小和尚的日子清闲得很。一早起来，开山门，扫地。庵里的地铺的都是箩底方砖，好扫得很，给弥勒佛、韦驮烧一炷香，正殿的三世佛面前也烧一炷香，磕三个头，念三声“南无阿弥陀佛”，敲三声磬。这庵里的和尚不兴做什么早课、晚课，明子这三声磬就全都代替了。然后，挑水，喂猪。然后，等当家和尚，即明子的舅舅起来，教他念经。

教念经也跟教书一样，师父面前一本经，徒弟面前一本经，师父唱一句，徒弟跟着唱一句。是唱哎。舅舅一边唱，一边还用手在桌上拍板。一板一眼，拍得很响，就跟教唱戏一样。是跟教唱戏一样，完全一样哎。连用的名词都一样。舅舅说，念经：一要板眼准，二要合工尺。说：当一个好和尚，得有条好嗓子。说：民国二十年闹大水，运河倒了堤，最后在清水潭合龙，因为大水淹死的人很多，放了一台大焰口，十三大师——十三个正座和尚，各大庙的方丈都来了，下面的和尚上百。谁当这个首座？推来推去，还是石桥——善因寺的方丈！他往上一坐，就跟地藏王菩萨一样，这就不用说了；那一声“开香赞”，围看的上千人立时鸦雀无声。说：嗓子要练，夏练三伏，冬练三九，要炼丹田气！说：要吃得苦中苦，方为人上人！说：和尚里也有状元、榜眼、探花！要用心，不要贪玩！舅舅这一番大法要说得明海和尚实在是五体投地，于是就一板一眼地跟着舅舅唱起来：

“炉香乍爇——”
“炉香乍爇——”
“法界蒙薰——”
“法界蒙薰——”
“诸佛现金身……”
“诸佛现金身……”
…………

等明海学完了早经——他晚上临睡前还要学一段，叫做晚经——荸荠庵的师父们就都陆续起床了。

这庵里人口简单，一共六个人。连明海在内，五个和尚。

有一个老和尚，六十几了，是舅舅的师叔，法名普照，但是知道的人很少，因为很少人叫他法名，都称之为老和尚或老师父，明海叫他师爷爷。这是个很枯寂的人，一天关在房里，就是那“一花一世界”里。也看不见他念佛，只是那么一声不响地坐着。他是吃斋的，过年时除外。

下面就是师兄弟三个，仁字排行：仁山、仁海、仁渡。庵里庵外，有的称他们为大师父、二师父；有的称之为山师父、海师父。只有仁渡，没有叫他“渡师父”的，因为听起来不像话，大都直呼之为仁渡。他也只配如此，因为他还年轻，才二十多岁。

仁山，即明子的舅舅，是当家的。不叫“方丈”，也不叫“住持”，却叫“当家的”，是很有道理的，因为他确确实实干的是当家的职务。他屋里摆的是一张账桌，桌子上放的是账簿和算盘。账簿共有三本。一本是经账，一本是租账，一本是债账。和尚要做法事，做法事要收钱——要不，当和尚干什么？常做的法事是放焰口。正规的焰口是十个人。一个正座，一个敲鼓的，两边一边四个。人少了，八个，一边三个，也凑合了。荸荠庵只有四个和尚，要放整焰口就得和别的庙里合伙。这样的时候也有过。通常只是放半台焰口。一个正座，一个敲鼓，另外一边一个。一来找别的庙里合伙费事；二来这一带放得起整焰口的人家也不多。有的时候，谁家死了人，就只请两个，甚至一个和尚咕噜咕噜念一通经，敲打几声法器就算完事。很多人家的经钱不是当时就给，往往要等秋后才还。这就得记账。另外，和尚放焰口的辛苦钱不是一样的。就像唱戏一样，有份子。正座第一份。因为他要领唱，而且还要独唱。当中有一大段“叹骷髅”，别的和尚都放下法器休息，只有首座一个人有板有眼地曼声吟唱。第二份是敲鼓的。你以为这容易呀？哼，单是一开头的“发擂”，手上没功夫就敲不出迟疾顿挫！其余的，就一样了。这也得记上：某月某日，谁家焰口半台，谁正座，谁敲鼓……省得到年底结账时赌咒骂娘。……这庵里有几十亩庙产，租给人种，到时候要收租。庵里还放债。租、债一向倒很少亏欠，因为租佃借钱的人怕菩萨不高兴。这三本账就够仁山忙的了。另外香烛、灯火、油盐“福食”，这也得随时记记账呀。除了账簿之外，山师父的方丈的墙上还挂着一块水牌，上漆四个红字：“勤笔免思”。

仁山所说当一个好和尚的三个条件，他自己其实一条也不具备。他的相貌只要用两个字说就清楚了：黄，胖。声音也不像钟磬，倒像母猪。聪明么？难说，打牌老输。他在庵里从不穿袈裟，连海青直裰也免了。经常是披着件短僧衣，袒露着一个黄色的肚子。下面是光脚趿拉着一双僧鞋，——新鞋他也是趿拉着。他一天就是这样不衫不履地这里走走，那里走走，发出母猪一样的声音：“哞——哞——”

二师父仁海。他是有老婆的。他老婆每年夏秋之间来住几个月，因为庵里凉快。庵里有六个人，其中之一，就是这位和尚的家眷。仁山、仁渡叫她嫂子，明海叫她师娘。这两口子都很爱干净，整天的洗涮。傍晚的时候，坐在天井里乘凉。白天，闷在屋里不出来。

三师父是个很聪明精干的人。有时一笔账大师兄扒拉半天算盘也算不清，他眼珠子转两转，早算得一清二楚。他打牌赢的时候多，二三十张牌落地，上下家手里有些什么牌，他就差不多都知道了。他打牌时，总有人爱在他后面看歪头胡。谁家约他打牌，就说“想送两个钱给你”。他不但经忏俱通（小庙的和尚能够拜忏的不多），而且身怀绝技，会“飞铙”。七月间有些地方做盂兰会[6]，在旷地上放大焰口，几十个和尚，穿绣花袈裟，飞铙。飞铙就是把十多斤重的大铙钹飞起来。到了一定的时候，全部法器皆停，只几十副大铙紧张急促地敲起来。忽然起手，大铙向半空中飞去，一面飞，一面旋转。然后，又落下来，接住。接住不是平平常常地接住，有各种架势，“犀牛望月”、“苏秦背剑”……这哪是念经，这是耍杂技。也许是地藏王菩萨爱看这个，但真正因此快乐起来的是人，尤其是妇女和孩子。这是年轻漂亮的和尚出风头的机会。一场大焰口过后，也像一个好戏班子过后一样，会有一个两个大姑娘、小媳妇失踪——跟和尚跑了。他还会放“花焰口”。有的人家，亲戚中多风流子弟，在不是很哀伤的佛事——如做冥寿时，就会提出放花焰口。所谓“花焰口”就是在正焰口之后，叫和尚唱小调，拉丝弦，吹管笛，敲鼓板，而且可以点唱。仁渡一个人可以唱一夜不重头。仁渡前几年一直在外面，近二年才常住在庵里。据说他有相好的，而且不止一个。他平常可是很规矩，看到姑娘媳妇总是老老实实的，连一句玩笑话都不说，一句小调山歌都不唱。有一回，在打谷场上乘凉的时候，一伙人把他围起来，非叫他唱两个不可。他却情不过，说：“好，唱一个。不唱家乡的。家乡的你们都熟，唱个安徽的。”

姐和小郎打大麦，
一转子讲得听不得。
听不得就听不得，
打完了大麦打小麦。

唱完了，大家还嫌不够，他就又唱了一个：

姐儿生得漂漂的，
两个奶子翘翘的。
有心上去摸一把，
心里有点跳跳的。
…………

这个庵里无所谓清规，连这两个字也没人提起。

仁山吃水烟，连出门做法事也带着他的水烟袋。

他们经常打牌。这是个打牌的好地方。把大殿上吃饭的方桌往门口一搭，斜放着，就是牌桌。桌子一放好，仁山就从他的方丈里把筹码拿出来，哗啦一声倒在桌上。斗纸牌的时候多，搓麻将的时候少。牌客除了师兄弟三人，常来的是一个收鸭毛的，一个打兔子兼偷鸡的，都是正经人。收鸭毛的担一副竹筐，串乡串镇，拉长了沙哑的声音喊叫：

“鸭毛卖钱——!”

偷鸡的有一件家什——铜蜻蜓。看准了一只老母鸡，把铜蜻蜓一丢，鸡婆子上去就是一口。这一啄，铜蜻蜓的硬簧绷开，鸡嘴撑住了，叫不出来了。正在这鸡十分纳闷的时候，上去一把薅住。

明子曾经跟这位正经人要过铜蜻蜓看看。他拿到小英子家门前试了一试，果然！小英的娘知道了，骂明子：

“要死了！儿子！你怎么到我家来玩铜蜻蜓了！”

小英子跑过来：

“给我！给我!”

她也试了试，真灵，一个黑母鸡一下子就把嘴撑住，傻了眼了！

下雨阴天，这二位就光临荸荠庵，消磨一天。

有时没有外客，就把老师叔也拉出来，打牌的结局，大都是当家和尚气得鼓鼓的：“X妈妈的！又输了！下回不来了!”

他们吃肉不瞒人。年下也杀猪。杀猪就在大殿上。一切都和在家人一样，开水、木桶、尖刀。捆猪的时候，猪也是没命地叫。跟在家人不同的，是多一道仪式，要给即将升天的猪念一道“往生咒”，并且总是老师叔念，神情很庄重：

“……一切胎生、卵生、息生，来从虚空来，还归虚空去，往生再世，皆当欢喜。南无阿弥陀佛!”

三师父仁渡一刀子下去，鲜红的猪血就带着很多沫子喷出来。

…………

明子老往小英子家里跑。

小英子的家像一个小岛，三面都是河，西面有一条小路通到荸荠庵。独门独户，岛上只有这一家。岛上有六棵大桑树，夏天都结大桑椹，三棵结白的，三棵结紫的；一个菜园子，瓜豆蔬菜，四时不缺。院墙下半截是砖砌的，上半截是泥夯的。大门是桐油油过的，贴着一副万年红的春联：

向阳门第春常在
积善人家庆有余

门里是一个很宽的院子。院子里一边是牛屋、碓棚；一边是猪圈、鸡窝，还有个关鸭子的栅栏。露天地放着一具石磨。正北面是住房，也是砖基土筑，上面盖的一半是瓦，一半是草。房子翻修了才三年，木料还露着白茬。正中是堂屋，家神菩萨的画像上贴的金还没有发黑。两边是卧房。隔扇窗上各嵌了一块一尺见方的玻璃，明亮亮的——这在乡下是不多见的。房檐下一边种着一棵石榴树，一边种着一棵栀子花，都齐房檐高了。夏天开了花，一红一白，好看得很。栀子花香得冲鼻子。顺风的时候，在荸荠庵都闻得见。

这家人口不多。他家当然是姓赵。一共四口人：赵大伯，赵大妈，两个女儿——大英子、小英子。老两口没得儿子。因为这些年人不得病，牛不生灾，也没有大旱大水闹蝗虫，日子过得很兴旺。他们家自己有田，本来够吃的了，又租种了庵上的十亩田。自己的田里，一亩种了荸荠——这一半是小英子的主意，她爱吃荸荠，一亩种了茨菇。家里喂了一大群鸡鸭，单是鸡蛋鸭毛就够一年的油盐了。赵大伯是个能干人。他是一个“全把式”，不但田里场上样样精通，还会罩鱼、洗磨、凿砻、修水车、修船、砌墙、烧砖、箍桶、劈篾、绞麻绳。他不咳嗽，不腰疼，结结实实，像一棵榆树。人很和气，一天不声不响。赵大伯是一棵摇钱树，赵大娘就是个聚宝盆。大娘精神得出奇。五十岁了，两个眼睛还是清亮亮的。不论什么时候，头都是梳得滑滴滴的，身上衣服都是格挣挣的。像老头子一样，她一天不闲着。煮猪食，喂猪，腌咸菜——她腌的咸萝卜干非常好吃，舂粉子，磨小豆腐，编蓑衣，织芦篚。她还会剪花样子。这里嫁闺女，陪嫁妆，磁坛子、锡罐子，都要用梅红纸剪出吉祥花样，贴在上面，讨个吉利，也才好看：“丹凤朝阳”呀、“白头到老”呀、“子孙万代”呀、“福寿绵长”呀。二三十里的人家都来请她：“大娘，好日子是十六，你哪天去呀？”——“十五，我一大清早就来！”

“一定呀！”——“一定！一定！”

两个女儿，长得跟她娘像一个模子里脱出来的。眼睛长得尤其像，白眼珠鸭蛋青，黑眼珠棋子黑，定神时如清水，闪动时像星星。浑身上下，头是头，脚是脚。头发滑滴滴的，衣服格挣挣的。——这里的风俗，十五六岁的姑娘就都梳上头了。这两个丫头，这一头的好头发！通红的发根，雪白的簪子！娘女三个去赶集，一集的人都朝她们望。

姐妹俩长得很像，性格不同。大姑娘很文静，话很少，像父亲。小英子比她娘还会说，一天咭咭呱呱地不停。大姐说：

“你一天到晚咭咭呱呱——”

“像个喜鹊！”

“你自己说的！——吵得人心乱！”

“心乱？”

“心乱！”

“你心乱怪我呀！”

二姑娘话里有话。大英子已经有了人家。小人她偷偷地看过，人很敦厚，也不难看，家道也殷实，她满意。已经下过小定，日子还没有定下来。她这二年，很少出房门，整天赶她的嫁妆。大裁大剪，她都会。挑花绣花，不如娘。她可又嫌娘出的样子太老了。她到城里看过新娘子，说人家现在绣的都是活花活草。这可把娘难住了。最后是喜鹊忽然一拍屁股：“我给你保举一个人！”

这人是谁？是明子。明子念“上孟下孟”的时候，不知怎么得了半套《芥子园》[7]，他喜欢得很。到了荸荠庵，他还常翻出来看，有时还把旧账簿子翻过来，照着描。小英子说：

“他会画！画得跟活的一样！”

小英子把明海请到家里来，给他磨墨铺纸，小和尚画了几张，大英子喜欢得了不得：

“就是这样！就是这样！这就可以乱孱！”——所谓“乱孱”是绣花的一种针法：绣了第一层，第二层的针脚插进第一层的针缝，这样颜色就可由深到淡，不露痕迹，不像娘那一代绣的花是平针，深浅之间，界限分明，一道一道的。小英子就像个书童，又像个参谋：

“画一朵石榴花！”

“画一朵栀子花！”

她把花掐来，明海就照着画。

到后来，凤仙花、石竹子、水蓼、淡竹叶、天竺果子、腊梅花，他都能画。

大娘看着也喜欢，搂住明海的和尚头：

“你真聪明！你给我当一个干儿子吧！”

大英子捺住他的肩膀，说：

“快叫！快叫！”

小明子跪在地下磕了一个头，从此就叫小英子的娘做干娘。

大英子绣的三双鞋，三十里方圆都传遍了。很多姑娘都走路坐船来看。看完了，就说：“啧啧啧，真好看！这哪是绣的，这是一朵鲜花！”她们就拿了纸来央大娘求了小和尚来画。有求画帐檐的，有求画门帘飘带的，有求画鞋头花的。每回明子来画花，小英子就给他做点好吃的，煮两个鸡蛋，蒸一碗芋头，煎几个藕团子。

因为照顾姐姐赶嫁妆，田里的零碎生活小英子就全包了。她的帮手，是明子。

这地方的忙活是栽秧、车高田水、薅头遍草，再就是割稻子、打场了。这几茬重活，自己一家是忙不过来的。这地方兴换工。排好了日期，几家顾一家，轮流转。不收工钱，但是吃好的。一天吃六顿，两头见肉，顿顿有酒。干活时，敲着锣鼓，唱着歌，热闹得很。其余的时候，各顾各，不显得紧张。

薅三遍草的时候，秧已经很高了，低下头看不见人。一听见非常脆亮的嗓子在一片浓绿里唱：

栀子哎开花哎六瓣头哎……
姐家哎门前哎一道桥哎……

明海就知道小英子在哪里，三步两步就赶到，赶到就低头薅起草来。傍晚牵牛“打汪”，是明子的事。——水牛怕蚊子。这里的习惯，牛卸了轭，饮了水，就牵到一口和好泥水的“汪”里，由它自己打滚扑腾，弄得全身都是泥浆，这样蚊子就咬不透了。低田上水，只要一挂十四轧的水车，两个人车半天就够了。明子和小英子就伏在车杠上，不紧不慢地踩着车轴上的拐子，轻轻地唱着明海向三师父学来的各处山歌。打场的时候，明子能替赵大伯一会，让他回家吃饭。——赵家自己没有场，每年都在荸荠庵外面的场上打谷子。他一扬鞭子，喊起了打场号子：

“格当嘚——”

这打场号子有音无字，可是九转十三弯，比什么山歌号子都好听。赵大娘在家，听见明子的号子，就侧起耳朵：

“这孩子这条嗓子！”

连大英子也停下针线：

“真好听！”

小英子非常骄傲地说：

“一十三省数第一！”

晚上，他们一起看场。——荸荠庵收来的租稻也晒在场上。他们并肩坐在一个石磙子上，听青蛙打鼓，听寒蛇唱歌——这个地方以为蝼蛄叫是蚯蚓叫，而且叫蚯蚓叫“寒蛇”，听纺纱婆子不停地纺纱，“吵——”，看萤火虫飞来飞去，看天上的流星。

“呀！我忘了在裤带上打一个结！”小英子说。

这里的人相信，在流星掉下来的时候在裤带上打一个结，心里想什么好事，就能如愿。

…………

“捶”荸荠，这是小英子最爱干的生活。秋天过去了，地净场光，荸荠的叶子枯了——荸荠的笔直的小葱一样的圆叶子里是一格一格的，用手一捋，哔哔地响，小英子最爱捋着玩——荸荠藏在烂泥里。赤了脚，在凉浸浸滑溜溜的泥里踩着——哎，一个硬疙瘩！伸手下去，一个红紫红紫的荸荠。她自己爱干这生活，还拉了明子一起去。她老是故意用自己的光脚去踩明子的脚。

她挎着一篮子荸荠回去了，在柔软的田埂上留了一串脚印。明海看着她的脚印，傻了。五个小小的趾头，脚掌平平的，脚跟细细的，脚弓部分缺了一块。明海身上有一种从来没有过的感觉，他觉得心里痒痒的。这一串美丽的脚印把小和尚的心搞乱了。

…………

明子常搭赵家的船进城，给庵里买香烛，买油盐。闲时是赵大伯划船；忙时是小英子去，划船的是明子。

从庵赵庄到县城，当中要经过一片很大的芦花荡子。芦苇长得密密的，当中一条水路，四边不见人。划到这里，明子总是无端端地觉得心里很紧张，他就使劲地划桨。

小英子喊起来：

“明子！明子！你怎么啦？你发疯啦？为什么划得这么快？”

…………

明海到善因寺去受戒。

“你真的要去烧戒疤呀？”

"真的。"

"好好的头皮上烧十二个洞，那不疼死啦？"

"咬咬牙。舅舅说这是当和尚的一大关，总要过的。"

"不受戒不行吗？"

"不受戒的是野和尚。"

"受了戒有啥好处？"

"受了戒就可以到处云游，逢寺挂褡。"

"什么叫'挂褡'？"

"就是在庙里住。有斋就吃。"

"不把钱？"

"不把钱。有法事，还得先尽外来的师父。"

"怪不得都说'远来的和尚会念经'。就凭头上这几个戒疤？"

"还要有一份戒牒。

"闹半天，受戒就是领一张和尚的合格文凭呀！"

"就是！"

"我划船送你去。"

"好。"

小英子早早就把船划到荸荠庵门前。不知是什么道理，她兴奋得很。她充满了好奇心，想去看看善因寺这座大庙，看看受戒是个啥样子。

善因寺是全县第一大庙，在东门外，面临一条水很深的护城河，三面都是大树，寺在树林子里，远处只能隐隐约约看到一点金碧辉煌的屋顶，不知道有多大。树上到处挂着"谨防恶犬"的牌子。这寺里的狗出名的厉害。平常不大有人进去。放戒期间，任人游看，恶狗都锁起来了。

好大一座庙！庙门的门坎比小英子的肐膝都高。迎门矗着两块大牌，一边一块，一块写着斗大两个大字："放戒"，一块是："禁止喧哗"。这庙里果然是气象庄严，到了这里谁也不敢大声咳嗽。明海自去报名办事，小英子就到处看看。好家伙，这哼哈二将、四大天王，有三丈多高，都是簇新的，才装修了不久。天井有二亩地大，铺着青石，种着苍松翠柏。"大雄宝殿"，这才真是个"大殿"！一进去，凉嗖嗖的。到处都是金光耀眼。释迦牟尼佛坐在一个莲花座上，单是莲座，就比小英子还高。抬起头来也看不全他的脸，只看到一个微微闭着的嘴唇和胖敦敦的下巴。两边的两根大红蜡烛，一搂多粗。佛像前的大供桌上供着鲜花、绒花、绢花，还有珊瑚树、玉如意、整棵的大象牙。香炉里烧着檀香。小英子出了庙，闻着自己的衣服都是香的。挂了好些幡。这些幡不知是什么缎子的，那么厚重，绣的花真细。这么大一口磬，里头能装五担水！这么大一个木鱼，有一头牛大，漆得通红的。她又去转了转罗汉堂，爬到千佛楼上看了看。真有一千个小佛！她还跟着一些人去看了看藏经楼。藏经楼没有什么看头，都是经书！妈吔！逛了这么一圈，腿都酸了。小英子想起还要给家里打油，替姐姐配丝线，给娘买鞋面布，给自己买两个坠围裙飘带的银蝴蝶，给爹买旱烟，就出庙了。

等把事情办齐，晌午了。她又到庙里看了看，和尚正在吃粥。好大一个“膳堂”，坐得下八百个和尚。吃粥也有这样多讲究：正面法座上摆着两个锡胆瓶，里面插着红绒花，后面盘膝坐着一个穿了大红满金绣袈裟的和尚，手里拿了戒尺。这戒尺是要打人的。哪个和尚吃粥吃出了声音，他下来就是一戒尺。不过他并不真的打人，只是做个样子。真稀奇，那么多的和尚吃粥，竟然不出一点声音！他看见明子也坐在里面，想跟他打个招呼又不好打。想了想，管他禁止不禁止喧哗，就大声喊了一句：“我走啦！”她看见明子目不斜视地微微点了点头，就不管很多人都朝自己看，大摇大摆地走了。

第四天一大清早小英子就去看明子。她知道明子受戒是第三天半夜——烧戒疤是不许人看的。她知道要请老剃头师傅剃头，要剃得横摸顺摸都摸不出头发茬子，要不然一烧，就会“走”了戒，烧成了一片。她知道是用枣泥子先点在头皮上，然后用香头子点着。她知道烧了戒疤就喝一碗蘑菇汤，让它“发”，还不能躺下，要不停地走动，叫做“散戒”。这些都是明子告诉她的。明子是听舅舅说的。

她一看，和尚真在那里“散戒”，在城墙根底下的荒地里。一个一个，穿了新海青，光光的头皮上都有十二个黑点子。——这黑疤掉了，才会露出白白的、圆圆的“戒疤”。和尚都笑嘻嘻的，好像很高兴。她一眼就看见了明子。隔着一条护城河，就喊他：

“明子！”

“小英子！”

“你受了戒啦？”

“受了。”

“疼吗？”

“疼。”

“现在还疼吗？”

“现在疼过去了。”

“你哪天回去？”

“后天。”

“上午？下午？”

“下午。”

“我来接你！”

“好！”

…………

小英子把明海接上船。

小英子这天穿了一件细白夏布上衣，下边是黑洋纱的裤子，赤脚穿了一双龙须草的细草鞋，头上一边插着一朵栀子花，一边插着一朵石榴花。她看见明子穿了新海青，里面露出短褂子的白领子，就说：“把你那外面的一件脱了，你不热呀！”

他们一人一把桨。小英子在中舱，明子扳艄，在船尾。

她一路问了明子很多话，好像一年没有看见了。

她问，烧戒疤的时候，有人哭吗？喊吗？

明子说，没有人哭，只是不住地念佛。有个山东和尚骂人：

“俺日你奶奶！俺不烧了！”

她问善因寺的方丈石桥是相貌和声音都很出众吗？

“是的。”

“说他的方丈比小姐的绣房还讲究？”

“讲究。什么东西都是绣花的。”

“他屋里很香？”

“很香。他烧的是伽楠香，贵得很。”

“听说他会做诗，会画画，会写字？”

“会。庙里走廊两头的砖额上，都刻着他写的大字。”

“他是有个小老婆吗？”

“有一个。”

“才十九岁？”

“听说。”

“好看吗？”

“都说好看。”

“你没看见？”

“我怎么会看见？我关在庙里。”

明子告诉她，善因寺一个老和尚告诉他，寺里有意选他当沙弥尾，不过还没有定，要等主事的和尚商议。

“什么叫‘沙弥尾’？”

“放一堂戒，要选出一个沙弥头，一个沙弥尾。沙弥头要老成，要会念很多经。沙弥尾要年轻，聪明，相貌好。”

“当了沙弥尾跟别的和尚有什么不同？”

“沙弥头，沙弥尾，将来都能当方丈。现在的方丈退居了，就当。石桥原来就是沙弥尾。”

“你当沙弥尾吗？”

“还不一定哪。”

“你当方丈，管善因寺？管这么大一个庙?!”

“还早呐！”

划了一气，小英子说：“你不要当方丈！”

“好，不当。”

“你也不要当沙弥尾！”

“好，不当。”

又划了一气，看见那一片芦花荡子了。

小英子忽然把桨放下，走到船尾，趴在明子的耳朵旁边，小声地说：

“我给你当老婆，你要不要?”

明子眼睛鼓得大大的。

“你说话呀!”

明子说：“嗯。”

“什么叫‘嗯’呀！要不要，要不要?”

明子大声地说：“要!”

“你喊什么!”

明子小小声说：“要——”

“快点划!”

英子跳到中舱，两只桨飞快地划起来，划进了芦花荡。

芦花才吐新穗。紫灰色的芦穗，发着银光，软软的，滑溜溜的，像一串丝线。有的地方结了蒲棒，通红的，像一枝一枝小蜡烛。青浮萍，紫浮萍。长脚蚊子，水蜘蛛。野菱角开着四瓣的小白花。惊起一只青桩（一种水鸟）擦着芦穗，扑鲁鲁鲁飞远了。

…………

一九八〇年八月十二日，写四十三年前的一个梦

【注释】

[1] 本篇最初发表于《北京文学》1980年第10期，后收入《汪曾祺文集》，并荣获1980年度“《北京文学》奖”。受戒：指佛教徒通过一定仪式接受佛教戒律。

[2] 放瑜伽焰口：佛教用语。一种为饿鬼施食而举行的仪式，也是对死者追荐的佛事之一。瑜伽，指通过现观思悟佛教“真理”的修行方法。焰口，佛经中饿鬼名。密宗有专对这种饿鬼施食的经咒和念诵仪轨，照此举行的仪式称“放焰口”。

[3] 拜梁皇忏：梁皇忏，指《梁皇忏法》一书，相传为南朝梁代诸僧著。此句意谓按照《梁皇忏法》礼佛诵念，济度亡灵。

[4] 韦驮：佛教天神中的护法神。传说姓韦，名琨。

[5] 三世佛：指过去、现在、未来三世之佛，即燃灯佛、释迦牟尼佛和弥勒佛。

[6] 盂兰会：“盂兰盆会”，佛教节日。每逢夏历七月十五日，佛教徒为追荐祖先而举行，后称为“鬼节”。盂兰盆：梵文的音译，意思是“救倒悬”。

[7]《芥子园》：《芥子园画谱》，是一部系统介绍中国画基本技法的图谱。因其刻于李渔在南京的别墅“芥子园”，故名。

【提示】

在《关于〈受戒〉》一文中，汪曾祺明确指出：“我写的是美，是健康的人性。”作者以青年时代的回忆为视角，记叙了荸荠庵小和尚明海与农村少女小英子的初恋故事。这一僧一俗，前者聪明伶俐，不仅嗓音甜美，而且书法绘画俱佳；后者清纯秀丽，活泼爽朗，浑身洋溢着青春气息。两人在栽秧、车水、薅草、割稻、打场等共同劳动中，彼此倾心，萌生了爱情。就在明海“受戒”的第二天，他们无视佛门清规戒律，

山盟海誓，互托终身。

小说尽管着色浅淡、情不外露，却写出了真诚、纯洁而深挚的爱情。作者写的是苏北高邮地区20世纪30年代的日常生活，那里河湖港汊交错，风俗淳朴，民情开通，僧门与俗世之间并无明显分野。和尚既可以玩纸牌、搓麻将，也可以抽烟、杀猪、娶老婆。在这独特的环境氛围中，小说仅勾勒了画花、看场、“揑”荸荠等几幅生活画面，就揭示出人物隐秘的情感世界：小英子“老是故意用自己的光脚去踩明子的脚”，而她的“一串美丽的脚印把小和尚的心搞乱了”。一切是那样真实自然，合情合理。作品末尾则以景结情，那色彩缤纷、生机勃发的芦花荡，不仅是青春佳偶情感的归宿，而且更是人们向往自由、追求美好理想的境界。作者将铺垫、描写、渲染化为一体，情节发展、场景转换均无斧凿痕迹，具有散文化的倾向与诗的韵味。

小说语言少事雕琢，不尚辞藻，简洁，质朴，明净，节奏感强，风格清新自然，又隽永雅致。

【思考题】

一、这篇小说“散文化”的美学特征表现在哪些方面？

二、作者说过：“美感作用同时也是一种教育作用。”结合作品阅读谈谈你的体会。

双桅船

舒　婷

舒婷（1952—　），原名龚佩瑜。福建泉州人。1969年下乡插队，1972年返城当工人。先后当过水泥工、挡车工、炉前工等。插队时开始写诗，多在知青中传抄。1979年开始发表诗歌作品。1980年调至福建省文联工作，从事专业写作。她是“朦胧诗”的主要代表诗人之一。著有诗集《双桅船》、《会唱歌的鸢尾花》、《始祖鸟》等。

雾打湿了我的双翼
可风却不容我再迟疑
岸呵，心爱的岸
昨天刚刚和你告别
今天你又在这里
明天我们将在
另一个纬度相遇

是一场风暴、一盏灯
把我们联系在一起
是一场风暴、另一盏灯
使我们再分东西
不怕天涯海角
岂在朝朝夕夕
你在我的航程上
我在你的视线里

1979年8月

【提示】

《双桅船》一诗写于1979年8月。舒婷把这首诗的诗名作为自己一部诗集的总题。1982年，诗集《双桅船》获中国作家协会第一届全国优秀新诗集二等奖。

舒婷是当代“朦胧诗”潮的代表诗人之一。她的诗“复活”了中国新诗中表达个人内心情感的那一线索，从整体上表现了对个性价值的尊重。她重视审美的直觉与形象的感悟，善于通过内心的映照来辐射外部世界，通过捕捉生活现象所激起的情感反应，表达她对现实的深切关怀。她的诗语言清新而不落俗套。

《双桅船》这首诗托物言情，具有多方面的象征意义。它可以是一首爱情诗，倾诉了青年一代在中国那个特殊动荡年代的心灵伤痛。它又是一首哲理诗，包含有一种比爱情更为博大深厚的内容，抒发了忧伤与奋起的双重情绪。全诗视野开阔，情感细腻，深受读者欢迎。

【思考题】

一、谈谈双桅船的象征意义。

二、本诗在语言上有何特点？

静虚村记

贾平凹

贾平凹（1953— ），原名平娃。陕西丹凤人。1972年进西北大学中文系学习，并开始发表作品。1975年毕业后，分配到陕西人民出版社任编辑。1978年以《满月儿》获全国优秀短篇小说奖，开始引起文坛注意。1980年调任《长安》文学月刊编辑。1983年起任作协陕西分会专业作家。主要作品有长篇小说《商州》、《浮躁》、《土门》、《废都》等；中、短篇小说集《山地笔记》、《腊月·正月》等；散文集《月迹》、《商州散记》等。其散文朴实自然，寓巧于拙，富于哲理性和文化意味。著有《贾平凹文集》14卷。

如今，找热闹的地方容易，寻清静的地方难；找繁华的地方容易，寻拙朴的地方难，尤其在大城市的附近，就更其为难的了。

前年初，租赁了农家民房借以栖身。

村子南九里是城北门楼，西五里是火车西站，东七里是火车东站，北去二十里地，又是一片工厂，素称城外之郭。奇怪台风中心反倒平静一样，现代建筑之间，偏就空出这块乡里农舍来。

常有友人来家吃茶，一来就要住下，一住下就要发一通议论，或者说这里是一首古老的民歌，或者说这里是一口出了鲜水的枯井，或者说这里是一件出土的文物，如宋代的青瓷，质朴、浑拙、典雅。

村子并不大，屋舍仄仄斜斜，也不规矩，像一个公园，又比公园来得自然，只是没花，被高高低低绿树、庄稼包围。在城里，高楼大厦看得多了，也便腻了，陡然到了这里，便活泼泼地觉得新鲜。先是那树，差不多没了独立形象，枝叶交错，像一层浓重的绿云，被无数的树桩撑着。走近去，绿里才见村子，又尽被一道土墙围了，土有立身，并不苫瓦，却完好无缺，生了一层厚厚的绿苔，像是庄稼人剃头以后新生的青发。

拢共两条巷道，其实连在一起，是个“U”形。屋舍相面，门对着门，窗对着窗；一家鸡叫，家家鸡都叫，单声儿持续半个时辰；巷头家养一条狗，巷尾家养一条狗，贼便不能进来。几乎都是茅屋。并不是人家寒酸，茅屋是他们的讲究：冬天暖，夏天凉，又不怕被地震震了去。从东往西，从西往东，茅屋撑得最高的，人字形搭得最起的，要算是我的家了。

村人十分厚诚，几乎近于傻昧，过路行人，问起事来，有问必答，比比划划了一通，还要领到村口指点一番。接人待客，吃饭总要吃得剩下，喝酒总要喝得昏醉，才觉得惬意。衣着朴素，都是农民打扮，眉眼却极清楚。当然改变了吃浆水酸菜，顿顿油锅煎炒，但没有坐在桌前用餐的习惯，一律集在巷中，就地而蹲。端了碗出来，却蹲不下，站着吃的，只有我一家，其实也只有我一人。

我家里不栽花，村里也很少有花。曾经栽过多次，总是枯死，或是萎缩。一老汉笑着说：村里女儿们多啊，瞧你也带来两个！这话说得有理。是花忌妒她们的颜色，还是她们羞得它们无容？但女儿们果然多，个个有桃花水色。巷道里，总见她们三五成群，一溜儿排开，横着往前走，一句什么没盐没醋的话，也会惹得她们笑上半天。我家来后，又都到我家来，这个帮妻剪个窗花，那个为小女染染指甲。什么花都不长，偏偏就长这种染指甲的花。

啥树都有，最多的，要数槐树。从巷东到巷西，三搂粗的十七棵，盆口粗的家家都有，皮已发皱，有的如绳索匝缠，有的如渠沟排列，有的扭了几扭，根却委屈得隆出地面。槐花开时，一片嫩白，家家都做槐花蒸饭。没有一棵树是属于我家的，但我要吃槐花，可以到每一棵树上去采。虽然不敢说我的槐树上有三个喜鹊窠、四个喜鹊窠，但我的茅屋梁上燕子窝却出奇地有了三个。春天一暖和燕子就来，初冬逼近才去，从不撒下粪来，也不见在屋里落一根羽毛，从此倒少了蚊子。

最妙的是巷中一眼井，水是甜的，生喝比熟喝味长。水抽上来，聚成一个池，一抖一抖地，随巷流向村外，凉气就沁了全村。村人最爱干净，见天天有人洗衣。巷道的上空，即茅屋顶与顶间，拉起一道一道铁丝，挂满了花衣彩布。最艳的，最小的，要数我家：艳者是妻子衣，小者是女儿裙。吃水也是在那井里的，须天天去担。但宁可天天去担这水，不愿去拧那自来水。吃了半年，妻子小女头发愈是发黑，肤色愈是白皙，我也自觉心脾清爽，看书作文有了精神、灵性了。

当年眼羡城里楼房，如今想来，大可不必了。那么高的楼，人住进去，如鸟悬窠，上不着天，下不踏地，可怜怜掬得一抔黄土，插几株花草，自以为风光宜人了。殊不知农夫有农夫得天独厚之处，我不是农夫，却也有一庭土院，闲时开垦耕耘，种些白菜青葱。菜收获了，鲜者自吃，败者喂鸡，鸡有来杭、花豹、翻毛、疙瘩，每日里收蛋三个五个。夜里看书，常常有蝴蝶从窗缝钻入，大如小女手掌，五彩斑斓。一家人喜爱不已，又都不愿伤生，捉出去放了。那蛐蛐就在台阶之下，彻夜鸣叫，脚一跺，噤声了，隔一会，声又起。心想若是有个儿子，儿子玩蛐蛐就不用跑蛐蛐市掏高价购买了。

门前的那棵槐树，惟独向横的发展，树冠半圆，如裁剪过一般。整日看不见鸟飞，却鸟鸣声不绝，尤其黎明，犹如仙乐，从天上飘了下来似的。槐下有横躺竖蹲的十几个碌碡，早年碾场用的，如今有了脱粒机，便集在这里，让人骑了，坐了。每天这里人群不散，谈北京城里的政策，也谈家里婆娘的针线，谈笑风生，乐而忘归。直到夜里十二点，家家喊人回去。回去者，扳到头便睡的，是村人，回来捻灯正坐，记下一段文字的，是我呢。

来求我的人越来越多了，先是代写书信，我知道了每一家的状况，鸡多鸭少，连老小的小名也都清楚。后来，更多的是携儿来拜老师，一到高考前夕，人来得最多，提了点心，拿了酒水。我收了学生，退了礼品，孩子多起来，就组成一个组，在院子里辅导作文。村人见得喜欢，越发器重起我。每次辅导，门外必有家长坐听，若有孩子不安生了，就进来张口就骂，举手便打。果然两年之间，村里就考中了大学生五名，中专生十名。

天旱了，村人焦虑，我也焦虑，抬头看一朵黑云飘来了，又飘去了，就咒天骂地一通，什么粗话野话也骂了出来。下雨了，村人在雨地里跑，我也在雨地跑，疯了一般，有两次滑倒在地，磕掉了一颗门牙。收了庄稼，满巷竖了玉米架，柴火更是塞满了过道，我骑车回来，常是扭转不及，车子跌倒在柴堆里，吓一大跳，却并不疼。最香的是鲜玉米棒子，煮能吃，烤能吃，剥下颗粒熬稀饭，粒粒如粟，其汤有油汁。在城里只道粗粮难吃，但鲜玉米面做成的漏鱼儿，搅团儿，却入味开胃，再吃不厌。

小女来时刚会翻身，如今行走如飞，咿呀学语，行动可爱，成了村人一大玩物，常在人掌上旋转，吃过百家饭菜。妻也最好人缘，一应大小应酬，人人称赞，以至村里红白喜事，必邀她去，成了人面前走动的人物。而我，是世上最呆的人，喜欢静静地坐地，静静地思想，静静地作文。村人知我脾性，有了新鲜事，跑来对我叙说，说毕了，就退出让我写，写出了，嚷着要我念。我念得忘我，村人听得忘归；看着村人忘归，我一时忘乎所以，邀听者到月下树影，盘脚而坐，取清茶淡酒，饮而醉之。一醉半天不醒，村人已沉睡入梦，风止月冥，露珠闪闪，一片蛐蛐鸣叫。我称我们村是静虚村。

鸡年八月，我在此村为此村记下此文，复写两份，一份加进我正在修订的村史前边，作为序，一份则附在我的文集之后，却算是跋了。

【提示】

本篇选自《贾平凹文集》第11卷。它是贾平凹早期散文的代表作之一。文中以热闹、繁华的现代大都市为参照背景，记述了陕南一座普通村落的风土人情，表现了一种“虚”“静”的境界和对传统文化的认同态度。作者怀着一颗童稚般的心，以一双欣羡的眼，着力描写静虚村村民的平凡生活，善于从质朴、浑拙、世俗的人生中，发掘真、善、美。通篇文章弥漫着一种古朴之风，语言简练有致，耐人寻味。

【思考题】

一、分析这篇散文的语言风格。

二、以本篇为例，谈谈贾平凹早期散文的艺术特色。